AF274202

Microsoft 365 y Copilot

Potenciando con
inteligencia artificial
la colaboración
y la productividad
del trabajo diario

Manual Imprescindible

Microsoft 365 y Copilot

Potenciando con
inteligencia artificial
la colaboración
y la productividad
del trabajo diario

Isabel Fernández Gutiérrez

Manual Imprescindible

Composición de cubierta: Celia Antón Santos
Editor: Víctor Manuel Ruiz Calderón
Ilustración de cubierta: © 2003-2024 Shutterstock, Inc.

Todos los nombres propios de programas, sistemas operativos, equipos hardware, etc. que aparecen en este libro son marcas registradas de sus respectivas compañías u organizaciones.

Reservados todos los derechos. El contenido de esta obra está protegido por la Ley, que establece penas de prisión y/o multas, además de las correspondientes indemnizaciones por daños y perjuicios, para quienes reprodujeren, plagiaren, distribuyeren o comunicaren públicamente, en todo o en parte, una obra literaria, artística o científica, o su transformación, interpretación o ejecución artística fijada en cualquier tipo de soporte o comunicada a través de cualquier medio, sin la preceptiva autorización.

© EDICIONES ANAYA MULTIMEDIA (GRUPO ANAYA, S.A.), 2024
Valentín Beato, 21. 28037 Madrid
Depósito legal: M. 3.028-2024
ISBN: 978-84-415-4989-0
Impreso en España

PAPEL DE FIBRA
CERTIFICADA

Gracias a todas esas personas que han aportado
a mi desarrollo profesional.

AGRADECIMIENTOS

A mis padres y hermano, mis guías, siempre me animáis, aconsejáis y me mostráis el mejor camino a seguir.

A mi marido, mi media naranja y amor, por ser mi apoyo incondicional, por estar siempre a mi lado y ser mi mejor amigo.

A mis dos preciosos sobrinos Samuel y Vera, el mejor regalo, y la ilusión de sacar un ratito cada día para verlos y jugar con ellos.

A mis amigos/as por estar siempre ahí, por todos los ánimos y el apoyo aportado.

A todas las personas que se me han cruzado en mi vida laboral, personas responsables de equipos y compañeros/as que han confiado en mí, gracias porque me habéis hecho crecer.

Al equipo de Anaya por la confianza depositada, por la ayuda prestada, por la ilusión y la gran oportunidad que me han ofrecido al crear esta guía.

¡Muchas gracias!

Isabel Fernández Gutiérrez

Isabel Fernández Gutiérrez es una profesional experta en las nuevas tecnologías. Se dedica a la formación y a la consultoría y tiene más de 20 años de experiencia docente.

Tiene varias certificaciones de Microsoft en sus herramientas, como Microsoft Office Specialist Expert (MOS), Microsoft Certified Power BI Data Analyst Associate, Microsoft Certified 365 Fundamentals, Microsoft Certified Power Platform Fundamentals, Microsoft Technology Associate y también tiene certificaciones de algunas herramientas Adobe.

Ha sido galardonada con el premio MVP de Microsoft en Microsoft 365 aplicaciones y servicios por sus conocimientos en la materia y sus contribuciones altruistas y constantes a la comunidad.

Imparte formación presencial en empresas e instituciones oficiales, contando con la certificación de formadora experta de la Comunidad de Madrid en herramientas de ofimática y de diseño web.

También imparte formación virtual *online* con la gestión de campus virtuales.

Antes de la pandemia, ya daba clases virtuales por medio de videoconferencia. La pandemia ha hecho que este tipo de formación se haya generalizado y le ha ayudado a conocer mejor y aprovechar más la plataforma Microsoft 365, que es el tema de esta guía formativa.

Es una ponente frecuente en varios eventos en España y también en LATAM, sin fines lucrativos, para compartir conocimientos con la comunidad e intentar ser un ejemplo para otras mujeres en la realización de charlas técnicas.

Toda su experiencia y conocimiento en las diversas materias tecnológicas ha hecho que forme parte de los instructores expertos de LinkedIn Learning con 106 cursos publicados.

Puedes encontrarla en redes sociales como X (antes Twitter): `https://twitter.com/Ifernandezguti`, LinkedIn: `https://www.linkedin.com/in/isabelfernandezgutierrez/` y en eventos como ponente.

Índice
de contenidos

2. Transforma tu manera de compartir, colaborar y almacenar archivos con OneDrive 48

5. Revolucionando la productividad: colaboración en "tiempo real" en archivos con Microsoft 365 130

8. Conéctate, colabora y triunfa: descubre la magia de las reuniones con Microsoft Teams... 240

10. Blocs de notas compartidos: crea y comparte un bloc de notas con OneNote para Microsoft 365 314

Cómo usar este libro

En un mundo cada vez más conectado y dinámico, donde el trabajo remoto o híbrido se ha impuesto en nuestras vidas, la colaboración efectiva se ha convertido en un pilar fundamental para el éxito en el lugar de trabajo. Microsoft 365 representa un antes y un después en la forma en que las organizaciones gestionan la información, se conectan, colaboran y toman decisiones estratégicas.

Las aplicaciones de Microsoft 365 ofrecen una *suite* completa de herramientas diseñadas para fomentar la colaboración, la comunicación y la productividad entre equipos y organizaciones.

Microsoft Copilot para Microsoft 365 es una herramienta innovadora que integra la inteligencia artificial generativa con las aplicaciones habituales de Microsoft 365, aportando eficacia y estimulando la creatividad que son necesarias para el éxito en el entorno laboral.

Este libro pretende guiar a los usuarios a través de las aplicaciones de Microsoft 365, proporcionando consejos prácticos, ejemplos y estrategias para aprovechar al máximo estas herramientas. Aprenderás cómo usar las principales aplicaciones para crear documentos compartidos, comunicarte y colaborar en equipo, utilizando la ayuda de Copilot, la inteligencia artificial generativa que trabaja contigo para ahorrarte tiempo y esfuerzo.

Destinatarios de este libro

La finalidad de este libro es enseñar a todas las personas a usar Microsoft 365 con eficacia y a explorar cómo Microsoft Copilot puede potenciar su trabajo y creatividad.

Personas que trabajan en equipo, sean líderes, técnicos, directivos, consultores o usuarios, en general personas que requieren compartir, colaborar y comunicarse usando las aplicaciones de Microsoft 365 y quieren sacarles el máximo partido a las herramientas de la *suite* y mejorar su trabajo y creatividad con Microsoft Copilot, la inteligencia generativa en Microsoft 365.

Este libro te va a enseñar a usar estas herramientas paso a paso, aunque seas un principiante. No importa si ya conoces Microsoft 365 o si lo estás aprendiendo desde cero, este libro te va a dar una buena base, mostrándote los motivos para hacer las cosas de una manera u otra.

En este libro te voy a enseñar cada una de las principales herramientas de Microsoft 365 y cómo sacarles el máximo partido, así cómo a beneficiarte de Microsoft Copilot, tu ayudante inteligente en el uso de las principales aplicaciones de Microsoft 365.

Aprovecha la ocasión para aprender a manejar las herramientas más prometedoras en la colaboración y comunicación en equipo, sigue conmigo todos los capítulos de este libro, te garantizo que vas a descubrir muchas funcionalidades que desconocías y, cuando termines, serás experto en el uso de Microsoft 365 y Copilot.

Organización del libro

El libro ha sido diseñado de forma didáctica para aprender a sacarle el máximo partido al uso de Microsoft 365 y Copilot y descubrir todas sus funcionalidades capítulo a capítulo.

Es posible leerlo en orden o ir a un capítulo específico para consultar una información de interés:

- El primer capítulo presenta la herramienta, indica qué tipo de soluciones existen y muestra los primeros pasos que hay que dar para comenzar a utilizarla.

  - **Capítulo 1:** Qué es Microsoft 365.

- Microsoft 365 es una plataforma que contiene numerosas herramientas para almacenar información en la nube y colaborar en grupos de trabajo, por lo que en el siguiente bloque vamos a aprender desde la base a almacenar información en tu nube personal de OneDrive, a colaborar en los sitios de SharePoint, a compartir información y colaborar en tiempo real en archivos, y crear y gestionar grupos de Microsoft 365.

  Los capítulos del 2 al 5 te enseñarán a fondo cómo guardar y compartir información en la nube, donde verás cómo trabajar en documentos con otras personas simultáneamente.

  Aprenderás estas funcionalidades:

  - **Capítulo 2:** Transforma tu manera de compartir, colaborar y almacenar archivos con OneDrive.

  - **Capítulo 3:** Potencia la colaboración y el trabajo en equipo con SharePoint Online.

  - **Capítulo 4:** La colaboración se fortalece con los grupos de Microsoft 365.

  - **Capítulo 5:** Revolucionando la productividad: colaboración en tiempo real en archivos con Microsoft 365.

- En el tercer bloque, aprenderás a colaborar con otros compañeros en los componentes de Loop, y a comunicarte y colaborar en equipos con Microsoft Teams.

  - **Capítulo 6:** Microsoft Loop y sus componentes. Pensar, crear y planear de forma conjunto.

  - **Capítulo 7:** Microsoft Teams. Transforma la manera en que tu equipo colabora, se comunica y alcanza nuevos niveles de productividad.

  - **Capítulo 8:** Conéctate, colabora y triunfa: descubre la magia de las reuniones con Microsoft Teams.

- En este bloque, descubrirás cómo crear y gestionar tareas personales con To Do y tareas en equipo con Planner. También verás cómo sustituir tu cuaderno físico por un bloc de notas digital de OneNote, en el que podrás compartir y trabajar con otros usuarios.

  - **Capítulo 9:** Optimiza tu tiempo con Microsoft To Do. La herramienta esencial para gestionar tus tareas diarias.

  - **Capítulo 10:** Blocs de notas compartidos: crea y comparte un bloc de notas con OneNote para Microsoft 365.

  - **Capítulo 11:** Organiza las tareas de tu equipo con Microsoft Planner.

- En este capítulo verás cómo crear formularios personalizados que facilitan y aceleran la obtención de información y opiniones.

  - **Capítulo 12:** Colabora en formularios, comparte encuestas y analiza los resultados con Microsoft Forms.

- En el capítulo 13 vas a descubrir que la IA ha llegado a Microsoft 365 de la mano de Copilot, tu asistente personal para ahorrarte tiempo y trabajo en tus tareas del día a día con las aplicaciones de Microsoft 365.

  - **Capítulo 13:** La IA ya está en Microsoft 365. Descubre Microsoft Copilot.

Convenciones tipográficas

Como cualquier otro libro, este se encuentra dividido en capítulos que cuentan con diferentes apartados, cada uno de ellos encabezado por sus correspondientes títulos. Además, en el texto se utilizan ciertos estilos o tipografías específicas con el objetivo de hacer su lectura más rápida, facilitando la identificación de elementos como las opciones de menú, nombres de funciones, etc. Estos estilos son:

- *Cursiva*: Es un tipo que se usa para diferenciar términos anglosajones o de uso poco común. También se usa para destacar algún concepto.

- **Negrita**: Le ayudará a localizar rápidamente elementos como las combinaciones de teclas y nombres de botones. Por ejemplo, **Aceptar** para hacer referencia a un botón con ese título.

- `Monoespacio`: Diferencia elementos como los nombres de archivos y carpetas, las URL y el código (variables, funciones, etc.).

- Menús y comandos: Destaca sobre el texto todos los elementos relativos a interfaz de usuario, como puede ser el nombre de una ficha de la cinta de opciones, una opción de menú, un comando o título de una ventana, etc. Por ejemplo: Crear>Formularios>Hoja de datos para indicar que debe abrirse la ficha Crear de la cinta de opciones, localizar el grupo Formularios y seleccionar la opción Hoja de datos.

También encontrará a lo largo del libro recuadros con elementos destacados sobre el texto normal, comunicándole de manera breve y rápida algún concepto relacionado con lo que está leyendo, un truco o advirtiéndole de algo. Estos recuadros serán:

NOTA:

Las notas se usan para aclarar un concepto que está utilizándose en el texto, facilitar información relacionada y tareas similares.

ADVERTENCIA:

Se usan para advertir sobre una cierta situación o consecuencia relacionada con el contexto de la explicación en curso.

TRUCO:

En estos recuadros encontrará trucos o técnicas que le permitirán mejorar su conocimiento, por ejemplo comunicándole atajos de teclado para efectuar tareas.

Qué es Microsoft 365. Introducción

Microsoft 365, antes llamado Office 365, es una plataforma creada por Microsoft basada en el trabajo en la nube que aumenta tu productividad a la hora de compartir información, colaborar en documentos y aplicaciones y comunicarte con otras personas, es decir, potencia el trabajo en equipo.

Combina las aplicaciones base de Office que ya conoces, con servicios en la nube, administración de dispositivos y opciones de seguridad avanzadas.

Es una excelente plataforma que potencia el trabajo en remoto o híbrido, permitiendo mantener en contacto a las personas, independientemente de su situación geográfica y del dispositivo que utilicen para conectarse.

Beneficios del uso de Microsoft 365

Son muchos los beneficios que ofrece esta fantástica plataforma, vamos a enumerar los más importantes:

- Microsoft 365 incluye aplicaciones populares como Word, Excel, PowerPoint o OneNote, entre otras. Estas aplicaciones te permiten crear y editar documentos, hojas de cálculo, presentaciones y notas de una manera colaborativa, lo que significa que puedes compartir tus archivos con otros usuarios en tiempo real colaborando todos juntos.

- Al basarse en el modelo por suscripción las aplicaciones que ofrece la plataforma se mantienen siempre actualizadas con las novedades que Microsoft añade cada poco tiempo a cada uno de los programas que la forman, por lo que siempre tendrás las últimas novedades en tus aplicaciones.

- Puedes usar las aplicaciones de la nube sin necesidad de tener instalado en tu equipo nada más que un navegador que te dé acceso, lo que reduce considerablemente los requisitos del hardware y la inversión en este.

- Te permite trabajar en la nube con tus documentos y aplicaciones, por lo que podrás abrirlos desde cualquier lugar donde te encuentres y desde cualquier dispositivo desde el que te conectes, incluidos dispositivos móviles.

- Favorece el trabajo en equipo y la compartición de documentos y aplicaciones permitiendo la colaboración en tiempo real, por varios usuarios a la vez, es lo que se conoce como coautoría de documentos, varias personas ven y editan el documento a la vez y en tiempo real.

- La comunicación y colaboración se potencia gracias a Microsoft Teams una potente aplicación de colaboración dentro de Microsoft 365. Te permite trabajar en equipo, tener reuniones virtuales, chatear con compañeros, compartir pantalla y colaborar en archivos en tiempo real, entre otras ventajas. Teams también admite la integración con otras aplicaciones de Microsoft y de terceros.

- Se adquiere mediante el pago de una suscripción, normalmente mensual, en lugar de realizar un pago único más elevado, lo que permite a las empresas u organizaciones dar de baja o alta suscripciones para empleados según sea necesario.

- A las empresas les permite aumentar los servicios contratados a medida que estás crecen.

- Con Microsoft 365, puedes aprovechar herramientas poderosas de análisis de datos como Power BI para transformar datos en información y realizar visualizaciones interesantes.

- Puedes acceder a tus archivos desde cualquier lugar utilizando el almacenamiento en la nube. La suscripción a Microsoft 365 ofrece 1 TB de almacenamiento en la nube de OneDrive.

- Microsoft 365 utiliza medidas de seguridad en capas garantizando el compromiso de privacidad y seguridad en un 99,9 %, de modo que los clientes están siempre protegidos frente a virus, *malware*, intentos de suplantación de identidad (*phishing*), *ransomware*, *spam* y cualquier otra amenaza que se pueda producir.

En general, Microsoft 365 mejora tu productividad, facilita la colaboración con compañeros y proporciona un entorno de trabajo seguro y eficiente. Integra herramientas y servicios esenciales, optimizando tu trabajo y permitiéndote realizar tus tareas de manera efectiva y productiva.

Qué soluciones existen de Microsoft 365

Microsoft ofrece diferentes soluciones para usuarios, organizaciones educativas o pequeñas y grandes empresas, puedes ver esta información siempre actualizada en la web de Microsoft 365, `https://www.microsoft.com/es-es/microsoft-365`, si lo deseas.

En la figura 1.1 estamos viendo la web de Microsoft 365 y desde aquí puedes acceder dependiendo del caso a la solución que pueda interesarte más. Hay una solución para usuarios individuales, para familias, para pequeñas y grandes empresas o para la educación.

Figura 1.1. Página web de Microsoft 365.

Si haces clic en uno de los botones, por ejemplo, en **Pequeñas empresas**, se abrirá una nueva página web donde podrás ver en detalle los distintos tipos de suscripciones que pueden adaptarse a esas necesidades y las aplicaciones que contiene cada suscripción, como se ve en la figura 1.2.

Figura 1.2. Página web donde comparar planes de Microsoft 365.

Cada plan que se ofrece muestra en detalle las herramientas que componen esa suscripción, así podrás decidir qué plan se adapta mejor a tus necesidades. Podrás observar que algunas de las suscripciones ofrecen las aplicaciones Office en versión de escritorio, pero otras no, solo ofrecen estas aplicaciones en versión web, es decir, solo ofrecen los servicios de la nube de esas aplicaciones.

Antes de adquirir un tipo de suscripción definitivamente, puedes realizar una prueba gratuita durante 30 días, de este modo podrás ver si esa suscripción se adapta a tus necesidades o a las de tu empresa. Después de estos 30 días de prueba gratuita, cuentas con otros 30 días para adquirir la suscripción conservando todas las cuentas e información que contengas; después de esos días, si no se ha adquirido la suscripción, todos los datos y configuraciones realizadas serán borrados de forma permanente.

¿Puedo utilizar Microsoft 365 en dispositivos móviles?

Existe una versión de Microsoft 365 para dispositivos móviles que te permitirá utilizar Word, Excel y PowerPoint entre otras aplicaciones de forma gratuita tanto en tabletas como en teléfonos móviles inteligentes. Para usarlo, solo necesitas descargar la aplicación en tu dispositivo móvil e iniciar sesión con una cuenta de Microsoft gratuita o con tu cuenta profesional o educativa.

No importa el sistema operativo que tenga tu dispositivo móvil, hay una aplicación de Microsoft 365 para descargar y utilizar en él.

Con esta aplicación podrás visualizar, compartir y editar documentos, transformar imágenes en documentos de Word y Excel, crear y firmar archivos PDF, transferir archivos entre dispositivos y usar notas rápidas entre otras muchas funciones.

¿Hay una versión de Microsoft 365 gratuita?

Si te estás haciendo esta pregunta, la respuesta es sí; cualquier cuenta gratuita de Microsoft te permite acceder a las herramientas básicas de Microsoft 365 en la nube.

Puedes crear una cuenta gratuita si no tienes una o iniciar sesión con una cuenta existente; en `https://www.microsoft.com/es-es/microsoft-365/free-productivity-apps` puedes crearte una cuenta gratuita haciendo clic en el botón Registrarse gratis, como se muestra en la figura 1.3.

Una vez iniciada sesión con tu cuenta gratuita, puedes ver todas las aplicaciones que Microsoft 365 te ofrece para utilizar desde la web, como se ve en la figura 1.4.

Figura 1.3. Sitio web de Microsoft 365 para iniciar sesión o crear una cuenta gratuita.

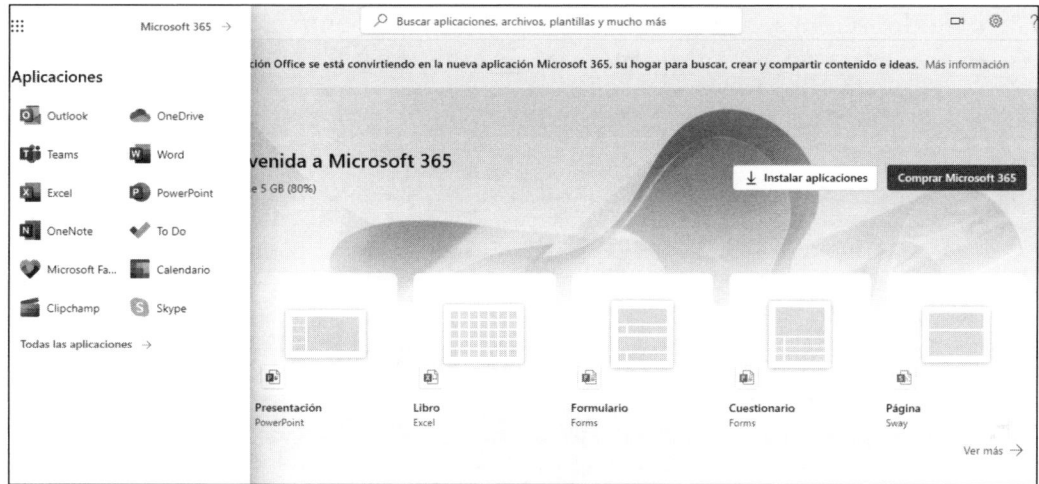

Figura 1.4. Aplicaciones web contenidas con una cuenta de Microsoft 365 gratuita.

NOTA:

En el caso de que necesites tener las aplicaciones de escritorio de Word, Excel, Outlook y PowerPoint, entonces es necesario que adquieras una suscripción, ya que con la versión gratuita se da únicamente acceso a los servicios de la nube de esas aplicaciones.

¿Puedo utilizar Microsoft 365 en un Mac?

Microsoft 365 es compatible con dispositivos Mac. Puedes acceder a las aplicaciones y a tus archivos de Microsoft 365 con cualquier navegador en tu Mac y, si tu suscripción tiene acceso a las aplicaciones Office de escritorio, también las podrás instalar en tu Mac.

Microsoft 365 es una plataforma que está preparada tanto para ser utilizada desde un sistema operativo Windows como desde un sistema operativo IOS, por lo que no importa si estás en un PC o en un Mac, podrás acceder a tu cuenta de Microsoft 365.

Iniciar sesión en Microsoft 365

Para comenzar a utilizar todas las herramientas de Microsoft 365, tienes que iniciar sesión con tu cuenta de usuario, ya sea una cuenta gratuita o una cuenta profesional o educativa. Para ello, abre tu navegador y escribe **Office.com** en la barra de direcciones, haz clic en el botón Iniciar sesión y escribe tu nombre de usuario y contraseña, como se muestra en la figura 1.5.

Figura 1.5. Iniciar sesión en Microsoft 365 gratuita.

Si has introducido correctamente tu usuario y contraseña, ya estás en la página principal de Microsoft 365. Esta página te da acceso a todas las aplicaciones que contiene la plataforma de Microsoft 365 y que están comprendidas en la suscripción que hayas adquirido o te haya proporcionado tu organización o tu entidad educativa, como vemos en la figura 1.6.

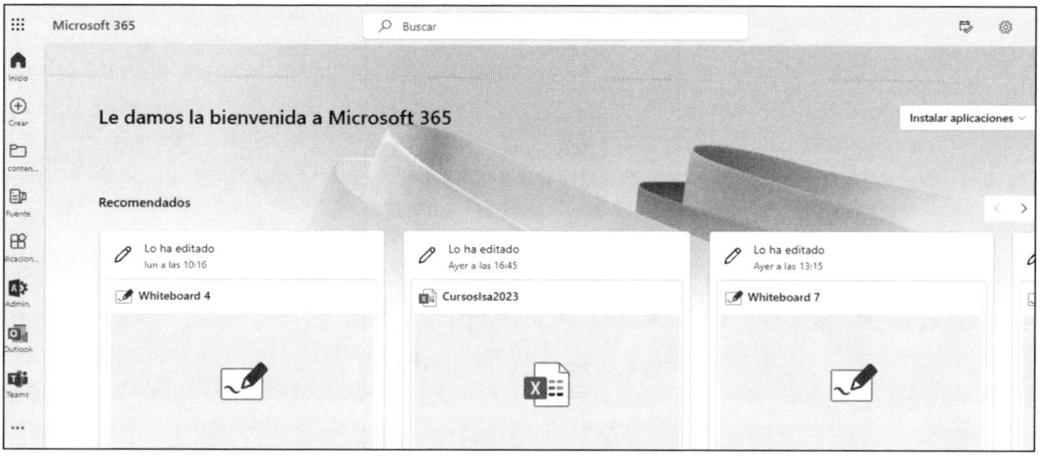

Figura 1.6. Página principal de Microsoft 365.

Conocer la página principal de Microsoft 365

Vamos a realizar un recorrido por la página principal de Microsoft 365, desde aquí podrás acceder a todas las aplicaciones que componen la plataforma.

Empecemos por ver cómo personalizar esta página de inicio y adaptarla a tus necesidades. Observa en la parte superior derecha de la página, verás un botón con forma de engranaje; desde ahí, podrás acceder a la configuración de Microsoft 365.

Cambiar el tema de la página de inicio

Al hacer clic en el botón Configuración, con forma de "engranaje" (⚙), se mostrará un panel a la derecha con la configuración rápida, desde aquí puedes seleccionar un Tema. Haz clic en el vínculo Ver todo para mostrar todos los temas, hará cambios en el fondo de la página de inicio, en el texto y en algunas otras características para esta página de inicio.

Algunos de los temas muestran animaciones, además de cambios en el formato. El primer tema que aparece es el predeterminado, puedes aplicarlo de nuevo cuando lo desees, como se muestra en la figura 1.7.

Figura 1.7. Cambiar el tema de Microsoft 365.

Modificar la zona horaria y el idioma

Si te desplazas un poco en el panel izquierdo de configuración rápida, verás el vínculo para acceder a la zona horaria y al idioma, **Cambiar idioma**. Esto te llevará a la página de **Configuración y privacidad** de Microsoft 365, haz clic para hacer cambios en el idioma en que se muestra Microsoft 365, el idioma de traducción, el formato regional y la zona horaria, como se ve en la figura 1.8.

Para volver a la página principal, haz clic en el botón (representado por nueve puntos) **Iniciador de aplicaciones** (⦂). Se mostrará un panel a la izquierda de la pantalla desde donde podrás acceder a las distintas aplicaciones de Microsoft 365 y a la página principal haciendo clic en el vínculo **Microsoft 365**, como se señala en la figura 1.9.

El iniciador de aplicaciones de Microsoft 365

En varias de las páginas de Microsoft 365 verás el botón **Iniciador de aplicaciones** (⦂), que te permitirá acceder rápidamente a las aplicaciones que componen Microsoft 365.

Figura 1.8. Formato regional y zona horaria.

Figura 1.9. Acceso a las aplicaciones de Microsoft 365.

Al hacer clic en el **Iniciador de aplicaciones**, verás accesos directos a las aplicaciones más utilizadas y el vínculo **Microsoft 365**, que te da acceso a la página principal. Si en este panel no logras ver la aplicación que necesitas y sabes que está incluida en tu suscripción, es posible que esté oculta, por lo que te aconsejo que te desplaces hacia abajo por este panel hasta que veas el vínculo **Todas las aplicaciones**. Al hacer clic en él, podrás ver cómo el panel izquierdo se amplía mostrando todas las aplicaciones de las que consta tu suscripción, como se ve en la figura 1.10.

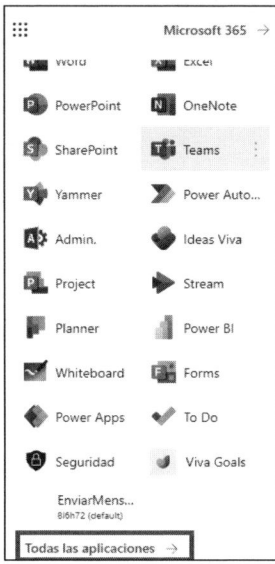

Figura 1.10. Acceso a las todas las aplicaciones de Microsoft 365.

Navega por el panel hasta que localices la aplicación que estás buscando.

TRUCO:

Si quieres localizar la aplicación que necesitas más rápidamente, observa en la parte superior del panel, verás un cuadro de búsqueda en el que puedes escribir el nombre de la aplicación que necesitas localizar.

Utilizar el modo oscuro

Si vas a trabajar durante varias horas al día con Microsoft 365, puedes usar el modo oscuro para el descanso visual. Lo puedes activar desde el botón **Configuración** (⚙), en la parte superior derecha de la página principal de Microsoft 365, como se ve en la figura 1.11.

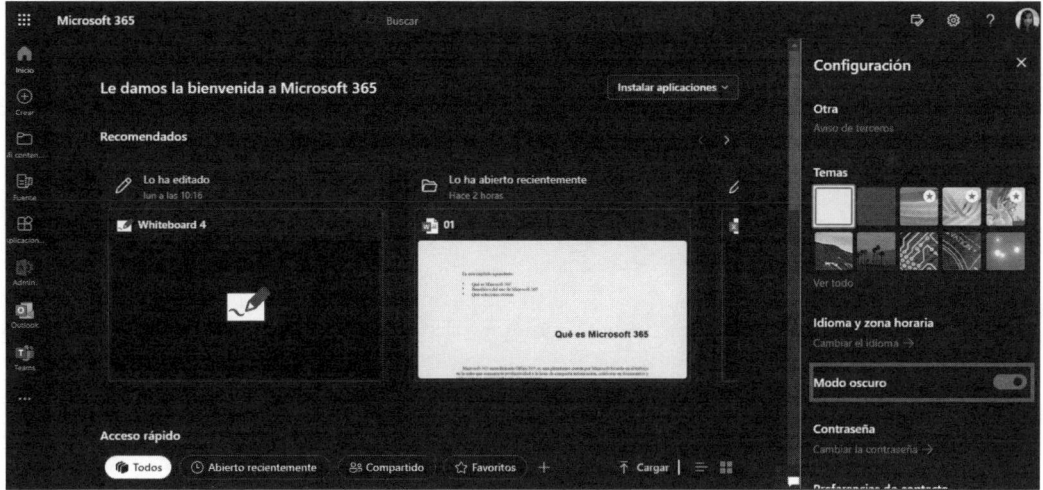

Figura 1.11. Aplicar el modo oscuro.

El contenido de la página de inicio de Microsoft 365

Como ya habrás observado, en la página de inicio de Microsoft 365 aparecen accesos directos a documentos recomendados con el objetivo de facilitarte el acceso a los archivos que son más populares, es decir, que usas tú frecuentemente u otros usuarios que compartan el archivo contigo.

Los archivos editados aparecen marcados con el icono de un lápiz, los que se han abierto y no se han editado aparecen con el icono de una carpeta, y si el archivo es compartido con otro u otros usuarios aparece la imagen del último usuario que ha accedido a ese archivo. Con las flechas que aparecen a la derecha de los archivos, puedes navegar por más archivos recomendados, como puedes ver en la figura 1.12.

Un poco más abajo, se muestra el Acceso rápido, con los accesos directos a los archivos organizados por varias categorías: Todos, Abierto recientemente, Compartido y Favoritos.

Inicialmente, estos archivos aparecen en vista mosaico, que te permite obtener una vista previa del archivo, pero, como puedes observar, a la derecha hay un icono para cambiar la vista a lista, como se señala en la figura 1.13; de esta forma, podrá ver más archivos, aunque no obtendrás una vista previa de estos.

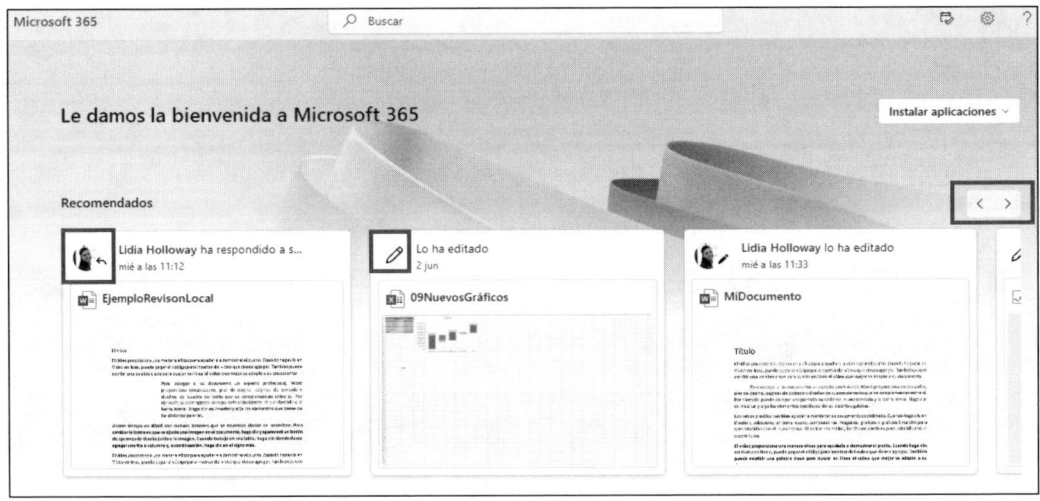

Figura 1.12. Acceso a los archivos recientes.

Figura 1.13. Vista de archivos en la página principal de Microsoft 365.

Desde el acceso rápido puedes cargar archivos que tengas en tu equipo en la nube de OneDrive y aparecerán en esta página.

> **NOTA:**
>
> *OneDrive es la nube de almacenamiento personal que pertenece a tu cuenta de Microsoft 365. Si es una cuenta profesional contarás con 1 TB de almacenamiento; si es gratuita, con 5 GB.*

Si navegas hasta el final de la página, verás el vínculo Ver todo mi contenido, que te llevará a Mi contenido, que veremos cómo funciona más adelante.

Mi día

La herramienta Mi día de Microsoft 365 es una funcionalidad diseñada para ayudarte a organizar y administrar tus tareas y tus eventos diarios de forma eficiente y productiva. Esta aplicación está disponible en la versión web y en la aplicación móvil de Microsoft 365.

Para acceder a esta aplicación, haz clic en el icono Mi día (🖻), en la parte superior derecha de la página principal de Microsoft 365.

Con Mi día puedes ver y crear tu lista de tareas pendientes, eventos que tengas programados en el calendario y establecer recordatorios para realizar un seguimiento de tus actividades. Puedes agregar tareas manualmente o importarlas desde otras aplicaciones y servicios de Microsoft 365, como Outlook o Planner. Puedes ver los próximos eventos que están agendados en tu calendario e incluso puedes crear un evento desde aquí.

Mi día te permite establecer prioridades en tus tareas y organizarlas en categorías, como trabajo, personal, estudios, etc. También puedes asignar fechas de vencimiento y horarios específicos para tus actividades, lo que te ayuda a mantener un mayor enfoque en lo importante y cumplir con tus plazos.

Además, ofrece funciones de recordatorio y notificación para asegurarte de que no olvides ninguna tarea importante. Puedes recibir recordatorios en tu dispositivo móvil o en tu bandeja de entrada de correo electrónico.

Cuando hagas clic en el botón Mi día, se abrirá un panel en la parte derecha de la pantalla que te situará inicialmente en el Calendario, donde verás los días de la semana en curso y debajo los eventos pendientes que tienen lugar próximamente, hoy, mañana, etc., como se ve en la figura 1.14.

Desde aquí puedes agregar manualmente una tarea que venza hoy haciendo clic en el vínculo Agregar una tarea que vence hoy. Esta opción se puede usar con el objetivo de apuntarte y no olvidar algo que tengas pendiente para hoy.

Más abajo, si haces clic en uno de los eventos que aparecen, podrás ver todos los detalles del evento y, si es *online* y es el momento, podrás unirte a él desde aquí directamente.

Si te fijas en la parte inferior del panel, hay un vínculo para agregar un Nuevo evento en el calendario también desde aquí sin tener que ir al calendario de Outlook.

Ahora observa en la parte superior del panel: hay otra pestaña, To Do. Te permite acceder a tus tareas; desde aquí, podrás crear nuevas tareas y acceder a las que hayas agregado desde Outlook o desde Planner.

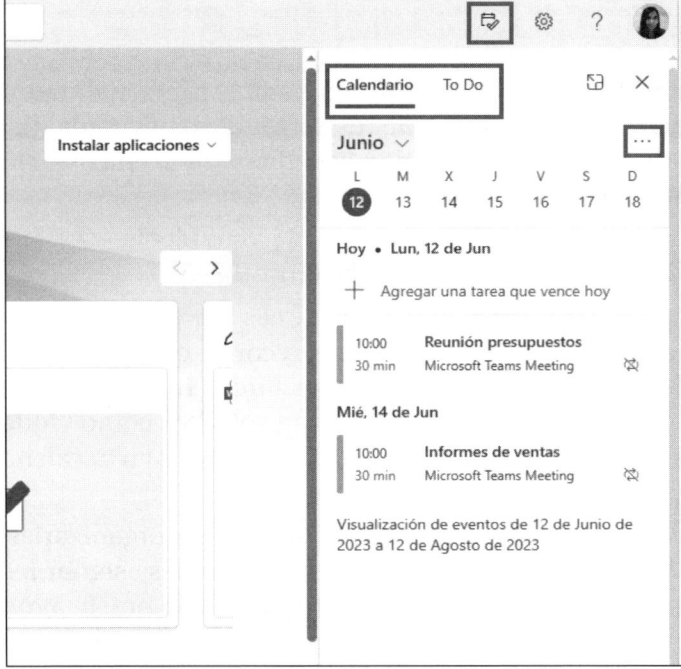

Figura 1.14. Visualización de la herramienta Mi día.

To Do realmente es una apreciada aplicación de Microsoft 365, que además está integrada en Outlook. Es un perfecto gestor de tareas personales, aunque también es una herramienta colaborativa, ya que puedes compartir listas de tareas con otras personas.

Desde el panel Mi día tienes un acceso rápido a tus tareas de To Do.

Al hacer clic en To Do, verás una lista con tus tareas: las que están vencidas aparecen en rojo, las que provienen del correo electrónico vienen enmarcadas en la parte inferior como correo electrónico, como puedes ver en la figura 1.15.

Una vez que hayas completado una tarea, puedes marcarla como finalizada para mantener un seguimiento de tu progreso. Mi día también te permite revisar tu historial de tareas y verificar las tareas completadas, marcadas como importantes, programadas para hoy, etc., solo haciendo clic en el vínculo Tareas , como se ve en la figura 1.16.

En resumen, Mi día de Microsoft 365 te ayuda a organizar y administrar tus eventos y tareas diarias de manera efectiva. Te permite establecer prioridades, recordatorios y realizar un seguimiento de tu progreso, lo que contribuye a una mayor productividad y organización en tu rutina diaria.

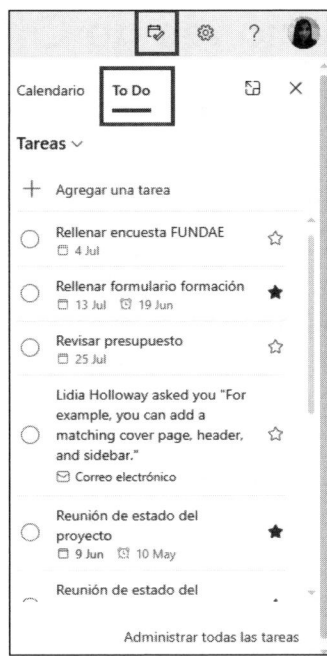

Figura 1.15. Vista de tareas de **To Do**.

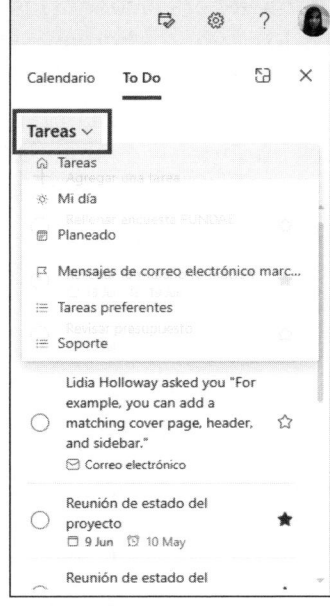

Figura 1.16. Mostrar **Tareas**.

Instalar las aplicaciones de Office versión de escritorio en tu equipo

Varios de los planes de Microsoft 365 incluyen las aplicaciones de Office de escritorio para instalar en tu equipo. Aquí te menciono algunos de ellos:

- **Microsoft 365 Familia:** Este plan diseñado para uso familiar incluye las aplicaciones de escritorio de Word, Excel, PowerPoint, Outlook y OneNote. Puedes instalar estas aplicaciones en varios dispositivos, incluyendo Mac, PC, tabletas y *smartphones*. El plan Microsoft 365 Familia permite la instalación en hasta 6 dispositivos diferentes.

- **Microsoft 365 Personal:** Muy similar al plan anterior, Microsoft 365 Personal también incluye las aplicaciones de escritorio de Word, Excel, PowerPoint, Outlook y OneNote. La diferencia es que este plan está diseñado para un solo usuario y permite la instalación en un máximo de un PC o Mac y una tableta.

- **Los planes para empresas Microsoft 365 Básico, Estándar y Premium:** También incluyen las aplicaciones de escritorio Word, Excel, PowerPoint, Outlook y OneNote.

Estos son algunos ejemplos de planes de Microsoft 365 que incluyen las aplicaciones de escritorio. Es importante tener en cuenta los detalles y las características de cada plan antes de adquirirlo, ya que Microsoft puede introducir cambios y actualizaciones en su oferta de productos y servicios.

En cuanto a los planes para empresas, cada plan también tiene características y precios diferentes, por lo que es importante evaluar las necesidades de tu empresa para elegir el plan adecuado.

Aquí te dejo el enlace para que accedas a la página oficial de Microsoft 365 y puedas hacer una comparativa entre los diferentes planes y veas en detalle qué aplicaciones contiene cada uno de ellos: `https://www.microsoft.com/es-es/microsoft-365`.

Qué plan de Microsoft 365 tengo

Si te estás haciendo esta pregunta seguramente es porque el plan no lo hayas contratado tú, quizás lo ha contratado tu empresa o tu entidad educativa y deseas saber con qué tipo de suscripción a Microsoft 365 cuentas.

Voy a explicarte los pasos que tienes que seguir para ver ese tipo de suscripción. Lo primero que debes hacer es estar situado en la página principal de Microsoft 365.

En la parte superior derecha de la pantalla, podrás ver tu imagen de perfil, haz clic en ella y verás el vínculo **Ver cuenta**, como puedes ver en la figura 1.17.

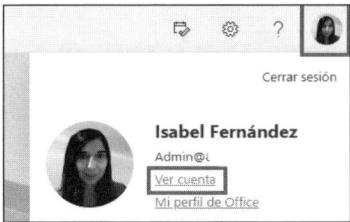

Figura 1.17. Acceso a la cuenta de usuario.

Cuando hagas clic en ese vínculo, se mostrará una página con la información de tu cuenta. En la parte izquierda de la página, verás distintas categorías; haz clic en la categoría **Suscripciones**, como puedes ver en la figura 1.18.

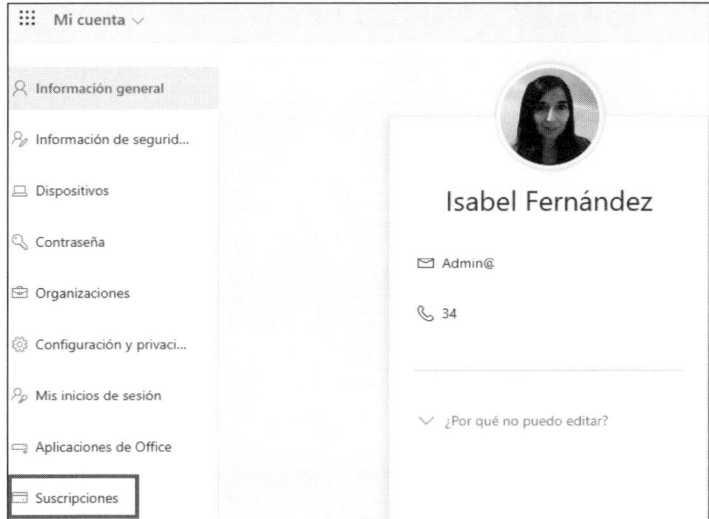

Figura 1.18. Acceso a suscripciones.

Esto te llevará a otra página donde podrás ver en cuántos equipos puedes instalar las aplicaciones de Office de escritorio si es que tu suscripción cuenta con ellas, y desde aquí podrás hacer clic en el vínculo **Ver suscripciones** (en la figura 1.19), que te llevarán a la información detallada de tu suscripción.

Se mostrará en pantalla el tipo de suscripción con el que cuentas y todos los detalles de esa suscripción, incluidas todas las aplicaciones que puedes utilizar, como se detalla en la figura 1.20.

Figura 1.19. Ver suscripciones.

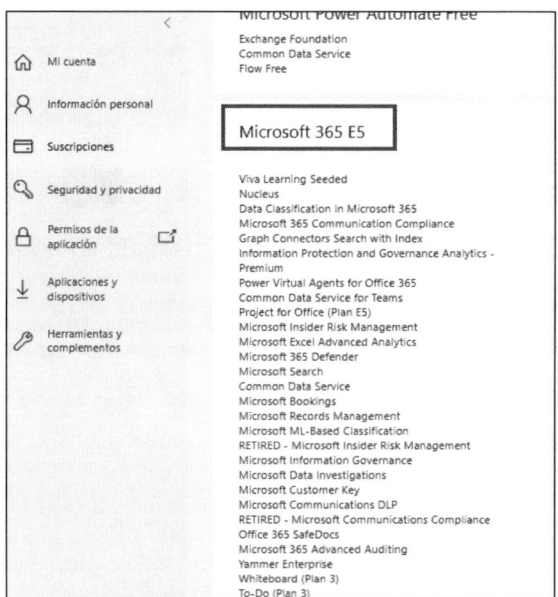

Figura 1.20. Detalles de la suscripción.

Instalar las aplicaciones de Microsoft 365 de escritorio en tu equipo

Si ya has comprobado que cuentas con una suscripción que incluye las aplicaciones de Office de escritorio, podrás instalarlas en tu equipo. Recuerda que en los detalles de la suscripción puedes ver en cuántos equipos y dispositivos móviles está permitido instalar estas aplicaciones de escritorio. Para instalar las aplicaciones Word, Excel, PowerPoint, Outlook y OneNote en tu equipo, ve a la página principal de Microsoft 365. En la parte superior derecha, verás el botón Instalar aplicaciones, despliega el botón para ver qué aplicaciones puedes instalar, como se ve en la figura 1.21.

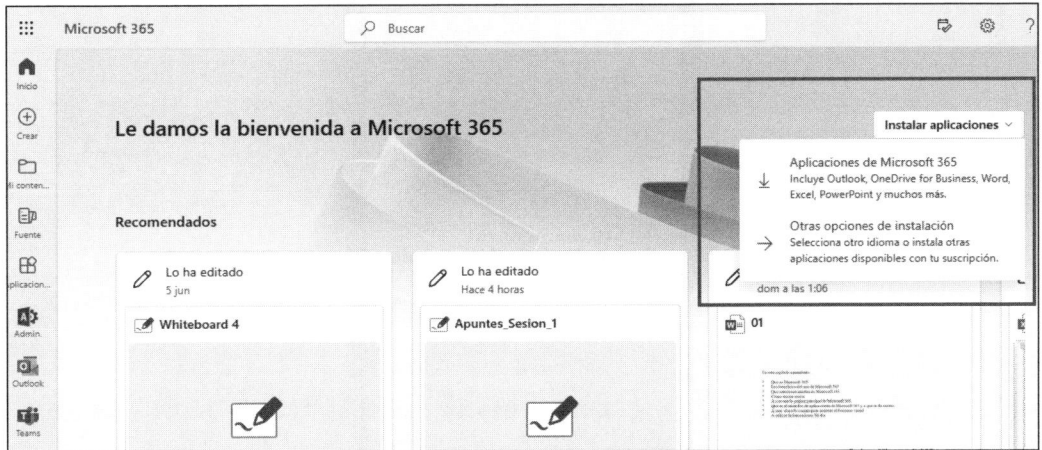

Figura 1.21. Instalar aplicaciones de escritorio.

Cuando hagas clic en Aplicaciones de Microsoft 365, se descargará a la carpeta Descargas de tu equipo un archivo ejecutable para instalar estas aplicaciones. Solo con hacer doble clic en él, comenzará la instalación.

NOTA:

Cuando vayas a instalar las aplicaciones de Microsoft 365 de escritorio, asegúrate de tener una conexión estable de Internet.

Instalar la aplicación de Microsoft 365 para dispositivos móviles

Si tu dispositivo móvil tiene sistema operativo Android, ve a Google Play y busca la aplicación Microsoft 365; en el caso de que tengas un dispositivo móvil con sistema operativo iOS, ve a la App Store y escribe en el cuadro de búsqueda **microsoft 365**, como puedes ver en la figura 1.22.

Una vez instalada la aplicación búscala en tu dispositivo móvil, la primera vez que accedas deberás iniciar sesión con tu cuenta de Microsoft 365.

Figura 1.22. Descargar Microsoft 365 en tu dispositivo móvil.

Una vez iniciada la sesión, verás la página principal de Microsoft 365 en tu dispositivo móvil; en la parte inferior, verás el botón Inicio, ahí es donde te encuentras actualmente.

En la parte superior, tienes acceso a las distintas aplicaciones Word, Excel, PowerPoint, etc., con las que podrás visualizar, compartir y editar documentos, como se muestra en la figura 1.23.

Tu fuente de actividad en Microsoft 365

La Fuente en Microsoft 365 te proporciona una visión general de las actividades realizadas en tu organización utilizando para ello las aplicaciones y servicios de Microsoft 365. Esta función permite a los usuarios estar informados de todas las novedades.

La fuente de actividad reúne información sobre eventos y acciones realizadas por usuarios en aplicaciones como Microsoft Word, Excel, PowerPoint, Outlook, SharePoint, Teams y otros servicios de Microsoft 365. Algunos ejemplos de actividades que se pueden rastrear incluyen la creación de documentos, el envío de correos electrónicos, la colaboración en archivos compartidos, las reuniones en línea, entre otros muchos.

Figura 1.23. Microsoft 365 en tu dispositivo móvil.

Localizarás **Fuente** en el panel izquierdo de la página principal de Microsoft 365, como se señala en la figura 1.24.

La fuente de actividad se compone de varias pestañas. Inicialmente, estarás situado en la pestaña **Para usted**, donde encontrarás novedades e información relevante para ti.

A la derecha, verás tu imagen de perfil y un vínculo a **Mi actividad**, donde podrás acceder y ver más información del tipo: próximas reuniones, últimos documentos con los que has trabajado, etc. Y desde aquí también podrás actualizar tu perfil de Microsoft 365, pero solo podrás modificar la información que la organización haya permitido.

En la pestaña **Mantenerse al día** verás la información más relevante en relación con tus colaboradores más directos, es decir, compañeros de trabajo con los que compartes equipo o un sitio de SharePoint, por nombrar un ejemplo.

Figura 1.24. Fuente de Microsoft 365.

También en las distintas pestañas que aparecen podrás ver tu red de contactos, las conclusiones de las reuniones a las que has asistido y las noticias más relevantes.

A la derecha de la página, debajo de Mi actividad, verás una lista de contactos de tu organización a los que podrás seguir si lo deseas para ver su actividad más reciente.

Cerrar sesión en Microsoft 365

Normalmente, si has iniciado sesión en Microsoft 365 en tu equipo o dispositivos habituales, no será necesario cerrar sesión; esto facilitará el próximo acceso a la plataforma en la que habitualmente no se te solicitará el usuario y la contraseña de nuevo.

Pero, si tuviste que iniciar sesión en un equipo que no es el tuyo habitual, es necesario que cuando termines de trabajar con las aplicaciones cierres sesión para evitar que esta se quede abierta y otra persona pueda entrar.

Para cerrar sesión, haz clic en la fotografía de tu imagen de perfil, verás un vínculo en la parte superior derecha del menú que se despliega, Cerrar sesión. Haz clic ahí para cerrar la sesión, como se detalla en la figura 1.25.

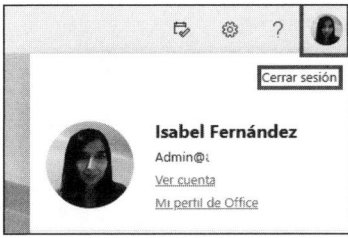

Figura 1.25. Cerrar sesión en Microsoft 365.

2

Transforma tu manera de compartir, colaborar y almacenar archivos con OneDrive

Qué es OneDrive

OneDrive es el servicio de almacenamiento en la nube que pertenece a tu cuenta de Microsoft 365. Tanto si estás utilizando una cuenta gratuita como si estás utilizando una cuenta profesional o de empresa de Microsoft 365, cuentas con un espacio de almacenamiento en la nube de OneDrive.

OneDrive permite a los usuarios almacenar, sincronizar y compartir archivos y carpetas en línea, permitiéndote acceder a tus archivos desde cualquier lugar y dispositivo con conexión a Internet, esto facilita considerablemente el acceso a tus documentos, fotos, vídeos y otros tipos de archivos que hayas guardado en OneDrive.

Ventajas del uso de OneDrive

- **Acceso rápido desde cualquier sitio y dispositivo:** Al ofrecerte la posibilidad de guardar tus archivos y documentos en la nube, puedes acceder a ellos desde cualquier dispositivo con conexión a Internet. Pero, si no tienes conexión a Internet, no debes preocuparte porque podrás acceder a los archivos desde tu equipo o dispositivo con la aplicación de OneDrive de escritorio y, cuando recuperes la conexión a Internet, el contenido se sincronizará de forma automática sin que tengas que preocuparte por ello.

- **Sincronización automática de los cambios:** Si realizas cambios en un archivo en tu ordenador, esos cambios se reflejarán en el resto de los dispositivos con los que accedas a OneDrive. Esto te permite mantener tus archivos actualizados y disponibles en todos tus dispositivos siempre que accedas a ellos.

- **Compartir archivos y colaborar:** Con OneDrive, puedes compartir archivos y carpetas de forma muy sencilla con otras personas, otorgándoles distintos tipos de permisos según el caso, lo que facilita la colaboración en tiempo real en proyectos o documentos compartidos.

- **Seguridad de tus archivos:** OneDrive cuenta con altas medidas de seguridad para proteger tus archivos. Los datos se almacenan en servidores seguros de Microsoft mediante cifrado para proteger la privacidad y confidencialidad de la información.

- **Integración con otras aplicaciones de Microsoft 365:** OneDrive está integrado con las aplicaciones *online* y otros servicios de Microsoft 365. Esto te permite crear, editar y colaborar en documentos de Word, Excel, PowerPoint, OneNote y más, directamente sin salir de la interfaz de OneDrive.

Capacidad de almacenamiento en OneDrive

Como ya sabes, Microsoft ofrece diferentes soluciones de cuentas para usuarios, organizaciones educativas y empresas; dependiendo de qué suscripción hayas adquirido o si estás utilizando una cuenta gratuita, la capacidad de almacenamiento en la nube de OneDrive puede variar.

Aquí puedes ver el almacenamiento que se ofrece en los tipos de cuentas más populares:

- **OneDrive gratuito:** Los usuarios con una cuenta gratuita de Microsoft cuentan con acceso a OneDrive con una capacidad de 5 GB de almacenamiento. Sin embargo, como ya imaginas, esto puede cambiar en cualquier momento, a la hora de escribir este libro.

NOTA:

Las políticas de almacenamiento gratuito de Microsoft informan que los archivos almacenados en el servicio de copia de seguridad no contarán para el límite de 5 GB de almacenamiento.

- **Microsoft 365 Personal y empresas:** Los suscriptores de Microsoft 365 Personal y empresas cuentan con 1 TB (terabyte) de almacenamiento en OneDrive.

- **Microsoft 365 Plan Familia:** Los suscriptores de Microsoft 365 Family o Familia también cuentan con 1 TB de almacenamiento en OneDrive por **cada uno** de los seis miembros de la familia incluidos en la suscripción.

Como te comentaba anteriormente, es importante tener en cuenta que Microsoft puede modificar las capacidades de almacenamiento y las políticas asociadas en el futuro, por lo que te recomendaría verificar la información más actualizada en el sitio web oficial de Microsoft: https://www.microsoft.com/es-es/microsoft-365/onedrive/compare-onedrive-plans?activetab=tab%3aprimaryr1.

En la configuración de tu cuenta de OneDrive puedes ver en todo momento la capacidad de almacenamiento con la que cuentas y el espacio utilizado y libre. Para verificar estos parámetros, ve en OneDrive a la parte superior derecha de la pantalla y haz clic en Configuración, con forma de rueda dentada (⚙).

A continuación, en la página que aparece, dirígete al panel izquierdo y haz clic en la opción Más configuraciones. En la página que se abre, desplázate hasta el grupo Características y almacenamiento y haz clic en Métricas de almacenamiento, como puedes ver en la figura 2.1.

Figura 2.1. Acceso a las métricas y el almacenamiento de OneDrive.

Una vez accedes a **Métricas y almacenamiento**, verás en la parte superior derecha de la pantalla la información del espacio disponible y del espacio total y, gráficamente, información de lo que ocupan las distintas carpetas de la unidad, como se muestra en la figura 2.2.

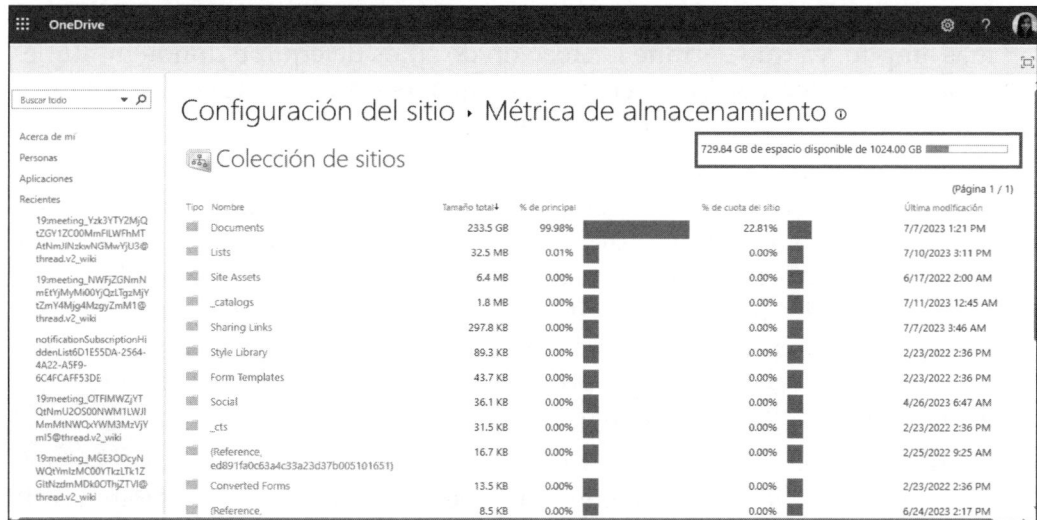

Figura 2.2. Distribución del almacenamiento tu cuenta de OneDrive.

ADVERTENCIA:

Los archivos con los que trabajas habitualmente se encuentran en la carpeta Documents, *que, como ves en la figura 2.2, es la que ocupa mayor espacio en la unidad.*

Diferencias entre OneDrive y SharePoint Online a la hora de almacenar información

Tanto OneDrive como SharePoint Online son dos servicios de almacenamiento en la nube pertenecientes a Microsoft; si tienes una suscripción a Microsoft 365 de empresa, podrás encontrar ambas aplicaciones, pero su objetivo de uso es muy distinto; veamos algunas de las principales diferencias:

- OneDrive tiene como objetivo principal el uso personal y el almacenamiento individual, por lo que es ideal para almacenar y compartir archivos personales del tipo: documentos, fotos o vídeos entre otros. Por otro lado, SharePoint Online se centra en la colaboración empresarial y en la gestión de archivos a nivel de equipo o empresa. Es una plataforma para crear sitios web, intranets y portales empresariales, y permite la colaboración de los miembros de equipos y de las personas de una misma organización que pueden acceder a esos sitios con distintos niveles de permisos.

- Con OneDrive, puedes compartir archivos y carpetas con otras personas y colaborar en ellos de forma individual o en grupos más pequeños. Sin embargo, SharePoint ofrece un espacio de alcance y de colaboración bastante más amplio, ya que permite la creación de sitios de equipo donde múltiples usuarios pueden colaborar en documentos, realizar seguimiento de tareas, tener discusiones y compartir recursos.

- OneDrive ofrece un control de permisos gestionado por el usuario, permitiéndote compartir archivos con personas específicas y establecer permisos del tipo: lectura, revisión o edición. En cambio, SharePoint proporciona una administración de permisos más avanzada y granular gestionada por la persona que administra SharePoint o Microsoft 365. De esta manera se pueden establecer permisos detallados para diferentes usuarios o equipos, y tener un mayor control sobre quién puede acceder, editar o compartir contenido en los distintos sitios de SharePoint.

- SharePoint Online ofrece más funcionalidades y más avanzadas a la hora de trabajar en equipo, incluyendo la integración con otras herramientas de Microsoft, como Teams y Planner, etc., y capacidades de gestión de registros entre otras.

En la figura 2.3 puedes ver en una cuenta de empresa con las dos aplicaciones: OneDrive para el almacenamiento y compartición personal de contenido, y SharePoint Online para el almacenamiento y la colaboración en equipo.

Si haces clic en el **Iniciador de aplicaciones** de Microsoft 365 (⊞) y cuentas con una suscripción de empresa, podrás ver estas dos aplicaciones.

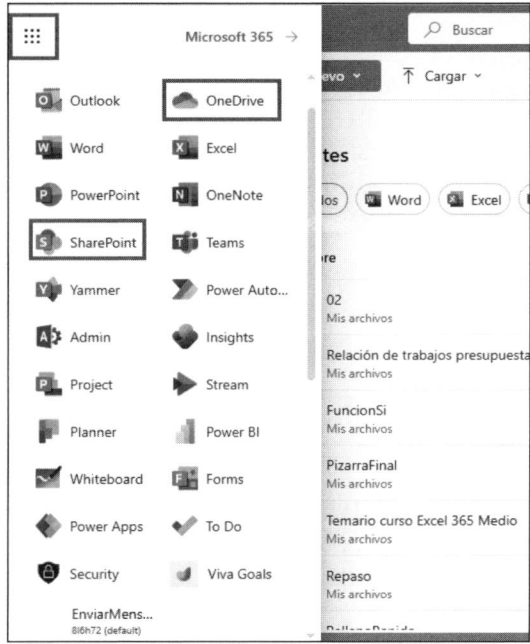

Figura 2.3. Acceso a OneDrive y SharePoint Online desde el **Iniciador de aplicaciones**.

Subir archivos y carpetas a la nube de OneDrive

Una vez iniciada sesión en tu cuenta de Microsoft 365 o en tu cuenta personal de Microsoft, puedes acceder a OneDrive desde el **Iniciador de aplicaciones** (⊞), aunque en cualquier caso también puedes acceder a OneDrive desde la página `https://onedrive.live.com/` introduciendo tu usuario y contraseña, como puedes ver en la figura 2.4.

> **NOTA:**
> *Si ya has iniciado sesión anteriormente en ese equipo o dispositivo, es probable que entres directamente en OneDrive si tener que iniciar sesión.*

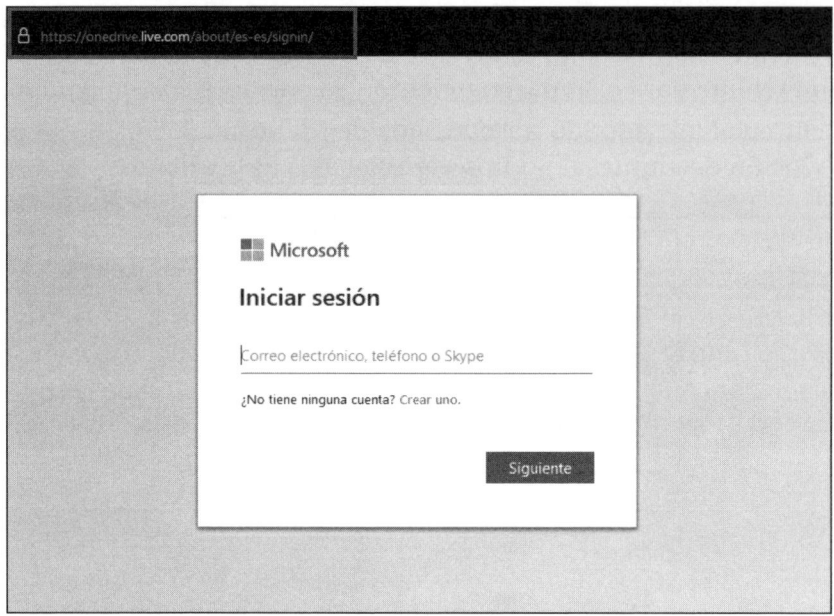

Figura 2.4. Acceso a OneDrive desde la página web.

Cuando hayas accedido a OneDrive, verás a la izquierda de la pantalla un panel de navegación. Por defecto, aparece la pantalla Inicio, desde aquí puedes ver los archivos Recientes, es decir, los últimos que has utilizado, como se señala en la figura 2.5.

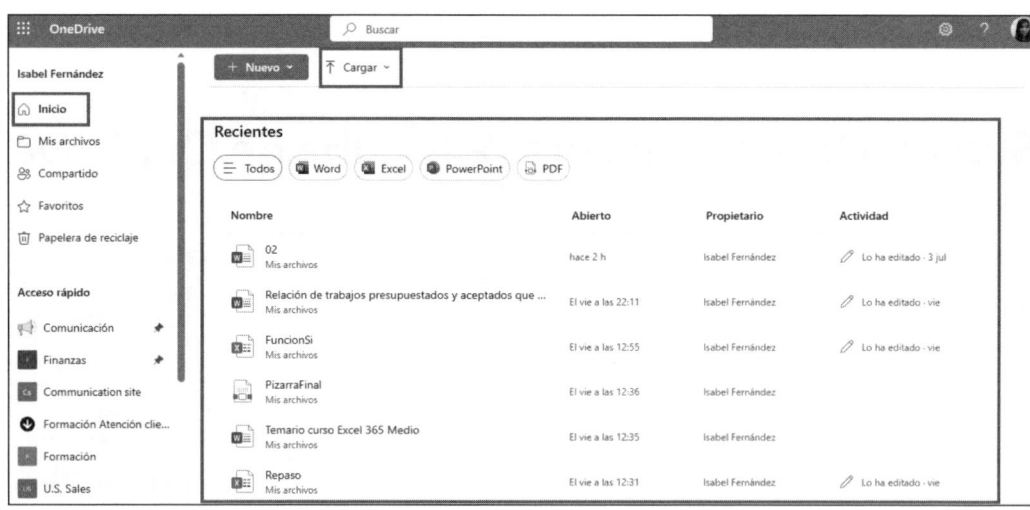

Figura 2.5. Categoría Inicio en OneDrive.

Si es la primera vez que accedes a OneDrive, estará vacío. Puedes comenzar por subir archivos o carpetas completas desde tu equipo o dispositivo a la nube de OneDrive, pero antes recordemos brevemente los principales objetivos de subir archivos a la nube.

El principal objetivo de subir archivos a OneDrive es aprovechar las ventajas de la nube para acceder a tus archivos desde cualquier lugar y dispositivo pudiendo compartirlos fácilmente con otras personas, protegiéndolos y ahorrando espacio en tus dispositivos.

Además, la opción de sincronizar automáticamente tus archivos entre tus distintos dispositivos y la nube te permite que cualquier cambio que realices en tus archivos locales se reflejará en la versión de OneDrive y viceversa. La sincronización automática facilita mantener tus archivos actualizados y accesibles siempre.

NOTA:

Si te estás preguntando cómo accedes o modificas tus archivos cuando no tengas conexión a Internet, la respuesta es sencilla: trabaja en la aplicación local de OneDrive (hablaremos de ella más adelante) y los archivos se sincronizarán automáticamente con la nube cuando recuperes la conexión sin que tengas que preocuparte por ello.

Subir archivos a OneDrive desde tu equipo

Estando situado en la categoría Inicio o en la categoría Mis archivos del panel izquierdo de OneDrive, observarás en la barra de herramientas superior el botón Cargar. Al hacer clic en este botón, se despliega una lista de los archivos almacenados en tu equipo.

Haz clic en Archivos, te muestra el cuadro de diálogo Abrir, que ya conoces y puedes ver en la figura 2.6, donde puedes acceder a las distintas ubicaciones de tu equipo para seleccionar el archivo o archivos que necesites cargar en la nube. Si vas a seleccionar varios archivos puedes pulsar la tecla **Mayús** en tu teclado tanto si tienes sistema operativo Windows o si estás en Mac, manteniéndola pulsada podrás seleccionar el primero y último de todos los archivos que necesites seleccionar. Si los archivos no están seguidos, puedes mantener pulsada la tecla **Control** de tu teclado en Windows o **Comando** si estás en un Mac para seleccionar esos archivos.

Una vez seleccionados los archivos, haz clic en el botón Abrir del cuadro de diálogo y verás cómo aparece en la parte superior derecha de la pantalla de OneDrive un mensaje indicando que los archivos se están cargando, como se ve en la figura 2.7.

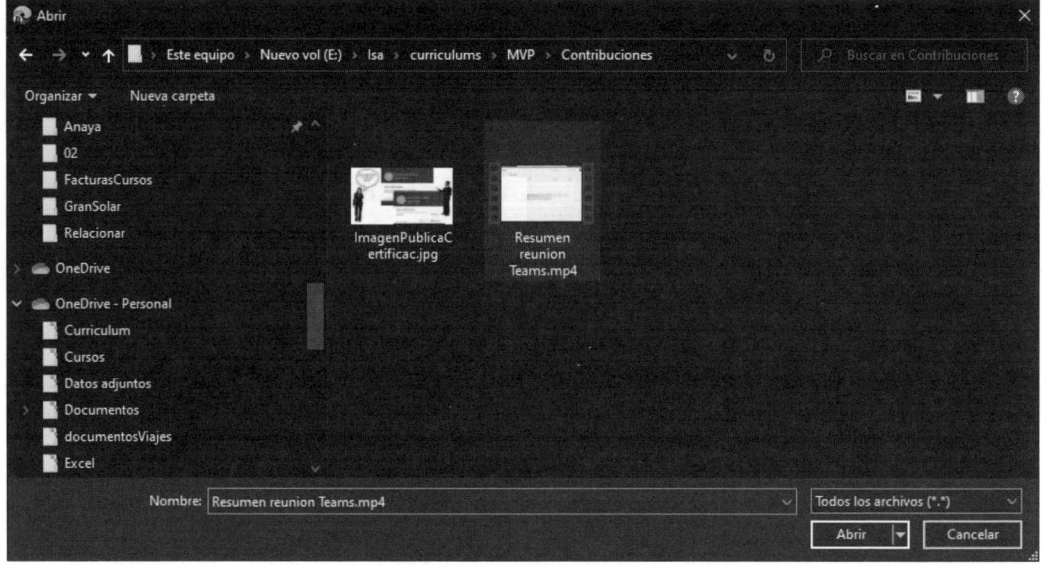

Figura 2.6. Cuadro de diálogo **Abrir** para subir archivos a OneDrive.

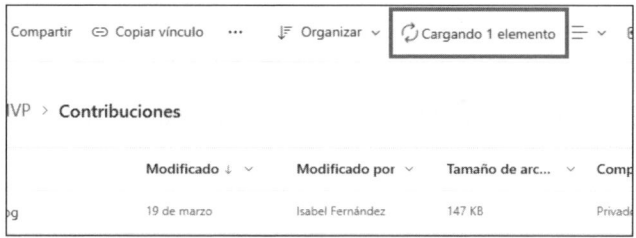

Figura 2.7. Cargando archivos en OneDrive.

Los archivos nuevos recientemente cargados a OneDrive tienen un distintivo al principio del nombre que informa que es un nuevo archivo cargado, como se muestra en la figura 2.8.

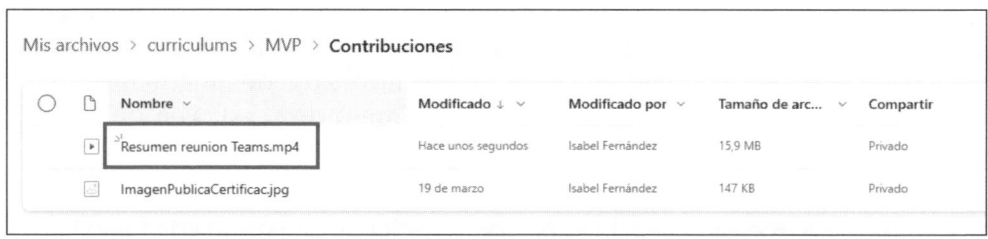

Figura 2.8. Distintivo para diferenciar los archivos recientemente cargados.

Subir una carpeta a OneDrive desde tu equipo

Para subir una carpeta a OneDrive con todo su contenido, vuelve a hacer clic en el botón **Cargar** de la barra de herramientas superior de OneDrive, y en esta ocasión selecciona **Carpeta**, como puedes ver en la figura 2.9.

Figura 2.9. Subir una carpeta completa a OneDrive desde tu equipo.

Se mostrará el cuadro de diálogo de abrir, pero esta vez solo mostrará carpetas, no archivos sueltos para seleccionar. Selecciona la carpeta que quieras subir y haz clic en el botón **Abrir** del cuadro de diálogo. Comenzará a subir todo el contenido de la carpeta.

TRUCO:

Otra forma de subir archivos o carpetas a OneDrive es arrastrando el contenido desde el Explorador de archivos en Windows o desde Finder en Mac. Tienes que colocar las dos ventanas de modo que puedas verlas a la vez, por ejemplo, restaura la ventana del Explorador de archivos o de Finder para que quede delante de la página de OneDrive y, a continuación, selecciona el contenido que quieras subir y arrástralo con el botón principal del ratón pulsado a la carpeta de OneDrive donde quieras ubicar el contenido, como se muestra en la figura 2.10.

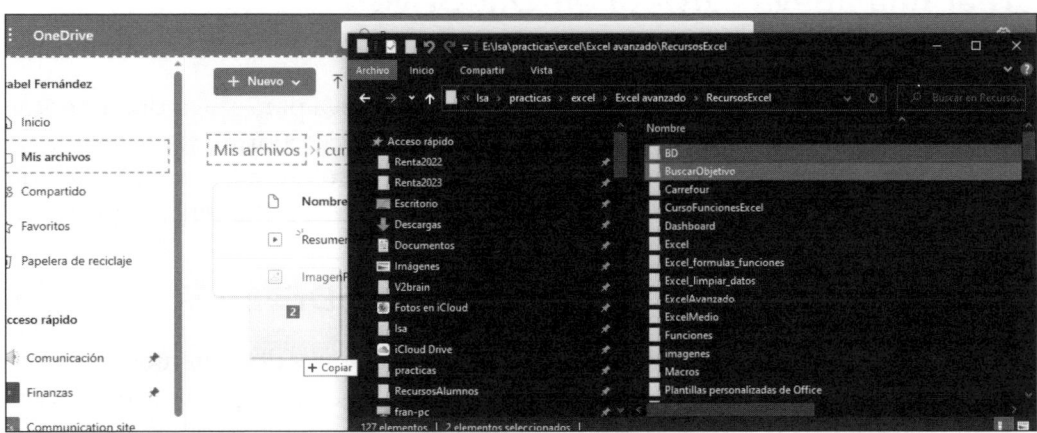

Figura 2.10. Subir carpetas seleccionadas a OneDrive por el método de arrastre.

ADVERTENCIA:

Siempre que subas archivos o carpetas desde tu dispositivo local a la nube nunca se moverán, siempre se realizará una copia en la nube, conservando el contenido en local.

Crear nuevos documentos directamente en OneDrive

Introducción

En OneDrive, es posible crear documentos a través de las aplicaciones de Office Online, no es necesario tener instalada ninguna aplicación de escritorio para crear documentos Office desde OneDrive y se guardarán de forma automática en la carpeta donde estés situado a la hora de crear el documento.

NOTA:

Desde cualquier cuenta de OneDrive, incluidas las cuentas gratuitas, puedes crear documentos de Office de Word, Excel, PowerPoint o el bloc de notas y editar documentos existentes directamente desde OneDrive.

Para crear un nuevo documento, es conveniente situarse antes en la carpeta donde deseas guardar el documento; en caso contrario, este se alojará directamente en la raíz de OneDrive sin ningún tipo de orden.

Crear una nueva carpeta en OneDrive para alojar tus documentos

Si lo ves necesario, puedes crear una nueva carpeta nueva para alojar documentos situándote previamente en el panel izquierdo en la categoría Mis archivos. A continuación, haz clic en el botón Nuevo, que aparece en la barra superior de herramientas de OneDrive, y selecciona Carpeta, como se indica en la figura 2.11.

Crear nuevos archivos de Office en OneDrive

Como ya te adelantaba anteriormente, puedes crear nuevos documentos de Office directamente en OneDrive. Cualquier usuario con una suscripción puede crear documentos de Word, Excel, PowerPoint, bloc de notas de OneNote, formularios para Excel, dibujos de Visio y vínculos a otros archivos o páginas web.

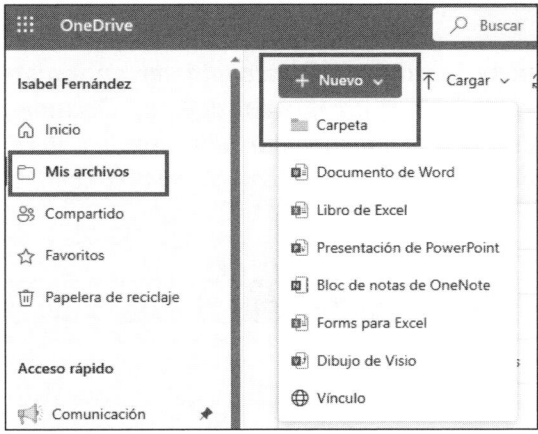

Figura 2.11. Crear nueva carpeta en OneDrive.

NOTA:

Con una cuenta gratuita de Microsoft no encontrarás todas las opciones para crear documentos, pero sí las opciones para crear nuevos documentos en las aplicaciones principales.

Para crear un nuevo documento, sitúate previamente en la carpeta donde quieras alojarlo haciendo clic en ella y, a continuación, haz clic en el botón **Nuevo**, que encuentras en la barra superior de herramientas, y selecciona el tipo de documento que quieres crear, como se muestra en la figura 2.12.

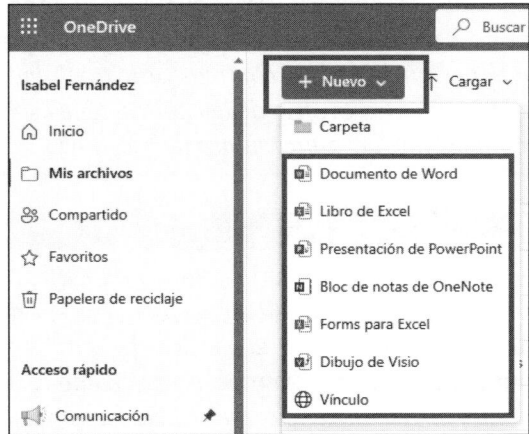

Figura 2.12. Crear nuevo documento de Office en OneDrive.

NOTA:

Cuando creas un nuevo documento con cualquier aplicación de Office Online, inicialmente el programa le da el nombre por defecto "Documentox", donde x es un número de orden según los documentos que haya creado anteriormente. Haz clic en la parte superior izquierda de la pantalla para cambiar el nombre al documento, como puedes ver en la figura 2.13.

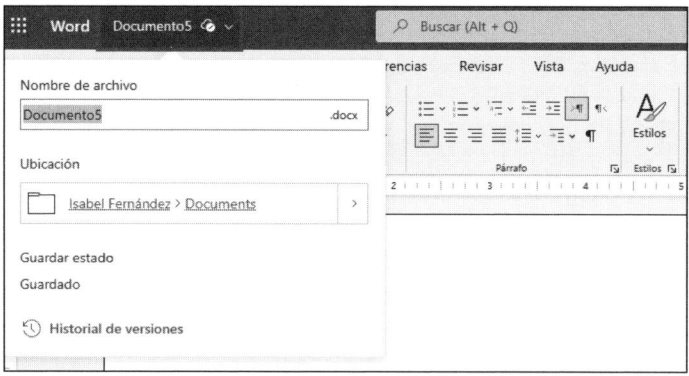

Figura 2.13. Cambiar el nombre a un documento de Office Online.

NOTA:

El menú contextual del botón secundario del ratón sobre un documento ofrece numerosas acciones para realizar con ese documento. Si necesitas volver a abrir el documento, puedes hacer clic en él, pero, si cuentas con una suscripción a Microsoft 365 que incorpora las aplicaciones de escritorio, verás que el botón de abrir tiene una pequeña flecha desplegable que te permite abrir el documento en la aplicación de escritorio correspondiente. Esto te permitirá contar con más funcionalidades a la hora de editar el documento, ya que las versiones online de las aplicaciones son algo más reducidas en cuanto a funcionalidades que las aplicaciones de escritorio.

TRUCO:

Los documentos que se crean con las aplicaciones de Office Online se guardan automáticamente en OneDrive o SharePoint, dependiendo desde donde accedas. Puedes cambiar el nombre que le asigna el programa por defecto al documento de la forma que te he explicado anteriormente, pero también, una vez creado el documento y cerrado, puedes cambiarle el nombre haciendo clic con el botón secundario del ratón encima y, en el menú contextual que aparece, seleccionando la opción **Cambiar nombre**, *como se ve en la figura 2.14.*

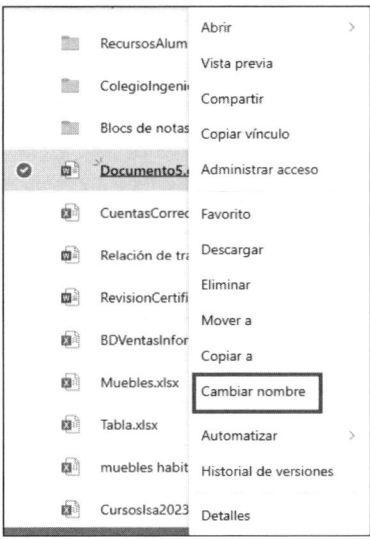

Figura 2.14. Cambiar el nombre a un documento de Office Online con el menú contextual del botón secundario del ratón.

La clave del éxito: compartir de forma efectiva con OneDrive

Compartir carpetas y documentos en OneDrive

Como ya sabes, OneDrive es tu lugar de alojamiento de información personal en la nube, todo lo que está en OneDrive es privado a no ser que decidas compartirlo con otras personas.

Voy a mostrarte cómo compartir carpetas y documentos de tu propiedad con otros usuarios de dentro y fuera de la organización, con el nivel de permisos que desees y en cualquier momento, podrás dejar de compartirlos si lo deseas.

Compartir una carpeta o un archivo desde OneDrive con otras personas

Puedes compartir una carpeta o un archivo de OneDrive con otros usuarios de dentro y fuera de tu organización. Haz clic con el botón secundario del ratón encima de la carpeta o archivo y, en el menú contextual que aparece, selecciona la opción Compartir.

El cuadro de diálogo que aparece en pantalla te permitirá agregar el nombre de la persona o personas con las que quieres compartir ese contenido. Si en tu organización hay grupos de trabajo ya creados, puedes compartir directamente con todos los integrantes de un grupo solamente escribiendo el nombre del grupo, y si necesitas compartir esa carpeta o archivo con personas de fuera de la organización, deberás de escribir aquí su dirección de correo electrónico.

ADVERTENCIA:

Algunas organizaciones no permiten a sus empleados compartir contenido con gente de fuera de la empresa; si este es el caso de tu organización, te aparecerá un aviso indicándolo.

El siguiente paso es seleccionar los permisos de acceso que quieres otorgar a las personas con las que compartes la carpeta o el archivo. Por defecto, se comparte con permiso de edición, que se muestra representado por el icono de un lápiz (Puede editar). Puedes hacer clic en el icono en forma de lápiz para seleccionar la opción Puede ver, que no permitirá realizar cambios en la carpeta o archivo que compartas, como se ve en la figura 2.15.

Figura 2.15. Compartir carpeta.

Para establecer una configuración más avanzada en cuanto a permisos de acceso a tu carpeta, haz clic en el botón Configuración (representado por una rueda dentada) en la parte superior derecha de este cuadro de diálogo y aparecerán las opciones que se ven en la figura 2.16.

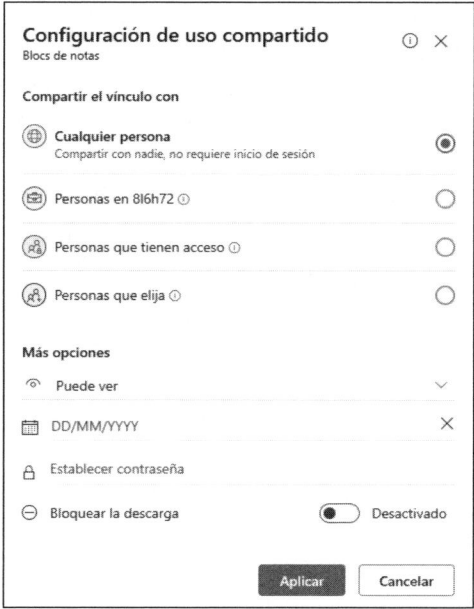

Figura 2.16. Compartir carpeta.

Las distintas opciones que se presentan son:

- **Cualquier persona:** Esta opción permite compartir la carpeta con cualquier persona de dentro y fuera de la organización y si esa persona lo comparte con otras personas también tendrán acceso. Es la opción menos restrictiva y algunas organizaciones la bloquean para impedir fugas de información, por lo que es posible que esta opción la encuentres deshabilitada.

- **Personas en tu organización:** Esta opción permite compartir la carpeta con cualquier persona de tu organización, aunque no le hayas dado acceso directamente, y si otra persona comparte esta carpeta con alguien más de la organización, esa persona tendrá acceso.

- **Personas que tienen acceso:** Solo pueden acceder a la carpeta y a su contenido las personas que previamente ya tuvieran acceso.

- **Personas que elija:** Comparte con las personas de dentro o fuera de tu organización que hayas añadido incluidos los grupos.

A continuación, vamos a ver el resto de las opciones que aparecen en el cuadro de diálogo a la hora de compartir. En la categoría **Más opciones**, como ya te adelantaba, por defecto se otorga el permiso de edición **Puede editar**, que permite editar el contenido de la carpeta, pero, si haces clic en la flecha desplegable, puedes cambiar el permiso a **Puede ver**, solo lectura, es decir, solo se puede ver el contenido, pero no se pueden realizar cambios. Cuando seleccionas el permiso **Puede ver**, se activa la opción **Bloquear la descarga**, una opción muy interesante para compartir contenido impidiendo que sea descargado al equipo o dispositivo de la persona o personas con las que se ha compartido.

También es posible establecer una fecha de expiración del contenido compartido. Aparece un pequeño calendario donde puedes seleccionar la fecha en que quieres que se deje de compartir esa carpeta y todo su contenido.

Una vez establecidos los permisos, haz clic en el botón **Aplicar**, esto te regresa al cuadro de diálogo anterior, donde puedes agregar un mensaje personalizado si lo deseas (es opcional). Por último, haz clic en el botón **Enviar**.

NOTA:

Siempre que compartes carpetas o archivos les llegará una notificación por correo electrónico a las personas a las que has dado permiso sobre el contenido compartido con un vínculo para que puedan acceder a él.

Compartir una carpeta o archivo en OneDrive a través de un vínculo

Desde OneDrive es posible generar un vínculo para compartir un documento o una carpeta a través de otro medio de comunicación distinto al correo electrónico, por ejemplo, a través del chat de Teams, de la conversación de un canal o pegar el vínculo en cualquier sitio donde puedas comunicarte con la persona o las personas con las que tengas que compartir el contenido.

Para obtener el vínculo, haz clic con el botón secundario del ratón y, encima de la carpeta o el archivo que quieras compartir y del menú contextual, selecciona la opción **Copiar vínculo**.

Aparece un cuadro de diálogo como el que puedes ver en la figura 2.17. Antes de copiar el vínculo en el portapapeles haciendo clic en el botón **Copiar**, haz clic en los permisos que aparecen en la parte inferior del enlace para seleccionar los deseados, porque, como ya sabes, el permiso por defecto que se otorga es el de edición.

Aparecerá entonces el cuadro de diálogo que ya conoces y que puedes visualizar en la figura 2.16 para seleccionar los permisos que sean necesarios. Por último, haz clic en el botón **Copiar** y pega el enlace en cualquier medio por el que te puedas comunicar con las personas con las que quieres compartir el contenido.

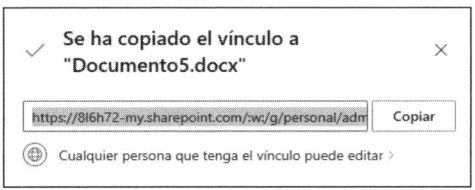

Figura 2.17. Compartir carpeta.

Administrar el acceso al contenido compartido

Como ya sabes, OneDrive es tu nube de almacenamiento personal, desde aquí puedes compartir carpetas o archivos con otras personas y consultar y gestionar el acceso a ese contenido compartido modificando los permisos de acceso o eliminándolos cuando sea necesario.

Desde la categoría Mis archivos, en el panel izquierdo de OneDrive, puedes ver el contenido de cualquier carpeta donde esté situado; la información se muestra organizada en cuatro columnas, como puedes ver en la figura 2.18.

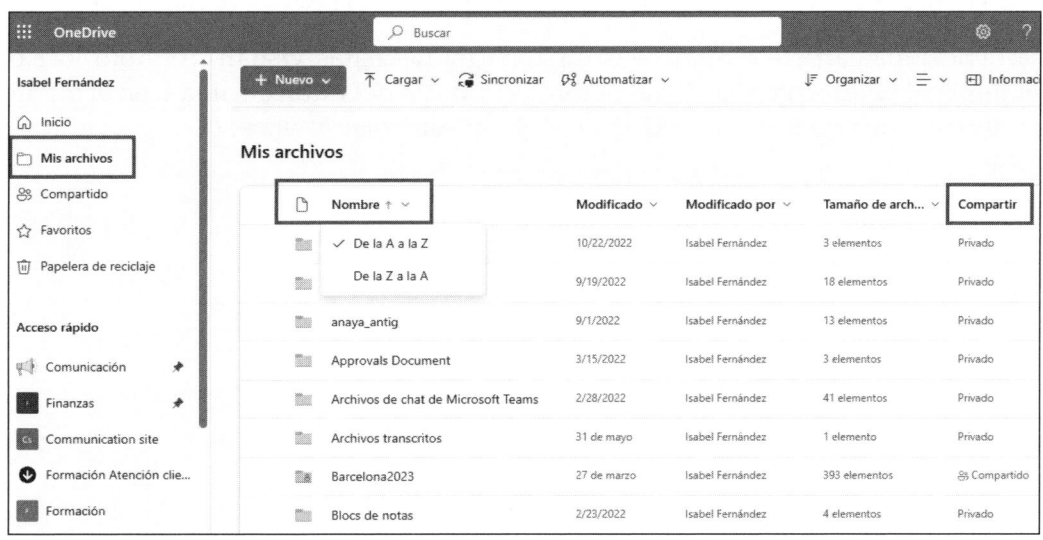

Figura 2.18. Vista de Mis archivos en OneDrive.

- **Nombre:** En esta columna puedes visualizar el nombre de una carpeta o archivo y, si haces clic en el campo Nombre en la parte superior de la columna, podrás ordenar alfabéticamente ese contenido de la A a la Z o viceversa.

- **Modificado**: Puedes visualizar la fecha de modificación de las carpetas y documentos y, si haces clic en la fecha del campo **Modificado**, podrás cambiar el orden cronológico de visualización y filtrar por fecha para mostrar los archivos que hayan sido modificados en una/as determinadas fechas.

- **Modificado por**: Esta columna muestra el nombre de la última persona que ha modificado el archivo o la carpeta. Puedes cambiar el orden alfabético en que se muestran los usuarios aplicándolo de la A a la Z, o viceversa. Y también puedes filtrar por el nombre de una determinada persona.

- **Tamaño del archivo**: Esta columna te informa de cuántos archivos hay en una carpeta y del peso que tiene un archivo; se puede ordenar la información de menor a mayor o viceversa.

- **Compartir**: Esta columna es clave para informarte si tienes esa carpeta o archivo compartido con otras personas. En el caso de que esté compartido, aparecerá el icono de varios bustos y la palabra **Compartido** en esa columna. Si el archivo o carpeta no está compartido, aparece como privado.

Administrar el acceso a un archivo o carpeta compartida

Si tienes una carpeta o archivo compartido y necesitas visualizar, modificar o eliminar el acceso, haz clic con el botón secundario del ratón encima y, en el menú contextual que aparece, selecciona la opción **Administrar acceso**.

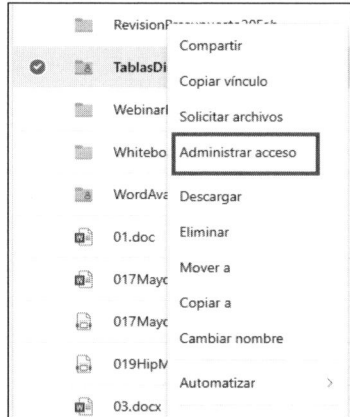

Figura 2.19. Menú contextual **Administrar acceso**.

Al hacer clic en la opción **Administrar acceso**, aparecerá un cuadro de diálogo donde se podrá visualizar las personas y grupos que tienen acceso al contenido compartido. Inicialmente, situado en la pestaña **Contactos**, un número al lado de esta pestaña indicará cuántos contactos tienen acceso al contenido compartido. En la segunda pestaña, aparecen los grupos que tienen acceso y, en la tercera, los vínculos que se han compartido, como puedes ver en la figura 2.20.

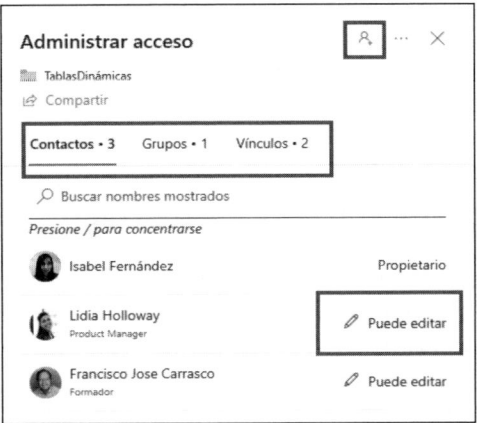

Figura 2.20. Cuadro de diálogo Administrar acceso.

Al lado de cada contacto y grupo con los que hayas compartido el contenido, verás los permisos otorgados. Si haces clic, podrás entrar en otro cuadro de diálogo donde podrás modificarlos o quitar el acceso, como se ve en la figura 2.21.

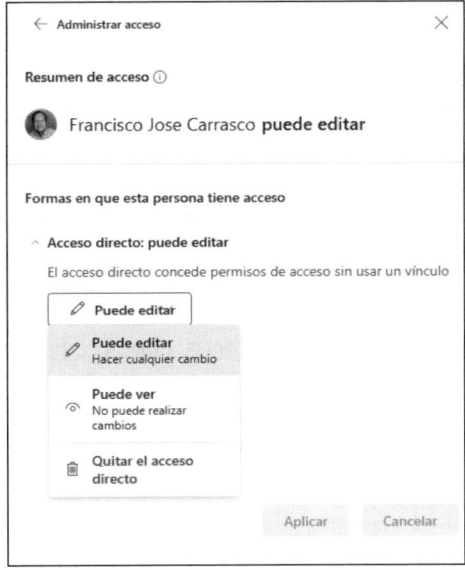

Figura 2.21. Modificar o quitar permisos de acceso al contenido compartido.

Después de hacer cualquier cambio en los permisos, haz clic en el botón Aplicar.

NOTA:

Si a un usuario le has aplicado varios permisos de acceso sobre un mismo contenido, en el cuadro de diálogo Administrar acceso *se mostrará el nivel más alto de acceso que posee.*

La categoría Compartido en OneDrive

Si observas el panel izquierdo de navegación de OneDrive, verás, debajo de Mis archivos, la categoría Compartido. Esta categoría te va a resultar muy útil para acceder rápidamente al contenido compartido, tanto al que hayas compartido tú con otras personas como al que hayan compartido contigo otros usuarios.

Al hacer clic en Compartido, podrás observar en la parte superior de la pantalla dos pestañas; por defecto, estás situado en la primera pestaña, Compartido conmigo. Esta pestaña te muestra aquellos archivos y carpetas que otras personas hayan compartido contigo. Podrás ver información de la fecha en la que te compartieron ese contenido (carpeta o archivo) y qué persona te lo compartió.

La pestaña Compartido con el usuario es ideal para visualizar todo el contenido que has compartido con otras personas.

NOTA:

Si necesitas desde aquí mismo mostrar o modificar los permisos y las personas con las que has compartido cualquier archivo o carpeta, solo tienes que hacer clic con el botón secundario del ratón encima de ese elemento y seleccionar la opción Administrar acceso *siguiendo los pasos explicados en el punto anterior.*

Solicitar a otras personas la carga de archivos en una carpeta

Una funcionalidad muy interesante que te ofrece OneDrive es la que te da la posibilidad de solicitar a otras personas la carga de archivos en una carpeta de tu propiedad.

Para realizar esa solicitud de carga de archivos, debes hacer clic con el botón secundario del ratón en la carpeta donde otras personas deberán de ubicar los archivos y seleccionar la opción Solicitar archivos, como se ve en la figura 2.22.

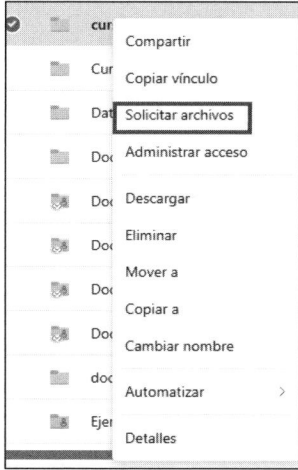

Figura 2.22. Menú contextual **Solicitar archivos**.

En el cuadro de diálogo que se muestra, deberás escribir de forma obligatoria el texto informativo sobre esa solicitud de archivos, como se muestra en la figura 2.23.

Figura 2.23. Indicar a los destinatarios los archivos que se solicitan.

Al hacer clic en el botón **Siguiente** se generará un vínculo que podrás copiar al portapapeles y entregar a la persona/as que deban cargar los archivos en esa carpeta. También puedes enviar el vínculo por correo electrónico escribiendo directamente en el cuadro de diálogo los nombres de los destinatarios o grupos y opcionalmente puedes añadir también un mensaje, como puedes ver en las figuras 2.24 y 2.25.

Por último, haz clic en el botón **Enviar.**

Figura 2.24. Enviar solicitud de archivos para esta carpeta.

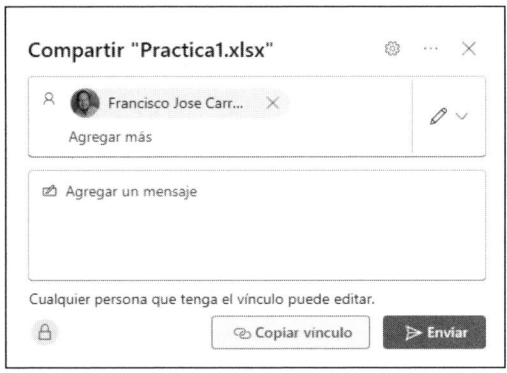

Figura 2.25. Agregar un mensaje y enviar solicitud de archivo.

Optimiza tu productividad y descubre la potencia de OneDrive en tu escritorio

Accede a tus archivos en cualquier momento: Conoce OneDrive versión escritorio

Como ya he mencionado anteriormente, puedes acceder a tus carpetas y archivos en la nube aunque no tengas conexión a Internet si haces uso de la aplicación de escritorio de OneDrive.

OneDrive versión de escritorio te permite acceder, sincronizar y administrar los archivos almacenados en la nube de OneDrive desde tu equipo, facilitándote la forma de acceder y trabajar con los archivos sin necesidad de abrir un navegador web.

Puedes cargar, descargar, organizar, compartir y colaborar en los archivos de manera fácil y rápida, manteniendo todo sincronizado entre tu equipo y la nube de OneDrive de forma automática y sin que tú tengas que preocuparte por ello con o sin conexión a Internet.

ADVERTENCIA:

En la versión de escritorio de OneDrive podrás modificar la configuración de sincronización de archivos para que se adapte a tus necesidades individuales.

Descargar la aplicación de escritorio de OneDrive para PC, Mac y dispositivos móviles

Si estás trabajando en un equipo con Windows 10, la aplicación de OneDrive ya está instalada en el equipo, solo tienes que buscarla e iniciar sesión en ella para empezar a sincronizar las carpetas y archivos que tengas en la nube con tu PC.

En el caso de que tengas otra versión de Windows, por ejemplo, Windows 11, deberás descargar la aplicación de OneDrive versión de escritorio, para ello visita esta web de Microsoft: `https://www.microsoft.com/es-es/microsoft-365/onedrive/download`, que se muestra en la figura 2.26.

En el caso de que estés en un equipo o dispositivo con sistema operativo IOS o Android, en esta página puedes introducir tu dirección de correo electrónico y te enviarán un vínculo para descargar la aplicación.

Abrir OneDrive para escritorio

Una vez instalada la aplicación de OneDrive en tu equipo, si tienes un equipo con sistema operativo Windows, ve a la barra de búsqueda y escribe **OneDrive**. Se mostrará la aplicación y solo tienes que hacer clic en Abrir, como puedes ver en la figura 2.27.

El siguiente paso es iniciar sesión en OneDrive con tu usuario y contraseña. Introduce las mismas credenciales que usas para acceder a OneDrive en la nube desde el navegador, como se ve en la figura 2.28.

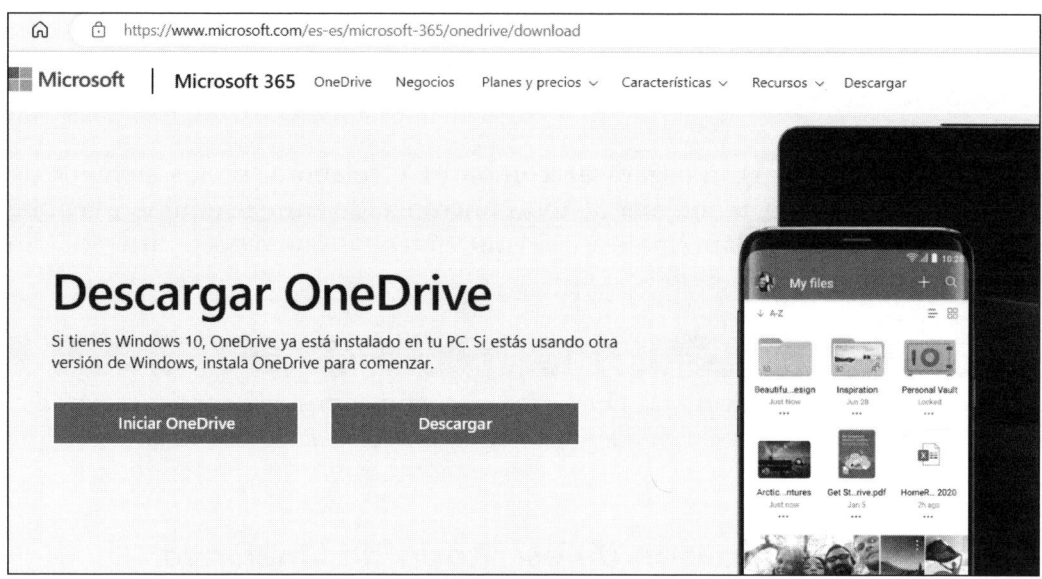

Figura 2.26. Descargar la aplicación de escritorio de OneDrive.

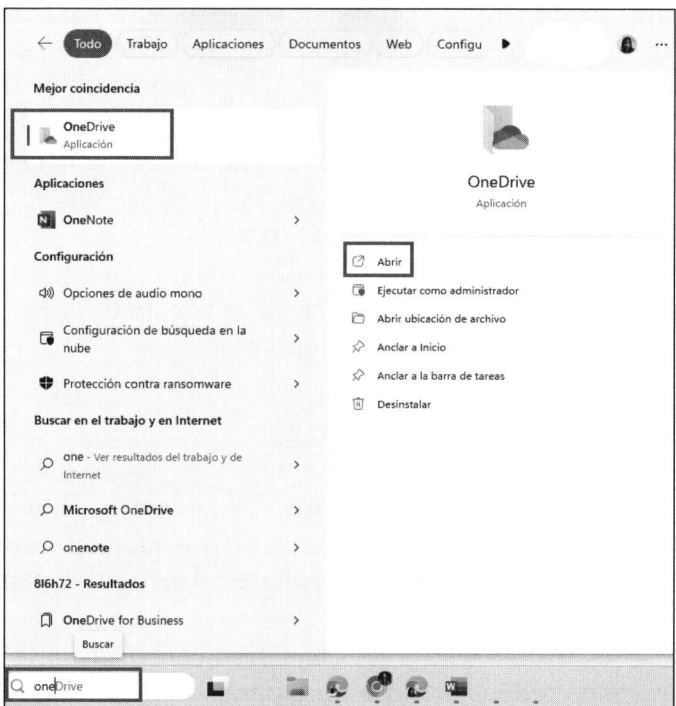

Figura 2.27. Abrir OneDrive de escritorio.

Figura 2.28. Iniciar sesión en OneDrive.

Una vez iniciada la sesión, se abrirá el explorador de archivos y podrás ver en el panel de navegación izquierdo un icono con forma de nube que contendrá todas las carpetas y archivos que actualmente están en la nube de OneDrive. Dependiendo del contenido que tengas en la nube, tardará más o menos tiempo en sincronizarse y, finalmente, podrás ver toda la información que tienes en la nube desde el explorador de archivos de tu equipo.

Con todos estos archivos y carpetas puedes trabajar, organizar, modificar y crear nuevo contenido y todos los cambios que realices se sincronizarán de forma automática sin que tengas que preocuparte por nada. Cuando no tengas conexión a Internet, podrás seguir trabajando con los archivos en local y, cuando recuperes la conexión, todos los cambios se sincronizarán de forma automática.

Como ves en la figura 2.29, la nube de OneDrive aparece en el panel izquierdo del explorador de archivos de Windows y, desde ahí, puedes acceder a todas las carpetas y archivos que tienes en la nube. A medida que vayas trabajando en el equipo modificando y creando nuevos archivos, también los verás en la nube de OneDrive cuando entres desde el navegador.

Configurar OneDrive versión de escritorio

Si observas la barra de tareas de Windows, en el área de notificaciones, a la derecha de esta, podrás encontrar el icono de una pequeña nube. Al hacer clic en él, podrás visualizar los archivos que se están sincronizando con OneDrive, y podrás acceder desde aquí a la configuración, como se muestra en la figura 2.30.

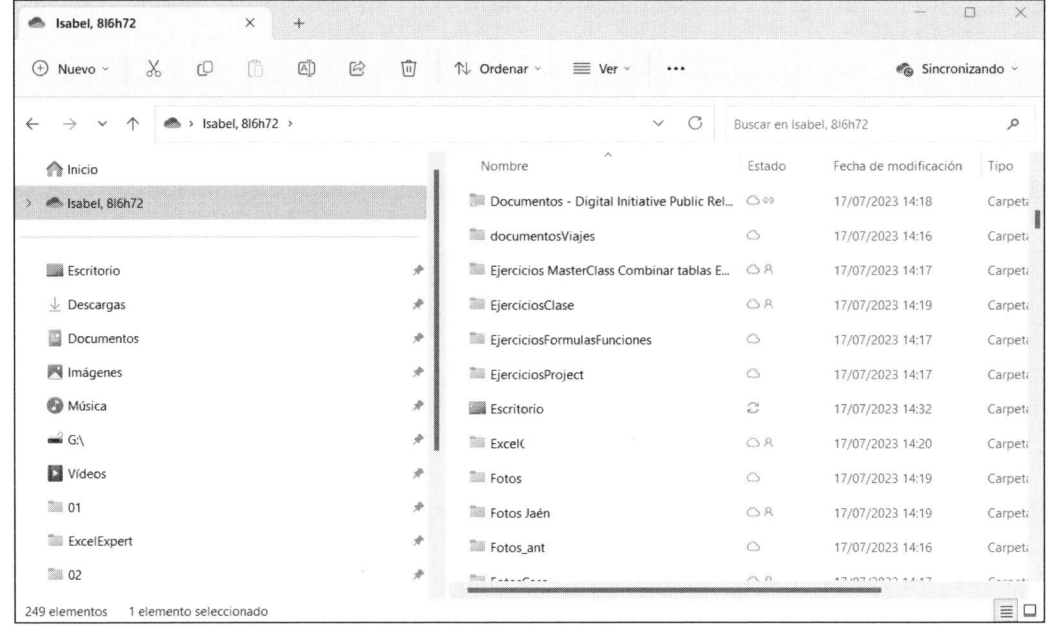

Figura 2.29. Acceso a OneDrive de escritorio desde el explorador de archivos.

Figura 2.30. Acceso a OneDrive desde la barra de tareas de Windows.

Si haces clic en la pequeña rueda dentada que aparece en la parte superior derecha de la ventana flotante podrás acceder a la configuración de OneDrive. En el cuadro de diálogo que aparece, hay un panel de navegación a la izquierda que te permite modificar distintas opciones de configuración.

La primera opción, Sincronización y copia de seguridad, te permite realizar una copia de seguridad del contenido del escritorio, de la carpeta Documentos y de la carpeta Imágenes. Al hacer una copia de seguridad de estas carpetas, se protegen y están disponibles en todos tus dispositivos.

También encontrarás una opción para activar o desactivar si OneDrive se inicia automáticamente cuando enciendas el equipo. En esta categoría, encontrarás dos opciones que puede ser interesante tener activas: se refieren a pausar la sincronización cuando el dispositivo está en modo de ahorro de batería y cuando hay una limitación en el acceso a los datos de conexión, como se ve en la figura 2.31.

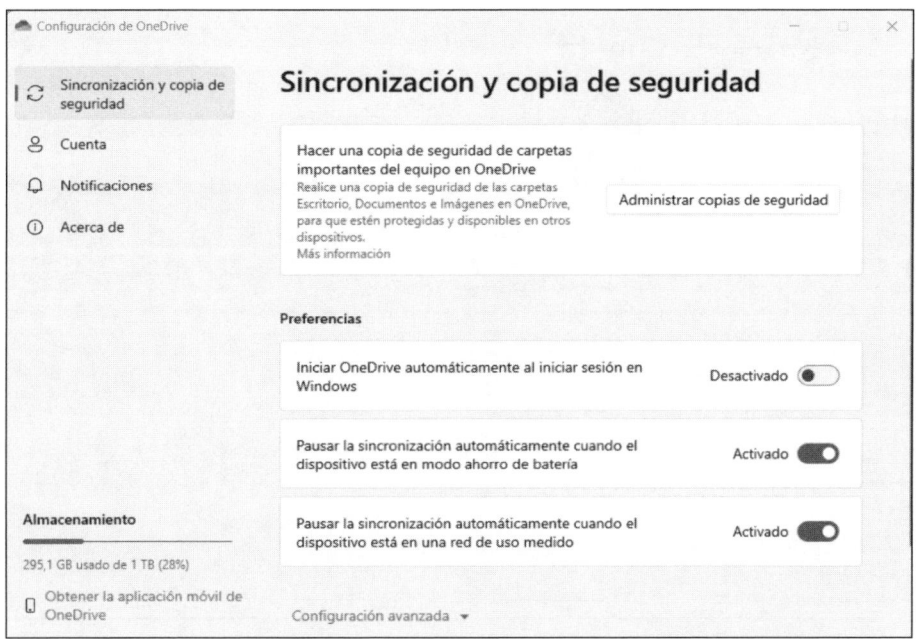

Figura 2.31. Sincronización y copia de seguridad en OneDrive.

Agregar una cuenta personal u otra cuenta a OneDrive

Si te desplazas a la opción Cuenta en el panel de navegación izquierdo, puedes agregar otra cuenta a OneDrive, por ejemplo, tu cuenta personal. Solo tienes que hacer clic en el botón Agregar nueva cuenta e iniciar sesión con tus credenciales de tu cuenta personal.

Desvincular una cuenta de OneDrive con la aplicación de escritorio

Si en algún caso necesitas desvincular una cuenta de OneDrive versión de escritorio, debes hacerlo en este cuadro de diálogo desde la opción Cuenta.

Es muy importante señalar que nunca elimines las carpetas que están en tu cuenta de OneDrive versión de escritorio pensando que de ese modo se desvinculará la cuenta, porque no es así. Se borrará todo el contenido tanto en la aplicación de escritorio como en la aplicación de la nube, recuerda que ambas aplicaciones están sincronizadas, por lo que, si quieres que las carpetas que tienes en OneDrive de la nube desaparezcan de la aplicación de escritorio, debes desvincular la cuenta haciendo clic en el vínculo Desvincular este equipo, como se muestra en la figura 2.32.

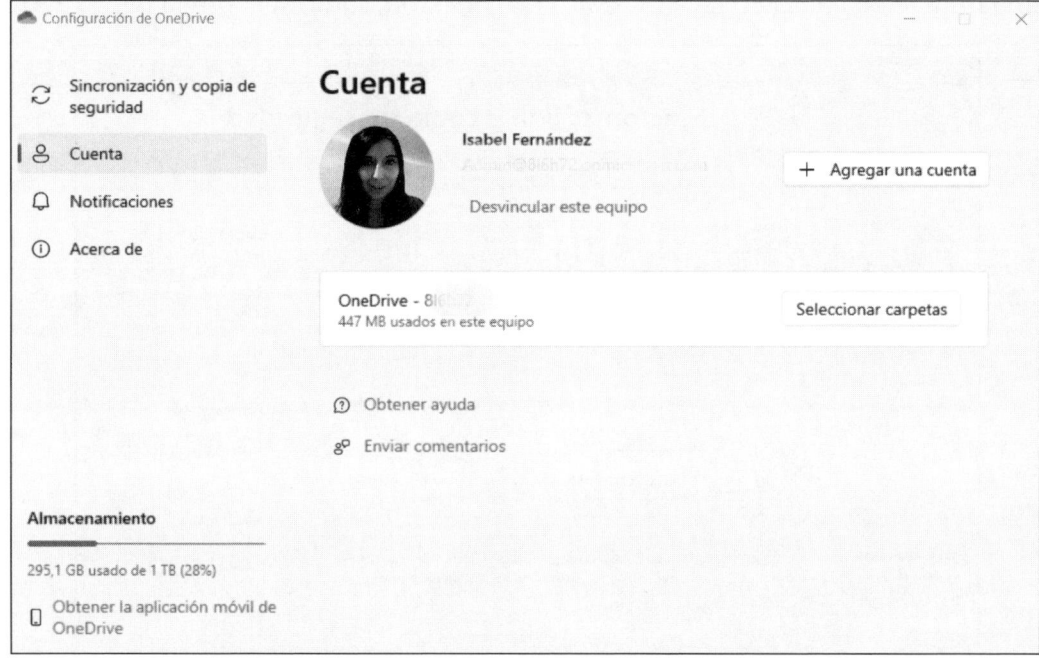

Figura 2.32. Desvincular la cuenta de OneDrive del equipo.

Seleccionar qué carpetas se van a sincronizar entre la aplicación de la nube y la aplicación de escritorio de OneDrive

Si haces clic en el botón Seleccionar carpetas, que se muestra en la figura 2.32, podrás elegir qué carpetas se mantienen sincronizadas y cuáles no, como vemos en la figura 2.33.

Figura 2.33. Seleccionar las carpetas que estarán disponibles en OneDrive.

Acceso rápido a las bibliotecas compartidas en OneDrive

Si tienes una suscripción a Microsoft 365 a través de una cuenta de empresa, desde el panel de navegación izquierdo de OneDrive, puedes acceder a las bibliotecas compartidas. Las bibliotecas compartidas corresponden a los sitios de SharePoint donde compartes y colaboras en archivos con otros compañeros. Desde este panel izquierdo, se pueden crear nuevas bibliotecas compartidas y acceder al contenido de las ya existentes, como se indica en la figura 2.34.

NOTA:

Ten en cuenta que, cuando creas una biblioteca compartida, estás creando un sitio en el servidor de SharePoint Online que se utiliza para compartir y colaborar con otros compañeros y donde se comparten además otros recursos.

ADVERTENCIA:

Es posible que no todos los usuarios tengan permisos para crear bibliotecas compartidas. Puede ser normal que no veas esa opción en el panel izquierdo de OneDrive.

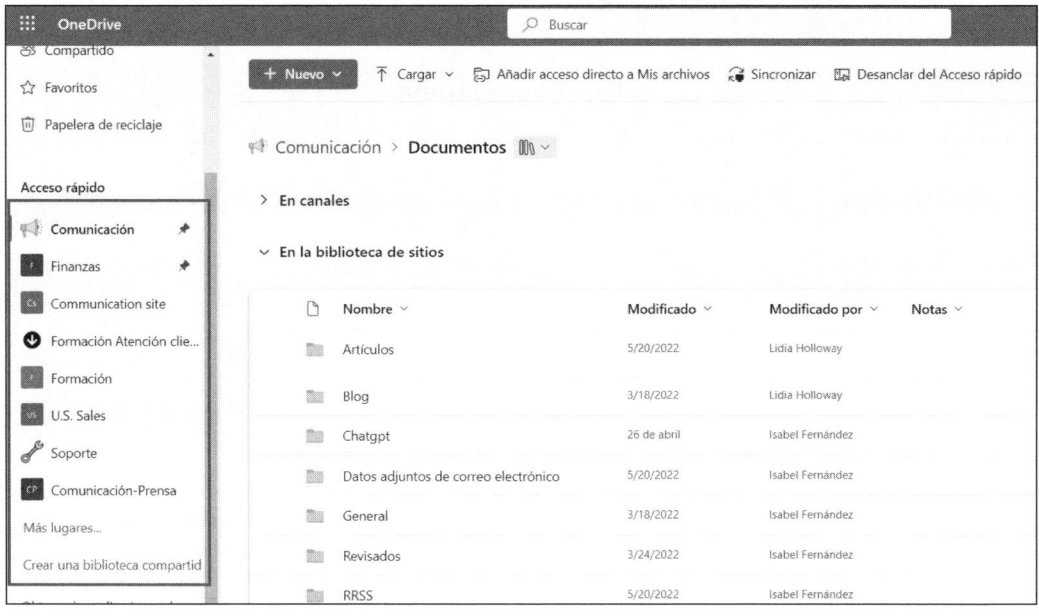

Figura 2.34. Acceso a las bibliotecas compartidas desde OneDrive.

Eliminar y restaurar archivos en OneDrive

Si eliminas contenido desde OneDrive, ese contenido irá directamente a la papelera de reciclaje. La papelera de reciclaje en OneDrive es una carpeta especial donde se almacenan de forma temporal los archivos y carpetas que has eliminado de tu cuenta de OneDrive. Cuando eliminas un archivo o carpeta, en lugar de eliminarse de forma definitiva, se mueve a la papelera de reciclaje, lo que te permite recuperarlos en caso de que los necesites. La papelera de reciclaje en OneDrive funciona de manera similar a la papelera de reciclaje en tu equipo. Para acceder a la papelera de reciclaje en OneDrive, busca **Papelera de reciclaje** en el panel izquierdo para acceder a su contenido, como se señala en la figura 2.35.

Dentro de la papelera de reciclaje, puedes ver los archivos y carpetas que has eliminado recientemente. Puedes restaurar un archivo o carpeta eliminado haciendo clic con el botón derecho del ratón en él y seleccionando la opción **Restaurar**. Esto llevará el archivo o carpeta de vuelta a su ubicación original en OneDrive.

NOTA:

Ten en cuenta que los archivos y las carpetas que se encuentran en la papelera de reciclaje tienen un límite de tiempo antes de ser eliminados de forma permanente, y puede variar según la configuración de tu cuenta.

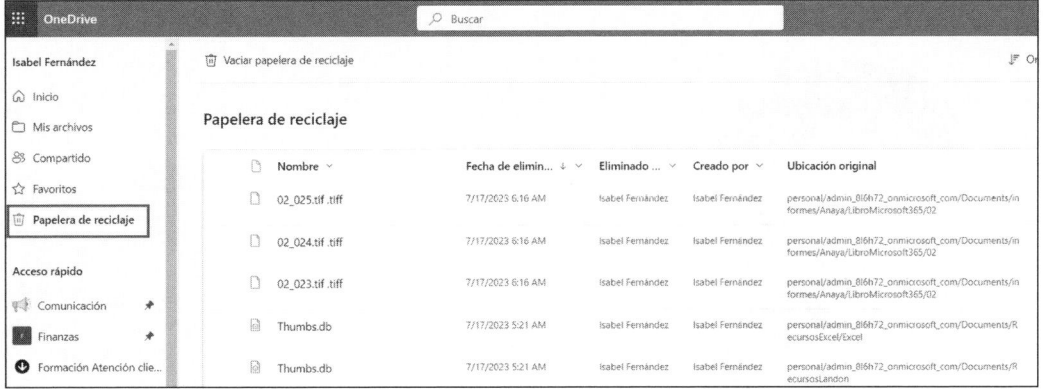

Figura 2.35. Acceso a la papelera de reciclaje de OneDrive.

Estos son los plazos de retención habituales para las cuentas personales y las cuentas de OneDrive para empresas:

- **Cuentas personales de OneDrive:** Para los archivos y carpetas eliminados de la carpeta principal de OneDrive, generalmente se retienen durante 30 días en la papelera de reciclaje. Si eliminas los archivos y carpetas de ubicaciones compartidas o carpetas secundarias en tu OneDrive, también se retienen 30 días en la papelera de reciclaje.

- **Cuentas de OneDrive para empresas:** Los archivos y carpetas eliminados de la carpeta principal de OneDrive para empresas suelen retenerse durante 93 días en la papelera de reciclaje, al igual que los archivos y carpetas que elimines de ubicaciones compartidas.

ADVERTENCIA:

Estos plazos son los valores predeterminados de retención, pero ten en cuenta que los administradores de las cuentas de OneDrive para empresas pueden ajustar la configuración de retención de la papelera de reciclaje según las políticas de la organización.

NOTA:

Después de que los archivos y carpetas sean eliminados de la papelera de reciclaje, no podrás recuperarlos desde OneDrive. Si necesitas recuperar archivos eliminados después de que hayan sido eliminados permanentemente, deberás de ponerte en contacto con el soporte de Microsoft para obtener asistencia adicional o con la persona que administra 365 en tu organización.

3

Potencia la colaboración y el trabajo en equipo con SharePoint Online

En este capítulo aprenderás:

- Qué es SharePoint Online.
- Las ventajas que aporta el uso de SharePoint Online para las empresas y sus equipos de trabajo.
- Qué es un sitio de SharePoint y qué elementos lo componen.
- Cómo crear un sitio de colaboración en SharePoint Online.
- Cómo colaborar en documentos y archivos y utilizar la biblioteca del sitio.
- Crear una nueva biblioteca de documentos en el sitio para colaborar con otros usuarios.
- Crear y colaborar en listas dentro de un sitio de SharePoint Online.
- Publicación de noticias en un sitio de SharePoint Online.

Qué es SharePoint Online

SharePoint Online es una plataforma en la nube que forma parte de Microsoft 365 y que facilita la colaboración y la compartición de información dentro de una organización. Permite crear sitios web y espacios de trabajo colaborativos donde los usuarios pueden almacenar, organizar y compartir documentos, archivos, listas y contenido multimedia. Está totalmente integrado con las aplicaciones de Microsoft 365, como las de comunicación y colaboración entre otras, permitiendo la creación de flujos de trabajo para mejorar la productividad de los equipos.

Ventajas del uso de SharePoint Online

SharePoint Online facilita totalmente la colaboración entre equipos permitiendo almacenar, organizar y compartir documentos de manera centralizada, rápida y efectiva. Los usuarios pueden acceder a los documentos desde cualquier lugar y dispositivo, incluso cuando no tengan conexión a Internet si antes han sincronizado las carpetas que necesitan con su ordenador o dispositivo, lo que mejora la productividad y la eficiencia en el trabajo colaborativo en equipo. Paso ahora a detallar algunas de las principales ventajas que tiene el uso de SharePoint Online para las empresas y para sus equipos de trabajo:

- SharePoint Online permite a los equipos de trabajo compartir y colaborar en documentos, proyectos y tareas de una forma eficiente facilitando la comunicación y promoviendo la colaboración en tiempo real.

- Proporciona un lugar centralizado para almacenar y organizar documentos, archivos y otros contenidos, evitando que la información esté dispersa en ubicaciones diferentes y facilitando su acceso.

- SharePoint Online contiene características que agilizan los procesos de trabajo, como flujos de trabajo automatizados que permite a los equipos ser más eficientes y realizar tareas de manera más rápida.

- Ofrece opciones de seguridad avanzadas, como permisos de acceso a la información por niveles de autorización, para proteger lo más confidencial y garantizar que solo las personas autorizadas tengan acceso.

- Ofrece funciones de seguimiento y control de versiones para mantener un registro de las modificaciones realizadas en los documentos.

- SharePoint Online permite adaptar su contenido a las necesidades específicas de cada empresa u organización mediante la creación de sitios web y la integración de otras aplicaciones y servicios de Microsoft y de terceros.

Distintas formas de acceso a SharePoint Online

Como ya hemos comentado, SharePoint Online es una plataforma de trabajo en equipo. Está incluido en varias suscripciones de Microsoft 365. A continuación, te muestro una lista con algunas de suscripciones más populares que incluyen SharePoint:

- **Microsoft 365 Business Basic:** Incluye SharePoint Online como parte de sus servicios en la nube.

- **Microsoft 365 Business Standard:** Esta suscripción también incluye SharePoint Online, junto con otras aplicaciones como Word, Excel, PowerPoint y Outlook.

- **Microsoft 365 Business Premium:** Además de las aplicaciones mencionadas anteriormente, esta suscripción también incluye SharePoint Online y otras características avanzadas de seguridad y administración.

- **Microsoft 365 E1:** Esta es una suscripción empresarial que incluye SharePoint Online, así como otras aplicaciones y servicios.

- **Microsoft 365 E3 y E5:** Estas suscripciones empresariales de nivel superior también incluyen SharePoint Online, junto con una amplia gama de aplicaciones y servicios.

NOTA:

Es importante tener en cuenta que la disponibilidad exacta de SharePoint y sus funcionalidades específicas pueden variar según el tipo de suscripción y el plan elegido.

NOTA:

Esta información que te he dado sobre las suscripciones puede cambiar con el tiempo, por lo que es importante consultar la documentación oficial de Microsoft para obtener información más precisa sobre esas suscripciones y los servicios incluidos.

Acceso a SharePoint desde la página principal de Microsoft 365

Haz clic en Iniciador de aplicaciones para acceder a SharePoint Online, como se señala en la figura 3.1.

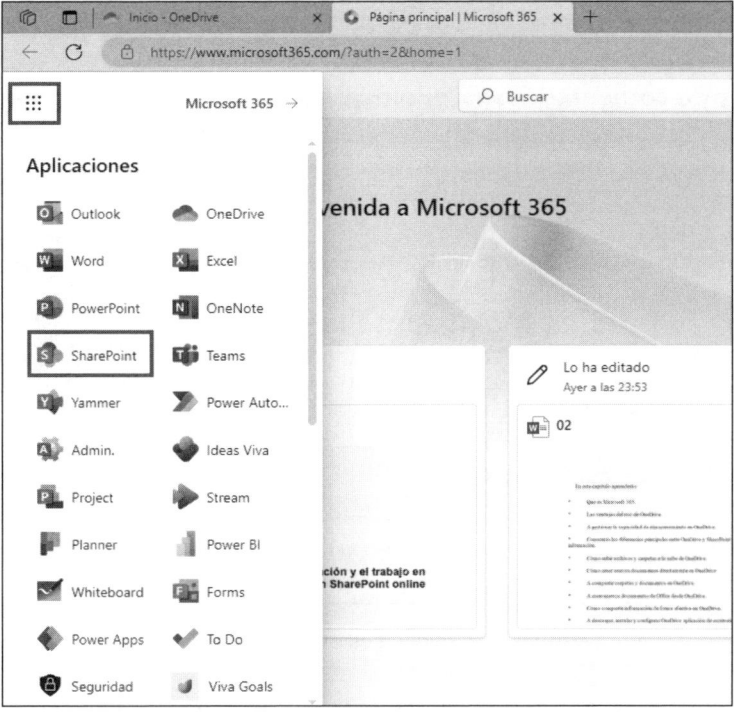

Figura 3.1. Acceso a SharePoint Online desde el inicio de Microsoft 365.

Acceso a SharePoint desde un navegador

Otra forma de acceder a SharePoint es escribiendo la dirección URL: `sharepoint.com` en la barra de direcciones de cualquier navegador. A continuación, haz clic en el botón Iniciar sesión e introduce tus credenciales, usuario y contraseña, como se indica en la figura 3.2.

Acceso a SharePoint desde cualquier dispositivo móvil

Puedes acceder a SharePoint Online desde cualquier dispositivo móvil, teléfono inteligente o tableta mediante el uso de la aplicación de SharePoint, que está disponible tanto para dispositivos iOS como Android. A continuación, te explicaré cómo acceder a SharePoint Online desde tu dispositivo móvil:

1. Descarga e instala la aplicación SharePoint desde la tienda de aplicaciones correspondiente a tu dispositivo (App Store para iOS o Google Play Store para Android).

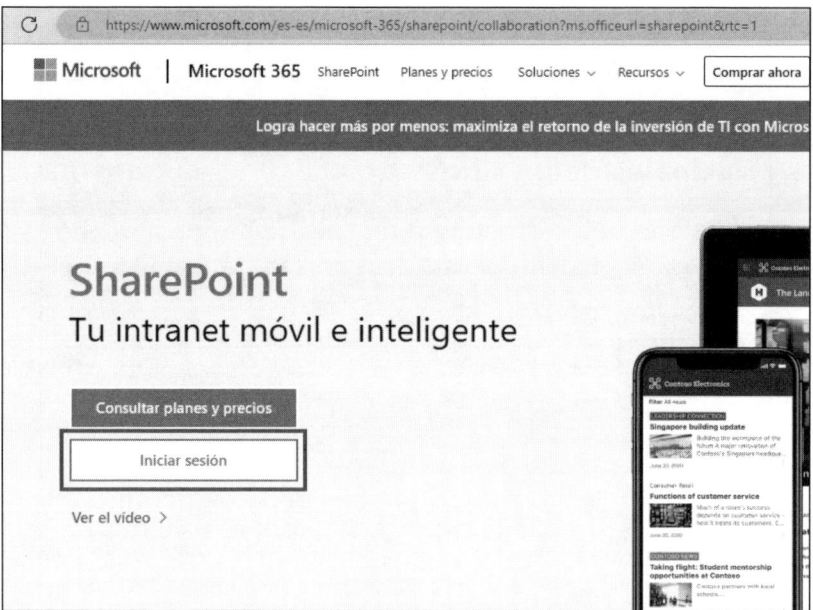

Figura 3.2. Iniciar sesión en SharePoint.

2. Una vez descargada e instalada la aplicación, ábrela y toca en **Iniciar sesión** para acceder a tu cuenta de SharePoint e introduce tus credenciales: usuario y contraseña.

3. Si tu cuenta requiere autenticación multifactor (MFA), deberás proporcionar el código o aprobar la solicitud de autenticación desde tu dispositivo móvil.

4. Después de iniciar sesión, te encontrarás en la pantalla principal de la aplicación; desde ahí, podrás acceder a tus sitios y a los documentos que compartes con tus compañeros de trabajo.

El contenido y la información que se almacena en SharePoint se organiza en los llamados **Sitios** de trabajo. Cada equipo de usuarios colabora y comparte información en un **Sitio** de grupo.

Qué es un sitio

Un sitio en SharePoint es una colección de páginas, listas, bibliotecas de documentos, flujos de trabajo y otros elementos organizados de forma estructurada para cumplir con un objetivo específico dentro de SharePoint Online. Un sitio puede ser utilizado para diferentes propósitos, como la colaboración en equipo, para la gestión de documentos de un departamento de la empresa, para colaborar y compartir documentos en un proyecto, para la creación de sitios web; esto son solo algunos ejemplos.

Elementos principales de un sitio

Un sitio, además, tiene una estructura jerárquica que puede incluir subsitios, listas, bibliotecas y páginas. Esto permite organizar y administrar el contenido de forma muy eficiente:

- **Páginas:** Cada sitio de SharePoint normalmente se compone de varias páginas. Las páginas son unidades de contenido donde se puede mostrar información relevante para los usuarios de ese sitio, como noticias, anuncios, documentos incrustados, elementos de lista, calendarios y mucho más. Las páginas se pueden diseñar y personalizar según las necesidades del sitio.

- **Listas:** Un sitio también puede contener listas. Son colecciones de elementos relacionados, similares a una tabla. Pueden ser utilizadas para realizar seguimiento de tareas, administrar inventarios, recopilar datos o cualquier otra finalidad específica. Las listas permiten almacenar, organizar y compartir datos estructurados dentro del sitio.

- **Bibliotecas de documentos:** Son espacios donde se almacenan y gestionan carpetas, archivos y documentos. Permiten el control de versiones, el acceso seguro, la colaboración en documentos y la gestión de los metadatos para una búsqueda efectiva y eficiente.

- **Personalización del sitio:** Los sitios de SharePoint son altamente personalizables. Se pueden agregar elementos visuales, flujos de trabajo y otras funcionalidades personalizadas para adaptar el sitio a las necesidades específicas de la organización.

- **Permisos y seguridad:** SharePoint proporciona un sistema de permisos y seguridad muy robusto para controlar el acceso y la edición del contenido dentro del sitio. Se pueden asignar permisos por niveles a usuarios y grupos para garantizar el acceso, la privacidad y la protección de la información.

La página de inicio de SharePoint

Cuando accedas a la página principal de SharePoint Online, verás una página dividida en dos paneles; en el panel de la derecha, verás una lista con los sitios que estás siguiendo. Si es la primera vez que accedes a SharePoint, puede ser que esta lista aparezca vacía. A la derecha de la página, encontrarás los sitios frecuentes, es decir, los que has visitado recientemente; al igual que con los sitios que estás siguiendo, esta lista de sitios visitados recientemente al principio puede estar vacía. En la figura 3.3 puedes ver la página principal de SharePoint Online de una organización.

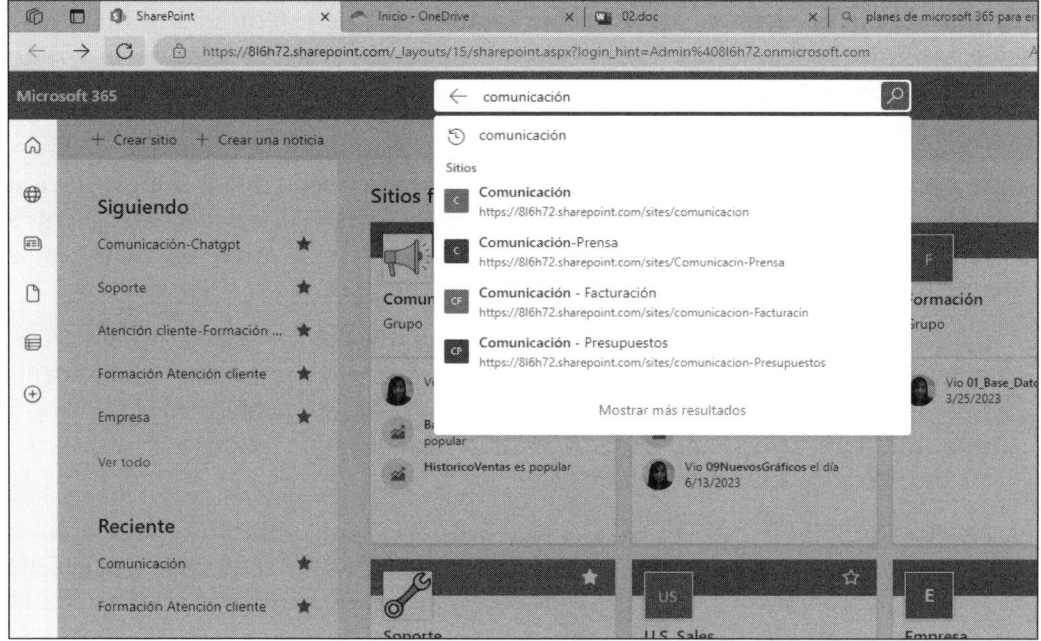

Figura 3.3. Página principal de SharePoint.

Para localizar más fácilmente el sitio al que quieras acceder, puedes utilizar la barra de búsqueda que encontrarás en la parte superior de la pantalla, solo tienes que escribir ahí el nombre del sitio y presionar la tecla **Intro** en el teclado, se mostrarán todos los sitios que contengan esa palabra clave.

Una vez localizado el sitio al que necesitas acceder, haz clic en él para entrar. Depende de cómo esté personalizado y configurado el sitio, la página principal puede variar. Las personas que administran el sitio pueden personalizar la página de inicio para que los miembros del equipo accedan de forma más rápida y fácil al contenido de este.

En la figura 3.4 estás viendo la página principal del sitio de comunicación de una empresa, la persona que administra el sitio la ha personalizado para que los miembros del equipo cuando accedan tengan a mano toda la información que necesitan.

Figura 3.4. Página principal personalizada de un sitio de SharePoint.

Observa que, en la parte superior de la página principal del sitio, puedes ver que hay un acceso a los principales elementos del sitio, las conversaciones, el bloc de notas, los documentos y el resto de las páginas del sitio, entre otros; esto facilita enormemente el acceso a la información.

Si tienes claro que vas a visitar este sitio frecuentemente, te aconsejo que hagas clic en la opción **No se sigue**, que aparece precedida del icono de una estrella en la parte superior derecha de la página para seguir el sitio. De este modo, cuando entres en la página principal de SharePoint, este sitio aparecerá en el panel de la izquierda en lista de los sitios que sigues y te resultará más sencillo acceder a él.

A veces, la página principal de un sitio no está personalizada, por lo que para acceder a los documentos del sitio tendrás que ir al panel izquierdo de navegación de esta página principal y hacer clic en bibliotecas de documentos; dentro, encontrarás todas las carpetas y archivos que se comparten en el sitio. Ten en cuenta que un sitio puede tener varias bibliotecas de documentos, además de la biblioteca de documentos principal del sitio.

En la figura 3.5, puedes ver la página principal de un sitio sin que haya sido personalizada y puedes observar el panel izquierdo de navegación que te da acceso a los distintos elementos del sitio.

Figura 3.5. Página principal de un sitio de SharePoint sin personalizar.

Crear un sitio de colaboración en SharePoint

Ten en cuenta que es posible que algunos usuarios de SharePoint no tengan permisos para crear sitios nuevos ni tampoco para personalizar los sitios existentes; según la política de la empresa, habrá usuarios que tengan permisos para realizar estas acciones y otros no.

Vamos a empezar por ver cómo se crea un nuevo sitio en SharePoint y lo que implica la creación de ese sitio. Vamos a hacer una reflexión: piensa en un departamento de tu empresa o en un proyecto en el que estés trabajando habitualmente con otros compañeros. Podría ser interesante y útil tener un lugar centralizado donde almacenar, organizar y compartir información y aplicaciones con esas personas. Eso se puede hacer en un sitio de SharePoint.

Si tienes permisos para crear nuevos sitios de SharePoint, en la página principal de SharePoint Online verás el vínculo **Crear un sitio**, precedido del símbolo +. Al hacer clic en él, aparece un cuadro de diálogo donde debes elegir si crear un sitio de grupo o de comunicación, como se ve en la figura 3.6.

Antes, vamos a ver las principales diferencias que existen entre ambos:

- **Sitio de grupo:** Se centra en la colaboración y el trabajo en equipo. Está diseñado para que los miembros de un grupo o equipo colaboren de forma eficiente y efectiva en proyectos, compartan documentos y realicen tareas conjuntas. Algunas características clave de los sitios de grupo son:

Crear un sitio

Elija el tipo de sitio que desea crear u obtenga más información sobre sitios de grupo y sitios de comunicación.

Sitio de grupo

Cree un espacio privado para colaborar con su equipo.

- Realizar un seguimiento y mantenerse actualizado sobre el estado del proyecto
- Compartir recursos del equipo y contenido de coautoría
- Todos los propietarios y miembros del sitio crean contenido del sitio

Sitio de comunicación

Comparta información que involucre e informe a los espectadores.

- Crear portales o sitios específicos del tema
- Involucre a docenas o miles de espectadores
- Pocos autores de contenido y muchos visitantes del sitio

Figura 3.6. Crear un nuevo sitio en SharePoint.

- **Compartir y colaborar en documentos:** Los sitios de grupo facilitan la colaboración en tiempo real en los documentos utilizando las bibliotecas de documentos compartidas. Los miembros del grupo pueden trabajar en esos documentos de forma colaborativa.

- **Conversaciones y mensajería:** Los sitios de grupo permiten a los miembros del equipo comunicarse y colaborar a través de conversaciones y mensajería integrada. Cuando se crea un nuevo sitio de grupo, se crea una bandeja compartida donde pueden realizar discusiones, compartir noticias y actualizaciones y mantenerse al tanto de las actividades del grupo.

- **Aplicaciones y flujos de trabajo:** Los sitios de grupo pueden incluir aplicaciones y flujos de trabajo personalizados para automatizar procesos y acelerar el trabajo del equipo.

- Sitio de comunicación: Los sitios de comunicación tienen como objetivo la divulgación de información y la comunicación efectiva con un público más amplio dentro de la organización. Estos sitios son ideales para crear intranets, sitios web corporativos, blogs de noticias y demás medios de comunicación interna. Algunas características clave de los sitios de comunicación son:

- **Publicación y divulgación de información:** Los sitios de comunicación proporcionan herramientas para publicar noticias, anuncios, eventos y otro más contenido relevante. Se pueden crear y personalizar páginas para presentar la información de manera atractiva.

- **Diseño:** Los sitios de comunicación permiten una mayor personalización visual y de diseño para reflejar la identidad de la organización y crear una experiencia de usuario corporativa.

- **Acceso de solo lectura:** A diferencia de los sitios de grupo, los sitios de comunicación están diseñados principalmente para compartir información de manera unidireccional. Los usuarios pueden ver y consumir el contenido, pero suelen tener permisos de edición.

Resumiendo, podemos decir que los sitios de grupo se centran en la colaboración y el trabajo en equipo, mientras que los sitios de comunicación están diseñados para la divulgación de información y la comunicación efectiva con un público más amplio. La elección del tipo de sitio depende de los objetivos y las necesidades específicas de cada equipo, proyecto o departamento.

En este ejemplo, vamos a crear un sitio de grupo, por lo que seleccionaremos esa opción. El siguiente paso es otorgarle un nombre al sitio y opcionalmente una descripción, como se muestra en la figura 3.7.

Figura 3.7. Nombre y descripción del sitio.

Para este ejemplo, vamos a crear el sitio llamado **Marketing y publicidad**, si quieres opcionalmente puedes agregar una descripción al sitio. Si haces clic en **Siguiente**, verás un cuadro de diálogo como el que aparece en la figura 3.8, donde se te indicará si el nombre del sitio está disponible, además de mostrarte cuál es la dirección de correo electrónico del sitio y la dirección del propio sitio.

Figura 3.8. Nombre e información del sitio.

Si te desplazas hacia abajo en el cuadro de diálogo, deberás seleccionar si el sitio será **Privado** o **Público**, como se ve en la figura 3.9.

A los sitios privados solo tienen acceso los miembros del sitio; a los sitios públicos se puede unir cualquier persona de la organización. En este ejemplo, voy a seleccionar que el sitio es privado y solo los miembros del sitio podrán acceder a la información que se comparta en él.

También es importante que selecciones el idioma del sitio; por defecto, aparece en inglés, puedes cambiarlo si lo deseas, aunque más adelante también podrás hacerlo.

Haz clic de nuevo en el botón **Siguiente** para continuar con la creación del sitio. En la siguiente pantalla, puedes agregar a los miembros del sitio. Pueden ser compañeros, es decir, personas individuales. Para agregarlas, bastará con escribir su nombre. También puedes agregar a todos los miembros de un grupo y, en el caso de que se te permita agregar a personas de fuera de la organización, deberás de escribir su dirección de correo electrónico. Este paso lo puedes omitir actualmente si no conoces con certeza quiénes van a ser las personas que van a componer el equipo de trabajo de este sitio y podrás agregarlos más tarde.

Figura 3.9. Privacidad del sitio.

Si has agregado ya algún usuario, verás que se agregan con el perfil de **Miembro**, como se ve en la figura 3.10, es el nivel de permisos que le otorga por defecto SharePoint a los miembros del sitio, pero, si lo deseas, puedes cambiarlo por **Propietario**. El usuario que sea propietario de un sitio podrá hacer cambios en el sitio, como personalizar su apariencia y modificar la configuración del sitio.

Si tienes que modificar algún parámetro de las pantallas anteriores, puedes hacer clic en el botón en forma de flecha para la navegación que aparece en la parte superior izquierda del cuadro de diálogo; esto te permitirá volver atrás por las páginas que ya has rellenado y hacer las modificaciones que necesites.

Cuando hayas terminado y estés en la última página, haz clic en el botón **Finalizar**. El sitio ya ha sido creado y puedes verlo en tu pantalla.

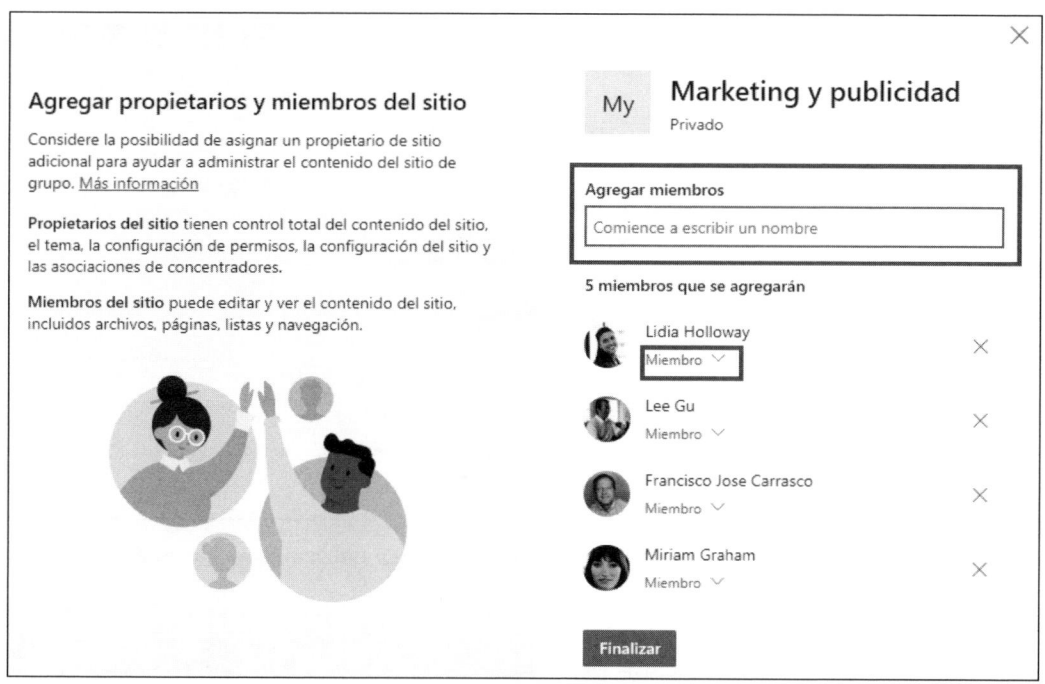

Agregar propietarios y miembros del sitio

Considere la posibilidad de asignar un propietario de sitio adicional para ayudar a administrar el contenido del sitio de grupo. Más información

Propietarios del sitio tienen control total del contenido del sitio, el tema, la configuración de permisos, la configuración del sitio y las asociaciones de concentradores.

Miembros del sitio puede editar y ver el contenido del sitio, incluidos archivos, páginas, listas y navegación.

My **Marketing y publicidad**
Privado

Agregar miembros

Comience a escribir un nombre

5 miembros que se agregarán

Lidia Holloway
Miembro ⌄ ✕

Lee Gu
Miembro ⌄ ✕

Francisco Jose Carrasco
Miembro ⌄ ✕

Miriam Graham
Miembro ⌄ ✕

Finalizar

Figura 3.10. Agregar personas al sitio.

ADVERTENCIA:

Ten en cuenta que este proceso de creación del sitio puede llevar algo de tiempo, por lo que no te preocupes si todavía hay características que no están operativas. Ten un poco de paciencia y en unos minutos estará funcionando todo al 100 %.

En la figura 3.11, puedes ver la página principal del sitio que acabamos de crear. Aparece inicialmente sin personalizar, pero ya contiene todos los elementos principales del sitio y a los que puedes acceder desde el panel de navegación izquierdo de este.

Invitar a otros miembros a colaborar en el sitio

Si no agregaste los miembros que formarán parte del sitio durante su creación o necesitas incorporar o quitar miembros, puedes hacerlo desde el vínculo **Miembros**, que aparece en la parte superior derecha de la página principal del sitio.

Figura 3.11. Página principal del sitio de **Marketing y publicidad** recién creado.

> **NOTA:**
>
> *No todos los usuarios tienen permisos para agregar y quitar miembros del sitio, solo las personas que tengan rol de propietario podrán hacerlo.*

En el vínculo **Miembros** puedes ver el número de miembros que componen actualmente el sitio; al hacer clic, puedes ver quiénes son, como se señala en la figura 3.12.

> **NOTA:**
>
> *Para agregar invitados externos y si la organización lo permite, debes de ir a Outlook y agregarlos directamente al grupo, como se ve en la figura 3.13.*

Cuando agregues nuevas personas al sitio de grupo, tendrás que elegir el rol que tendrán. Te detallo de forma general qué permisos otorga cada rol:

- **Propietarios del sitio:** Tienen control total del contenido del sitio, pueden hacer cambios en el tema, en la configuración de permisos, en la configuración del sitio entre otros.

- **Miembros del sitio:** Pueden editar y ver el contenido del sitio, incluidos archivos, páginas, listas y navegación.

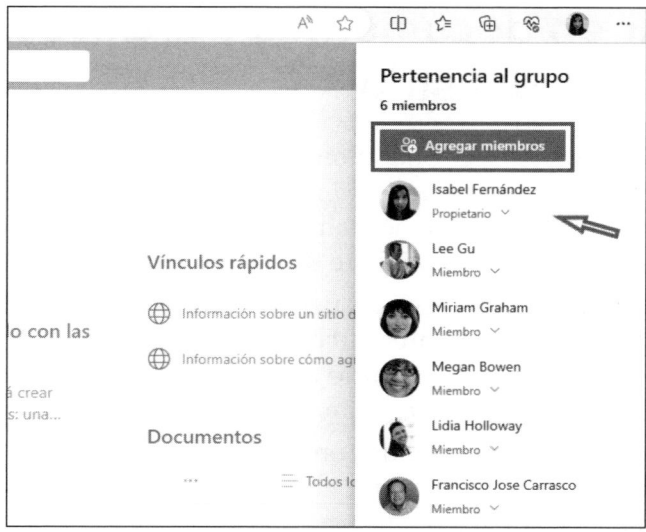

Figura 3.12. Agregar miembros.

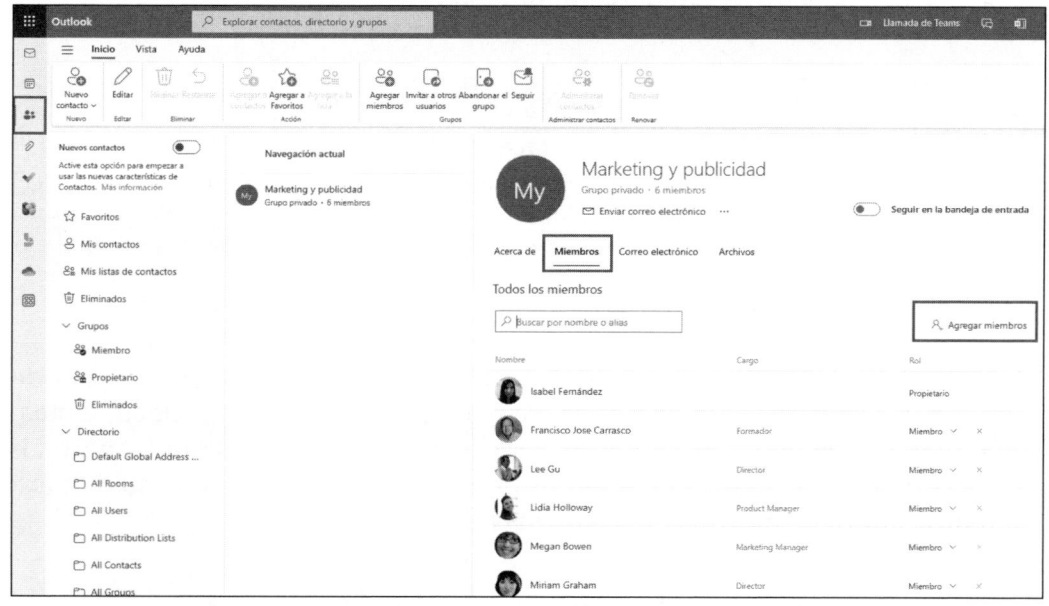

Figura 3.13. Agregar miembros externos en Outlook.

NOTA:

Para convertir un miembro en propietario, añádelo como miembro y, a continuación, utiliza la flecha desplegable en el perfil de miembro para convertirlo en propietario.

Colaborar en documentos y archivos. La biblioteca del sitio

La biblioteca de documentos en SharePoint es el elemento que permite almacenar, organizar y administrar documentos en un entorno colaborativo en la nube. Proporciona una estructura de almacenamiento centralizada para los documentos, lo que facilita su acceso y uso por parte de los usuarios autorizados del sitio.

En una biblioteca de documentos, los usuarios según permisos pueden cargar, crear, editar y eliminar documentos, archivos de texto, hojas de cálculo, presentaciones, imágenes, archivos PDF, entre otros.

La biblioteca de documentos en SharePoint también ofrece funcionalidades de colaboración, como la posibilidad de compartir documentos con otros usuarios, establecer permisos de acceso, permitir comentarios y revisiones y realizar seguimiento de las versiones de los documentos.

En resumen, una biblioteca de documentos en SharePoint es un repositorio en línea que facilita el almacenamiento, organización, colaboración y gestión de documentos en un entorno empresarial o de trabajo en equipo.

> **NOTA:**
>
> *Además de la biblioteca de documentos principal del sitio, un sitio de SharePoint puede contener otras bibliotecas de documentos con el mismo propósito que la principal, organización y almacenamiento de archivo.*

Acceder a la biblioteca de documentos del sitio

Para acceder a la biblioteca de documentos de un sitio, busca en el panel de navegación izquierdo en la página principal del sitio la categoría Documentos, como se indica en la figura 3.14. Al hacer clic podrás ver su contenido, normalmente carpetas y archivos que algunos miembros del grupo han cargado para compartir información con el resto de los miembros.

Agregar contenido a la biblioteca de documentos

Si observas de nuevo la figura 3.14, puedes ver en la parte superior dos botones: Nuevo permite crear nuevas carpetas y nuevos documentos en el sitio; Cargar permite seleccionar carpetas y archivos de tu equipo y subir una copia al sitio para compartir esa información con todos los miembros del sitio.

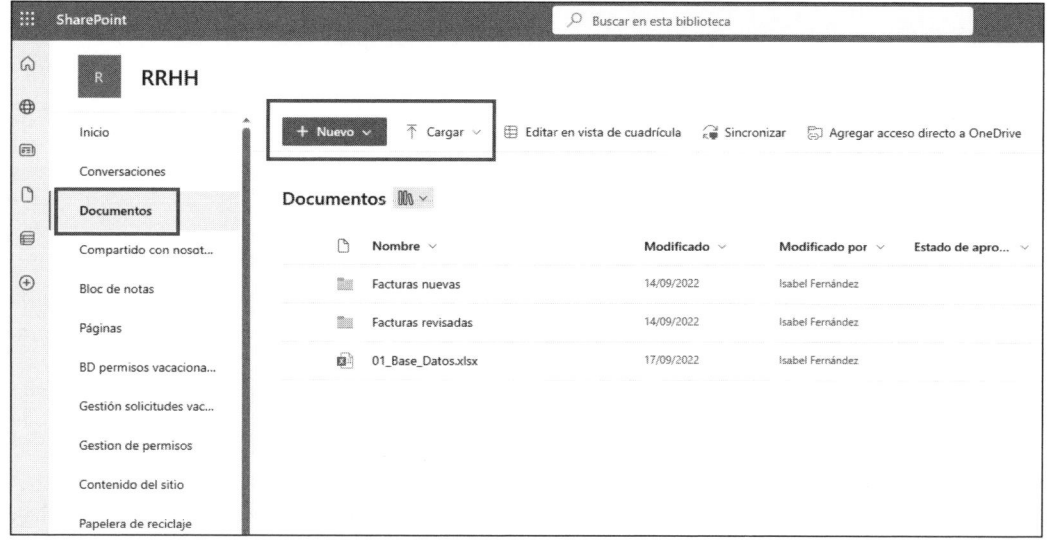

Figura 3.14. Acceso a la biblioteca de documentos del sitio.

Sincronizar un sitio de SharePoint con tu equipo

Al igual que en OneDrive, en SharePoint también es posible acceder a las carpetas y archivos cuando no tengas conexión a Internet, si previamente has sincronizado ese sitio con tu equipo. Para sincronizar un sitio de SharePoint con tu equipo en la barra superior de herramientas del sitio, haz clic en el botón Sincronizar.

La opción Sincronizar permite que el contenido del sitio aparezca en el explorador de archivos de tu equipo de modo que, cuando no tengas conexión a Internet, puedas seguir trabajando con tus carpetas y archivos y, cuando se recupere la conexión, se sincronizará automáticamente todo, sin que tengas que preocuparte por nada. Otra opción interesante puede ser la de agregar un acceso directo a este sitio para que esté disponible desde OneDrive y así sea más fácil y rápido acceder al sitio desde OneDrive, solo tienes que hacer clic en el botón Agregar acceso directo a OneDrive, como se muestra en la figura 3.15.

Agregar columnas de información a la biblioteca de documentos

Si lo ves necesario, puedes añadir más información a la biblioteca de contenido del sitio mostrando columnas ocultas, que son columnas ya existentes, pero que, por defecto, no se muestran, ocultando la información que contienen.

Figura 3.15. Sincronizar un sitio con tu equipo.

Otra posibilidad es la de crear tus propias columnas para introducir información personalizada, columnas que contengan información interesante para los miembros del sitio.

Mostrar columnas ocultas

Para mostrar una columna ya existente que inicialmente esté oculta, haz clic en la última columna en Agregar columna y, a continuación, haz clic en el vínculo Mostrar u ocultar columnas, como se ve en la figura 3.16.

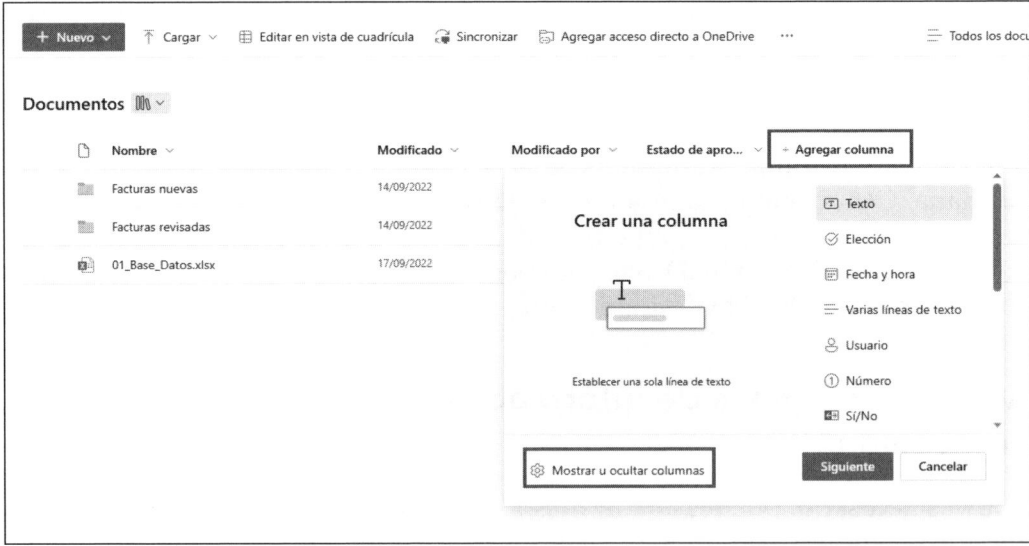

Figura 3.16. Mostrar u ocultar columnas en la biblioteca de documentos.

En la lista que aparece, ya hay varias columnas marcadas, son las que actualmente estás viendo en pantalla, junto con las carpetas y archivos de la biblioteca de documentos, que contienen información interesante, como por ejemplo cuándo y por quién ha sido modificada una carpeta o archivo.

Marca en la lista que se muestra aquellas columnas que contengan la información que te interesaría mostrar junto con el resto de las columnas ya existentes y haz clic en la parte superior de la lista en Aplicar. Las columnas que hayas marcado se mostrarán en pantalla y complementarán la información de los archivos y carpetas que se encuentran en la biblioteca de documentos, como se señala en la figura 3.17.

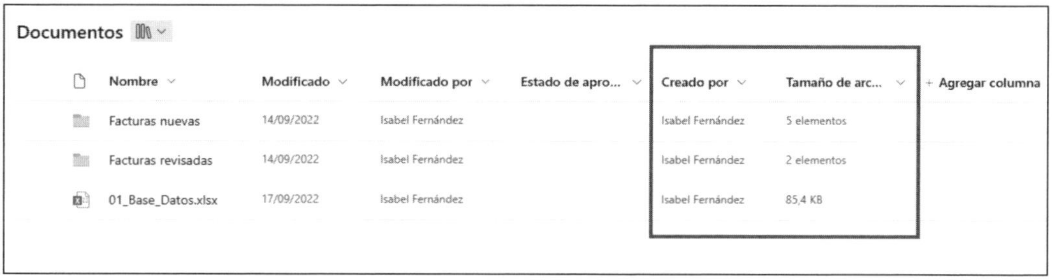

Documentos							
Nombre ∨	Modificado ∨	Modificado por ∨	Estado de apro... ∨	Creado por ∨	Tamaño de arc... ∨	+ Agregar columna
Facturas nuevas	14/09/2022	Isabel Fernández		Isabel Fernández	5 elementos	
Facturas revisadas	14/09/2022	Isabel Fernández		Isabel Fernández	2 elementos	
01_Base_Datos.xlsx	17/09/2022	Isabel Fernández		Isabel Fernández	85,4 KB	

Figura 3.17. Columnas de información agregadas a la biblioteca de documentos.

Una columna muy interesante que puedes mostrar junto a las columnas que aparecen ya en la biblioteca de documentos es la columna **Estado de la aprobación**. Esta columna permite ser utilizada para la implementación de flujos de trabajo y procesos automatizados con Power Automate. Por ejemplo, se pueden crear flujos de aprobación basados en una columna de **Estado del documento** o enviar notificaciones automáticas según ciertas condiciones en una columna específica.

Crear nuevas columnas para agregar información

El objetivo principal de agregar nuevas columnas a una biblioteca de documentos de SharePoint es mejorar la clasificación, la organización y la búsqueda de la información en el contenido de esa biblioteca. Las columnas adicionales te permiten etiquetar y categorizar los documentos de una forma más precisa, lo que facilita su identificación y el acceso rápido a estos.

Además, al agregar columnas con información específica los usuarios pueden filtrar y ordenar los documentos de forma más eficiente. Esto reduce el tiempo empleado en la búsqueda y permite encontrar la información relevante con mayor rapidez.

Las nuevas columnas también enriquecen los metadatos de los documentos, lo que a su vez mejora los resultados de las búsquedas. Los usuarios pueden usar palabras contenidas en la información de las columnas para refinar sus búsquedas y obtener resultados más precisos.

Las nuevas columnas permiten personalizar la biblioteca de documentos para adaptarse a las necesidades y estructura de la empresa, ya que cada organización tiene requisitos específicos en cuanto a cómo se maneja la información.

Pongamos un ejemplo: vamos a crear una nueva columna para que los miembros del sitio puedan agregar notas a los archivos. Comienza por hacer clic en **Agregar columna**, como se indica en la figura 3.18, y selecciona **Varias líneas de texto**, ya que nuestra columna contendrá notas; pero, si la columna que quieres crear tuviera otro contenido, elige aquí el tipo de dato que contendrá.

Figura 3.18. Crear nueva columna.

A continuación, haz clic en **Siguiente**. Escribe un nombre para la columna, por ejemplo **Notas**, y opcionalmente añade una descripción.

Si necesitas cambiar el **Tipo de dato** que contendrá puedes hacerlo desde aquí; en el caso de que tenga un valor predeterminado, puedes agregarlo en el campo **Valor predeterminado** o, si la columna que vas a crear es un campo calculado, marca la casilla **Usar valor calculado** y escribe en el campo **Valor predeterminado** la fórmula.

Si haces clic en el vínculo **Más opciones**, podrás elegir si es obligatorio introducir información en la columna y si quieres agregar la columna a todos los tipos de contenido, como se ve en la figura 3.19.

Cuando hayas rellenado toda la información, no olvides hacer clic en el botón **Guardar**.

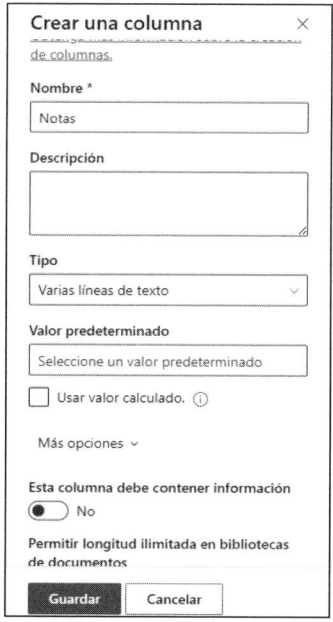

Figura 3.19. Crear una columna.

La nueva columna ya aparece en la vista actual. Si deseas desplazarla delante de otra columna, haz clic en su nombre y arrastra la columna a la nueva posición.

Para agregar información a la columna, los usuarios pueden activar la vista de cuadrícula haciendo clic en la opción **Editar en vista de cuadrícula**, en la barra superior; es la forma más rápida y práctica de hacerlo, como se ve en la figura 3.20.

Figura 3.20. Editar en vista de cuadrícula.

La vista de cuadrícula muestra el contenido de las columnas en celdas y solo hay que hacer clic para editar el contenido. Haz clic en la celda de la columna **Notas** y agrega las notas para el archivo seleccionado, como se muestra en la figura 3.21.

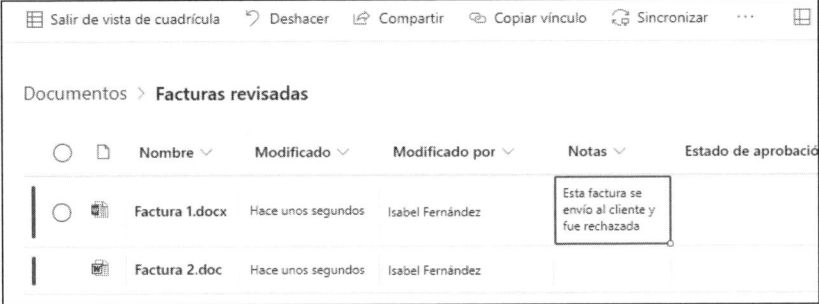

Figura 3.21. Rellenar el campo **Notas**.

Si cuando termines de rellenar las notas de los archivos quieres volver a la vista normal, haz clic en la opción **Salir de la vista de cuadrícula**.

Crear una nueva biblioteca de documentos para colaborar

El objetivo de crear una nueva biblioteca de documentos en un sitio de SharePoint es almacenar y administrar documentos creando una nueva instancia en el sitio **Lista** para la colaboración de los miembros que forman parte del sitio.

Para crear una nueva biblioteca de documentos, haz clic en el nombre del sitio donde quieres crear la nueva biblioteca de documentos para ir a la página principal del sitio. A continuación, haz clic en **Nuevo elemento** y selecciona **Biblioteca de documentos**, como se ve en la figura 3.22.

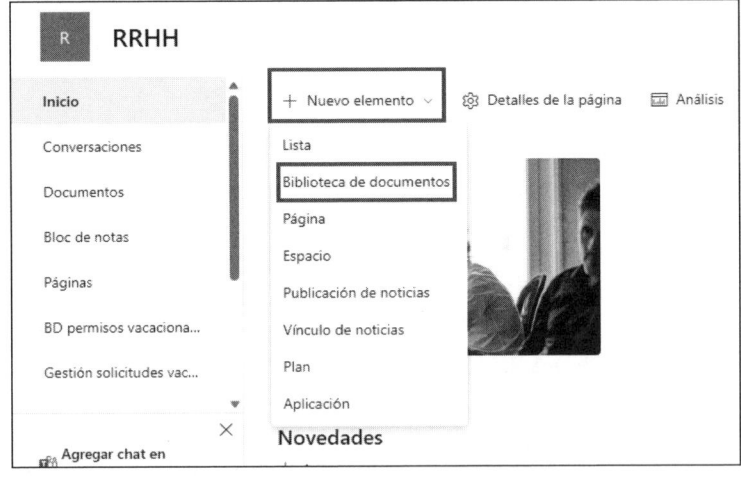

Figura 3.22. Crear una nueva biblioteca de documentos.

Agrega el nombre y opcionalmente la descripción. Ahora ya puedes crear nuevas carpetas y archivos o cargarlos desde tu equipo. Recuerda que todos los miembros del sitio tendrán acceso a este contenido, según su rol de permisos.

Colaborar en listas en un sitio de SharePoint Online

Uno de los elementos más apreciados por los usuarios de SharePoint son las listas, ya que potencian la colaboración entre los miembros del sitio. Voy a describir con más detalle qué es una lista.

Qué es una lista y cómo potencia la colaboración con SharePoint Online

Una lista en SharePoint Online es un elemento organizativo que permite almacenar, administrar y visualizar datos relacionados de una forma eficiente. Funciona como una tabla en la que puedes crear y personalizar columnas para incorporar diferentes tipos de información. Las listas se utilizan para rastrear y administrar datos, como tareas, contactos, eventos o cualquier otro tipo de información que sea necesario almacenar por los miembros del sitio.

Cada elemento en una lista representa una entrada individual organizada en filas y columnas, similar a una hoja de cálculo. En ella, puedes agregar, editar y eliminar elementos según sea necesario. Además, SharePoint proporciona herramientas para filtrar, ordenar y buscar información dentro de la lista, lo que facilita la localización de datos determinados.

Las listas en SharePoint Online son personalizables y se pueden adaptar a las necesidades específicas de tu equipo o del proyecto en el que estáis trabajando. Además, puedes definir flujos de trabajo, establecer permisos de acceso y colaborar con otros usuarios en tiempo real en la misma lista. Esto permite una gestión efectiva de la información y mejora la colaboración en un entorno digital.

Cómo crear una nueva lista

Para crear una lista nueva, haz clic en el nombre del sitio donde quieres crear la lista para situarte en la página principal del sitio. A continuación, haz clic en el botón Nuevo elemento y selecciona Lista, como se señala en la figura 3.23.

Figura 3.23. Crear una nueva lista en un sitio de SharePoint Online.

En el siguiente cuadro de diálogo, selecciona **Lista en blanco** para crear una nueva lista. Si observas la parte inferior del cuadro de diálogo, podrás seleccionar una plantilla si lo deseas y crear la lista nueva a partir de una de estas plantillas si pueden serte útiles; te aconsejo que las revises, contienen columnas adaptadas al tema seleccionado y listas para introducir la información en ellas. También puedes agregar columnas nuevas si lo deseas o modificar o eliminar algunas de las existentes para de este modo adaptar la lista a las necesidades de tu equipo.

Si eliges crear la lista desde cero, es decir, en blanco, tendrás que agregarle un nombre y opcionalmente una descripción.

TRUCO:

Si dejas marcada la opción **Mostrar en la navegación del sitio** *cuando incorporas el nombre y la descripción a la lista, será muy sencillo el acceso a ella por los miembros del equipo, que podrán encontrarla en el menú de navegación del sitio y solo tendrán que hacer clic en ella para el acceder rápidamente.*

Agregar columnas a la nueva lista

En las columnas es donde agregarás la información, por lo que es importante prestar atención a la hora de crearlas, configurándolas previamente según el tipo de dato que vayas a almacenar.

La lista nueva por defecto ya trae una columna llamada título; si quieres puedes conservarla, modificarla o eliminarla.

Para crear una nueva columna, haz clic en el vínculo **Agregar columna**. Como ejemplo, a nuestra nueva lista vamos a agregarle un campo de tipo **Número** llamado **Número de presupuesto**. En el panel derecho, selecciona el tipo de dato que contendrá el campo, que, en este caso, como ya habrás deducido, es **Número**, como se ve en la figura 3.24.

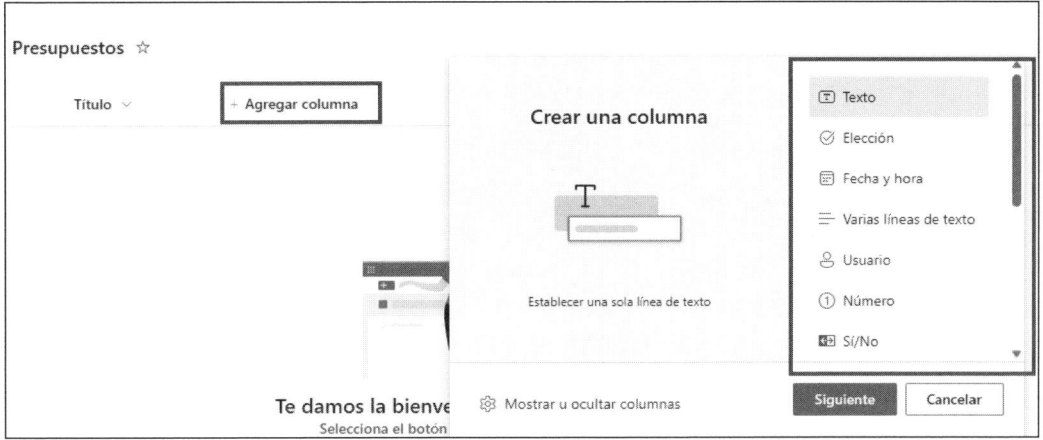

Figura 3.24. Agregar columna a una lista.

Una vez elegido el tipo **Número**, haz clic en **Siguiente** para establecer la configuración de esta. Lo primero que se solicita de modo obligatorio es el nombre de la columna. En este caso, la llamaré **N_presupuesto**. Opcionalmente, puedes agregar una descripción que proporcione información sobre el contenido que se almacenará en este campo.

El **Tipo** ya se ha elegido previamente, **Número**. Si deseas cambiarlo, ahora es el momento. Debajo, aparece una vista previa de cómo aparecerá el número cuando sea introducido. En el caso de este campo, al ser de tipo número, permite seleccionar el formato, el número de decimales o la fórmula que corresponda a la operación matemática que necesites realizar.

Si haces clic en el vínculo **Más opciones**, podrás seguir configurando el comportamiento de ese campo, como se ve en la figura 3.25.

PRÁCTICA:

Ahora agrega tú algunas columnas más de distintos tipos a la lista y de este modo practicarás revisando las propiedades que puedes configurar según el tipo de columna que elijas.

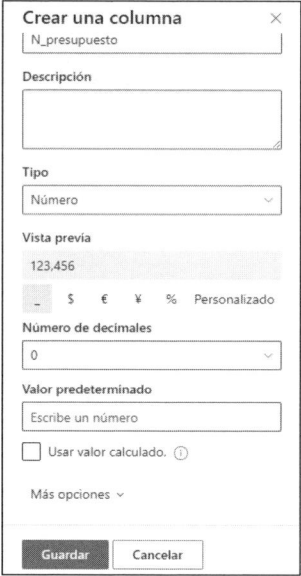

Figura 3.25. Agregar una columna de tipo número a la lista.

Importar una tabla de Excel a una lista de SharePoint Online

Si tienes una tabla de Excel con datos y quieres llevarla al sitio de grupo de SharePoint para que todos los usuarios podáis colaborar en ella:

1. Regresa a la página principal del sitio de SharePoint y haz clic en Nuevo, selecciona Lista en el cuadro de diálogo que aparece y haz clic en el botón De Excel, como se ve en la figura 3.26.

2. A continuación, puedes buscar el archivo en las carpetas del sitio si ya está ahí almacenado o puedes cargarlo desde tu equipo haciendo clic en el botón Cargar archivo.

3. Si el archivo Excel tiene varias tablas de datos, selecciona la que quieres importar, también puedes importar un archivo CSV.

ADVERTENCIA:

Es imprescindible que los datos que vas a importar a una lista de SharePoint estén en formato de tabla dentro de Excel. Si no lo están, debes convertirlos a tabla y ponerle un nombre a la tabla antes de importarla a SharePoint Online. SharePoint Online no permite importar datos de Excel que estén en formato de rango.

Figura 3.26. Crear una lista partiendo de Excel.

Publicación de noticias en un sitio de SharePoint Online

La publicación de noticias en un sitio de SharePoint Online es una función que ofrece a los usuarios la posibilidad de crear y compartir información relevante y actualizada en un entorno colaborativo en línea.

La publicación de noticias se realiza por un usuario autorizado a través de una plantilla, SharePoint Online ofrece varias para elegir. Las noticias se comparten con el equipo a través de un correo de aspecto excelente y se puede mostrar en cualquier dispositivo.

Para crear una publicación de noticias, debes situarte en la página principal del sitio, hacer clic en el menú superior y seleccionar Nuevo elemento. A continuación, selecciona Publicación de noticias, como se indica en la figura 3.27.

A continuación, selecciona la plantilla, o parte de una noticia en blanco, como se ve en la figura 3.28.

Por último, haz clic en el botón Crear una publicación para empezar a editar la plantilla y sustituir el contenido por el tuyo propio, como se muestra en la figura 3.29.

Figura 3.27. Crear una publicación de noticias.

Figura 3.28. Plantillas de noticias.

Cuando hayas terminado, haz clic en el botón **Post and send**, que verás en la parte superior derecha de la pantalla. Por último, rellena los campos del correo electrónico y haz clic en el botón **Enviar**, como se muestra en la figura 3.30.

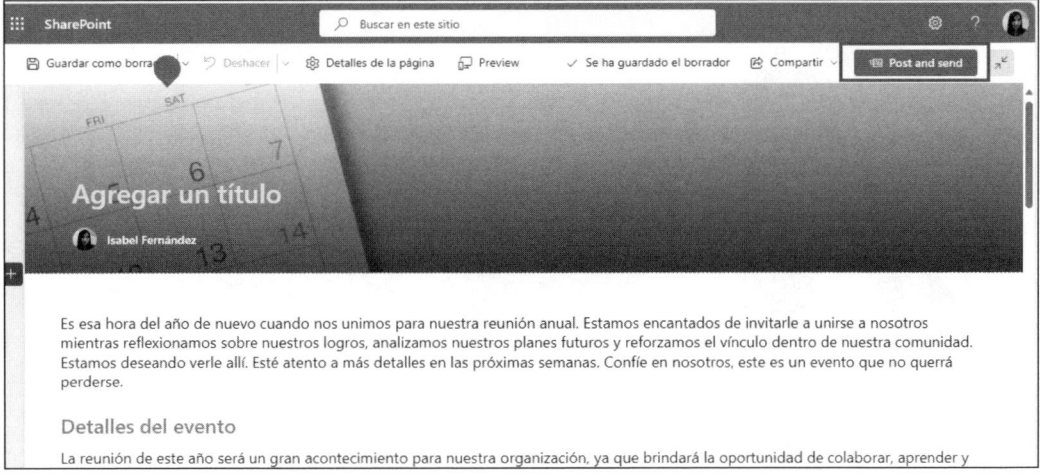

Figura 3.29. Publicar las noticias.

Figura 3.30. Enviar la publicación de noticias por email.

La colaboración se fortalece con los grupos de Microsoft 365

En este capítulo aprenderás:

- Qué es un grupo de Microsoft 365.
- Qué diferencias existen entre un grupo de 365, un sitio de SharePoint Online y un equipo de Teams.
- Quién puede crear grupos de Microsoft 365 y cómo crearlos.
- Cómo modificar la configuración de un grupo de Microsoft 365 cuando eres propietario.
- Cómo utilizar un grupo de Microsoft 365 para crear un equipo en Teams.
- Utilizar un grupo de Microsoft 365 para crear un plan de proyecto en Planner.
- Cómo acceder al grupo de Microsoft 365 desde otras aplicaciones.

Qué es un grupo de Microsoft 365

Un grupo de Microsoft 365 es una entidad colaborativa que reúne a personas, recursos y herramientas dentro del ecosistema de Microsoft 365 para facilitar la comunicación, la colaboración y la gestión de proyectos. Estos grupos permiten a sus miembros trabajar de manera conjunta y acceder a diversas aplicaciones y servicios compartidos en Microsoft 365. Los grupos de Microsoft 365 sustituyen a las antiguas listas de distribución.

Características clave de los grupos de Microsoft 365

Voy a comenzar por mostrarte las características más relevantes de un grupo de Microsoft 365:

- **Un grupo contine una bandeja de entrada y un calendario compartido:** Cada grupo de Microsoft 365 posee una dirección de correo electrónico y un calendario compartidos, lo que facilita la comunicación y la programación de eventos para los miembros del grupo, todos los miembros pueden ver los mensajes de esa bandeja de entrada, contestar o reenviar correos a esa dirección, lo que mantiene a todo el grupo informado siempre. Además, el grupo también cuenta con un calendario compartido donde poder agregar reuniones y otros eventos.

- **Un grupo contiene un espacio de almacenamiento compartido:** Los grupos de Microsoft 365 incluyen un espacio de almacenamiento compartido en SharePoint Online, donde los miembros pueden compartir y colaborar en documentos, archivos y otros recursos, pueden colaborar varios miembros a la vez y a su vez visualizar los cambios que se producen en tiempo real.

- **Comunicación en Microsoft Teams:** Los grupos pueden aprovechar el potencial de Microsoft Teams para la comunicación en tiempo real a través del chat o de los equipos y canales, lo que permite a los miembros intercambiar mensajes, realizar videollamadas y colaborar de manera eficiente en archivos y aplicaciones sin salir de Teams.

- **Planes de proyecto y planificación de tareas:** Puedes utilizar Microsoft Planner para asignar tareas, establecer fechas límite y realizar un seguimiento del progreso de los proyectos dentro del grupo.

- **Acceso a varias aplicaciones y servicios:** Los grupos de Microsoft 365 proporcionan acceso a una gran variedad de aplicaciones y servicios, como Word, Excel, PowerPoint, OneNote y otros, lo que facilita la colaboración de todos sus miembros en documentos y en proyectos.

Los grupos de Microsoft 365 son especialmente útiles para los equipos de trabajo, los proyectos y los departamentos que necesitan un lugar de colaboración centralizado donde compartir información, coordinar tareas y comunicarse de forma efectiva. Los grupos proporcionan una excelente forma de aprovechar las herramientas y los servicios de Microsoft 365 aumentando la productividad y la eficiencia en el entorno colaborativo.

Qué diferencias existen entre un grupo de Microsoft 365, un sitio de SharePoint y un equipo en Teams

Seguramente te estarás preguntando qué diferencia hay entre un grupo de Microsoft 365, un sitio de SharePoint Online y un equipo en Teams. Te explico: los grupos de Microsoft 365 son la base de la colaboración; cuando se crea un sitio de SharePoint, por defecto se crea un grupo de Microsoft 365 y viceversa. Pero no en todas las ocasiones cuando se crea a un equipo en Teams se crea un grupo de Microsoft 365, depende de la configuración de 365, por lo que te recomiendo que, antes de crear un equipo en Teams, crees previamente el grupo de Microsoft 365 o revises si ya está creado. En tal caso, lo recomendable es que crees el equipo en Teams basado en ese grupo. En resumen, los grupos de Microsoft 365 son ideales cuando se necesita un conjunto completo de servicios de colaboración incluida una dirección conjunta de correo electrónico, los sitios de SharePoint son excelentes para la gestión de documentos y contenido, y los equipos de Microsoft Teams son la elección adecuada cuando la comunicación en tiempo real y la colaboración son primordiales. A menudo, estas entidades pueden utilizarse de manera complementaria, y las organizaciones eligen la que mejor se adapte a las necesidades específicas de sus equipos y proyectos.

Cómo localizar los grupos de Microsoft 365 que tiene tu organización

Antes de nada, quiero aclararte que no todas las organizaciones tienen grupos de Microsoft 365 o los tienen visibles, por lo que es posible que cuando vayas a buscar estos grupos no los encuentres. Como ya sabes, estas tres entidades colaborativas (grupos, sitios y equipos) pueden utilizarse de forma conjunta o solo alguna de ellas. Los grupos de Microsoft 365 los vas a localizar en Outlook, tanto si usas la versión web, como si usas la versión de escritorio. Los localizas en el correo, al final de la lista de carpetas, ahí verás Grupos, como puedes ver en las figuras 4.1 y 4.2.

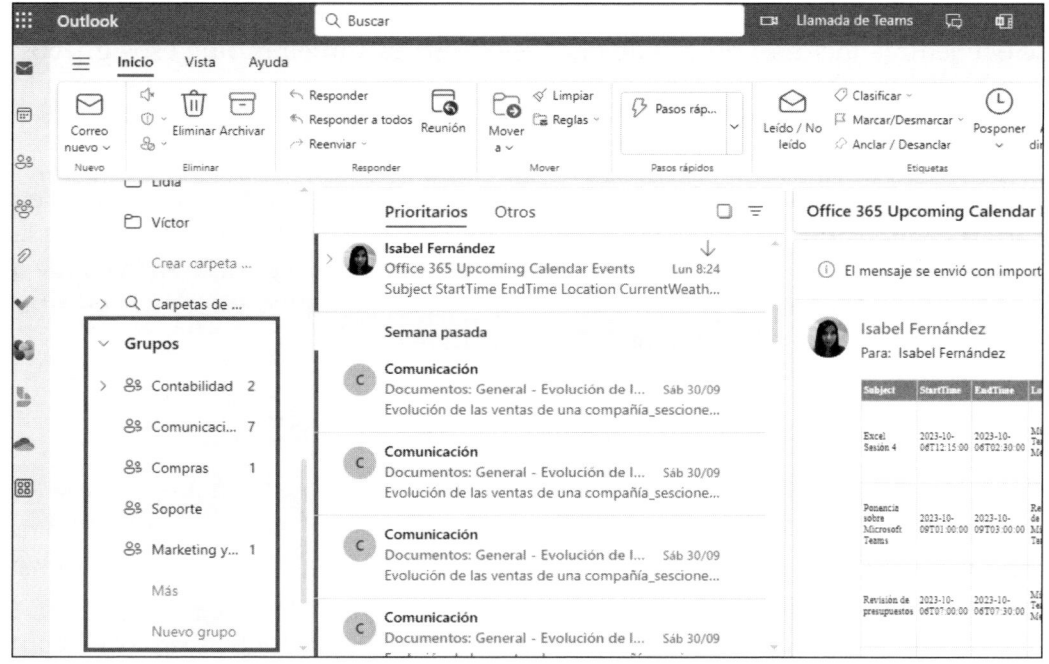

Figura 4.1. Grupos de Microsoft 365 en el Outlook para la web.

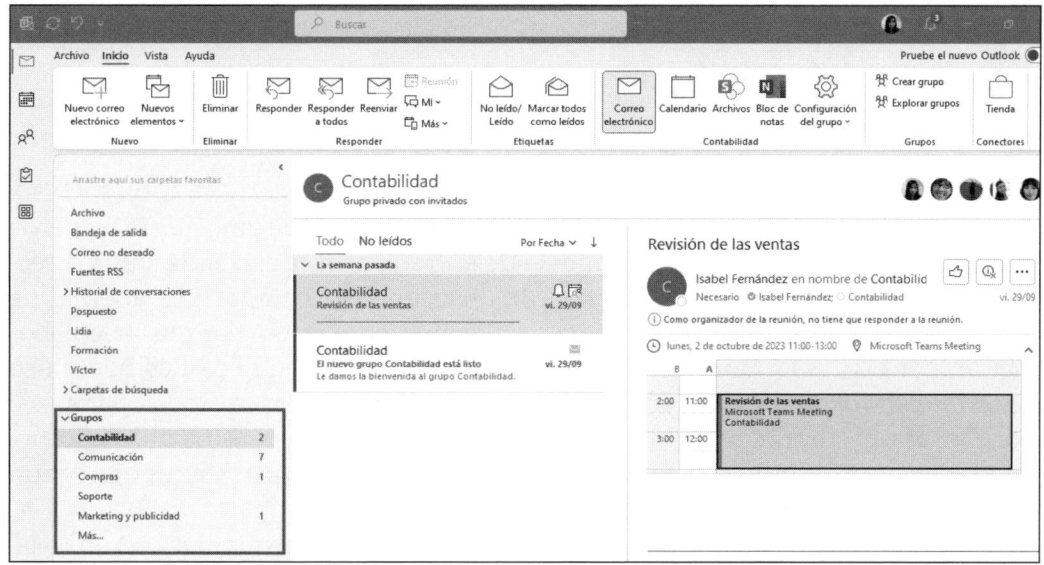

Figura 4.2. Grupos de Microsoft 365 en el Outlook de escritorio.

Los grupos que ves en la lista de grupos de Outlook puedes verlos porque tú te encuentras incluido dentro de ellos, es decir, eres miembro de esos grupos. También puede ser que alguno de esos grupos lo hayas creado tú mismo, por lo que entonces serás el propietario del grupo y, por consiguiente, la persona que se encargará de su administración y configuración.

Como ya te he adelantado, los grupos tienen su propia bandeja de entrada de correo compartida a la que tienen acceso todos los miembros del grupo. En la figura 4.2, puedes ver el grupo de **Contabilidad**, tiene dos mensajes en la bandeja de entrada, todos los miembros del grupo pueden ver, responder y escribir mensajes nuevos desde esa cuenta compartida.

Quién puede crear grupos de Microsoft 365

Seguramente ya te hayas hecho esta pregunta, no todos los usuarios tienen permiso para crear grupos de Microsoft 365. La persona que administra IT en tu organización podrá dar permisos a determinadas personas para crear grupos o puede ser que se creen desde el propio departamento de IT.

Si en Outlook para la web, al final de la lista de grupos, encuentras el vínculo **Nuevo grupo**, como se ve en la figura 4.3, significa que tienes permiso para crear grupos de Microsoft 365. En Outlook aplicación de escritorio, debes hacer clic con el botón secundario del ratón encima de **Grupos** y, si en el menú contextual se muestra la opción **Crear grupo**, podrás crear nuevos grupos desde esta opción, como se ve en la figura 4.4.

Crear un grupo de Microsoft 365

Antes de explicarte cómo crear un grupo de Microsoft 365, déjame que te recuerde que los grupos cuentan con una bandeja de entrada propia asociada a una dirección de correo electrónico del grupo y con un calendario compartido, además de todos los recursos que se pueden añadir al grupo para potenciar más la colaboración. Por eso, es importante que analices previamente si necesitas hacer uso de todos esos recursos. Si lo que necesitas es comunicarte en equipos y canales o por el chat y colaborar en archivos y aplicaciones con los miembros de tu equipo, puedes crear un equipo en Microsoft Teams; lo que quiero que veas es que según las necesidades hay varias opciones, como ya sabes.

Una vez que tienes claro que necesitas un grupo de Microsoft 365, vamos a crearlo. Desde la aplicación de Outlook para la web, haz clic en el vínculo **Nuevo grupo** o, desde Outlook aplicación de escritorio, haz clic con el botón secundario del ratón encima de la palabra **Grupos** y selecciona **Crear grupo**.

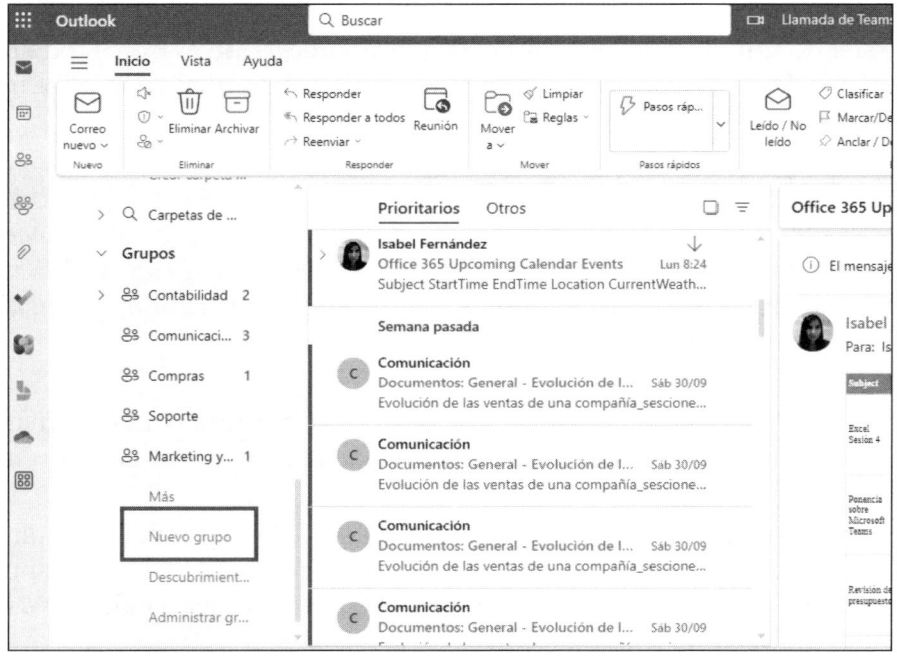

Figura 4.3. Crear grupos de Microsoft 365 en el Outlook para la web.

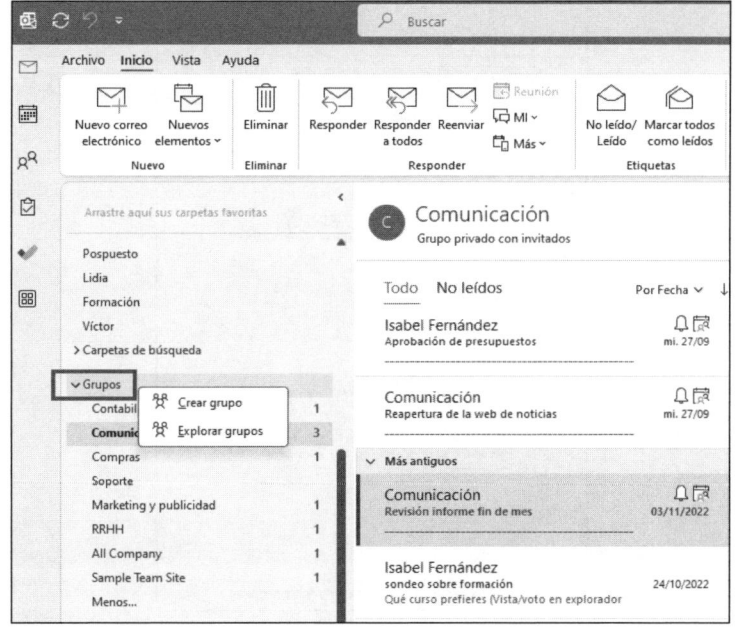

Figura 4.4. Grupos de Microsoft 365 en el Outlook de escritorio.

A continuación, agrega un nombre para el grupo; en el caso de que el nombre ya esté siendo utilizado, es decir, ya exista, te aparecerá un aviso. Si todo ha ido bien y el nombre no existe para otro grupo, verás ese nombre en la dirección de correo electrónico del grupo.

TRUCO:

Puedes modificar la dirección de correo electrónico que se genera de forma automática. Haz clic directamente en el campo dirección de correo electrónico y escribe la dirección que tú desees, evita el uso de tildes, caracteres especiales y la letra ñ, que en algún momento pueden dar problemas.

De forma opcional, puedes añadir una descripción al grupo para informar a los usuarios de la finalidad de este. Esta descripción la podrán ver tanto los miembros del grupo como los que no lo son.

El siguiente paso consiste en elegir la privacidad del grupo. Puedes optar por crear el grupo como **Privado**, de modo que solo los miembros del grupo puedan ver el contenido, como en la figura 4.5, o **Público**, en este caso cualquier usuario puede unirse al grupo.

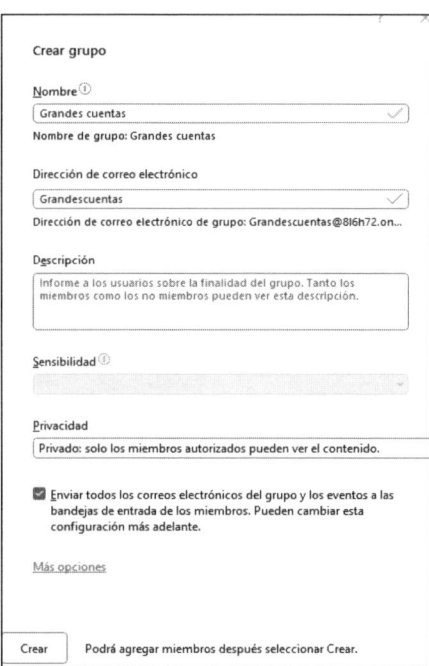

Figura 4.5. Crear un grupo de Microsoft 365 en Outlook versión de escritorio.

Para terminar, elige el idioma y, si lo deseas, marca la opción Enviar todos los correos electrónicos del grupo y los eventos a la bandeja de entrada de los miembros, de modo que mantendrás a todos los miembros informados de todas las comunicaciones. Esta configuración puedes cambiarla más adelante.

Por último, haz clic en el botón Crear.

Agregar miembros al grupo

Este paso no es necesario que lo realices en este momento, puedes agregar a los miembros más tarde si lo deseas. En un grupo, puedes agregar gente de tu organización, otros grupos o listas de distribución y, si la organización lo permite, puedes agregar invitados, que son gente externa a la organización.

Si decides agregar los miembros ahora, haz clic en el cuadro de texto Buscar y escribe el nombre de la persona o el grupo que quieres agregar. Si añades alguna persona por error, haz clic en la X que aparece a la derecha de su nombre para eliminarla del grupo.

Para terminar, haz clic en el botón Agregar miembros, como se ve en la figura 4.6.

Figura 4.6. Agregar miembros al grupo.

A continuación, puedes ver el grupo en la lista Grupos en Outlook, pero, si aún no puedes verlo, ten un poco de paciencia, puede ser que tarde unos minutos en aparecer.

NOTA:

Recuerda que, cuando creas un grupo de Microsoft 365, a la vez se crea un sitio en SharePoint Online, que servirá, entre otras cosas, para contener todos aquellos archivos y aplicaciones que se compartan en el grupo.

Configuración de un grupo de Microsoft 365 cuando eres propietario

Una vez creado el grupo, lo encontrarás en la lista de grupos. Al hacer clic en él, verás el contenido de la bandeja de entrada, la cual pertenece a la dirección de correo electrónico compartida por todos los miembros del grupo.

Si observas la cinta de opciones, verás que estás situado en la pestaña Inicio y verás un grupo de botones con el nombre del grupo; entre ellos, encontrarás el acceso al calendario, al sitio de SharePoint que se ha creado junto con el grupo, al bloc de notas compartido que también se ha creado con el grupo y a la configuración del grupo porque eres el propietario, es decir, la persona que ha creado el grupo, como se muestra en la figura 4.7.

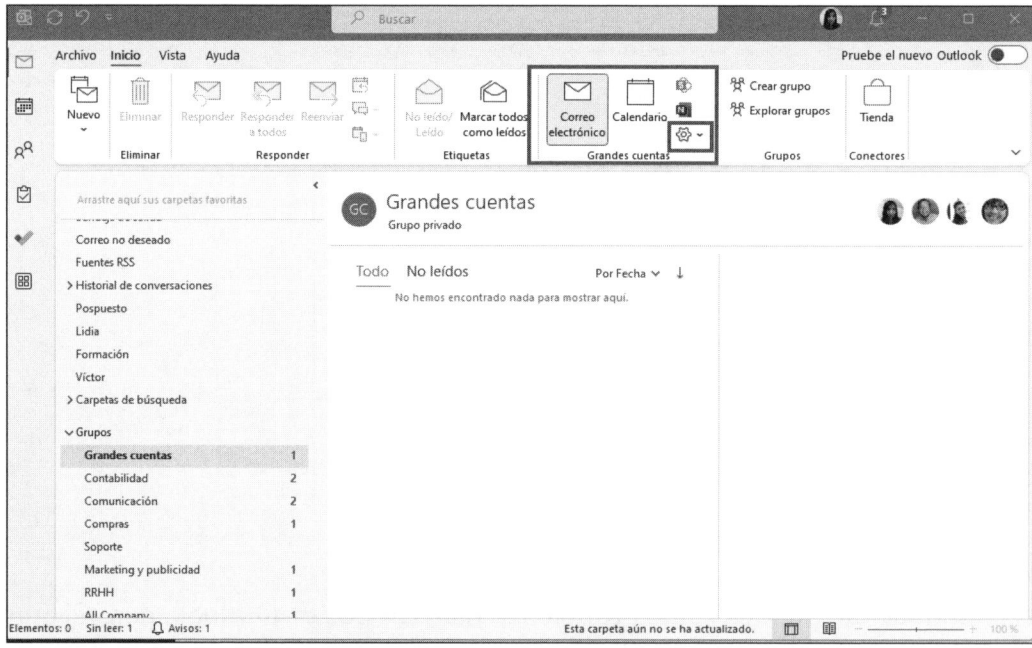

Figura 4.7. Acceso a la configuración del grupo.

Haz clic en el botón **Configuración del grupo**, en forma de rueda dentada. Aparecerá un menú desplegable con varias opciones para modificar la configuración del grupo.

Desde este menú, podrás agregar a nuevos miembros al grupo, añadir invitados, editar el grupo e incluso abandonarlo, aunque, si eres el propietario, no podrás abandonar el grupo, pero sí editarlo y realizar todos los cambios que necesites.

Explorar grupos

El botón **Explorar grupos**, que puedes encontrar en la pestaña **Inicio** de la cinta de opciones, cuando estás situado en un grupo, te permite explorar todos los grupos que hay en tu organización.

En ese listado verás grupos privados a los que no podrás unirte a no ser que seas invitado, pero es posible que también localices grupos públicos a los que podrás unirte si lo deseas. En los grupos públicos encontrarás activo el botón **Unirse**. Si haces clic en él, te unirás al grupo y podrás acceder a todo su contenido. En aquellos grupos de los que ya seas miembro verás en gris el botón **Unido**, como se ve en la figura 4.8.

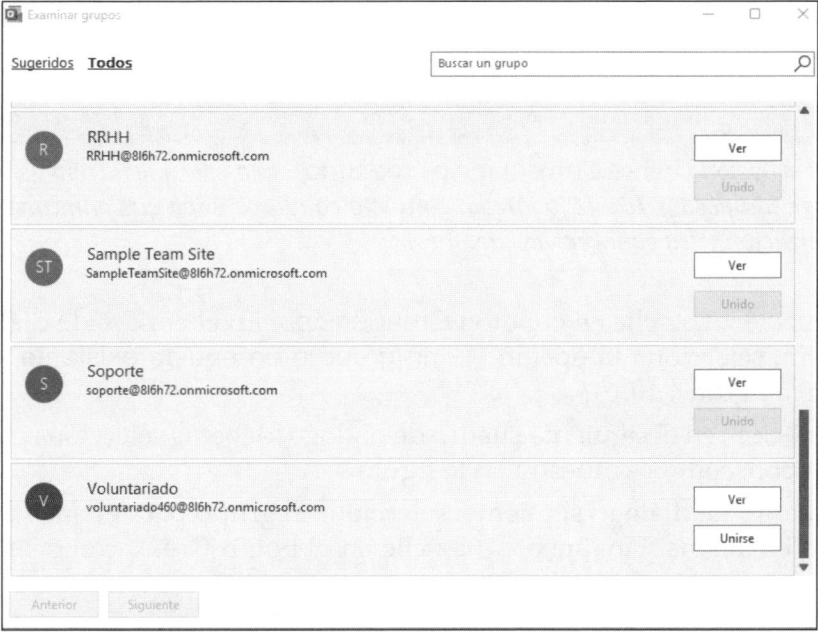

Figura 4.8. Explorar los grupos de tu organización.

Utilizar un grupo de Microsoft 365 para crear un equipo en Teams

Una de las grandes ventajas de poseer un grupo de Microsoft 365 ya creado, es que lo puedes utilizar en otras aplicaciones como base colaborativa, esto te ahorra mucho tiempo y trabajo ya que no tendrás que agregar de nuevo a los miembros ni los recursos que se comparten en ese grupo.

Veamos ahora un ejemplo de cómo utilizaremos un grupo de Microsoft 365 creado previamente desde Outlook, para crear un equipo de Teams.

NOTA:

Un grupo de Microsoft 365 se crea con el objetivo de tener una entidad colaborativa formada por varias personas que se comunican, colaboran y comparten información. Los grupos de Microsoft 365 tienen su propia bandeja de entrada y su propia cuenta de correo electrónico, así como su propio calendario compartido, unos recursos que no tienen por defecto ni los equipos de Teams ni los sitios de SharePoint Online.

Veamos cómo utilizar el grupo de Microsoft 365 para crear un equipo en Teams. Lo primero que vamos a hacer es entrar en Microsoft Teams. Si tienes permiso para crear equipos, ve al final del panel de navegación y haz clic en el vínculo **Unirse a un equipo o crear uno**, como se señala en la figura 4.9.

NOTA:

*Si no ves la opción **Unirse a un equipo o crear uno**, es posible que no tengas permisos para crear equipos en Teams, ponte en contacto con la persona que administra IT en tu organización para conocer más detalles.*

A continuación, haz clic en el botón **Crear equipo**. En el cuadro de diálogo que se muestra, selecciona la opción **De un grupo o un equipo existente**, como se indica en la figura 4.10.

A continuación, en el siguiente cuadro de diálogo, deberás seleccionar **Grupo de Microsoft 365**, como se muestra en la figura 4.11.

Y en el cuadro de diálogo siguiente, selecciona el grupo para el que vas a crear el equipo en Teams. Finalmente, haz clic en el botón **Crear**, como se ve en la figura 4.12.

Al finalizar estos pasos, se generará el equipo en Teams, lo verás en el panel de navegación izquierdo, al final de la lista de equipos.

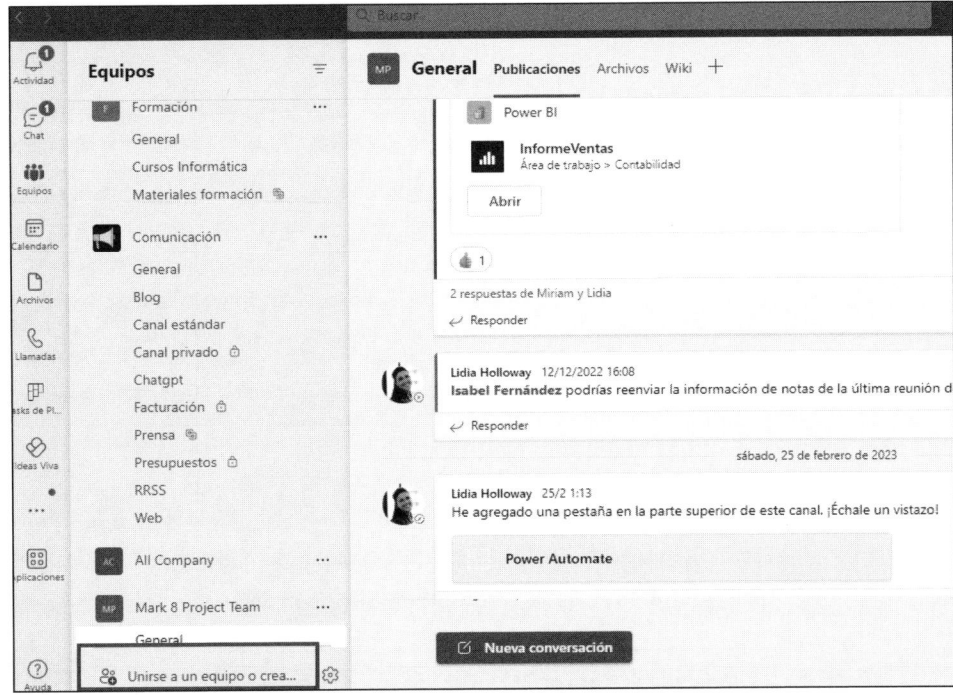

Figura 4.9. Crear un nuevo equipo en Teams.

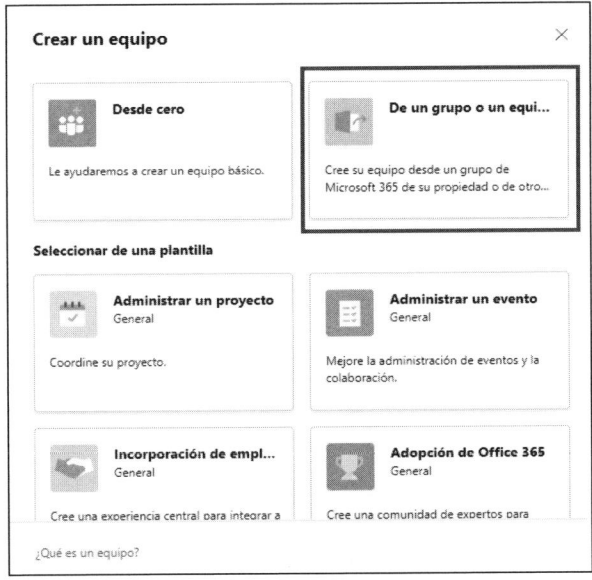

Figura 4.10. Crear un nuevo equipo en Teams desde un grupo de Microsoft 365.

Figura 4.11. Desde un grupo de Microsoft 365.

Figura 4.12. Seleccionar el grupo que quieres usar.

Este nuevo equipo en Teams ha heredado todos los miembros que estaban dentro del grupo y también todos los recursos con los que contaba: la bandeja de entrada de correo, el calendario compartido, el bloc de notas compartido, el sitio de SharePoint donde se almacenan los archivos compartidos y todas las aplicaciones que se hayan agregado al grupo de Microsoft 365 y que podrás vincular también con el equipo de Teams añadiéndolas como pestañas a los canales.

ADVERTENCIA:

Antes de crear un equipo nuevo en Teams, comprueba si existe un grupo de Microsoft 365; de ese modo, podrás crear el equipo basado en ese grupo y heredar los recursos que contenga. Si no está creado el grupo de 365 y crees que necesitas una dirección de correo y un calendario compartido para el equipo de Teams, crea previamente el grupo de 365 o pide que te lo creen si no tienes permisos para ello. Luego, usa ese grupo como base de tu equipo siguiendo los pasos que te he explicado anteriormente.

Utilizar un grupo de Microsoft 365 para crear un plan de proyecto y compartir tareas en Planner

Microsoft Planner es una aplicación de gestión de tareas y proyectos que forma parte del conjunto de herramientas de Microsoft 365. Planner está diseñado para ayudar a los equipos a planificar, organizar y dar seguimiento a sus proyectos y tareas de forma colaborativa. Con Microsoft Planner puedes crear planes de proyecto, asignar tareas a miembros del equipo, establecer fechas de vencimiento, agregar notas y comentarios y adjuntar archivos a las tareas, entre otras muchas funciones.

Una de las grandes ventajas de Microsoft Planner es su absoluta integración con otras aplicaciones de Microsoft 365, como los Grupos de Microsoft 365, Teams y SharePoint, lo que facilita la colaboración y la comunicación dentro de un equipo, por lo que, si tienes ya un grupo de Microsoft 365 y necesitas crear un plan de proyecto en Planner, puedes utilizar ese grupo como base y asociarle el nuevo plan de proyecto que vas a crear; de esta forma, reciclarás todos los recursos y los miembros que están dentro del grupo.

Profundizaremos más adelante en el funcionamiento y uso de Microsoft Planner, pero ahora céntrate en entender que, si ya tienes un grupo de Microsoft 365 o un equipo de Teams creado previamente y sus miembros necesitan compartir tareas en Planner, no es necesario que crees de nuevo el grupo. Puedes asignarle todos los planes de proyecto que necesiten de esta forma que te explico a continuación.

Primero, localiza Planner dentro del ecosistema de aplicaciones de Microsoft 365 haciendo clic en Iniciador de aplicaciones (:::). Si no ves Planner, haz clic en la opción Explorar todas sus aplicaciones, que verás al final del listado de aplicaciones, como se señala en la figura 4.13.

Figura 4.13. Acceder a Microsoft Planner.

Al entrar en Planner, verás a la izquierda el panel de navegación y la opción Nuevo plan, como en la figura 4.14.

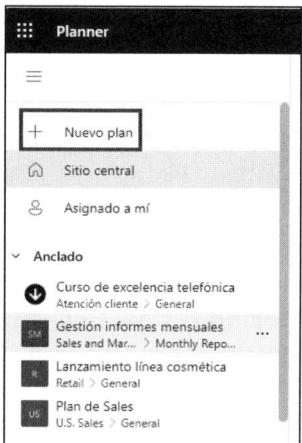

Figura 4.14. Crear plan de Microsoft Planner.

El cuadro de diálogo que aparece al hacer clic en **Nuevo plan** te permitirá asociar este nuevo plan de proyecto a un grupo de Microsoft 365. Para ello, escribe un nombre para el plan; a continuación, haz clic en el vínculo **Agregar a un grupo existente de Microsoft 365**, como se señala en la figura 4.15.

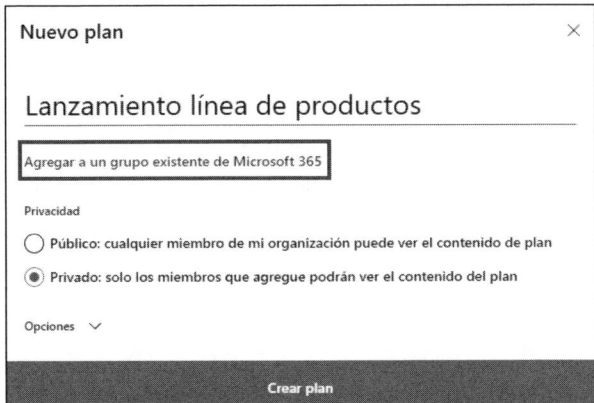

Figura 4.15. Asociar un nuevo plan en Planner a un grupo de Microsoft 365.

Entonces se mostrará en pantalla un nuevo cuadro de diálogo para que puedas seleccionar el grupo de Microsoft 365 al que vas a asociar el plan, como se ve en la figura 4.16.

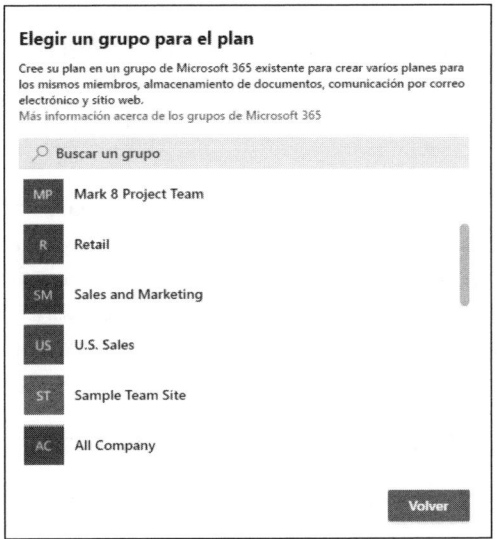

Figura 4.16. Seleccionar un grupo de Microsoft 365.

Acceder al grupo de Microsoft 365 desde otras aplicaciones

Como he explicado anteriormente, cuando se crea un grupo de Microsoft 365, a su vez se crea un sitio en SharePoint Online. Es posible acceder a ese sitio de SharePoint de varias formas:

- **Desde Outlook:** Seleccionando en la lista Grupos el grupo al que quieres acceder; a continuación, haz clic en el botón que aparece en la barra superior representado por tres puntos (⋯), se mostrará un menú desplegable y selecciona la opción Sitio, como se indica en la figura 4.17.

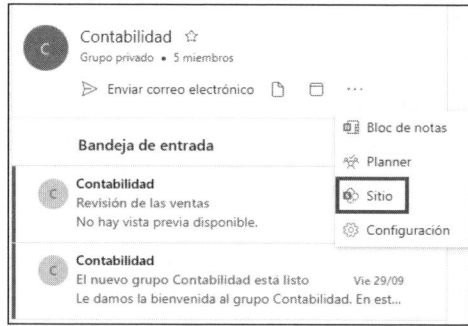

Figura 4.17. Acceso al sitio del grupo desde Outlook.

- **Desde SharePoint Online:** Entrando en SharePoint es posible que lo localices en los sitios recientes si accedes a ese sitio con frecuencia; si no, busca el sitio en el cuadro de búsqueda escribiendo el nombre del grupo, como se ve en la figura 4.18.

- **Desde Microsoft Teams:** Si el grupo de Microsoft 365 tiene un equipo en Microsoft Teams, puedes acceder al sitio de SharePoint del equipo desde la pestaña Archivos, puedes acceder desde cualquiera de los canales estándar del equipo. El contenido que ves en la pestaña Archivos corresponde a una de las carpetas del sitio en SharePoint Online, como se ve en la figura 4.19.

Eliminar un grupo de Microsoft 365

Antes de eliminar un grupo de Microsoft 365, es importante que conozcas los riesgos que conlleva. Cuando se elimina un grupo, se elimina todos los recursos que contiene el grupo, incluidos los mensajes que hayáis intercambiado, los archivos que hayáis compartido, planes de proyecto, etc., y también se eliminará el sitio de SharePoint asociado a ese grupo.

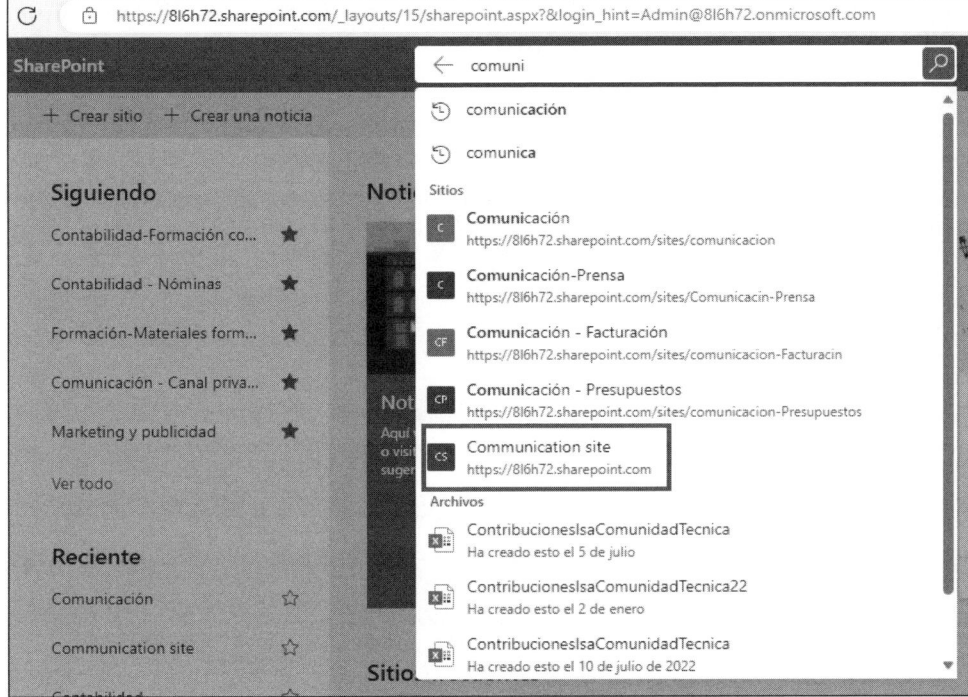

Figura 4.18. Acceso al sitio del grupo desde SharePoint Online.

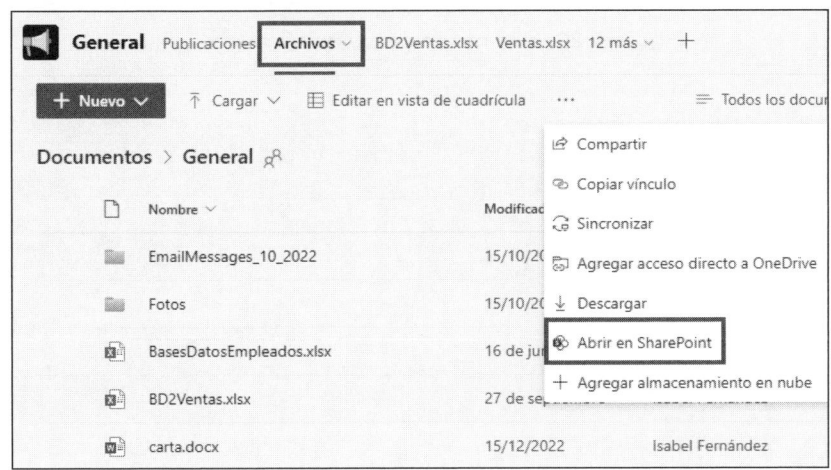

Figura 4.19. Archivos del canal alojados en el sitio de SharePoint.

Solamente las personas que administran el grupo pueden eliminarlo. Para eliminar un grupo desde Outlook, accede al grupo y haz clic en el icono representado por tres puntos (···), selecciona **Configuración** y haz clic en el vínculo Editar grupo. Al final del cuadro de diálogo que se muestra, haz clic en el vínculo Eliminar grupo, como se ve en la figura 4.20.

Figura 4.20. Eliminar un grupo de Microsoft 365.

5

Revolucionando la productividad: colaboración en "tiempo real" en archivos con Microsoft 365

Coautoría de documentos

La frase "trabajar en coautoría de documentos" se refiere al proceso de colaboración en tiempo real de múltiples usuarios que trabajan en el mismo documento que se encuentra almacenado en la nube y al que tienen acceso mediante una serie de permisos.

En este contexto, los colaboradores, según el nivel de permisos que tengan, pueden editar, revisar o visualizar el documento de forma simultánea y asíncrona.

La coautoría de documentos se ha vuelto especialmente común en el uso de aplicaciones y servicios en línea que permiten a los usuarios trabajar juntos en un mismo archivo compartido del tipo hojas de cálculo presentaciones, documentos de texto, entre otros formatos.

Esta colaboración en tiempo real facilita la comunicación y el trabajo en equipo, porque los cambios que se realicen son observados en el momento por los usuarios que estén trabajando en ese documento, lo que evita la necesidad de enviar múltiples versiones del documento o realizar un seguimiento complicado de los cambios que se vayan realizando.

En resumen, la coautoría de documentos es una forma muy efectiva y eficiente de trabajar en proyectos conjuntos y que mejora la productividad y la colaboración entre los miembros del equipo.

Distintas formas de compartir archivos para colaborar en ellos

Dentro del ecosistema de Microsoft 365, hay varias formas de compartir archivos con el objetivo de que varias personas puedan colaborar en ellos. Es posible compartir archivos con otras personas que tengamos almacenados en nuestra nube personal de OneDrive, también es posible subir a un sitio de SharePoint un archivo para que los miembros del equipo pueden colaborar. No solamente se puede colaborar en archivos de Office, también se puede colaborar en tiempo real en aplicaciones y podemos ver los cambios que realizan otros usuarios en el mismo instante que se producen. Vamos a centrarnos ahora en ver cómo colaborar en documentos compartidos; más adelante, veremos cómo colaborar en otras aplicaciones.

Si usas Microsoft 365 para Windows o para Mac y has compartido un documento con otras personas desde tu OneDrive o tienes acceso a un documento compartido en un sitio de SharePoint, podéis trabajar en ese documento varias personas a la vez en tiempo real. También puedes abrir cualquier documento Office en su aplicación de origen y compartirlo desde el botón **Compartir**, como puedes ver en la figura 5.1.

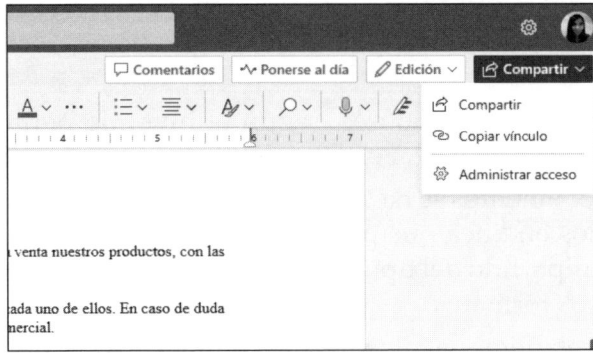

Figura 5.1. Compartir un documento desde Word para la web.

Cada usuario podrá acceder al documento compartido según los permisos que le hayan sido otorgados si no es el propietario de este. Para controlar el acceso que otorgas sobre un documento de tu propiedad que vas a compartir, en el cuadro de diálogo **Compartir** debes seleccionar el nivel de permisos que quieres otorgar en la lista desplegable, como se indica en la figura 5.2.

Figura 5.2. Seleccionar permisos.

Puedes compartir un documento y colaborar en tiempo real con otros usuarios de la siguiente manera:

1. Abre el documento en la versión *online* o en la versión de escritorio.

2. Haz clic en el botón **Compartir** en la esquina superior derecha.

3. Selecciona los usuarios o grupos colaboradores escribiendo su nombre en el cuadro de texto o escribe las direcciones de correo electrónico de las personas con las que deseas colaborar, si tu organización te permite colaborar con personas externas a la organización.

4. Establece los permisos de edición, revisión o solo lectura para la colaboración en ese documento.

5. Comparte el enlace con tus colaboradores o envíaselo a través del cuadro de diálogo haciendo clic en el botón Enviar.

6. Todos los usuarios podrán editar el documento al mismo tiempo y ver los cambios en tiempo real.

Como puedes observar, por defecto al mostrar el cuadro de diálogo Compartir el permiso que se otorga sobre el documento es Puede editar, es decir, se pueden realizar modificaciones o cambios en el documento por cualquiera de las personas a las que le hayamos otorgado este permiso.

En el caso de que no queramos que se modifique el documento, podemos otorgar el permiso Puede revisar; en este caso, se podrán añadir comentarios en el documento o hacer revisiones que no reflejarán los cambios en el documento, hasta que una persona con permiso de edición los apruebe.

Por último, si lo que quieres es que tus colaboradores solamente puedan visualizar el documento sin que puedan modificar su contenido ni su formato, ni tampoco puedan agregar comentarios ni revisiones, entonces debes seleccionar el permiso Puede ver, que no permite realizar ningún cambio, el documento se muestra en modo Solo lectura.

Una vez establecido el nivel de permisos, solo tienes que hacer clic en el botón Copiar vínculo que aparece en el cuadro de diálogo que ves en la figura 5.2, y compartir ese vínculo con las personas a las que has dado permiso. También puedes hacer clic en el botón Enviar, esto hará que los colaboradores reciban un correo electrónico con el vínculo al documento compartido.

TRUCO:

Si necesitas compartir un documento en modo de solo lectura, es decir, en el que no permite ediciones, puedes evitar que el documento sea descargado. Para ello, haz clic en el icono en forma de rueda dentada que ves en la parte superior derecha del cuadro de diálogo Compartir. *Esto te mostrará en pantalla un nuevo cuadro de diálogo,* Configuración de uso compartido. *Una vez seleccionado el permiso* Puede ver, *se activará el botón* Bloquear la descarga, *que podrás activar si no quieres que tus colaboradores descarguen una copia del archivo, como se señala en la figura 5.3.*

Figura 5.3. Bloquear descarga y otras opciones.

ADVERTENCIA:

Independientemente de nivel de permisos que otorgues al compartir el archivo, puedes establecer una fecha de caducidad para el acceso. Después de esa fecha, tus colaboradores no podrán acceder al archivo. Indistintamente, puedes agregar una contraseña para aumentar la seguridad de acceso, solo las personas que conozcan la contraseña podrán acceder al archivo.

Lugares de acceso a los documentos compartidos

A través de un mensaje de correo electrónico

Cuando otro usuario comparte contigo un archivo, lo normal es que recibas un correo electrónico informándote de ello y con el vínculo para abrir ese documento compartido.

Desde un canal o un chat en Microsoft Teams

También es posible que la persona que te comparta el documento te envíe el vínculo por otros medios, por ejemplo, a través de un chat de Teams o compartiendo el documento en un canal de un equipo, como se ve en las figuras 5.4 y 5.5.

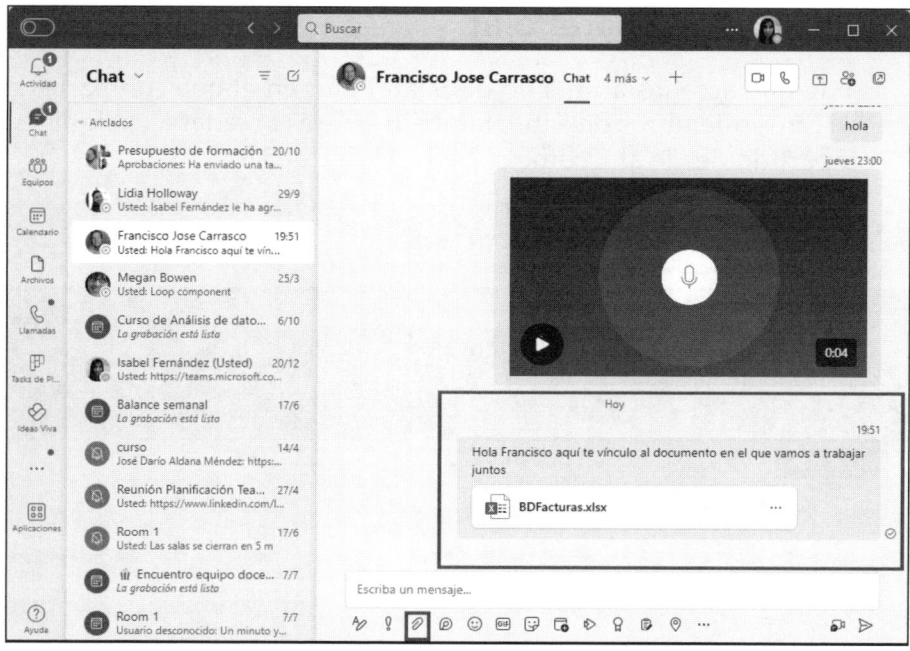

Figura 5.4. Compartir un documento en un chat de Teams.

Figura 5.5. Compartir un documento en un canal de un equipo en Teams.

Desde un sitio de SharePoint

En el caso de que accedas a un sitio de SharePoint en el que compartes documentos con otros miembros del sitio, también podrás acceder a cualquier documento compartido desde ahí, como se ve en la figura 5.6.

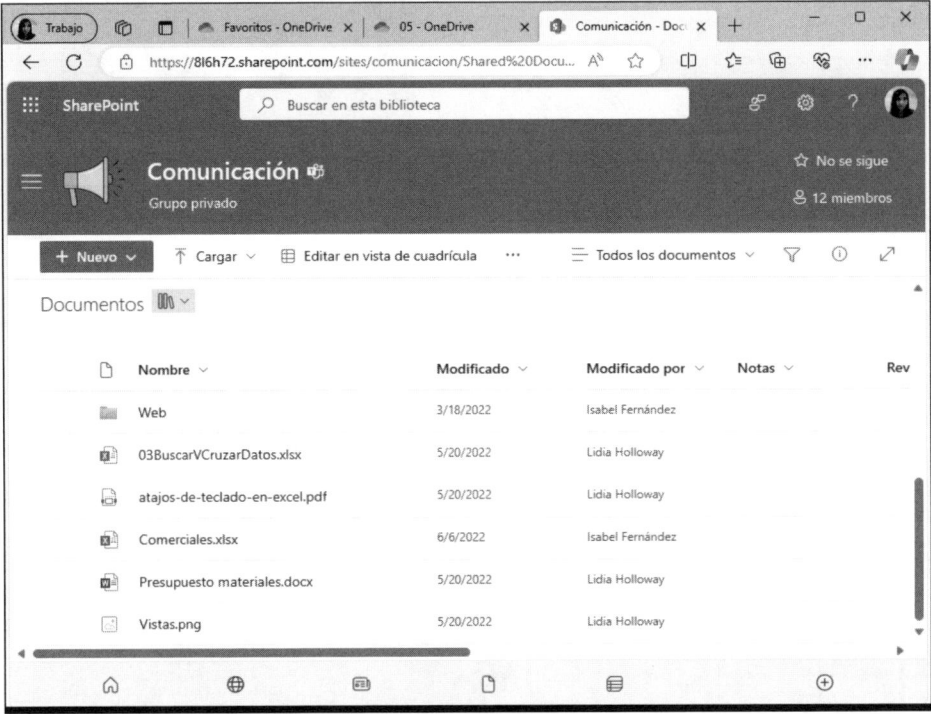

Figura 5.6. Acceso a los documentos compartidos de un sitio de SharePoint.

Desde la categoría Compartido con usted en OneDrive

También puedes acceder a cualquier documento que otro usuario te haya compartido directamente desde tu OneDrive en la categoría Compartido/Con usted, como se muestra en la figura 5.7.

Desde cualquier lugar donde te puedan enviar el vínculo

Hay muchas formas de obtener el vínculo a un documento compartido y muchos medios por los que te lo pueden enviar, pero, una vez que abras ese documento, según los permisos que te hayan otorgado, podrás editar, revisar o solo leerlo.

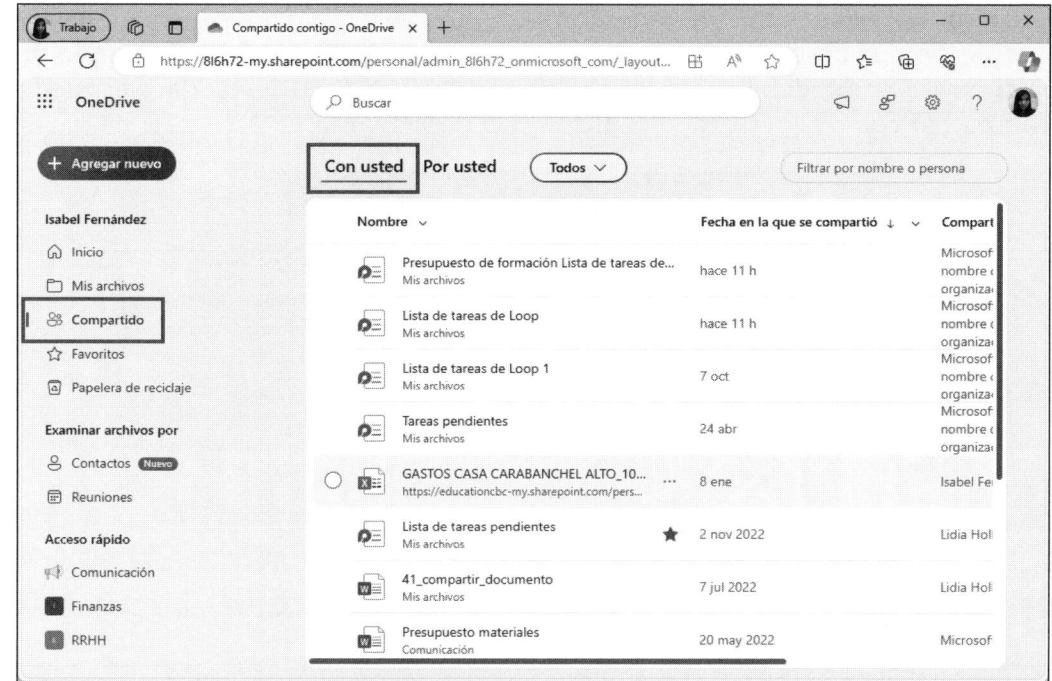

Figura 5.7. Acceder a los documentos que han compartido con nosotros desde OneDrive.

Colaborar en un documento compartido de Word

Si recibes un correo electrónico con el vínculo al documento compartido, al abrir el documento observarás si puedes editarlo, revisarlo o simplemente leerlo.

Colaborar en un documento de Word cuando tienes permiso para revisar

Ediciones y eliminaciones de contenido

Si tienes acceso a un documento de Word en el que te han otorgado permisos de revisor, como su nombre indica, este permiso te da la oportunidad de revisar el documento y agregar comentarios en aquellos párrafos donde lo consideres necesario. No podrás hacer modificaciones directamente, los cambios que realices se registrarán como comentarios, hasta que una persona que tenga permiso de edición acepte o deniegue esos cambios.

Cuando abres un documento compartido, puedes ver en la parte superior derecha del mismo qué permisos se te han otorgado, como puedes ver en el ejemplo de la figura 5.8. Puedes observar que pone revisión y al desplegar se puede comprobar cómo el permiso de edición está desactivado.

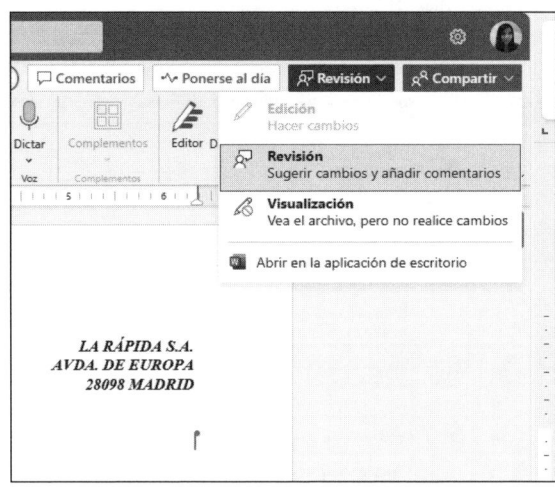

Figura 5.8. Revisar el nivel de permisos en un documento compartido.

Cuando comiences a realizar cambios en el documento, observarás que el nuevo texto que añadas aparecerá subrayado, las eliminaciones que realices mostrarán ese mismo texto tachado y los cambios de formato se marcarán como un comentario, que mostrará el cambio de formato realizado, como se ve en la figura 5.9.

Comunicarse de forma efectiva dentro del documento

Agregar comentarios

Cuando tengas que comunicarte con el resto de las personas que tienen acceso al documento, lo más recomendado es que agregues un comentario a la palabra, frase, párrafo, imagen u objeto del documento sobre el que quieras comentar algo. Esto hará que la conversación se mantenga en el contexto y que la comunicación sea más rápida y efectiva.

Hay varias formas de agregar comentarios en el documento. Puedes seleccionar el texto u objeto que necesitas comentar y, con el botón secundario del ratón, hacer clic para seleccionar la opción Nuevo comentario, como se muestra en la figura 5.10.

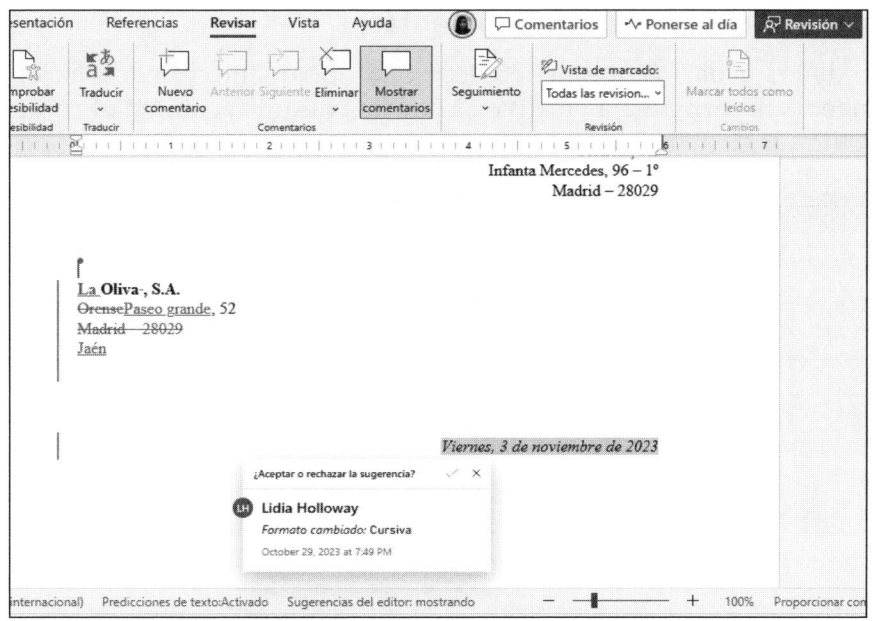

Figura 5.9. Revisar un documento de Word.

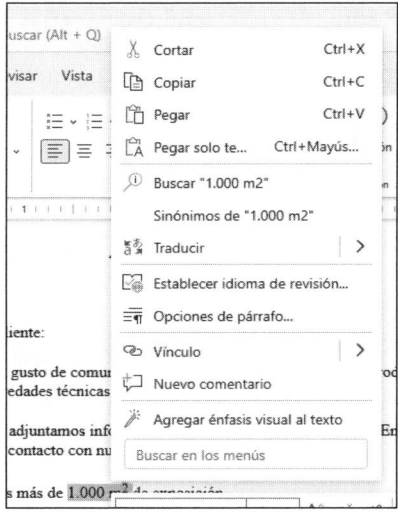

Figura 5.10. Agregar un comentario nuevo en un documento de Word.

El comentario aparecerá a la derecha de la aplicación con el nombre del usuario que lo haya añadido. Una vez añadido el texto al comentario, hay que hacer clic en el botón Enviar.

Responder o reaccionar a un comentario

El resto de los usuarios que tienen acceso al documento pueden hacer clic en **Responder** y se forman así efectivos hilos de comunicación en el contexto del documento.

TRUCO:

A un comentario se puede responder con una reacción en la parte superior derecha del cuadro del comentario; puedes hacer clic en el icono en forma de mano para reaccionar, como se ve en la figura 5.11.

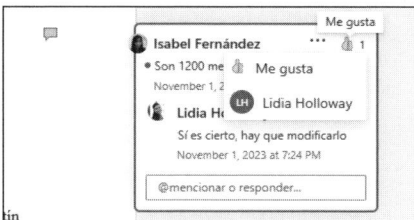

Figura 5.11. Reaccionar a un comentario.

Mencionar a alguien y asignar tareas mediante comentarios

En un comentario podemos mencionar a una o varias personas de modo que llamemos su atención. Cuando realices una mención, la aplicación enviará una notificación por correo electrónico a la persona o personas mencionadas. Para mencionar en un comentario, escribe una @ seguida del nombre de la persona que quieres mencionar. Si quieres evitar que la persona mencionada olvide que tiene un comentario pendiente de responder, puedes asignárselo como tarea marcando la casilla de verificación **Asignar a**, como se muestra en la figura 5.12.

NOTA:

Si mencionas a varias personas en el comentario, solo podrás asignárselo a una de ellas. Te aparecerá entonces una lista con las personas mencionadas y debes elegir a quién se lo asignas.

Revisión del documento

Recuerda que solo el propietario del documento o las personas que tengan permiso de edición podrán aprobar o rechazar los cambios que las personas revisoras hayan realizado.

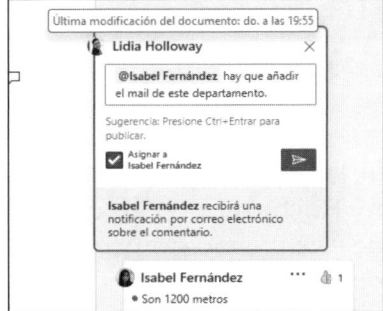

Figura 5.12. Asignar un comentario como tarea.

Para revisar el documento sin que se te pase ningún comentario ni cambio, te aconsejo que te sitúes en la pestaña **Revisar** de la cinta de opciones de Word. En la parte central, verás el grupo **Comentarios**, que contiene todos los comandos para realizar el trabajo de revisión. Los botones **Anterior** y **Siguiente** te permiten desplazarte por los comentarios en el documento, como se ve en la figura 5.13.

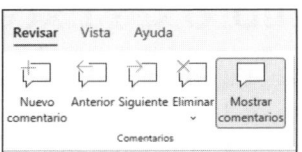

Figura 5.13. Revisar comentarios.

NOTA:

Fíjate en que el botón Mostrar comentarios *esté activado para que puedas ver los comentarios a la derecha de la pantalla.*

Resolver el hilo de una conversación

Cuando alguien añade comentarios a un documento, la persona que lo revisa deberá de resolver el hilo de la conversación cuando la conversación haya finalizado. Para ello, hay que hacer clic en el botón **Más opciones** del hilo, representado por tres puntos horizontales en la parte superior derecha del comentario; de las opciones que aparecen, selecciona **Resolver hilo**.

Aprobar o rechazar los cambios en un documento de Word

Cuando vayas revisando los comentarios, verás inserciones de texto, eliminaciones, cambios de formato y demás cambios en el documento que deberás aprobar o rechazar.

NOTA:

Recuerda que solo las personas con permiso de edición podrán aprobar o rechazar los cambios.

Desde la pestaña **Revisar** de la cinta de opciones, ve al grupo **Seguimiento**, encontrarás los botones **Aceptar** y **Rechazar,** con los que podrás ir aceptando o rechazando esos cambios. Desde este mismo grupo de **Seguimiento**, podrás avanzar al cambio siguiente o retroceder al anterior con los botones **Siguiente** y **Anterior,** como se ve en la figura 5.14.

Figura 5.14. Aceptar o rechazar cambios.

Colaborar en un libro de Excel compartido

Al igual que en Word, en Excel también puedes colaborar y comunicarte en un documento compartido con el resto de las personas que tienen acceso y realizar cambios en tiempo real. Cuando abres un libro compartido, lo primero que tenemos que hacer es fijarnos en si hay otras personas trabajando en él. Recuerda que, al igual que en Word, aparecerá la imagen de perfil de las personas que estén trabajando a la vez que tú en el documento en la parte superior derecha de la aplicación, como se señala en la figura 5.15.

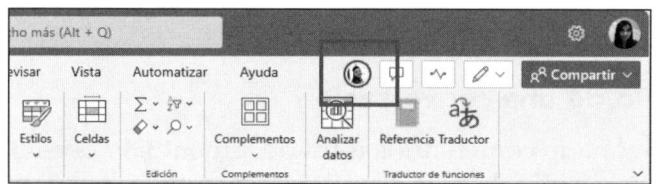

Figura 5.15. Personas que están colaborando en el documento.

Comunicarse mediante comentarios con otros usuarios en Excel

Si necesitas agregar un comentario a una celda, la forma más sencilla y rápida es hacer clic con el botón secundario del ratón en esa celda y seleccionar la opción **Nuevo comentario.**

Se mostrará sobre la celda el comentario para escribir el texto. En Excel también puedes mencionar a personas dentro del comentario para llamar su atención, escribe una @ seguida del nombre de la persona a la que vas a mencionar.

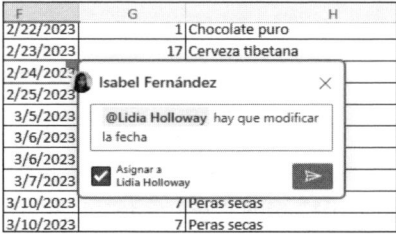

Figura 5.16. Mencionar y asignar un comentario en Excel.

NOTA:

Recuerda que, cuando una persona es mencionada en un comentario, la aplicación, en este caso Excel, le enviará una notificación por correo electrónico para avisarle de que alguien le ha mencionado en ese documento.

Las celdas que contienen comentarios aparecen marcadas en la esquina superior derecha con una marca en el color que representa a la persona que ha añadido ese comentario.

ADVERTENCIA:

Cuando una persona entra en un documento compartido, la aplicación le asigna un color a su imagen de perfil para destacar los comentarios y cambios que realice esa persona en el documento con ese color.

De la misma forma que te he explicado anteriormente en Word, en Excel también se puede responder a un comentario y formar hilos de conversación que, cuando sean revisados, habrá que resolver; en el caso de que el comentario sea una tarea asignada a alguien, cuando la tarea se haya realizado, se podrá hacer clic en la marca en forma de círculo que aparece en la parte superior izquierda del comentario, para resolver la tarea, como se señala en la figura 5.17.

Revisar los cambios realizados en un archivo de Excel

Cuando abras un archivo de Excel compartido, si otros usuarios han estado realizando cambios mientras tú no estabas, aparecerá un mensaje flotante en la pantalla de la aplicación indicándote que hay nuevos cambios para revisar.

Figura 5.17. Resolver una tarea en Excel.

Desde la pestaña Revisar de la cinta de opciones, debes hacer clic en el botón Mostrar cambios, se mostrará a la derecha de la pantalla un panel con los últimos cambios que se hayan producido indicando qué usuarios los han realizado y en qué celdas se han realizado esos cambios.

NOTA:

Solo se mostrarán en este panel los cambios que se hayan producido a nivel de modificación de datos, pero no de formatos.

Es posible aplicar un filtro en este panel para que puedas mostrar los cambios que más te interesen; por defecto, se muestran todos los cambios que se han realizado en el libro, es decir, en cualquier hoja y celda del libro. Al hacer clic en el botón en forma de embudo (Filtro), podrás aplicar un filtro para ver solamente los cambios que se han producido en una determinada parte del libro, eligiendo si quieres ver los cambios que se han producido en una determinada hoja del libro o en el rango de la hoja que selecciones, como se ve en la figura 5.18.

Buenas prácticas al trabajar varios usuarios a la vez en un libro de Excel

Cuando varios usuarios trabajan al mismo tiempo en un libro de Excel compartido, hay que adoptar buenas prácticas de trabajo colaborativo para intentar no entorpecer el trabajo de los demás.

NOTA:

Cuando abras un archivo compartido, observa si en la parte superior derecha de la pantalla aparece la imagen de perfil de algún otro usuario; si es así, es que hay otras personas trabajando al mismo tiempo que tú en ese archivo.

Veamos algunas buenas prácticas de uso.

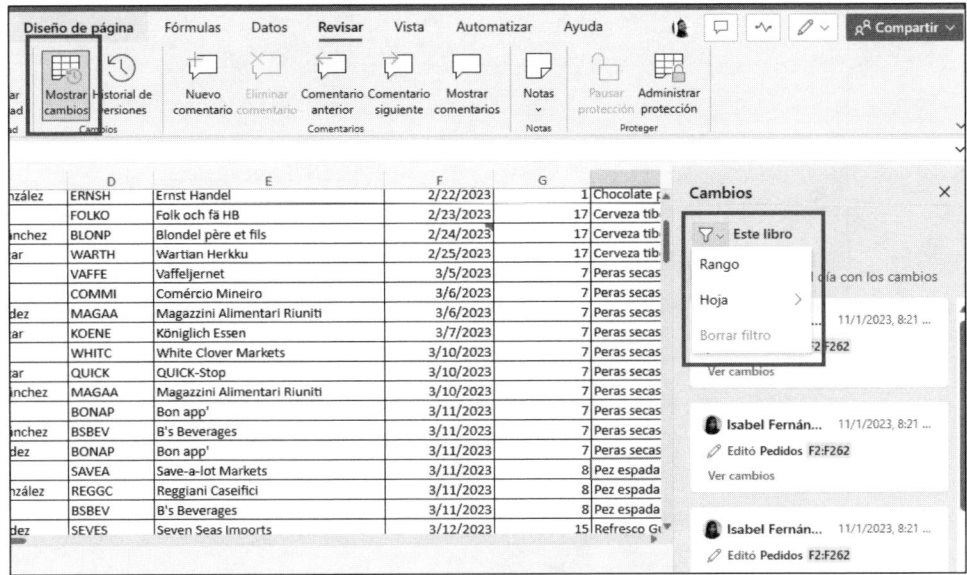

Figura 5.18. Mostrar últimos cambios.

Buenas prácticas de uso a la hora de aplicar filtros

Cuando trabajas en un archivo de Excel a la vez que otros usuarios, si tú o alguno de ellos aplica un filtro, filtrará los datos para todos, de modo que es probable que se entorpezca el trabajo de quien está trabajando en un registro concreto al ocultarle esos datos. Para evitar ese problema, siempre que tengas que aplicar un filtro, deberías de hacerlo en **Nueva vista de hoja**. Esta nueva vista de hoja se puede crear desde el botón de filtro, seleccionando la opción **Nueva vista de hoja**. Esto crea una vista privada donde los filtros que aplicas solo son para ti, de modo que no ocultarás las filas a otras personas, como se ve en la figura 5.19.

Esta vista destaca porque los encabezados de filas y columnas de la hoja aparecen en color negro para indicarte que estás en esa vista privada donde los filtros que apliques solo los verás tú.

> **NOTA:**
>
> *Aunque estés trabajando en una vista privada de hoja, las modificaciones que realices, sí serán vistas por los demás participantes en tiempo real.*

Puedes guardar una vista de hoja con un nombre para que, la próxima vez que necesites filtrar la misma información, no tengas que volver a aplicar los filtros de nuevo.

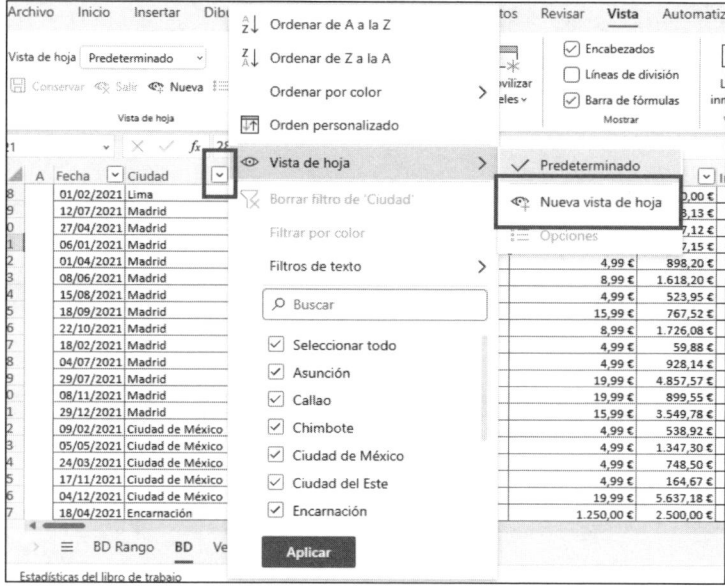

Figura 5.19. Crear una nueva vista de hoja.

Desde la pestaña **Vista** de la cinta de opciones, puedes hacer clic en el botón **Conservar** para guardar la vista de hoja actual. Desde el botón **Opciones** puedes cambiar el nombre a la vista, editarla o eliminarla.

NOTA:

Las vistas que guardes podrán ser utilizadas, modificadas o eliminadas por cualquier usuario que esté trabajando de modo colaborativo en ese Excel.

Para salir de una vista de hoja, haz clic en el botón **Salir**, como se ve en la figura 5.20.

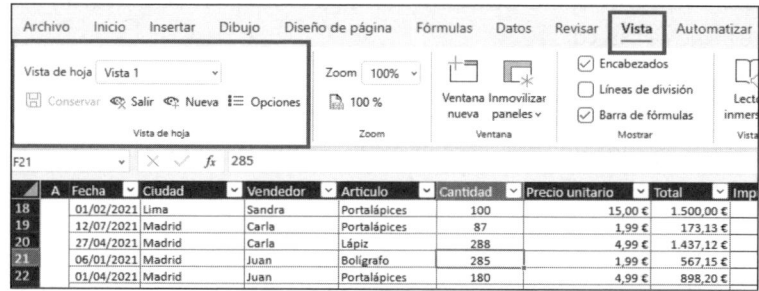

Figura 5.20. Opciones de vista de hoja.

No modificar la misma celda que esté modificando otro usuario

Si modificas la misma celda que otro usuario, el último que presione la tecla **Intro** será el que actualizará esa celda, por lo que no es conveniente modificar varios usuarios una celda al mismo tiempo. Es posible que te estés preguntando cómo puedes saber qué celda está editando otro usuario; a simple vista, la celda que está siendo editada por otro usuario se ve con el fondo en color gris y el nombre de la persona que lo está editando.

TRUCO:

Para ver rápidamente dónde está editando un usuario, haz clic en su imagen de perfil de ese usuario en la parte superior derecha de la pantalla, te llevará a la hoja y celda donde está situada esa persona.

Colaborar en una presentación de PowerPoint

Al igual que un libro de Excel o un documento de Word, también es posible compartir una presentación de PowerPoint con otras personas. Recuerda que para poder compartir cualquier documento debe de estar guardado en una ubicación de la nube puede ser SharePoint o OneDrive.

Cuando entras en una presentación y hay otros usuarios trabajando en ella, podrás observar en la parte superior derecha de la pantalla la imagen de perfil de los usuarios que están trabajando en ese momento en la presentación.

Desde la vista de miniaturas de la presentación, podrás ver en qué diapositiva se encuentra cada persona porque aparece el nombre de la persona o personas que están en esa diapositiva, como se indica en la figura 5.21. Cuando uno de los usuarios edita un objeto en una diapositiva, ese objeto aparece resaltado con el color que PowerPoint asigna a cada usuario cuando entra en la presentación compartida y que puedes ver en su imagen de perfil, como se señala en la figura 5.22.

NOTA:

Estos colores ayudan a identificar qué usuario está modificando cada objeto rápidamente.

Comunicarse en la presentación con otros usuarios a través de comentarios

Si es necesario comentar algo a otro/otros usuarios sobre cualquier objeto en una diapositiva, lo más conveniente es agregar un comentario a ese objeto; de ese modo, la comunicación se realiza en el mismo contexto.

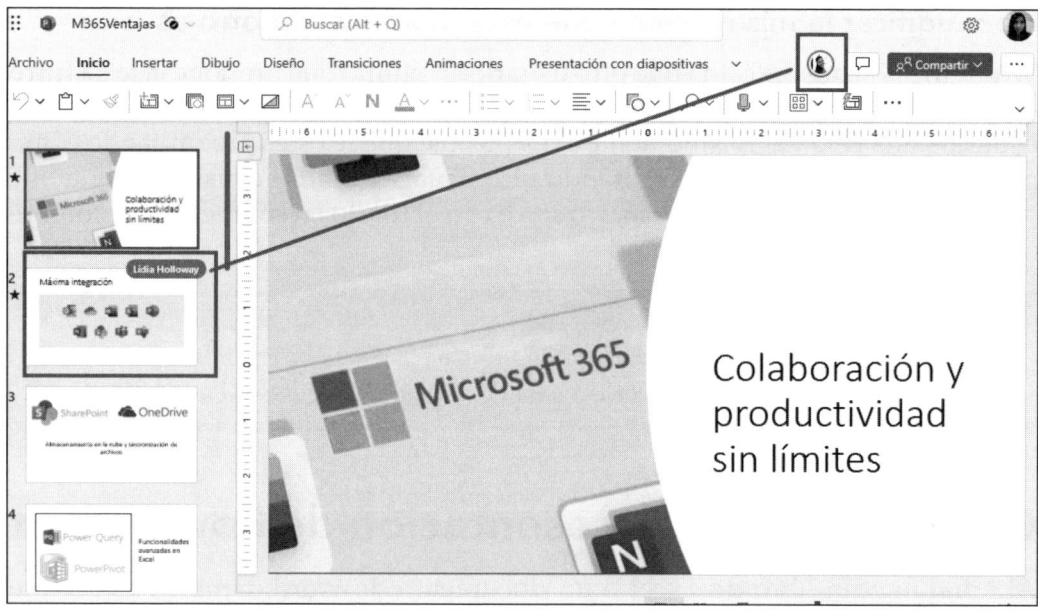

Figura 5.21. Colaborar en una presentación de PowerPoint.

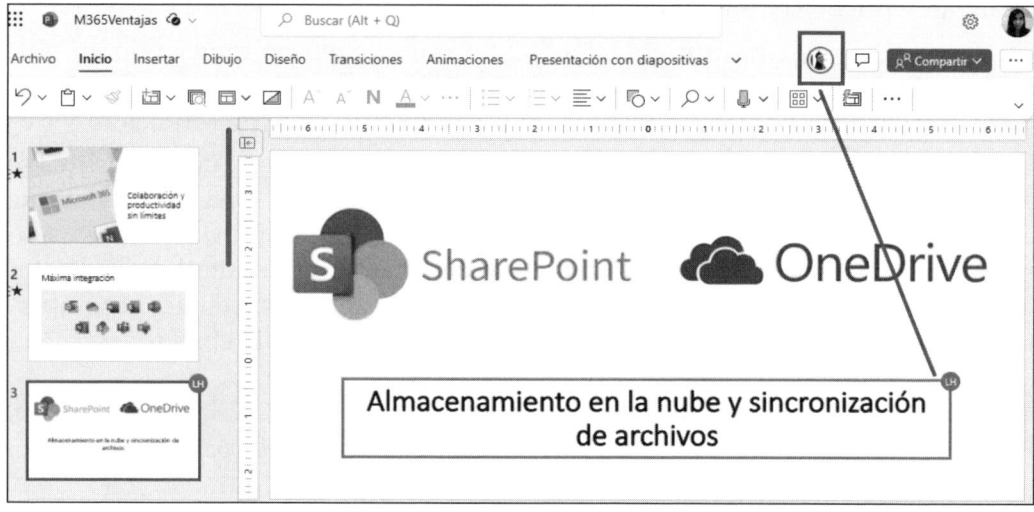

Figura 5.22. Usuario editando un objeto de la diapositiva.

Para agregar un comentario a un objeto, haz clic con el botón secundario del ratón encima y selecciona la opción **Nuevo comentario**. En la parte derecha de la pantalla, aparecerá el panel **Comentarios** y podrás escribir el texto, como se ve en la figura 5.23.

Figura 5.23. Comunicación a través de comentarios en PowerPoint.

NOTA:

Puedes mencionar a una o varias personas dentro de un comentario escribiendo una @ seguida de su nombre de usuario para dar un toque de atención a esas personas, que recibirán una notificación de que han sido mencionadas.

NOTA:

No olvides que a una de las personas que has mencionado en un comentario le puedes asignar ese comentario como una tarea.

Mostrar cambios y mostrar comentarios en PowerPoint

Si acabas de acceder a una presentación compartida y quieres ver rápidamente los cambios que se han producido en tu ausencia, ve a la pestaña Revisar de la cinta de opciones y haz clic en el botón Mostrar cambios. También podrás ver los comentarios que se han enviado durante tu ausencia si haces clic en el botón Mostrar comentarios que se encuentra también en la pestaña Revisar de la cinta de opciones, como se muestra en la figura 5.24.

El historial de versiones. Restaurar un documento a una versión anterior

El historial de versiones en un documento compartido de Microsoft 365 es una función que te permite realizar un seguimiento detallado de los cambios que se han realizado en un archivo a lo largo del tiempo. Esta característica es especialmente útil cuando varias personas colaboran en un documento, ya que facilita la revisión, la restauración de ese documento a versiones anteriores si fuese necesario y la identificación de quién hizo cada modificación.

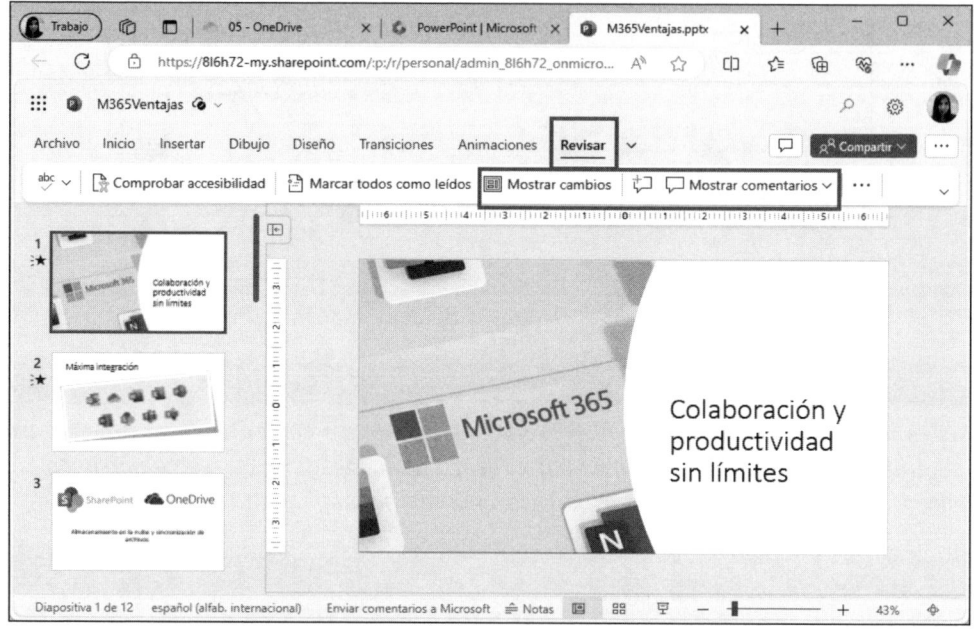

Figura 5.24. Mostrar cambios y mostrar comentarios.

Todos los documentos de Microsoft 365 guardados en la nube, es decir, en OneDrive o SharePoint, guarda automáticamente una copia de cada cambio realizado. Esto incluye adiciones, eliminaciones y modificaciones de texto y objetos, así como cambios en el formato y otros elementos del documento.

Algunas características clave del funcionamiento del historial de versiones son:

- **Registro de cambios:** Cada versión en el historial tiene un registro de los cambios realizados desde la versión anterior. Puedes ver quién hizo cada modificación y qué parte del documento se modificó.

- **Fecha y hora:** Cada versión está marcada con la fecha y la hora en que se guardó. Esto facilita la identificación de la cronología de los cambios.

- **Comentarios:** Es posible agregar comentarios a cada versión para proporcionar información adicional sobre los cambios realizados. Estos comentarios pueden ayudar a contextualizar las modificaciones y facilitar la comunicación entre las personas que colaboran en el documento.

- **Restauración:** Si es necesario, puedes revertir el documento a una versión anterior. Esto puede ser útil si se cometen errores o si se desea recuperar información que se eliminó en versiones posteriores.

- **Acceso desde cualquier lugar:** El historial de versiones está disponible en la nube, lo que significa que puedes acceder a él desde cualquier dispositivo conectado a Internet. Esto facilita la colaboración y la gestión de documentos, incluso cuando los colaboradores están trabajando en ubicaciones remotas.

Acceso al historial de versiones de un documento

NOTA:

Aunque el documento no esté compartido, siempre que esté guardado en la nube, podrás acceder al historial de versiones de ese documento y revisar todos los cambios realizados o restaurarlo a una versión anterior si fuese necesario.

Puedes acceder al historial de versiones desde cualquier documento de Microsoft 365, por ejemplo, un documento de Word, un libro de Excel, una presentación de PowerPoint o un bloc de notas de OneNote. Ve al menú Archivo> Información y selecciona la opción Historial de versiones, como se ve en la figura 5.25.

Figura 5.25. Acceso al historial de versiones desde el menú Archivo.

Una vez que has accedido al historial de versiones, podrás ver a la derecha de la pantalla el panel Historial de versiones, en la figura 5.26.

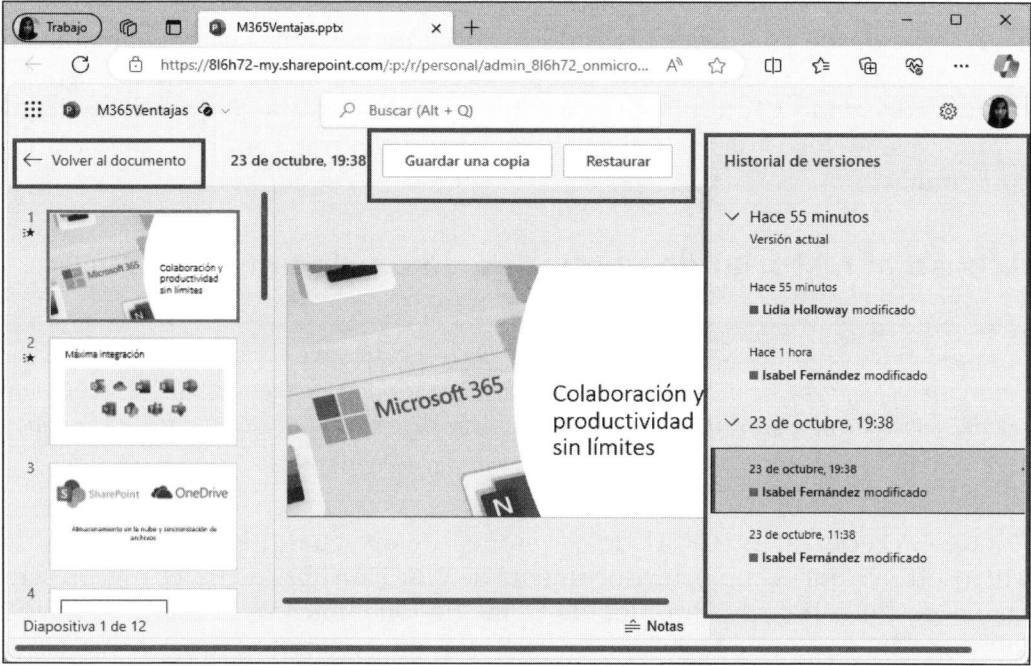

Figura 5.26. Opciones del historial de versiones de un documento.

Observa que aparecen las versiones precedidas de la fecha y hora en la que fueron registradas. Si haces clic en el botón en forma de flecha de una versión, puedes desplegar para ver todos los cambios que se han producido en cada versión y qué personas son las responsables de esos cambios.

Restaurar el documento a una versión anterior

Cuando te sitúas en una versión anterior, puedes restaurar el documento a esa versión si fuera necesario. Para ello, haz clic en el botón Restaurar, que encuentras en la barra superior de la aplicación.

Como ya sabes, restaurar un documento a una versión anterior significa regresar el archivo a una edición anterior que se encuentra registrada en el historial de versiones. Esto implica revertir los cambios realizados en el documento a una instancia previa, eliminando cualquier modificación realizada después de esa versión específica.

Cuando restauras un documento a una versión anterior, estás deshaciendo todas las ediciones y revisiones que se hayan efectuado desde ese punto en adelante.

Esto puede ser útil en diversas situaciones, como:

- **Corrección de errores:** Si se comete un error significativo en el documento y se desea deshacer los cambios para corregirlo, la restauración a una versión anterior puede ser una solución eficaz.

- **Recuperación de información eliminada:** Si se eliminó accidentalmente información importante en una versión posterior del documento, restaurar a una versión anterior permite recuperar esa información.

- **Revertir cambios no deseados:** En el caso de colaboración en documentos compartidos, es posible que algunos cambios realizados por otros colaboradores no sean deseados. La restauración a una versión anterior elimina estos cambios no deseados.

Guardar una copia de un documento desde el historial de versiones

Guardar una copia de un documento desde el historial de versiones implica crear una duplicación del archivo en un estado anterior del historial. Esta acción te permite conservar una versión concreta del documento sin afectar a la edición actual. Al guardar una copia, puedes realizar cambios en el documento original sin preocuparte por perder el contenido o las modificaciones anteriores.

Aquí hay algunas razones comunes por las cuales podrías desear guardar una copia de un documento desde el historial de versiones:

- **Realizar experimentos o pruebas:** Puedes querer realizar cambios significativos en el documento para experimentar con nuevas ideas o probar diferentes enfoques. Antes de hacerlo, guardar una copia te permite preservar el estado actual del documento en caso de que desees volver a él.

- **Crear una versión de respaldo:** Antes de realizar modificaciones importantes o arriesgadas en un documento, es una buena práctica guardar una copia desde el historial de versiones. Esto sirve como una especie de "respaldo" que puedes recuperar si los cambios no tienen el resultado deseado.

- **Documentar hitos importantes:** Puedes querer marcar hitos importantes en el desarrollo del documento, como versiones específicas para revisiones, aprobaciones o entregas. Guardar copias en esos puntos te permite tener un registro claro de cada etapa del proceso.

El proceso para guardar una copia del documento desde el historial de versiones consiste en seleccionar previamente la versión en el panel de Historial de versiones y, a continuación, hacer clic en el botón Guardar una copia, que encontrarás en la barra de herramientas superior del historial de versiones.

Escribe un nombre para la copia y elige la ubicación donde lo quieres guardar, como se ve en la figura 5.27.

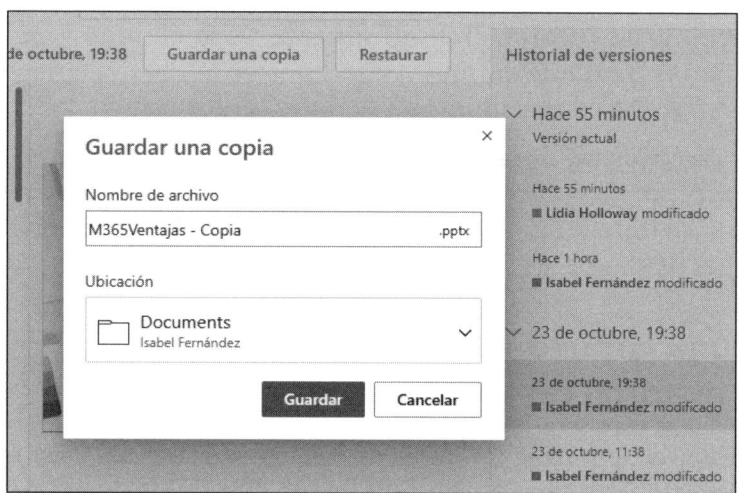

Figura 5.27. Guardar una copia del estado del documento en una versión anterior.

NOTA:

Es importante tener en cuenta que, al guardar una copia desde el historial, no se está revirtiendo el documento actual a esa versión; simplemente se crea una nueva instancia del documento en el estado deseado.

Volver al documento después de revisar los cambios del historial de versiones

Cuando hayas terminado de revisar el historial de versiones, debes volver al documento. Para ello, haz clic en el vínculo Volver al documento.

Microsoft Loop y sus componentes. Pensar, crear y planear de forma conjunta

En este capítulo aprenderás:

- Qué es Microsoft Loop.
- Cómo acceder a Microsoft Loop.
- Cómo colaborar en los componentes de Loop en Microsoft Teams.
- Dónde se guardan los componentes de Loop.
- Cómo insertar los componentes de Loop en un mensaje de Outlook.
- Cómo usar componentes de Loop en Word para la página web.

Qué es Microsoft Loop

La forma en la que trabajamos en equipo ha experimentado muchos cambios últimamente, cada vez es más necesario el uso de herramientas que ayuden a que la colaboración de los miembros de un equipo sea ordenada, rápida, dinámica y se adapte a las necesidades que están en constante evolución.

Loop combina un lienzo potente y flexible con componentes portátiles que se mueven libremente y permanecen sincronizados entre aplicaciones, lo que permite a los equipos pensar, planear y crear juntos.

Microsoft Loop prepara para las personas un entorno donde pueden crear juntas de forma muy fácil, sin importar donde están las aplicaciones, herramientas y dispositivos que tengan que utilizar.

Microsoft Loop trata de reunir a las personas, tareas y contenido en un mismo lugar. Microsoft Loop te ayuda a organizar todo lo que necesitas para tu proyecto en un único espacio de trabajo.

Los tres elementos de Loop

Los componentes de Loop son fragmentos de contenido portátiles que permanecen sincronizados en todos los lugares donde se comparten. Los componentes te permiten colaborar con otros usuarios en un chat de Teams, en un correo electrónico, en una reunión o en un documento. Loop se sustenta sobre tres pilares:

- **Las áreas de trabajo:** Son espacios compartidos que te permiten junto con tu equipo ver y agrupar todo lo importante para tu proyecto, de modo que os resulte más fácil poneros al día con aquello en lo que todos estáis trabajando y realizar un seguimiento del progreso hacia objetivos compartidos.

- **Las páginas:** Son lienzos flexibles que se crean dentro de las áreas de trabajo para organizar mejor el contenido, en ellas puedes juntar personas y todos sus componentes, vínculos, tareas y datos. Las páginas pueden empezar con poco contenido y seguir creciendo para que coincidan con el tamaño de vuestras ideas. Las páginas se pueden compartir en las aplicaciones de M365 como un vínculo o como un componente de Loop incrustado.

- **Los componentes:** Están dentro de las páginas y pueden ser listas de tareas, listas de comprobación, tablas, notas y mucho más. Los componentes de Loop permanecen siempre actualizados ya que se sincronizan en tiempo real y se puede acceder a ellos desde distintas aplicaciones como Microsoft Teams, Outlook, Word, Whiteboard y la aplicación Loop.

En resumen, con Microsoft Loop puedes crear espacios de trabajo y cada uno de ellos contendrá páginas que, posteriormente, pueden rediseñarse y personalizarse mediante distintos componentes. La flexibilidad es máxima pudiendo destinarse cada área de trabajo a las necesidades de cada proyecto.

Y lo más importante es que es también una herramienta colaborativa, lo que permite compartir cada área de trabajo con un equipo de personas. En cada área de trabajo pueden colaborar hasta 50 personas, y cada una de ellas puede hacer cambios y ediciones que se guardarán y visualizarán en tiempo real desde distintas aplicaciones de Microsoft 365.

Cómo acceder a Microsoft Loop

Microsoft Loop está dentro del ecosistema de Microsoft 365; a la hora de escribir este libro, todavía está en versión previa pública, por lo que se espera que en los próximos meses esté ya en pleno funcionamiento, aunque en versión previa ya tiene muchos usos que le puedes dar.

Vamos a ver cómo puedes acceder a Microsoft Loop. Necesitas una cuenta de Microsoft y puedes iniciar sesión en Loop con esa cuenta desde la página web: `https://loop.microsoft.com`.

Si intentas iniciar sesión con la cuenta de tu organización, la aplicación tiene que estar habilitada en la administración de Microsoft 365. Si cuando intentas acceder obtienes un error como el que puedes ver en la figura 6.1, tienes que ponerte en contacto con la persona que administra Microsoft 365 en tu organización para obtener más detalles.

Figura 6.1. Error en el inicio de sesión de Microsoft Loop.

Una vez iniciada sesión con tu usuario y contraseña de una cuenta de Microsoft, si todo ha ido bien estarás en la página de inicio de Microsoft Loop.

Lo primero que verás es un área de trabajo creada por defecto para que comiences a incorporar contenido. Puedes cambiar el nombre y personalizar el diseño de esta área de trabajo o, si lo necesitas, puedes crear una nueva área de trabajo haciendo clic en el botón representado por el icono de un signo **+**.

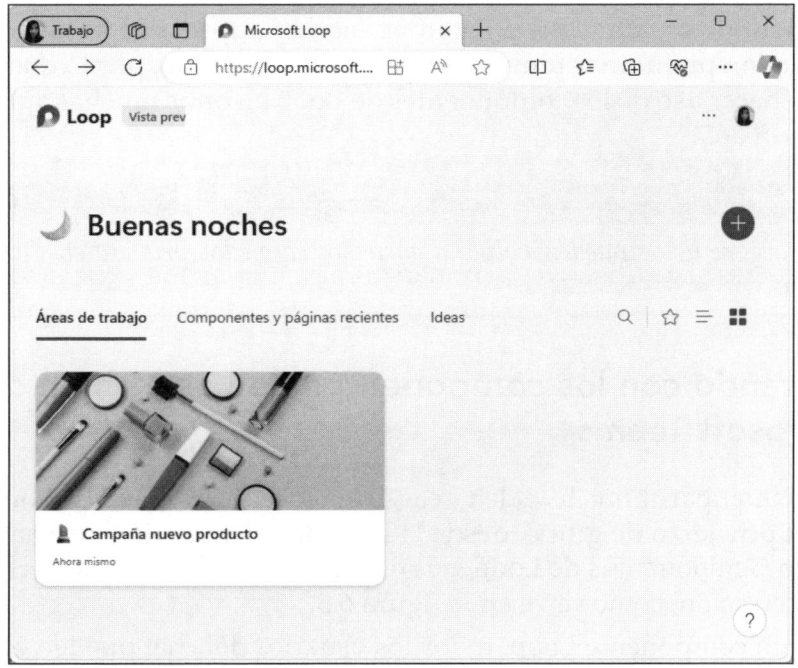

Figura 6.2. Página de inicio de Microsoft Loop.

Colaborando con los componentes de Loop en otras aplicaciones de Microsoft 365

Como ya te he mencionado anteriormente, los componentes de Loop se pueden insertar en otras aplicaciones de Microsoft 365, siendo un fantástico elemento colaborativo que se actualiza en tiempo real.

Los componentes de Loop creados en Teams y Outlook irán acompañados de la extensión `.loop`, con el nombre que le des al componente (en versiones anteriores la extensión era `.fluid`). Estos archivos se almacenan en el OneDrive de la persona que los creó.

Aplicaciones de Microsoft 365 donde puedes usar componentes de Loop

Los archivos . `loop` solo se pueden abrir como vínculos en un navegador en Office.com, pero, como componentes de Loop, se pueden crear y abrir actualmente en el chat de Teams, en el correo electrónico de Outlook, en la pizarra digital llamada Whiteboard y en Word para la web; en Planner puedes abrirlos, pero no crearlos. Pero, como ya sabes, Loop es una herramienta que está en versión preliminar previa y va a ir evolucionando, por lo que en breve podremos hacer uso de los componentes de Loop en otras muchas aplicaciones de Microsoft 365.

ADVERTENCIA:

Si se descargan, no se pueden volver a abrir sin cargarlos primero en OneDrive o SharePoint.

Colaborando con los componentes de Loop en un chat de Microsoft Teams

Si necesitas compartir una lista de tareas, una tabla o cualquier otro componente en un chat privado o de grupo, desde la línea de conversación del chat, haz clic en el botón Componentes de Loop, que encontrarás en la barra de herramientas de la conversación, como se ve en la figura 6.3.

Al enviar un componente Loop, todos los usuarios del chat pueden editarlo en línea y ver los cambios al instante. Esto significa que pueden colaborar directamente dentro de un mensaje de chat. Para probarlo, empieza con un mensaje en blanco, haz clic en el botón Componentes de Loop y se desplegará un menú que te permite seleccionar el componente que necesites. Elige un tipo de componente, escribe algún contenido para iniciar la colaboración y haz clic en el botón Enviar mensaje para compartir el componente con el/los componentes del chat. Todos los usuarios del chat podrán editar el mensaje y los cambios que proporcionen serán vistos por todos en tiempo real.

NOTA:

Microsoft va añadiendo más componentes cada poco tiempo, por lo que es posible que cuando muestres este menú contenga algún componente más de los que ves en la figura 6.4.

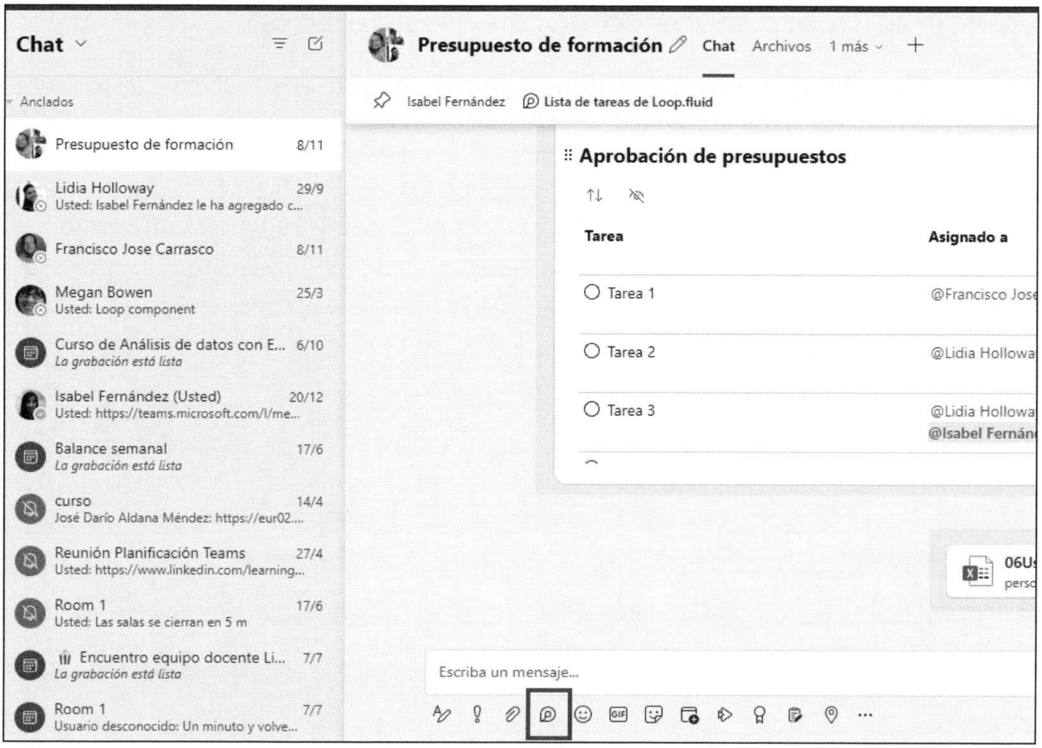

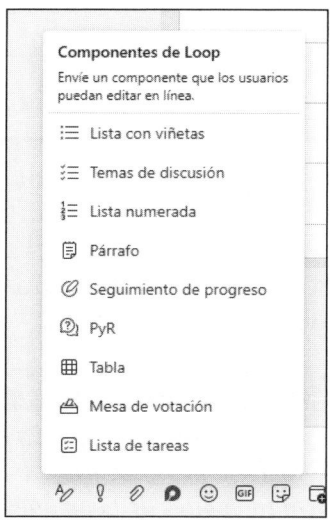

Figura 6.3. Insertar un componente de Loop en un chat de Teams.

Componentes de Loop
Envíe un componente que los usuarios
puedan editar en línea.

:≡ Lista con viñetas

⅝≡ Temas de discusión

⅟≡ Lista numerada

📄 Párrafo

🔖 Seguimiento de progreso

🅺 PyR

▦ Tabla

🗳 Mesa de votación

🔲 Lista de tareas

Figura 6.4. Componente de Loop en un chat de Teams.

Dónde se guardan los componentes de Loop

Los componentes de Loop se guardan automáticamente en OneDrive, esto significa que puedes encontrarlos ahí, además de en Teams o en otras aplicaciones de Microsoft 365 donde los hayas utilizado. Te aconsejo que proporciones a tus componentes de Loop a la hora de crearlos títulos fáciles de recordar para ayudarte a buscarlos y encontrarlos rápidamente, como se ve en la figura 6.5.

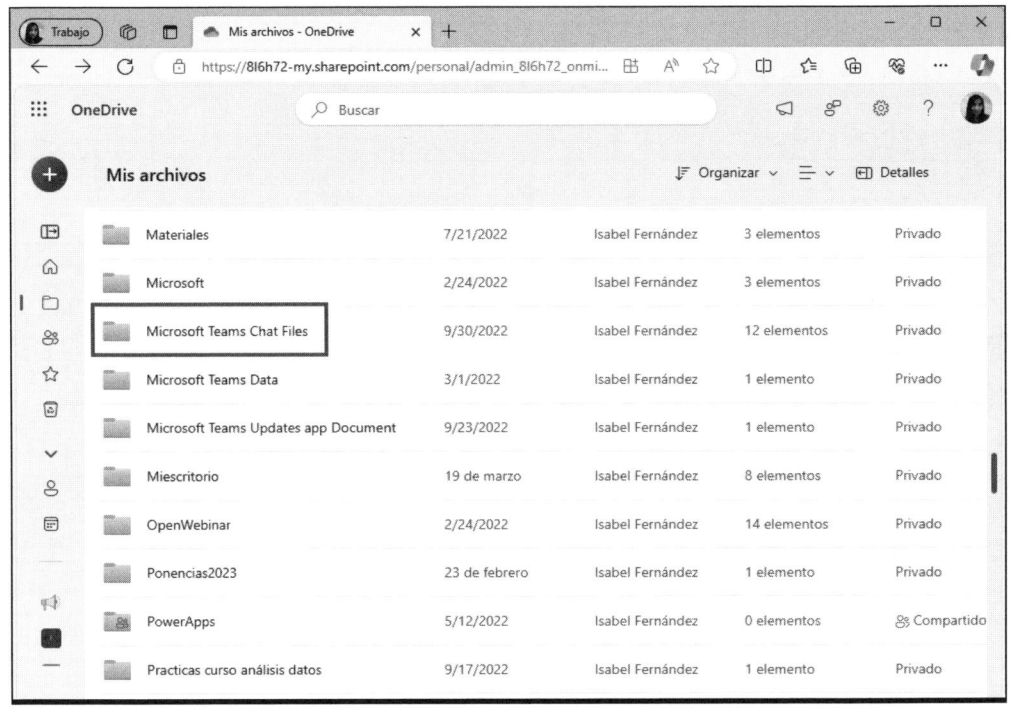

Figura 6.5. Acceso desde OneDrive a los componentes de Loop.

Al entrar en la carpeta `Microsoft Teams Chat Files` encontrarás los componentes de Loop. Si haces clic en cualquiera de ellos, se abrirá directamente en Microsoft Loop, como se muestra en la figura 6.6.

NOTA:

Los componentes de Loop que hayas guardado nada más presentarse la herramienta en versión preliminar pública junto al nombre del archivo tienen la extensión `.fluid`, *pero desde hace un tiempo los componentes de Loop que guardes tendrán la extensión* `.loop`.

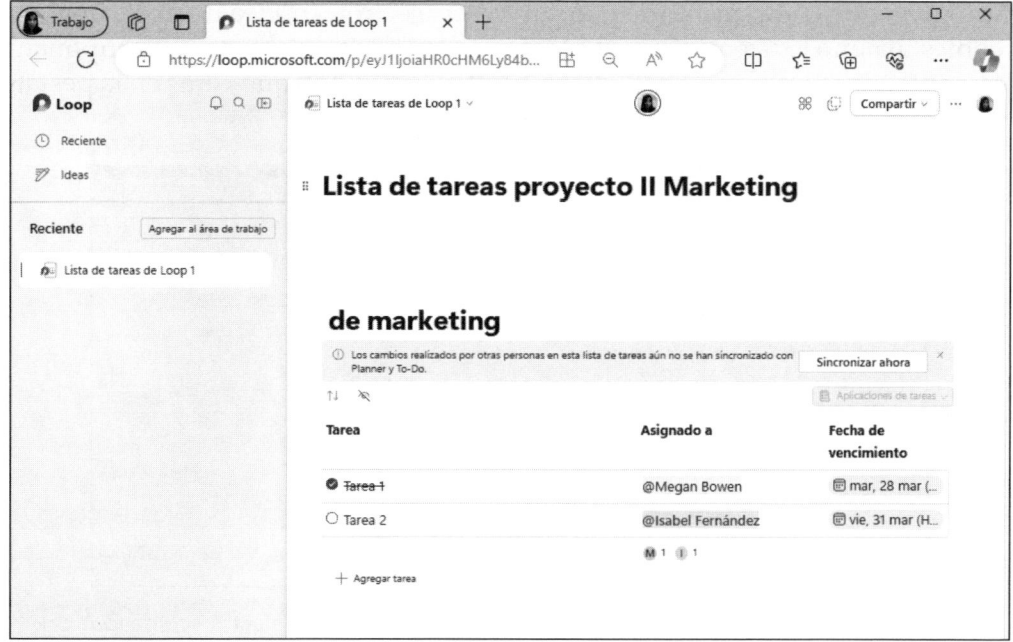

Figura 6.6. Acceso al componente de Microsoft Loop.

NOTA:

Si hay varios usuarios editando un componente en coautoría (a la vez en tiempo real) es posible que los cambios no se sincronicen tan inmediatamente como deseas. Si haces clic en el botón Sincronizar ahora *se actualizarán inmediatamente.*

Cómo colaborar con los componentes de Loop en Outlook

Como ya sabes, los componentes de Loop son de contenidos portátiles editables que permanecen sincronizados en todos los lugares donde se comparten. Puedes incorporarlos en elementos de Outlook como el correo electrónico o los eventos de calendario, Al simplificar el flujo de trabajo de colaboración, los componentes del Loop permiten a tu equipo idear, planear y crear juntos.

Puedes crear un componente de Loop, por ejemplo, de tipo tabla, párrafo, lista de tareas, etc., en un correo electrónico de Outlook y, después, pegar un vínculo a ese componente en un chat de Teams, por ejemplo. Otros usuarios podrán ver y proporcionar comentarios o modificaciones que aparecerán inmediatamente en el correo de Outlook para que tú y todos los usuarios que están incluidos en el correo puedan verlos.

Para agregar un componente de Loop al correo electrónico, crea un nuevo mensaje o contesta a uno existente y, en el cuerpo del mensaje, incorpora el componente de Loop haciendo clic en el botón **Componentes de Loop** que verás en la pestaña **Mensaje** de la cinta de opciones, como se ve en la figura 6.7.

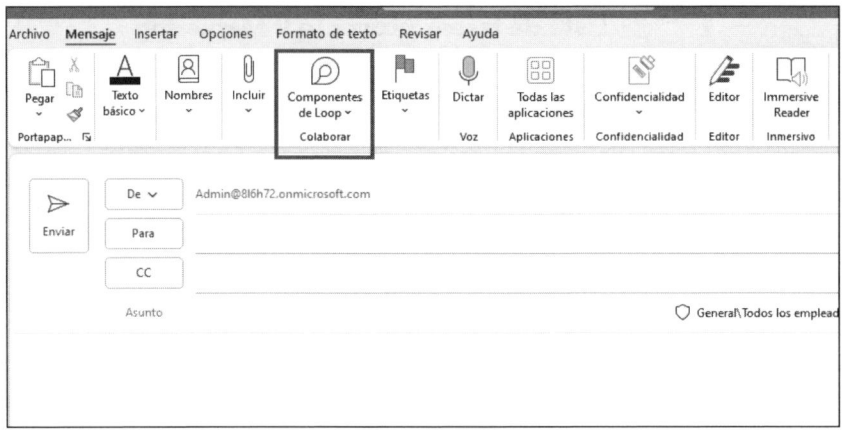

Figura 6.7. Acceso a los componentes de Loop desde un correo electrónico de Outlook.

Al hacer clic en el botón, podrás seleccionar el componente que necesites añadir al cuerpo del mensaje; cuando envíes el mensaje, los destinatarios podrán acceder a él y editar el contenido. No olvides que los cambios se producen en tiempo real.

Otra forma de compartir un componente de Loop con otros usuarios es enviarle un vínculo a ese componente. El vínculo lo puedes agregar a cualquier sitio donde se pueda acceder a él por las personas interesadas, por ejemplo, a un mensaje de Outlook o a un chat de Teams.

Para copiar el vínculo al componente, accede a la parte superior derecha del componente y haz clic en el botón **Copiar componente**; después, pégalo donde lo puedas compartir.

Otra forma de compartir un componente de Loop es desde la aplicación Loop accediendo al componente y haciendo clic en el botón **Compartir**, como se muestra en la figura 6.8.

Editar un componente de Loop

Los destinatarios de un vínculo del componente Loop pueden hacer modificaciones o agregar comentarios fácilmente. Independientemente de dónde se realicen las modificaciones, el componente siempre mostrará los cambios más recientes.

Figura 6.8. Compartir un componente de Loop.

TRUCO:

Si quieres agregar una fecha a un componente de Loop, agrega una barra invertida (/); en el caso de que quieras mencionar a un compañero, escribe una arroba (@) seguida del nombre de esa persona.

Ver quién está accediendo a un componente de Loop

Si otros usuarios están modificando el componente mientras editas o visualizas ese componente, verás diferentes cursores de color en él. También puedes ver el texto editado en tiempo real. La imagen de perfil de los usuarios que están accediendo en ese mismo momento al componente aparece en la esquina superior derecha. Selecciona o coloca el cursor sobre cualquier imagen de perfil para obtener más información. También puedes hacer clic en el botón Ver quién tiene acceso, esto mostrará las imágenes de perfil solo de aquellos que hayan visto el componente al menos una vez, como se ve en la figura 6.9.

Usar componentes Loop en Word para la página web

Si estás trabajando en un documento de Word, puedes crear un componente Loop y, luego, publicar un vínculo a él en Teams o el correo electrónico, donde las modificaciones de otros usuarios se verán inmediatamente en el documento de Word. Todos los usuarios de tu organización con los que compartas el documento podrán editarlo y ver los cambios de forma inmediata. Desde la pestaña Insertar de la cinta de opciones de Word para la página web, haz clic en el botón Componente de Loop.

Figura 6.9. Ver quién tiene acceso a un componente de Loop.

Componentes de Loop en Whiteboard

Puedes copiar y pegar un componente de Loop ya existente de otras aplicaciones de Microsoft 365 en una pizarra interactiva de la aplicación Whiteboard de Microsoft 365 y editarlos en línea y en tiempo real.

Cómo pegar el vínculo de un componente de Loop en una pizarra de Whiteboard

Ve a la aplicación donde tengas el componente y haz clic en el botón Copiar componente, que encuentras en la parte superior derecha del componente. A continuación, en la pizarra de Whiteboard pega el vínculo, por ejemplo, con el atajo del teclado **Control-V**. Todas las personas que estén colaborando en esa pizarra de Whiteboard podrán acceder al componente y editarlo en tiempo real, como se ve en la figura 6.10.

> **NOTA:**
>
> *Puedes abrir y editar los componentes de Loop desde tu dispositivo móvil Android o iOS. Al seleccionar un componente Loop y abrirlo, se abrirá en el navegador, donde puedes realizar las modificaciones que necesites. También puedes modificar el componente en su aplicación origen si la tienes instalada en tu dispositivo móvil.*

NOTA:

Cuando copias un componente de Loop y lo pegas en otra aplicación, se está pegando un vínculo y, en todas las aplicaciones donde esté ese componente, la actualización de las ediciones por parte de los usuarios colaboradores se muestra en tiempo real.

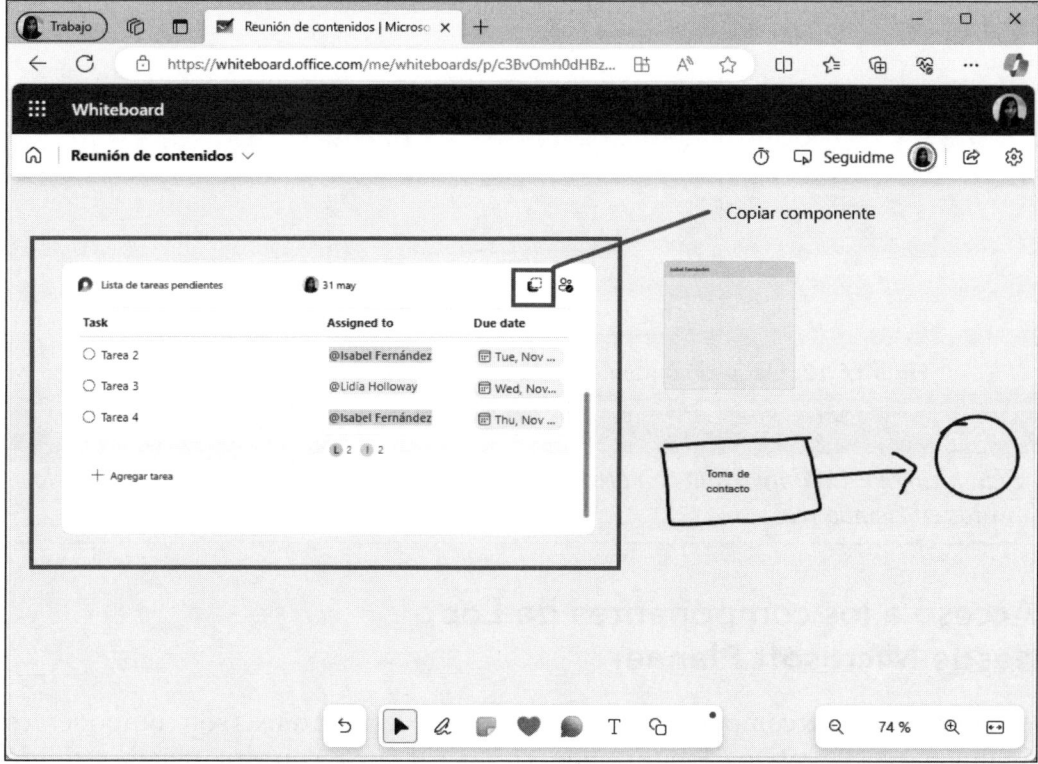

Figura 6.10. Vínculo a un componente de Loop pegado en Whiteboard.

Crear un componente de Loop en Whiteboard

Para agregar un nuevo componente de Loop en Whiteboard, haz clic en el botón **Más opciones**, que verás en la barra de herramientas de Whiteboard, como vemos en la figura 6.11.

A continuación, haz clic en el botón **Componentes de Loop** y elige el componente que necesites agregar a la pizarra, como puedes ver en la figura 6.12.

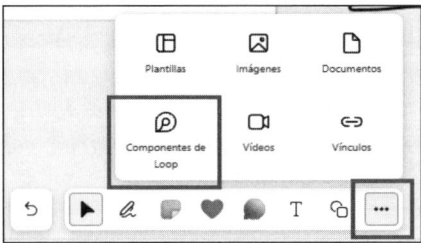

Figura 6.11. Crear un nuevo componente de Loop en Whiteboard.

Figura 6.12. Elegir el componente que se necesita insertar en Whiteboard.

NOTA:

Si la pizarra está compartida con otras personas, podréis editar ese componente todos juntos en tiempo real.

Acceso a los componentes de Loop desde Microsoft Planner

Como ya sabes, los componentes de Loop del tipo lista de tareas son componentes totalmente colaborativos donde puedes compartir tareas con otras personas desde un chat de Teams, un correo electrónico, etc. Desde la aplicación Planner puedes gestionar las tareas de equipo, pero desde Planner también tienes acceso a los componentes de Loop de tipo lista de tareas, de ese modo accedemos a todas las tareas de los equipos en los que trabajamos desde un mismo lugar, ya sean de planes de proyecto de Planner o componentes de listas de tareas.

Lo primero que debes hacer es entrar en Planner, la aplicación de Microsoft 365 que te permite trabajar en planes de proyecto de equipo. Puedes entrar en Planner desde la página de inicio de Microsoft 365 haciendo clic en la barra de navegación izquierda en el botón Aplicaciones, en la categoría Administración de proyectos, como se ve en la figura 6.13.

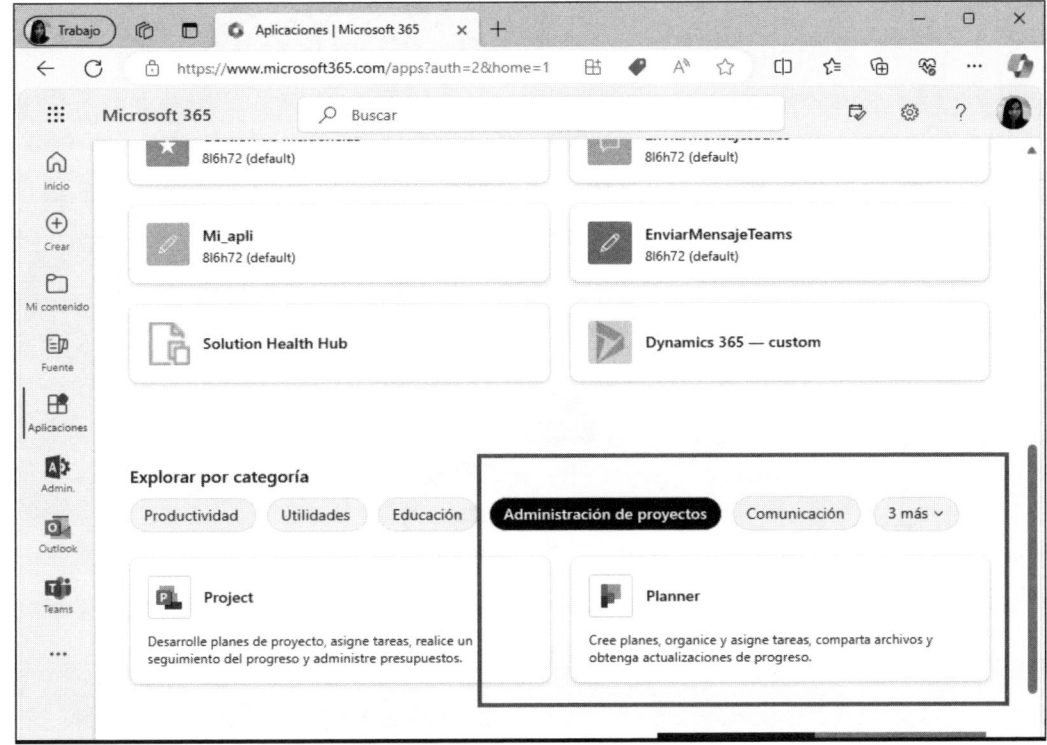

Figura 6.13. Acceso a Microsoft Planner.

También puedes buscar Planner en la barra de búsqueda de la página de inicio o escribir la URL `https://tasks.office.com/` en tu navegador e iniciar sesión con tu cuenta de Microsoft 365 en el caso de que no tengas la sesión iniciada.

Una vez que entres en Planner, verás a la izquierda el panel de navegación que te permite, entre otras funciones, acceder a los distintos planes de equipo en los que trabajas. Si te desplazas por este panel de navegación, localizarás los componentes de Loop.

Primero, verás la lista de los componentes Recomendados y, a continuación, la lista Todos. Si haces clic en cualquier componente a la derecha, verás la lista de tareas de ese componente, como se muestra en la figura 6.14.

Cualquier cambio que realices en la lista de tareas, como si añades nuevas tareas, se va a producir en tiempo real y todos los miembros que tienen acceso a ese componente podrán ver esos cambios, como se ve en la figura 6.15.

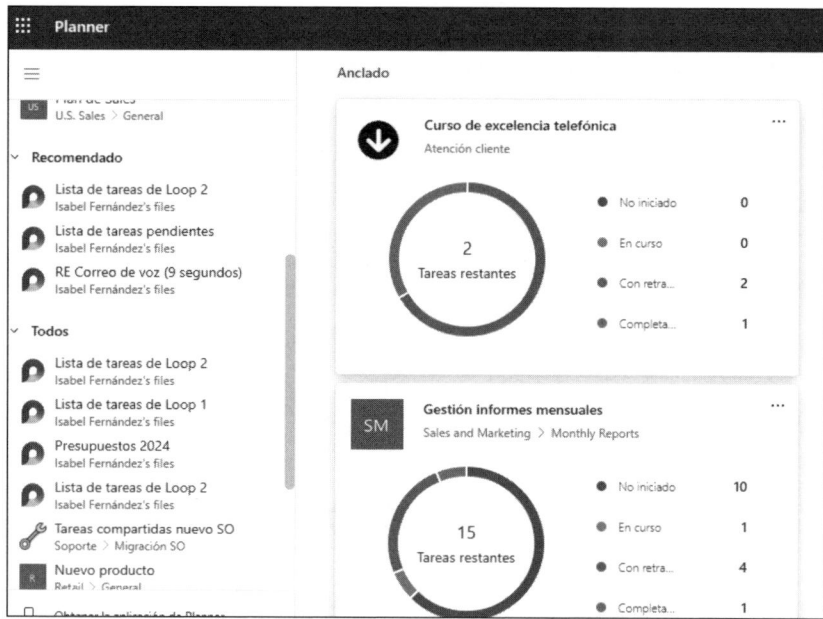

Figura 6.14. Acceso a los componentes de tipo lista de tareas en Planner.

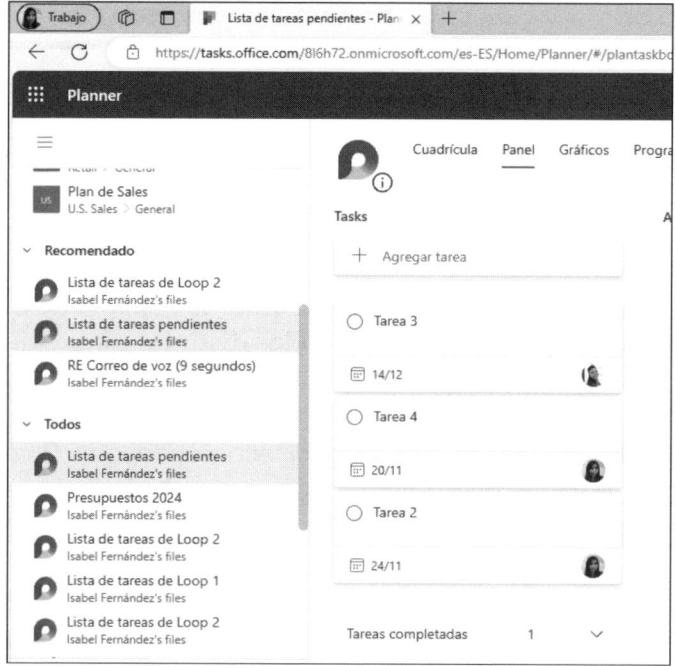

Figura 6.15. Edición de un componente de Loop desde Planner.

7

Microsoft Teams. Transforma la manera en que tu equipo colabora, se comunica y alcanza nuevos niveles de productividad

Introducción

Microsoft Teams es una plataforma de colaboración y comunicación empresarial que integra varios servicios chat, videoconferencias, almacenamiento de archivos y herramientas de productividad en un único espacio.

Permite a los equipos trabajar de manera conjunta de manera eficiente, facilitando la comunicación instantánea, la colaboración en documentos y la organización de reuniones virtuales, todo dentro de un entorno seguro y escalable. Microsoft Teams permite la integración de otras aplicaciones de Microsoft y de terceros, por lo que se ha convertido en una herramienta fundamental para la colaboración en entornos laborales actuales.

Microsoft Teams no es únicamente una herramienta para realizar videoconferencias; al contrario que muchas de sus competidoras en este campo, debes saber que Microsoft Teams es una herramienta de colaboración y comunicación y resulta especialmente útil si tienes que compartir documentos y aplicaciones con otras personas de dentro y de fuera de tu organización.

Microsoft Teams no es solo una aplicación de Microsoft 365, es el centro neurálgico de este ecosistema, desde donde podrás acceder a muchas aplicaciones y colaborar en ellas con los miembros de tu equipo sin necesidad de salir de Teams, lo que hará que ahorres tiempo y trabajo y aumentes tu productividad.

En Teams podrás comunicarte en equipos y canales y de forma privada en el chat, podrás compartir archivos, colaborar en ellos en tiempo real, compartir aplicaciones y realizar llamadas y videoconferencias entre otras acciones colaborativas.

Distintas versiones de Microsoft Teams

Microsoft ofrece varias versiones de Teams para satisfacer las necesidades de cualquier usuario u organización o entidad educativa. Hagamos un recorrido rápido por esas versiones y así puedes saber a quién van dirigidas:

- **Teams versión gratuita:** Es una versión básica que ofrece funciones esenciales de chat y colaboración.

- **Teams versión empresarial (incluido en Microsoft 365):** Incluye características más avanzadas, como reuniones programadas, integración con otras aplicaciones de Microsoft y mayor capacidad de almacenamiento.

- **Teams para la educación:** Es una versión diseñada específicamente para instituciones educativas, con características adaptadas a las necesidades del entorno educativo.

Modos de acceder a Microsoft Teams

Si tienes una cuenta gratuita, tendrás que iniciar sesión con el usuario y contraseña de esa cuenta; si es tu empresa o entidad educativa la que te ha proporcionado una cuenta profesional, deberás iniciar sesión con el usuario y la contraseña de esa cuenta.

A Teams puedes acceder desde la web o descargar la aplicación de escritorio, también hay Teams para dispositivos móviles.

NOTA:

Puedes acceder a Teams tanto desde un PC con sistema operativo Windows como desde un Mac con sistema operativo IOS.

Para acceder a Teams para la web, introduce en tu navegador la siguiente dirección URL: `https://teams.microsoft.com/`. También puedes acceder a Teams desde la página de inicio de Microsoft 365, haciendo clic en el botón **Aplicaciones** y seleccionando **Teams**, como se ve en la figura 7.1.

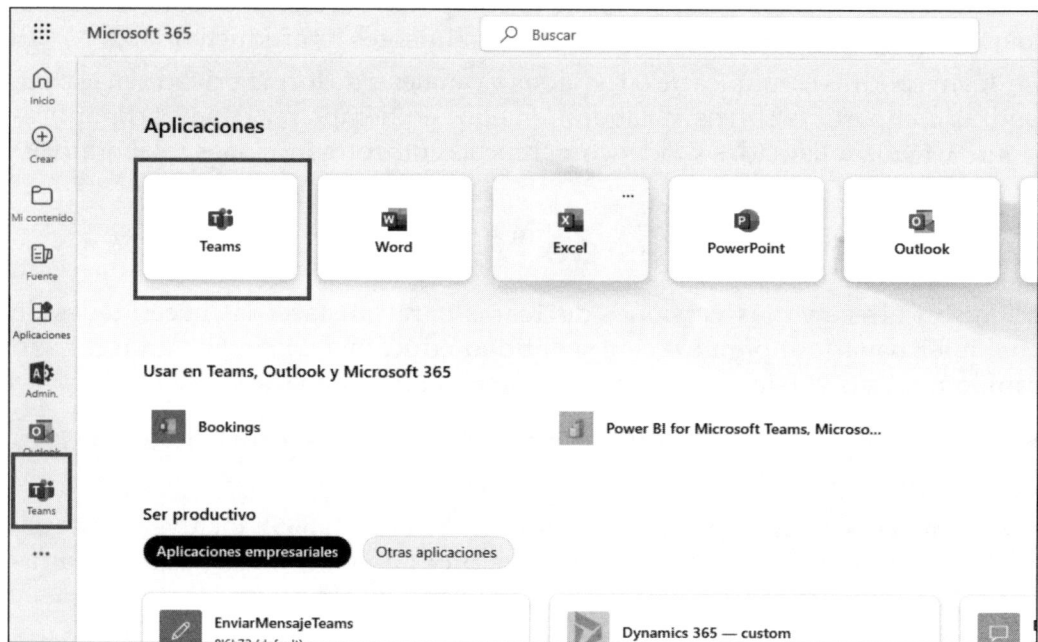

Figura 7.1. Acceso a Microsoft Teams desde la página de inicio de Microsoft 365.

Descargar Teams versión de escritorio y Teams para dispositivos móviles

Si vas a utilizar Teams versión de escritorio para Mac o para Windows, debes descargar la aplicación desde un lugar oficial de Microsoft. La mejor alternativa es hacerlo desde un enlace que encontrarás dentro de Teams versión para la web. Para acceder a Teams para la web, introduce en tu navegador la siguiente dirección URL: `https://teams.microsoft.com/`.

Una vez cargada la página e iniciada sesión con tu usuario y contraseña, accede en la parte superior derecha de la web al botón **Configuración y más** (representado con tres puntos), como se muestra en la figura 7.2.

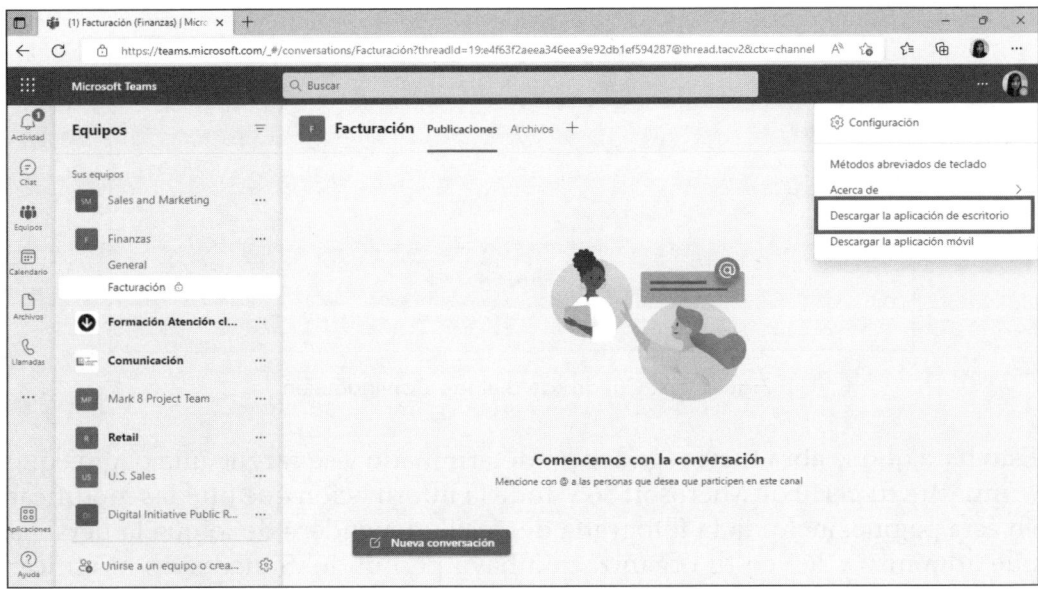

Figura 7.2. Descargar la aplicación de escritorio de Microsoft Teams.

En el menú desplegable, selecciona la opción **Descargar la aplicación de escritorio**. Desde este mismo menú también puedes descargar la aplicación para dispositivos móviles. Esto descargará en la carpeta `Descargas` de tu equipo un archivo que podrás ejecutar haciendo doble clic e inmediatamente comenzará la instalación de la aplicación.

> **NOTA:**
>
> *Para descargar e instalar la aplicación, es necesario tener conexión estable a Internet.*

Tu cuenta en Microsoft 365. Definir tu estado

Comencemos por ver cómo acceder a la configuración de la cuenta de usuario, aquí podrás realizar algunos cambios en tu perfil de usuario y en el programa, siempre que la persona que administra 365 y Teams en tu organización te hayan otorgado permiso para ello. Haz clic en la imagen de perfil de usuario que aparece en la parte superior derecha de la pantalla de Teams; a continuación, haz clic en la opción **Administrar cuenta**. En el cuadro de diálogo que aparece en pantalla, verás el botón **Administrar**, haz clic en él, como se señala en la figura 7.3.

Figura 7.3. Cuadro de diálogo **Configuración**.

Esto hará que se abra tu navegador predeterminado y se cargue una página que te muestra tu perfil de Microsoft 365. Toda la información que puedas modificar en esta página, incluida la fotografía de perfil, dependerá de lo que la persona que administra 365 en tu organización haya permitido. Si necesitas modificar la contraseña de acceso porque se haya visto expuesta, puedes hacerlo desde el menú de la izquierda de esta página.

Vuelve a activar la ventana de Microsoft Teams. Vamos a ver ahora cómo definir tu estado y qué objetivo tiene este. Tu estado en Teams informa al resto de personas que desean contactar contigo cómo te encuentras en el momento actual, si estás disponible, estás en una reunión o te encuentras ocupado/a, ausente o quizás desconectado/a.

Para establecer tu estado, haz clic de nuevo en el icono de tu perfil en la parte superior derecha de la pantalla; debajo de tu usuario, aparecerá tu estado actual, puede que aparezca **Disponible**. Haz clic en el estado y en el menú que se despliega puedes cambiarlo si lo deseas, como se indica en la figura 7.4.

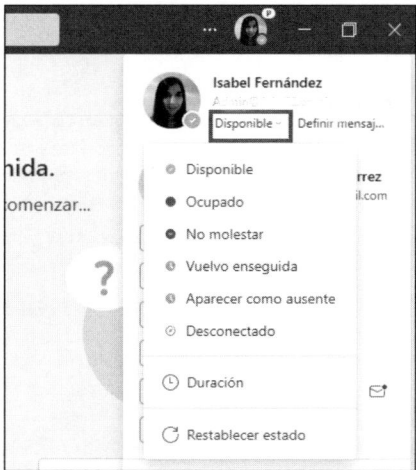

Figura 7.4. Menú Estado.

Debes saber que el estado se cambia automáticamente, no es necesario que lo hagas de forma manual; cuando estés en una llamada o videollamada, aparecerás como Ocupado y, si hace un rato que no has usado Teams, pero lo mantienes abierto, aparecerás como Ausente.

Puedes seleccionar manualmente el estado Vuelvo enseguida o No molestar, si deseas que las personas sepan que en este momento no podrás responder a ninguna comunicación.

El estado Desconectado aparece de forma automática cuando Teams está cerrado, pero también puedes activarlo manualmente cuando estés trabajando en Teams y quieras pasar desapercibido para otras personas; es una forma de poder seguir trabajando en Teams pero que el resto de las personas piensen que no lo estás.

En la opción Duración puedes seleccionar cuánto tiempo estará activo el estado que hayas seleccionado.

Cuando hayas elegido un estado y una duración de este y quieras volver al estado predeterminado de forma inmediata, haz clic en la última opción del menú de estado, Restablecer estado.

Si observas justo al lado de tu estado, verás una opción que indica Definir mensaje de estado. Aquí podrás escribir un mensaje que podrán ver otras personas cuando intenten comunicarse contigo. Si marcas la casilla de verificación de la opción Mostrar cuando me envíen mensajes, debajo de esta casilla, puedes elegir cuánto tiempo estará activo este mensaje. Puede ser indefinido si eliges la opción Nunca de la lista desplegable, o elegir cuánto tiempo quieres que esté activo, como se ve en la figura 7.5.

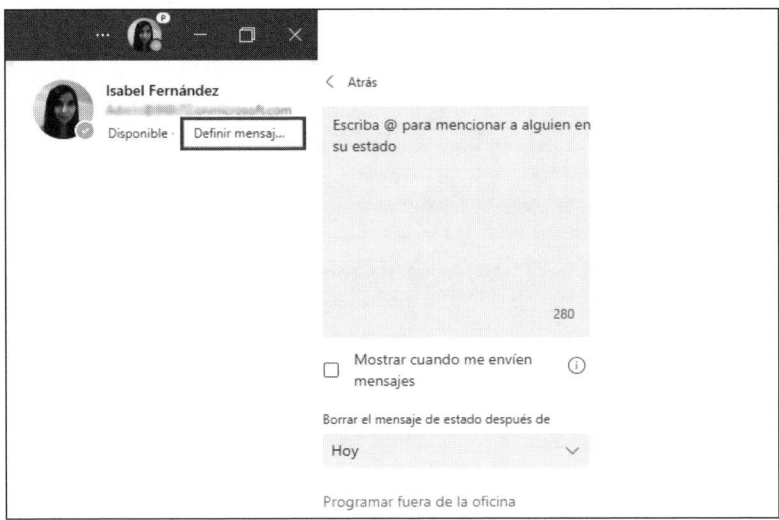

Figura 7.5. Definir mensaje de estado.

Este mensaje de estado puede tener relación directa con el asistente para fuera de la oficina en Outlook. Si haces clic en el vínculo **Programar fuera de la oficina**, aquí puedes configurar el asistente sin necesidad de ir a Outlook; sirve para ambas aplicaciones.

Veamos cómo programar el asistente. Lo primero que debemos hacer es activar el botón **Activar respuestas automáticas**; a continuación, escribe el mensaje que quieres que reciban las personas que se comuniquen contigo cuando no estés disponible. Puedes elegir un mensaje diferente para tus compañeros de trabajo y otro para las personas de fuera de tu organización, como se muestra en la figura 7.6.

Agregar una cuenta personal a Microsoft Teams

Como ya hemos indicado anteriormente, en Microsoft Teams puedes tener una cuenta personal, además de la cuenta de empresa, y si quieres puedes cambiar fácilmente entre tu Teams personal y el de empresa. Te interesa poner especial atención a este punto.

Si tienes varias cuentas de Microsoft Teams, cuando necesites cambiar de una cuenta, tienes que cerrar sesión e iniciar sesión de nuevo con la otra cuenta. Para evitar este trabajo que nos hace perder tiempo innecesario, lo mejor es que agreguemos la cuenta personal a Teams.

Fuera de la oficina

Configure un mensaje para que otros usuarios sepan que está de vacaciones o que no está disponible para responder. Su estado de fuera de la oficina también se sincronizará con su calendario de Outlook.

Activar respuestas automáticas ●○

Mensaje de fuera de la oficina ⓘ

Hola actualmente me encuentro fuera de la oficina, si necesitas algo urgente puedes contactar con megan@86h1.onmicrosoft.com. En cuanto regrese me pondré en contacto contigo lo antes posible. Gracias.

☑ Enviar respuestas fuera de mi organización

○ Solo en mis contactos

● Todos los remitentes externos

Hola actualmente me encuentro fuera de la oficina. Si necesitas algo urgente puedes contactar con megan@86h1.onmicrosoft.com o con jcarlos@86h1.onmicrosoft.com. Nada más regrese me pondré en contacto contigo lo antes posible. Muchas gracias.

☑ Enviar respuestas solo durante un período

Inicio

| 1 sept. 2022 | 22:30 |

Terminar

| 16 sept. 2022 | 9:00 |

Cancelar   Guardar

Figura 7.6. Cuadro de diálogo **Fuera de la oficina**.

Primero, haz clic en la imagen de perfil en la parte superior derecha de la aplicación. Verás la opción **Agregar una cuenta personal**, ahí es donde vamos a hacer clic, como se señala en la figura 7.7.

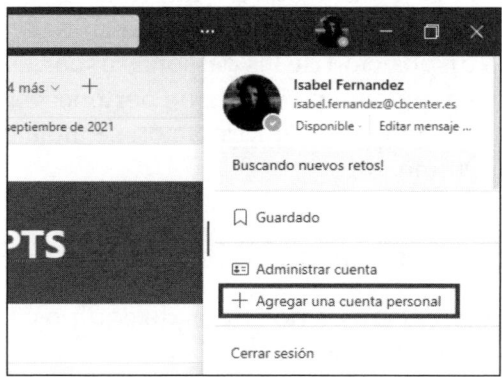

Figura 7.7. Agregar una cuenta personal.

Aparece en pantalla el cuadro de diálogo Iniciar sesión, introduce el usuario y la contraseña que pertenecen a tu cuenta personal. A continuación, vuelve a hacer clic en tu imagen de perfil y observa cómo ya aparece la cuenta personal justo debajo de la de tu empresa u organización. Solo tienes que hacer clic en ella para cambiarte a esa cuenta. Ahora ya puedes cambiarte de cuenta sin cerrar e iniciar sesión.

Una de las funcionalidades que diferencia a Microsoft Teams de otras herramientas de comunicación que encontrarás en el mercado es la posibilidad de trabajar en equipo. Teams no solo permite realizar labores de comunicación, también de compartición y colaboración en archivos y aplicaciones.

Trabajo con equipos y canales en Teams

Vamos a comenzar por la base, entendiendo qué es un equipo y cuál es su objetivo.

Qué es un equipo

Seguramente, cuando entras en Teams, ya ves algunos equipos en el área de navegación de equipos de la pantalla principal. Se puede definir un equipo en Teams como un espacio común donde un conjunto de personas, normalmente de la misma organización, se reúne para llevar a cabo trabajos, proyectos u objetivos comunes.

Un equipo se compone de personas que trabajan juntas en tiempo real y comparten un lugar en la nube donde almacenan toda esa información compartida, comparten carpetas, archivos, aplicaciones y más cosas.

El lugar en la nube donde se guarda toda esa información que el equipo comparte es SharePoint Online. Podemos definir SharePoint como el espacio en la nube que la organización pone a disposición de las personas usuarias para que compartan la información. Cada vez que una persona que pertenece a un equipo de Teams comparte un archivo o carpeta, esta información se aloja en el sitio del equipo dentro de SharePoint Online.

Equipos públicos y privados. Diferencias

En Microsoft Teams diferenciamos dos tipos de equipos: los equipos públicos, se puede unir a ellos cualquier persona de la organización y acceder a la información que se comparte; y los equipos privados, donde solo los miembros del equipo pueden acceder a la información que se comparte en estos equipos.

Para que entiendas bien esto, voy a ponerte un ejemplo: imagina que eres la persona responsable de un departamento y quieres que todos los miembros del departamento tengan un espacio donde comunicarse, colaborar y compartir documentos, puedes crear entonces un equipo privado, ya que no te interesa que otros miembros de la organización, por ejemplo, de otros departamentos, puedan acceder a las conversaciones y material que se comparte en el equipo.

En cambio, en otras ocasiones, a la organización le interesará tener equipos públicos a los que cualquier persona de esta pueda unirse, comunicarse y colaborar en ellos. Imagina que una empresa crea un equipo llamado "Formación para nuevos empleados", el equipo se crea como público con el objetivo de que cualquier nuevo empleado que se incorpore a la empresa pueda unirse al equipo directamente, sin que nadie le tenga que dar de alta en él. De este modo, puede acceder a toda la información que se comparte en ese equipo y que es de su interés como nuevo empleado; además, contará con un lugar donde comunicarse y resolver sus dudas.

Estos son solo dos ejemplos, pero puede haber infinitos casos en los que se necesite crear equipos en Teams, ya sean públicos o privados. Te propongo un ejercicio mental, imagina tu propia empresa u organización, piensa qué equipos podríais necesitar y cuáles serían públicos y cuáles privados.

Crear un nuevo equipo en Teams

Ahora que ya sabes qué es un equipo y se puede definir como público o privado, veamos cómo crear un nuevo equipo.

En Teams puedes crear un equipo desde cero, o puedes basar el nuevo equipo en otro ya existente, esto te ahorra tiempo y trabajo y te permite heredar los miembros y parte de la información y aplicaciones que contenga el equipo base. También puedes crear el equipo basado en una plantilla, Microsoft pone varias de ellas a tu disposición, o puedes crear un equipo basado en un grupo de Microsoft 365.

Crear un equipo nuevo desde cero

Para crear un equipo nuevo en Teams, ve al final del panel de navegación de equipos en la pantalla principal de Microsoft Teams. Ahí verás el vínculo Unirse a un equipo o crear uno (como se ve en la figura 7.8). En la parte derecha de la pantalla, se debe hacer clic en el botón Crear equipo. En el cuadro de diálogo que aparece, elegiremos Desde cero. Aquí, como puedes observar, también puedes crear un equipo basándolo en una plantilla, como se ve en la figura 7.9.

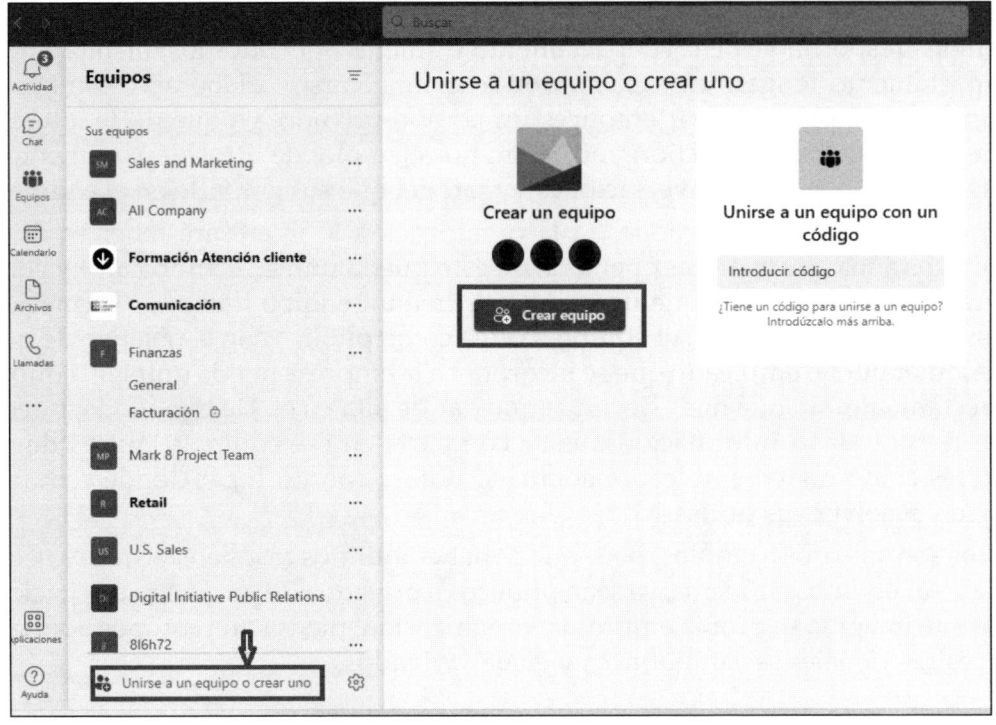

Figura 7.8. Unirse a un equipo o crear uno.

Figura 7.9. Cuadro de diálogo **Crear un equipo**.

Una vez que hayas hecho clic en el botón **Crear equipo**, tendrás que elegir si el equipo será público, privado o un equipo formado por todas las personas de la empresa, como se muestra en la figura 7.10.

Figura 7.10. Cuadro de diálogo para elegir la privacidad del equipo.

El tipo de equipo **Toda la organización** se utiliza normalmente para comunicar información que les interesa a todos los empleados. En este caso, vamos a elegir crear un equipo privado. Haz clic en el botón **privado**. Recuerda que un equipo privado es aquel en el que solo los miembros del equipo pueden ver su contenido, ninguna persona podrá unirse a un equipo privado a no ser que se le invite o la persona propietaria del equipo agregue a esa persona. El siguiente paso será darle un nombre al equipo.

> **NOTA:**
>
> *Te recomiendo que el nombre del equipo comience por un carácter alfabético, que no utilices tildes, caracteres especiales y tampoco la letra "ñ", ya que el equipo tendrá una dirección URL (Uniform Resource Locator), es decir, una dirección web y estas no llevan este tipo de caracteres.*

A continuación, puedes agregar al equipo una **descripción**, es opcional, pero si la agregas los usuarios podrán conocer qué temas se tratan en ese equipo. Una vez agregado al menos el nombre del equipo, haz clic en el botón **Crear**.

ADVERTENCIA:

Es importante que sepas que, cuando creas un equipo en Microsoft Teams, automáticamente se crea un sitio en SharePoint Online, donde entre cosas se guardarán los documentos que se compartan en el equipo.

Agregar personas a un equipo. Roles

Una vez creado el equipo, en el siguiente cuadro de diálogo, puedes introducir ya a las personas que formarán parte él, aunque, si aún no lo tienes claro, podrás agregarlas más tarde de forma muy fácil. Puedes agregar al equipo personas de tu organización o grupos de personas si estos ya están creados. Es decir, si la organización ya ha creado con anterioridad algún grupo Microsoft 365, podrás escribir directamente su nombre, y se agregarán todos sus miembros, así no tendrás que agregarlos uno a uno. Si quieres agregar a los miembros de otro equipo existente, también puedes escribir aquí el nombre de ese equipo, como se ve en la figura 7.11.

Figura 7.11. Cuadro de diálogo para agregar miembros.

Una vez que hagas clic en el botón **Agregar**, se añadirán en la parte inferior del cuadro de diálogo los miembros o a los grupos de miembros al equipo, y puedes observar, en la figura 7.12, cómo a la derecha de cada persona aparece el rol que tiene dentro del equipo.

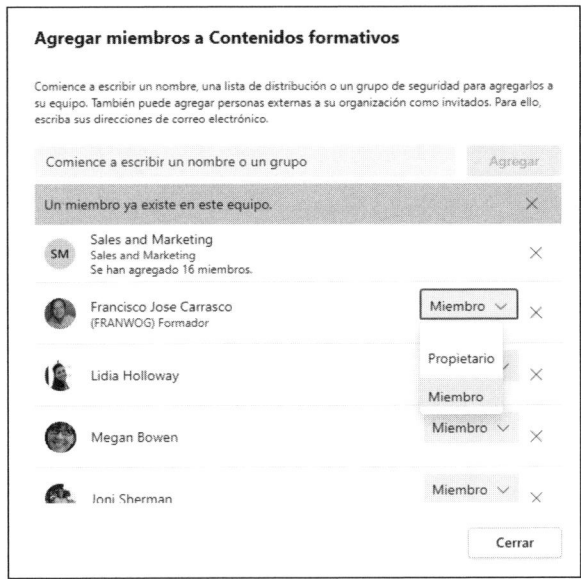

Figura 7.12. Agregar miembros y cambiar roles.

El rol define los permisos que una persona tendrá para realizar acciones dentro del equipo. El cambio de rol lo realizará la persona propietaria del equipo.

En la lista desplegable que aparece a la derecha de cada persona, se puede cambiar el rol, aunque, si no se hace ahora, más tarde se puede cambiar desde la pantalla de configuración del equipo. Se podrán agregar más personas o quitarlas del equipo en cualquier momento una vez cerrado este cuadro de diálogo.

El nuevo equipo ya ha sido creado, podrás localizarlo al final de la lista en el panel de navegación de equipos en la pantalla principal de Microsoft Teams.

Crear un equipo partiendo de otro ya existente

Puedes heredar los miembros y parte de la información de un equipo existente para crear otro nuevo. Para crear un equipo partiendo de otro, sitúate en la parte inferior del panel de navegación de equipos y haz clic en el vínculo Unirse a un equipo o crear uno.

Haz clic en el botón Crear equipo y, a continuación, en el cuadro de diálogo que aparece, haz clic en el apartado De un grupo o equipo. En el siguiente cuadro de diálogo, haz clic en Equipo, como se muestra en la figura 7.13.

Al seleccionar Equipo, se abre otro cuadro de diálogo donde podrás elegir el equipo que te servirá como base del tuyo, como se ve en la figura 7.14.

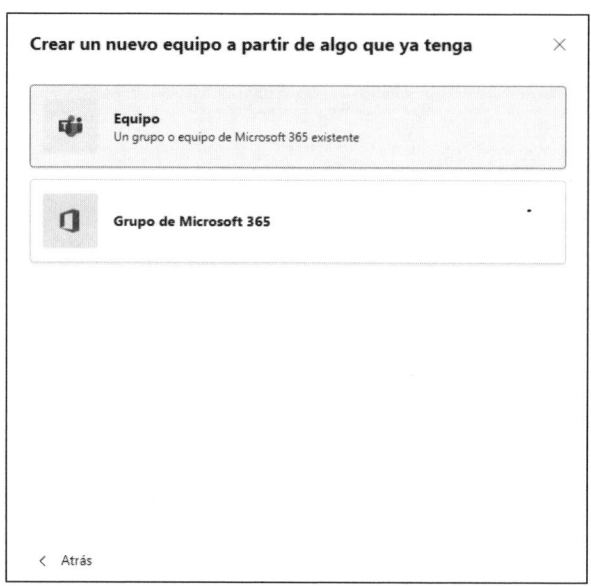

Figura 7.13. Crear un equipo de un grupo o un equipo existente.

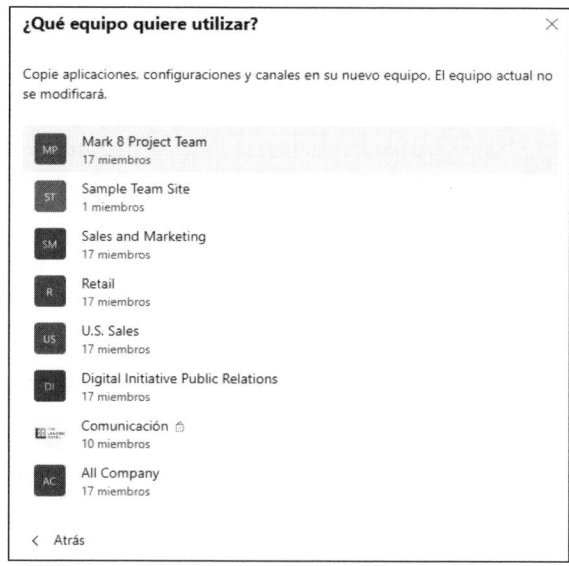

Figura 7.14. Cuadro de diálogo para seleccionar equipo.

Una vez seleccionado el equipo que se usará cómo plantilla, en el siguiente cuadro de diálogo se puede observar que lo primero que se solicita es que se cambie el nombre del equipo. Teams lo ha nombrado por defecto con el nombre del equipo original más la palabra [copia]. Opcionalmente, agrega si lo deseas una descripción al equipo. Por último, selecciona qué información te gustaría incluir del equipo original, como se ve en la figura 7.15.

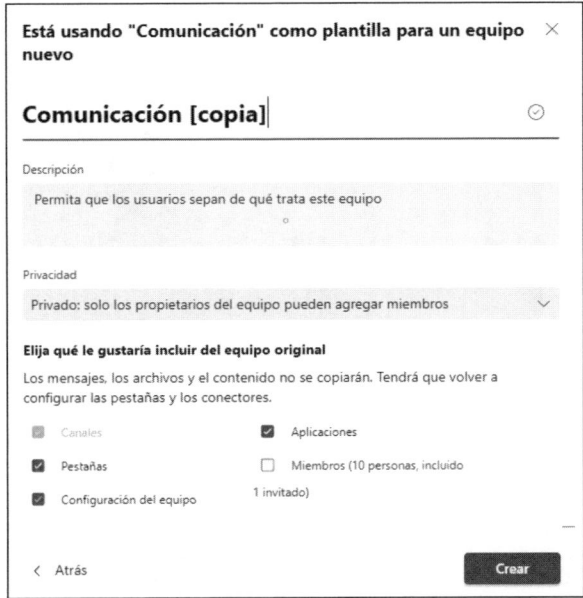

Figura 7.15. Cuadro de diálogo de una plantilla para un equipo nuevo.

Para finalizar el proceso haz clic en el botón **Crear**. El nuevo equipo ya creado se localiza al final de todos los equipos que hay en el panel de navegación de la pantalla principal de Microsoft Teams, como se indica en la figura 7.16.

Crear un equipo partiendo de un grupo de Microsoft 365

En Teams también se puede crear un equipo basado en un grupo de 365, pero antes de ello necesitas saber qué es un grupo de Microsoft 365. Es un servicio que funciona de forma cruzada con las herramientas de Microsoft 365 y se usa para que varias personas colaboren en ellas. Un grupo de 365 es un objeto perteneciente al directorio activo de Azure (Azure Active Directory) y cuentan con un buzón de Microsoft Exchange compartido.

Los grupos de Microsoft 365 están formados por un conjunto de usuarios que colaboran y comparten recursos. Se accede a ellos desde varias aplicaciones de 365, como Planner, Stream o OneNote, entre otras. Se crean desde el correo electrónico de Outlook por una persona de la organización con permisos para ello y aparecen debajo de las carpetas normales de correo, como se ve en la figura 7.17.

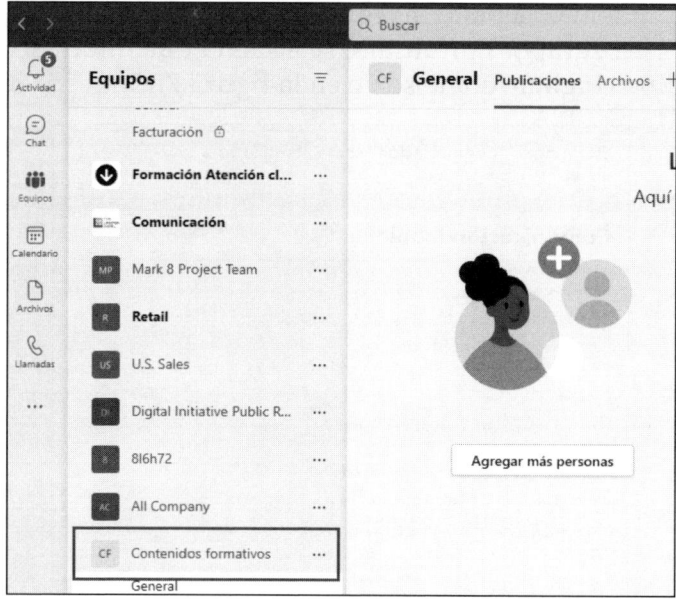

Figura 7.16. Nuevo equipo creado en el panel de navegación de equipos.

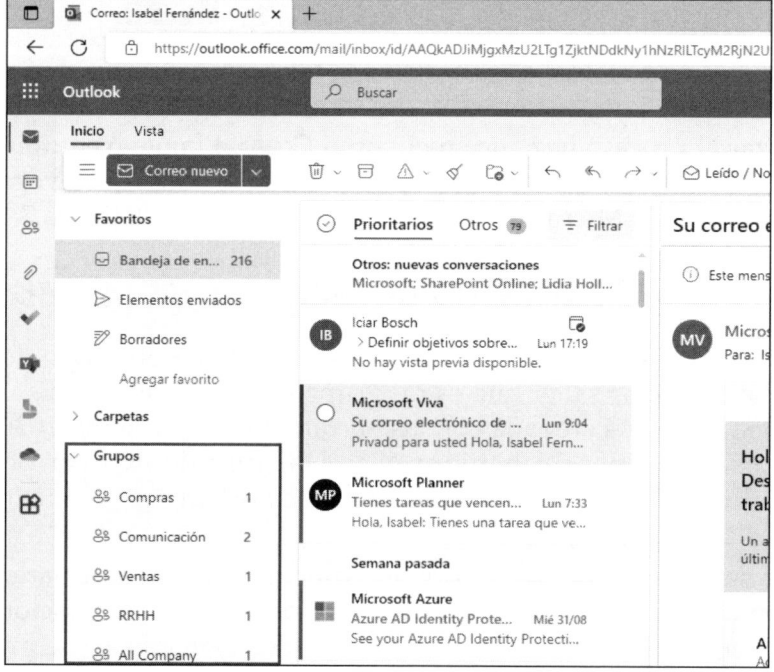

Figura 7.17. Nuevo equipo en el panel de navegación de equipos.

Un grupo podría ser el paso previo a la creación de un equipo de Teams, ya que los equipos de Teams se pueden basar en grupos de Microsoft 365. Seguramente, te estarás preguntando qué diferencia hay entre crear un equipo en Teams y crear un grupo de Microsoft 365.

Depende del nivel de necesidades colaborativas que tenga el equipo, un grupo de Microsoft 365 contiene una bandeja de entrada de Outlook compartida, un calendario compartido y una biblioteca de documentos en SharePoint Online para colaborar en archivos.

NOTA:

Los grupos son la experiencia mejorada de las antiguas listas de distribución o los buzones compartidos.

Si ya existe un grupo de Microsoft 365 creado y se necesita un equipo en Teams para los miembros de ese grupo, solo tendrás que crear el nuevo equipo basado en el grupo. Para ello, ve al final del panel de navegación de equipos en Teams, haz clic en el vínculo **Unirse a un equipo o crear uno**. Haz clic en el botón **Crear equipo** y, a continuación, en el cuadro de diálogo que aparece, haz clic en el apartado **De un grupo o equipo**. En el cuadro de diálogo siguiente, selecciona **Grupo de 365** y, en el siguiente cuadro de diálogo, elige el grupo que utilizarás para crear el equipo en Teams, como se ve en la figura 7.18.

Figura 7.18. Cuadro de diálogo para seleccionar grupo de Microsoft 365.

A continuación, haz clic en el botón **Crear**. El equipo ya está creado, tiene el mismo nombre que el grupo de Microsoft 365, lo verás en la parte final del panel de navegación de equipos. Los miembros que formaban parte del grupo de Microsoft 365 ahora forman parte también del equipo de Teams.

Quién puede agregar miembros a un equipo

Una vez creado un equipo en Teams, si eres la persona propietaria del equipo podrás agregar o quitar miembros cuando sea necesario.

Si eres miembro del equipo, pero no eres propietario, puedes enviar una solicitud a la persona propietaria para que acepte al nuevo miembro; el propietario puede aceptar o denegar la solicitud. Veamos ahora cómo agregar miembros al equipo una vez creado. Ve al panel de navegación de equipos y observa que cada equipo tiene a la derecha del nombre un botón con tres puntos horizontales, haz clic en ellos para desplegar el menú **Más opciones**; a continuación, selecciona la opción **Agregar miembro**, como se ve en la figura 7.19.

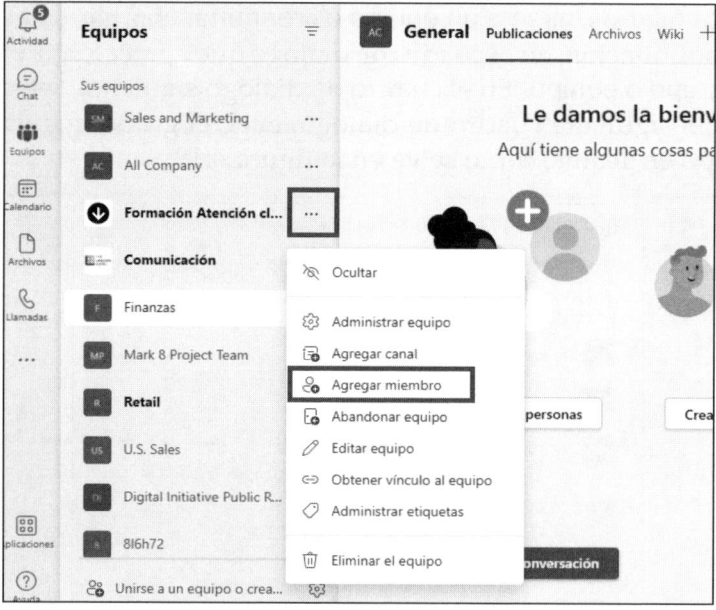

Figura 7.19. Agregar miembro.

En el cuadro de diálogo que aparece, escribe el nombre de la persona o del grupo. Una vez agregado, puedes cambiar el rol; por defecto, cada persona agregada tendrá el rol de miembro, pero puedes cambiar el rol a propietario si lo deseas, como se ve en la figura 7.20.

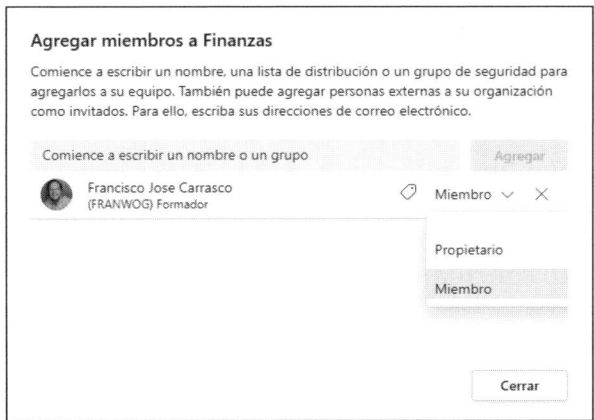

Figura 7.20. Cuadro de diálogo para agregar miembros.

NOTA:

Un equipo puede tener varias personas propietarias, es incluso recomendable; así, si un propietario no está disponible, habrá otros propietarios que se puedan encargar de la administración y configuración del equipo.

Roles en equipos

En Teams todas personas tienen un rol y cada rol otorga unos permisos. Una persona que forma parte de un equipo puede tener uno de estos tres roles:

- **Propietario:** Son las personas que tienen permisos para hacer cambios de configuración sobre el equipo. Se ocupan de administrar el equipo y pueden agregar miembros e invitados. Un equipo puede tener varios propietarios.

- **Miembros:** Los miembros son las personas que forman parte del equipo. Realizan tareas de comunicación y colaboración y otras tareas según lo que les permita el propietario.

- **Invitados:** Son personas de fuera de la organización que el propietario del equipo invita. Un invitado tiene menos permisos que los miembros y propietarios, pero pueden realizar varias tareas en el equipo.

NOTA:

Solo se podrán agregar invitados a un equipo si la persona que administra Microsoft Teams lo ha permitido.

Qué es un canal

Cuando se crea un equipo en Teams, por defecto ya tiene un canal llamado General para que los miembros del equipo puedan comunicarse.

Un canal, como su nombre indica, es el lugar donde canalizar las conversaciones de equipo. Los canales en Teams se crean con el objetivo de organizar las conversaciones, y así posteriormente localizarlas de forma rápida y fácil. Cada canal se puede dedicar a algo concreto, como un proyecto o un tema.

ADVERTENCIA:

Por defecto, todos los miembros de un equipo en Teams pueden crear canales estándar o privados, los canales compartidos solo los pueden crear los propietarios de equipos.

Canales estándar, privados o compartidos

En Teams se pueden crear canales estándar, privados o compartidos, se diferencian principalmente en el acceso que tienen los miembros del equipo o personas externas a la organización.

A la información que se comparte en un canal estándar pueden acceder todos los miembros del equipo, pero, si el canal es privado, solo accederán los miembros que tengan permiso para ello. Los canales privados contienen conversaciones que no tienen que estar abiertas a todos los miembros del equipo.

Un canal compartido es similar a uno privado, pero puede estar compuesto por personas de la organización y también externas a la organización, solo los propietarios de equipos pueden crear canales compartidos; además, solo los miembros y propietarios de un canal compartido pueden acceder a él.

Cuando el propietario de un equipo crea un canal compartido en Teams, el equipo se convierte en un equipo llamado anfitrión o *host*, los propietarios pueden agregar personas a un canal compartido que no estén en el equipo.

NOTA:

Las personas de fuera de la organización que pertenecen a un canal compartido pueden acceder a él sin tener que cambiar en Teams de organización.

Crear un canal

Para crear un canal en Teams, iremos al menú **Más opciones** del equipo, que localizamos en el botón representado por tres puntos y situado a la derecha del nombre del equipo. Haz clic en la opción **Agregar canal**, como se ve en la figura 7.21.

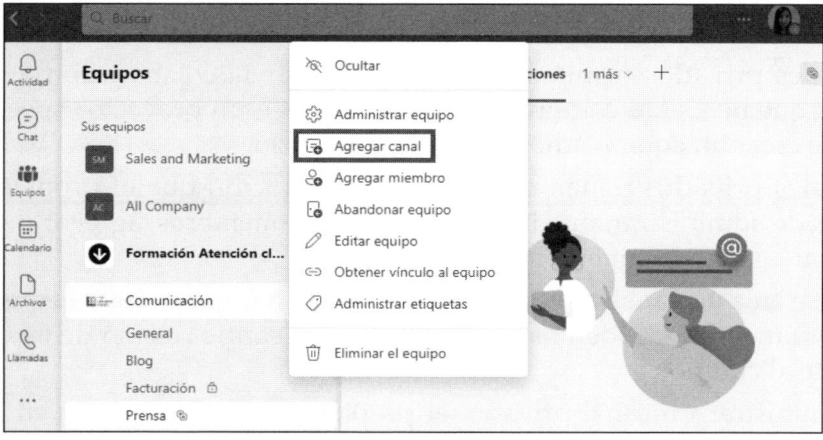

Figura 7.21. Agregar canal.

En el cuadro de diálogo que aparece, comienza escribiendo el nombre del canal y opcionalmente una descripción. En la lista **Privacidad**, haz clic para elegir el tipo de canal que necesitas crear entre estándar, privado o compartido. Si deseas que el canal aparezca automáticamente en la lista de canales de todos los miembros, marca la opción siguiente y haz clic en el botón **Agregar**, como se ve en la figura 7.22.

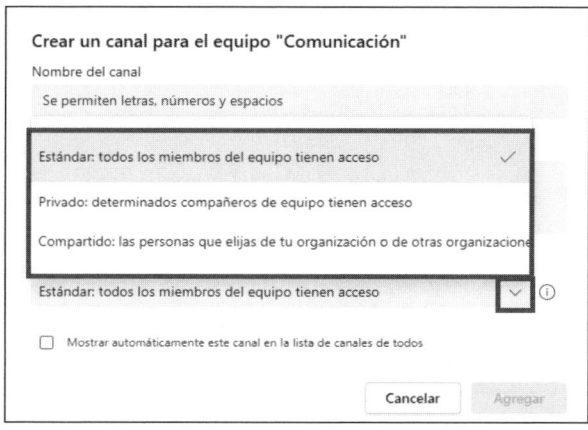

Figura 7.22. Crear un canal para el equipo.

NOTA:

Cuando se crea un canal estándar en Teams, en el sitio de SharePoint del equipo se crea una carpeta con mismo nombre del canal, donde se guardarán los archivos que se compartan en este.

Administrar canales privados

Los canales privados resultan útiles para limitar la colaboración a aquellas personas que necesitan comunicarse y colaborar en un proyecto específico, sin tener que crear un equipo adicional y administrarlo.

Los canales privados tienen su propia configuración que el propietario del canal puede administrar, puede agregar y quitar miembros, agregar pestañas y mencionar a todos los miembros del canal.

Cuando se crea un canal privado, este hereda la configuración del equipo principal, pero luego se pueden hacer cambios en su configuración de forma independiente al equipo.

Para administrar un canal privado, el propietario debe hacer clic en el botón representado por tres puntos y situado a la derecha del nombre del canal; en el menú **Más opciones** que aparece, hay que seleccionar la opción **Administrar canal**, como puede verse en la figura 7.23.

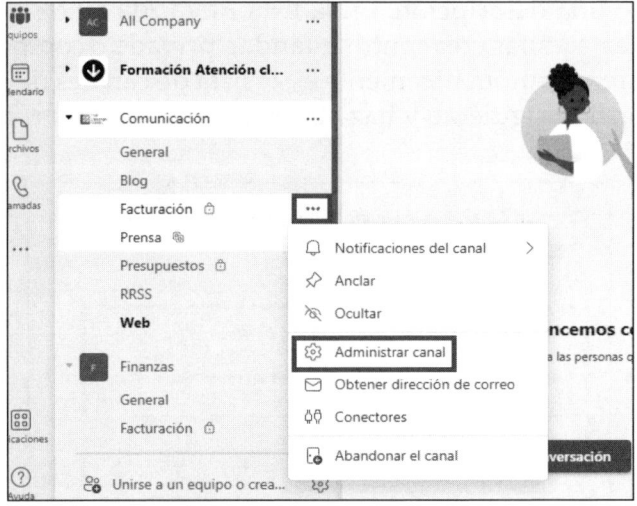

Figura 7.23. Administrar canal.

En la parte derecha de la pantalla, veremos tres pestañas. En la pestaña **Miembros**, el propietario podrá agregar o quitar miembros del canal privado. La pestaña **Configuración** está destinada a cambiar los permisos de los miembros del canal, pudiendo seleccionar si se permite utilizar menciones o no y si se puede o no usar material divertido en las conversaciones del canal. Por último, la pestaña **Análisis** nos muestra un resumen actualizado de la interacción que se realiza en el canal.

NOTA:

Un canal privado tiene su propio sitio de SharePoint para garantizar que el acceso a los archivos esté restringido exclusivamente a los miembros del canal.

Administrar canales compartidos en Teams

La persona propietaria de un canal compartido puede administrar los roles de los miembros del canal y la configuración de este. Para administrar un canal compartido, el propietario debe hacer clic en el botón representado por tres puntos y situado a la derecha del nombre del canal, en el menú que aparece hay que seleccionar la opción **Administrar canal**.

En la parte derecha de la pantalla, veremos tres pestañas, en la pestaña **Miembros** podemos compartir el canal con otros contactos. Haz clic en el botón **Compartir con contactos** para compartir el canal con otros contactos, como se puede ver en la figura 7.24.

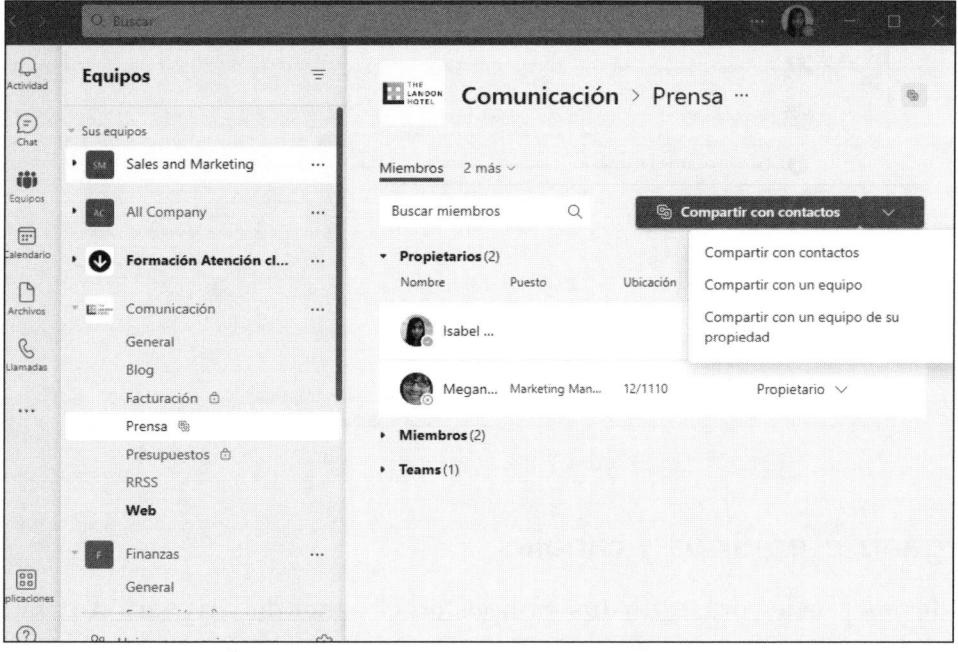

Figura 7.24. Compartir con contactos.

Si quieres compartir el canal con gente de tu organización o con una persona externa, haz clic en la opción **Con personas**.

ADVERTENCIA:

Las personas que se añadan a un canal compartido deben tener una cuenta profesional o educativa de Microsoft Teams.

Si necesitas compartir el canal con un equipo, selecciona la opción **Con un equipo**. Puede ser un equipo de tu organización o de otra organización, debes introducir a continuación el nombre o correo electrónico del propietario del equipo.

Si deseas compartir un canal compartido con un equipo de tu propiedad, selecciona la opción **Con un equipo de su propiedad**.

NOTA:

También puedes acceder al menú **Compartir canal** *directamente desde el menú* **Opciones** *del canal compartido, como se ve en la figura 7.25.*

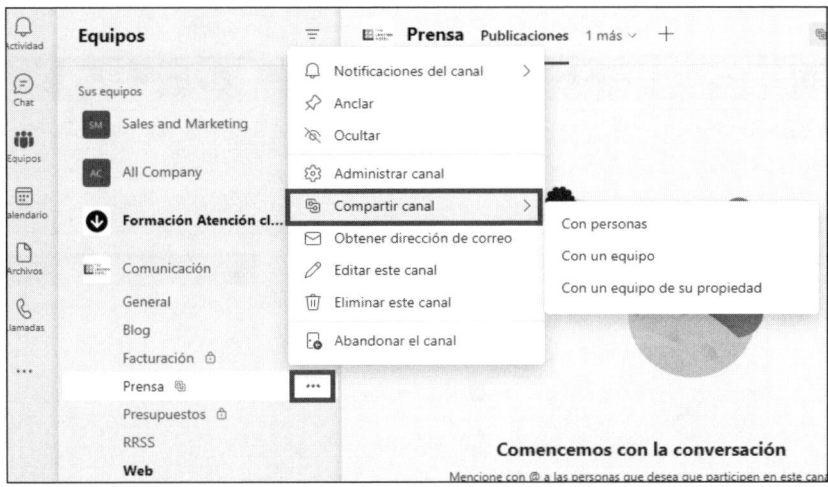

Figura 7.25. Compartir canal.

Organizar equipos y canales

En Teams puedes organizar tus equipos en el panel de navegación para que puedas acceder rápidamente a los equipos y canales que más utilizas. Cuando se crea un nuevo equipo en Teams, este se coloca al final del panel de navegación, se puede arrastrar y soltar un equipo a la posición deseada. También es posible anclar canales en la parte superior del panel de navegación para tenerlos más a mano.

Para anclar un canal, haz clic en el botón **Más opciones**, que está situado a la derecha del nombre del canal; a continuación, haz clic en **Anclar**, como se ve en la figura 7.26.

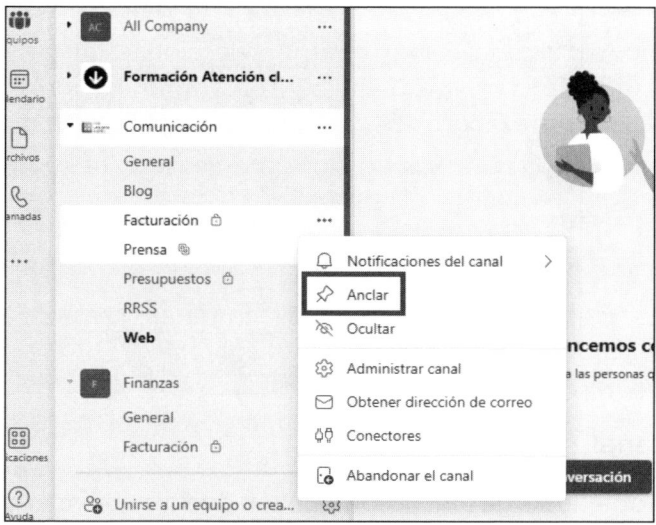

Figura 7.26. Anclar canales.

Ahora el canal aparecerá en la parte superior del panel de navegación agrupado en un apartado llamado **Anclados**.

Ocultar un equipo o un canal

Si no quieres que se muestre un equipo o canal en el panel de navegación de equipos en Teams puedes ocultarlo. Esta es una forma muy práctica de organizar el panel de equipos para centrarse en los equipos y canales que más usas.

Para ocultar un equipo, ve al menú **Más opciones** del equipo y selecciona **Ocultar**. Cuando ocultas un equipo aparece la opción **Equipos ocultos** en la parte inferior del panel de navegación de equipos. Al hacer clic en esta opción, se desplegará y aparecerán todos los equipos ocultos. Podrás mostrar de nuevo el equipo que desees solo haciendo clic en el menú **Más opciones** del equipo y seleccionar la opción **Mostrar**, como se muestra en la figura 7.27.

Si en un equipo tienes canales que no utilizas mucho, puedes ocultarlos para ganar espacio y trabajar mejor con el resto de los canales. Para ocultar un canal, haz clic en el menú **Más opciones** del canal y elige la opción **Ocultar**.

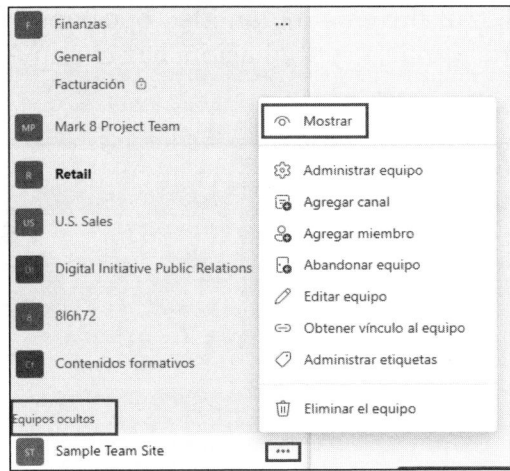

Figura 7.27. Mostrar equipos ocultos.

Eliminar un canal

Las personas propietarias de un equipo pueden decidir qué miembros del equipo pueden eliminar y restaurar canales. Para eliminar un canal, haz clic en el botón **Más opciones** (representado por tres puntos) a la derecha del nombre del canal y selecciona la opción **Eliminar este canal**, como se puede ver en la figura 7.28.

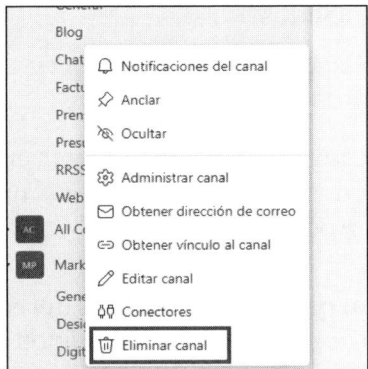

Figura 7.28. Eliminar canal.

ADVERTENCIA:

Hay que tener en cuenta que, una vez eliminado un canal, se perderá todo el historial de conversaciones, aunque las secciones de OneNote que estén asociadas a ese canal permanecerán en el sitio de SharePoint del equipo.

Silenciar un canal

Si no queremos seguir recibiendo notificaciones de un canal se puede silenciar. Para silenciar un canal, hay que ir al botón **Más opciones** del canal representado por tres puntos y seleccionar la opción **Notificaciones del canal**. En el menú que se despliega, debemos hacer clic en la opción **Desactivado**, como se ve en la figura 7.29.

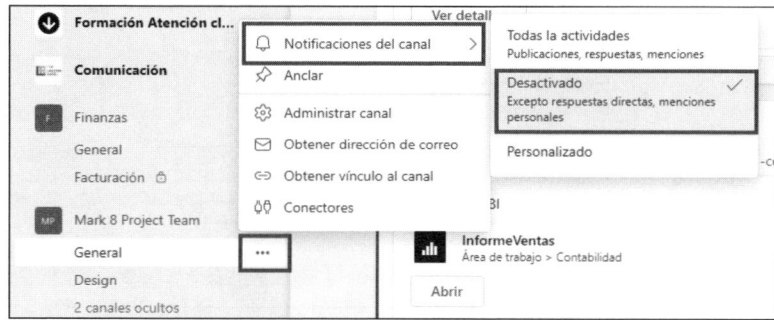

Figura 7.29. Desactivar las notificaciones de un canal.

Abandonar un equipo

Si ya no formas parte de un equipo puedes abandonar este, solo tienes ir al equipo y hacer clic a la derecha de su nombre en el botón **Más opciones** (representado por tres puntos) y seleccionar la opción **Abandonar equipo**:

- Hay que tener en cuenta que no podrás abandonar un equipo si eres el último propietario; si es así, deberás eliminar el equipo para salir de él.

- Si quieres abandonar un equipo de toda la organización, debes solicitarlo a la persona que administra Microsoft Teams.

- Los estudiantes no pueden salir del equipo, es el profesor el que debe eliminar a ese estudiante.

Administrar un equipo en Teams

Cuando eres la persona propietaria de un equipo tienes todo el control sobre él, puedes cambiar la configuración de este, los permisos de los miembros que lo forman, archivar el equipo e incluso eliminarlo.

Para acceder a la configuración de un equipo, haz clic en el botón **Más opciones**, representado por tres puntos, que se encuentra a la derecha del nombre del equipo, y selecciona la opción **Administrar equipo**, como se ve en la figura 7.30.

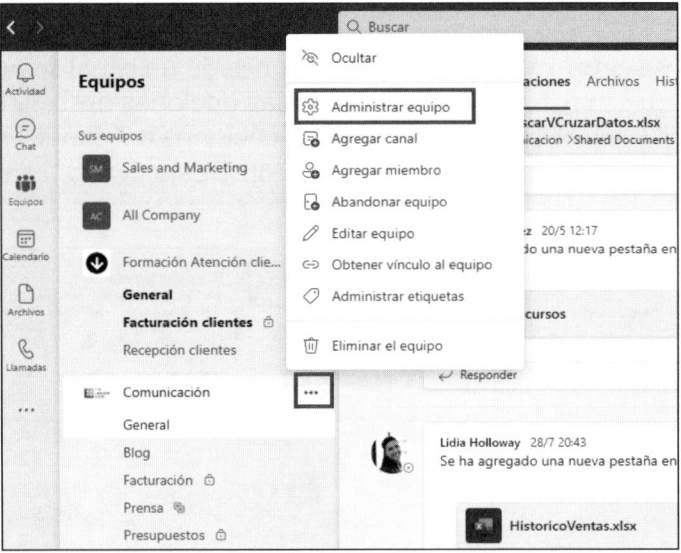

Figura 7.30. Administrar equipo.

A la derecha de la pantalla, se puede ver que hay varias pestañas. Vamos a detallar los puntos más importantes de cada una:

- La pestaña Miembros es donde nos encontramos por defecto, aquí se pueden agregar o quitar personas del equipo o cambiarles los permisos. En el botón Agregar miembro podrás agregar a otras personas al equipo. Observa que en esta pestaña hay dos apartados bien diferenciados: Propietarios y Miembros e invitados, como se muestra en la figura 7.31. En el apartado Propietarios aparece un número entre paréntesis que se refiere a la cantidad de propietarios que tiene el equipo. Lo mismo ocurre en el apartado Miembros e invitados. A la derecha de cada miembro o invitado, hay un menú desplegable para cambiar el rol de permisos, y hay un botón con forma de aspa que sirve para eliminar a ese miembro o invitado.

- En la pestaña Solicitudes pendientes, el propietario del equipo puede encontrar las solicitudes de personas que quieran unirse al equipo. Desde ahí las podrá aceptar o rechazar.

- En la pestaña Canales, se observa a la derecha el botón Agregar canal, desde aquí también puedes crear nuevos canales para el equipo. Más abajo, se muestran los canales Activos, Canales compartidos de otros equipos o Eliminados si los hay. En las dos columnas siguientes al nombre del canal, se puede marcar la opción Mostrar para mí o Mostrar para los miembros si se desea que el canal aparezca de forma predeterminada en el panel de navegación.

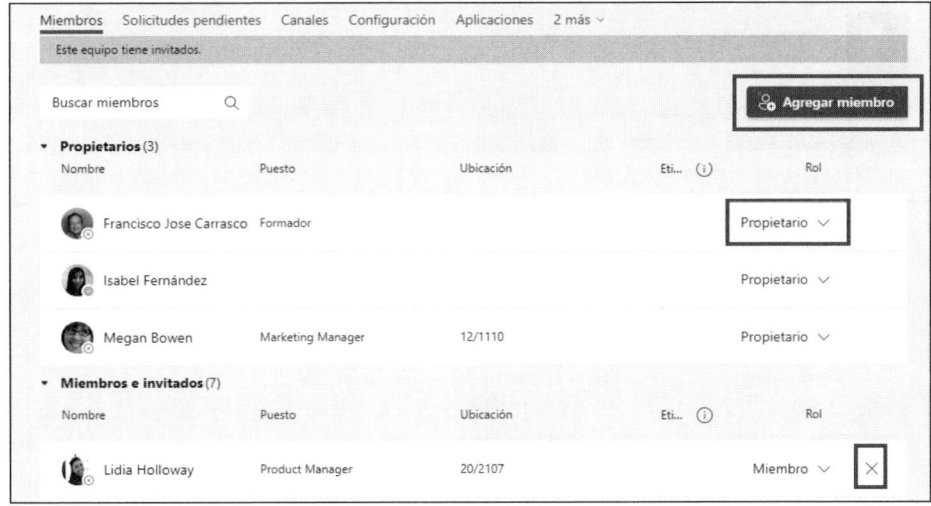

Figura 7.31. Pestaña Miembros.

A la derecha de estas, hay una columna que contiene el tipo de canal, indicando si es estándar, privado o compartido, como se ve en la figura 7.32.

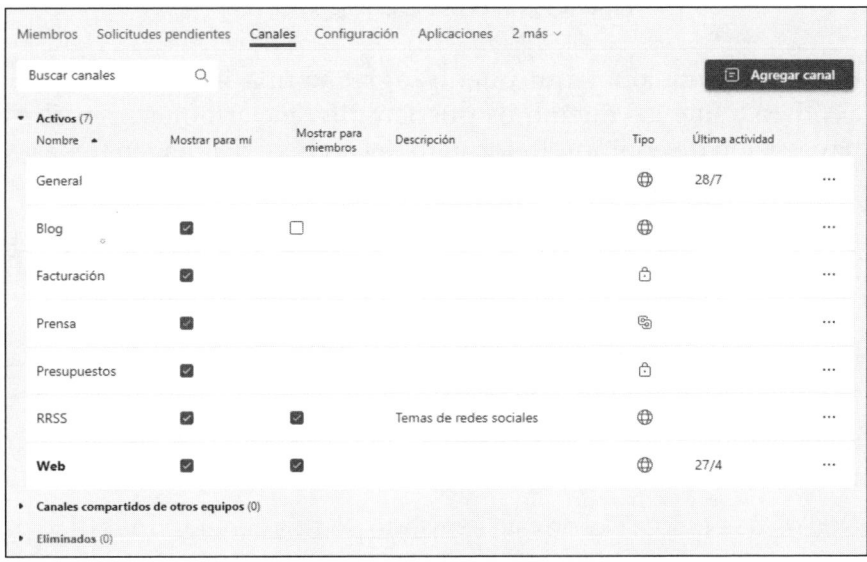

Figura 7.32. Pestaña Canales.

- En la pestaña Configuración hay muchos apartados para hacer cambios en el equipo, vemos lo más relevante en la figura 7.33:

Figura 7.33. Pestaña Configuración.

- **Imagen de equipo:** Aquí puedes agregar una imagen al equipo, esto ayudará a que los miembros puedan diferenciarlo mejor en el panel de navegación de equipos. El formato del archivo de imagen debe ser PNG, GIF, JPG o JPEG.

- **Permisos de miembros:** En este apartado puedes decidir qué pueden hacer los miembros del equipo, si pueden crear o no canales, cargar aplicaciones, agregar y quitar pestañas, entre otras opciones.

- **Permisos de invitado:** Los invitados por defecto no pueden crear canales ni eliminarlos, aquí podríamos permitirlo.

- **@menciones:** En este apartado podemos elegir si se pueden hacer menciones en las comunicaciones.

- **Código de equipo:** Desde este apartado podrás generar un código para que otras personas pueden unirse al equipo directamente a través de él, con este código la persona se une sin que el propietario reciba una solicitud.

- **Material divertido:** En las conversaciones se pueden utilizar emojis, GIF animados, adhesivos, aunque podríamos impedir su uso desde esta opción.

Archivar un equipo o eliminarlo

En Microsoft Teams, puede ser que un equipo ya no sea necesario si el proyecto ha terminado; en ese caso, el propietario puede eliminarlo. Pero, si se elimina un equipo, se elimina todo su contenido y su historial de conversaciones.

También es posible que un equipo no se vaya a utilizar de forma temporal; si es así, en lugar de mantenerlo activo sin más o eliminarlo, el propietario puede archivar el equipo. Cuando se archiva un equipo, este queda inactivo, no se puede conversar ni agregar información, archivos o carpetas, pero sí se puede ver su contenido.

Recuerda que, como cada equipo tiene un sitio de SharePoint asociado, si se archiva un equipo, se ofrece la posibilidad de archivar o de mantener activo el sitio de SharePoint asociado.

Vamos a ver primero cómo archivar un equipo. En la parte inferior de navegación de equipos, a la derecha del vínculo **Unirse a un equipo o crear uno**, verás una pequeña rueda dentada o engranaje, en ese botón hay que hacer clic para llegar a la pantalla **Administrar equipos**, como se ve en la figura 7.34.

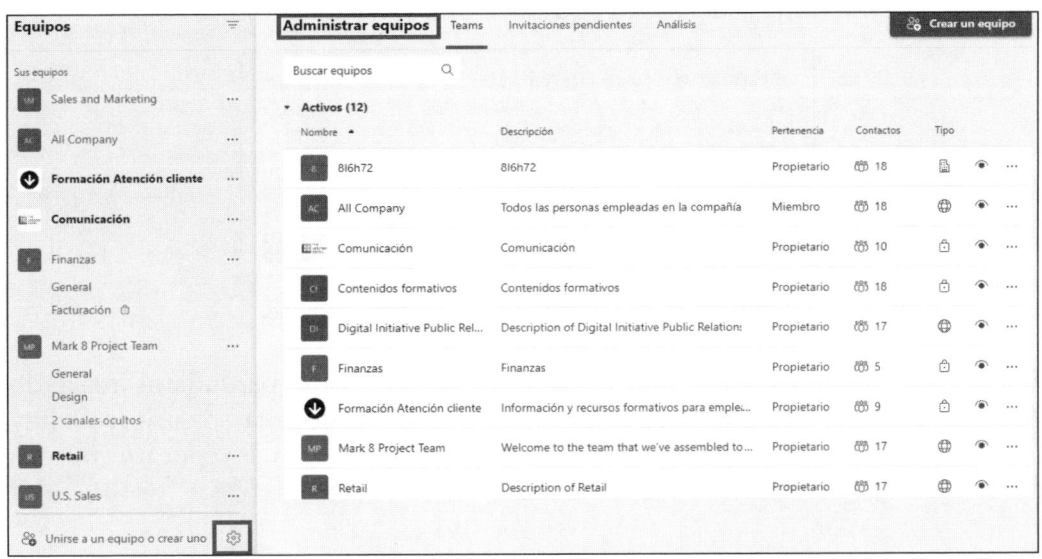

Figura 7.34. Administrar equipos.

En la lista de equipos se puede ver a la derecha el botón **Más opciones** (representado por tres puntos horizontales), hay que seleccionar la opción **Archivar equipo**, como se señala en la figura 7.35.

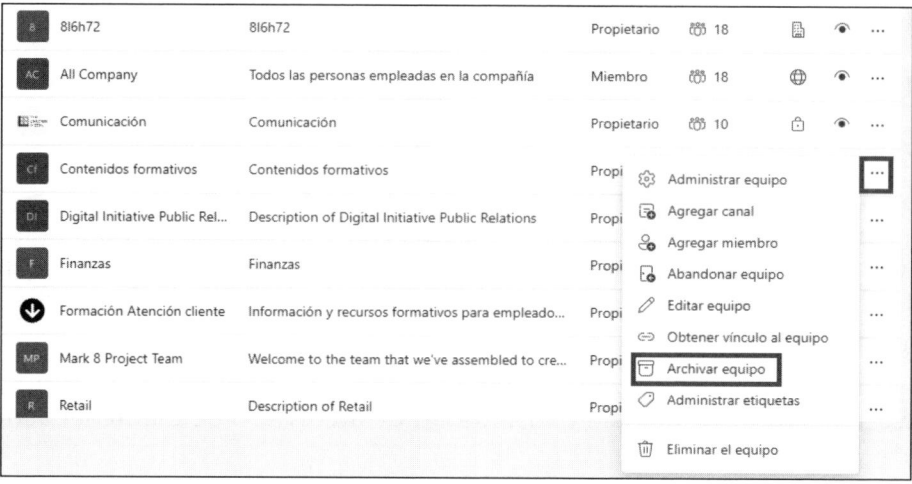

Figura 7.35. Archivar equipo.

Esto hará que aparezca un cuadro de diálogo informando que el equipo quedará inactivo y permitiendo marcar la opción que también mantendrá inactivo el sitio de SharePoint Online asociado al equipo, como se ve en la figura 7.36.

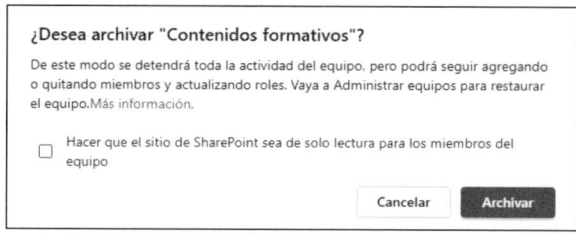

Figura 7.36. Cuadro de diálogo Archivar equipo.

Una vez archivado el equipo, este pasará en esa misma pantalla al apartado **Archivados**. Desde ahí podrás restaurar el equipo cuando sea necesario; solo hay que hacer clic de nuevo en el botón **Más opciones** (representado por tres puntos horizontales) y seleccionar la opción **Restaurar equipo**.

Eliminar un equipo

Si el propietario de un equipo desea eliminarlo, debe ir a la pantalla **Administrar equipo**, como se ha explicado anteriormente, y hacer clic de nuevo en el botón **Más opciones** (representado por tres puntos horizontales) y, en el menú desplegable, seleccionar la opción **Eliminar el equipo**, como se indica en la figura 7.37.

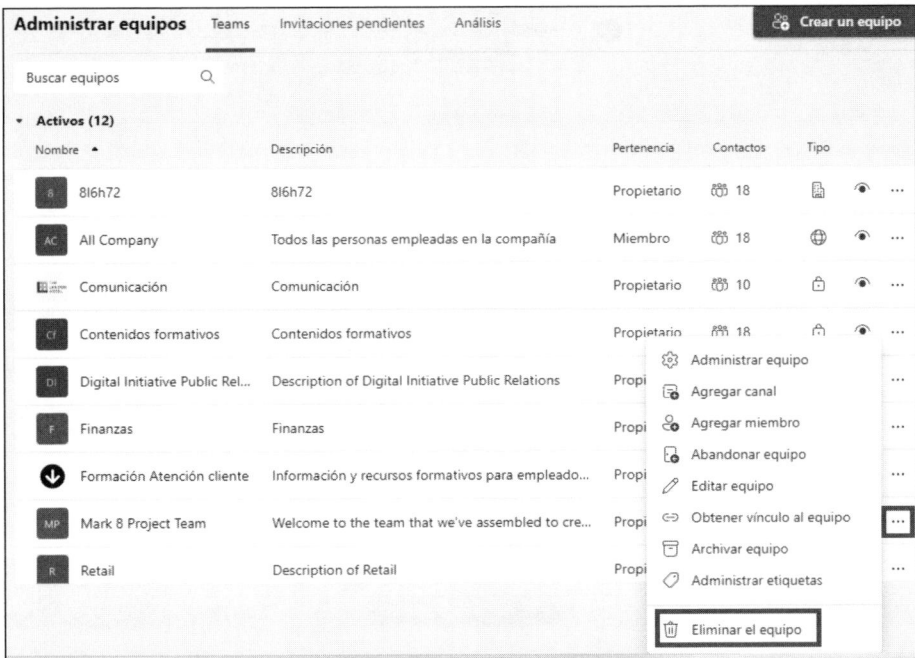

Figura 7.37. Eliminar equipo.

Comunicación en equipos y canales

En Teams, podrás comunicarte con los miembros de tu equipo a través de los canales; vamos a centrarnos en este capítulo en la mejor forma de sacarle partido a esa comunicación.

Como ya sabes, los canales son esos lugares donde se mantienen las conversaciones de equipo, pero también donde se colabora y comparte información.

La pestaña Publicaciones de un canal

Cuando nos situamos en un canal de Teams, a la derecha de la pantalla, veremos varias pestañas, aunque, por defecto, estaremos situados en la pestaña Publicaciones, como se puede ver en la figura 7.38.

En esta pestaña es donde se realizan las publicaciones del canal, donde cada miembro del canal envía mensajes y mantiene conversaciones con otros miembros. Pero en un canal no solo se comparten conversaciones de equipo, también se comparten archivos y aplicaciones.

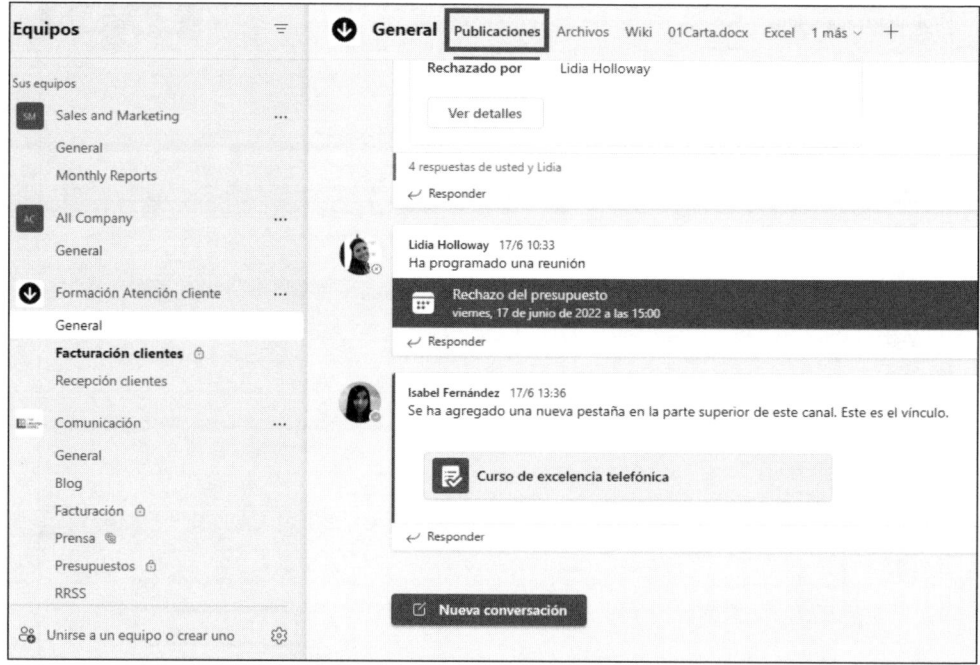

Figura 7.38. Pestaña **Publicaciones** de un canal.

Iniciar una nueva conversación. Buenas prácticas

Para iniciar una nueva conversación en un canal de Teams, haremos clic en el botón **Nueva conversación**, que está situado en la parte inferior de la pestaña **Publicaciones**, como se ve en la figura 7.39.

Esto hará que aparezca un cuadro de texto donde podemos escribir el mensaje que queremos comunicar a nuestros compañeros de canal.

Una buena práctica en Teams consiste en agregar a todas las conversaciones nuevas un asunto, esto invitará al resto de participantes a seguir el hilo de la conversación, contestando a nuestro mensaje en lugar de iniciar uno nuevo.

Es importante mantener ese hilo de conversación para que, a la hora de encontrar un mensaje, podamos localizar también los mensajes relacionados que pertenezcan a la misma conversación, por lo que es muy importante agregar un asunto a una nueva conversación.

Una vez situados en el cuadro de texto del mensaje, en la parte inferior se localiza una barra de herramientas que contiene varios botones. El primer botón, representado por una letra A acompañada de un lápiz, nos permitirá agregar el asunto al mensaje y aplicar formato al texto, como se ve puede ver en la figura 7.40.

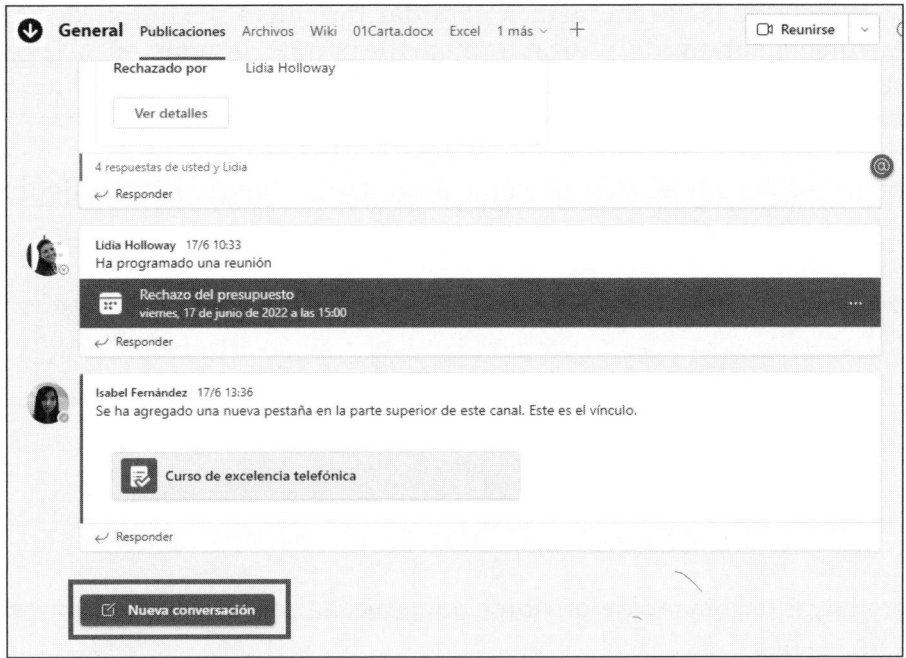

Figura 7.39. Botón **Nueva conversación**.

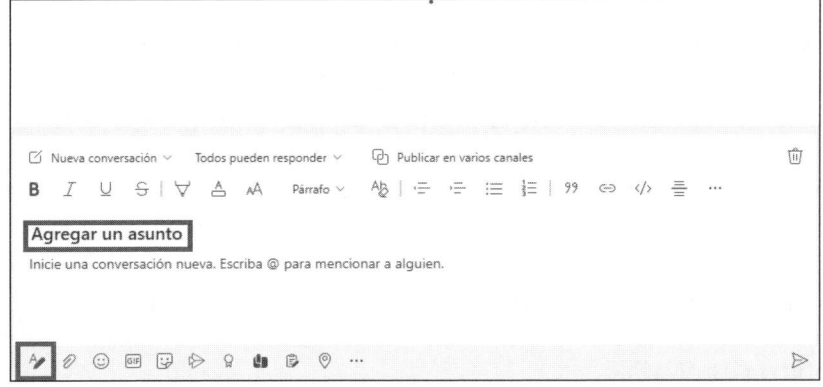

Figura 7.40. Agregar el asunto al mensaje en una nueva conversación.

En el cuadro de texto donde dice **Agregar un asunto**, se debe añadir el motivo de la nueva conversación; el asunto de una conversación de Teams es similar al de un correo electrónico, corto pero que describa perfectamente el motivo del mensaje. Una buena práctica puede ser agregarlo una vez escrito el mensaje, de este modo describirá mejor el contenido de este.

Utiliza el resto de las herramientas para dar formato al texto, puedes aplicar negrita, cursiva, subrayado, utilizar formatos de párrafo, insertar viñetas o incluso una tabla. Si no puedes ver todas las herramientas, haz clic en el botón que aparece al final de la barra, que está representado por tres puntos horizontales, aparecerán más opciones. Aquí encontrarás también los botones para deshacer y rehacer y el botón para marcar un mensaje como importante, como se ve en la figura 7.41.

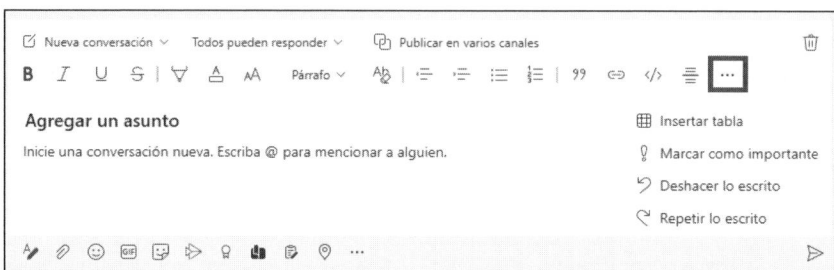

Figura 7.41. Barra formato del mensaje.

Una vez hayas terminado de escribir el mensaje, haz clic en el botón Enviar (con forma de flecha).

Mencionar a personas en una conversación

En el cuerpo de un mensaje puedes mencionar a otras personas para llamar su atención, esta acción recibe el nombre de @mencionar.

@mencionar es similar a darle a alguien un suave toque en el hombro para despertar su atención. Cuando mencionamos a alguien en un mensaje, esa persona recibirá una notificación informándole de que ha sido mencionado. Para mencionar a un miembro del canal, solo hay que escribir el símbolo @ seguido del nombre de esa persona.

En un mensaje también se puede mencionar a todo el canal o incluso a todo el equipo, estas acciones están activadas por defecto, aunque el propietario del equipo podría limitarlas.

Para mencionar a todos los miembros de un canal o al equipo completo, escribiremos el símbolo @ y, a continuación, el nombre del canal o el nombre del equipo.

Después de enviar un mensaje donde se mencione a un canal o a un equipo, todos los miembros reciben una notificación de que han sido mencionados; además, el mensaje queda marcado a la derecha con un símbolo para destacar que ese mensaje contiene una mención de canal o de equipo, como se puede ver en la figura 7.42.

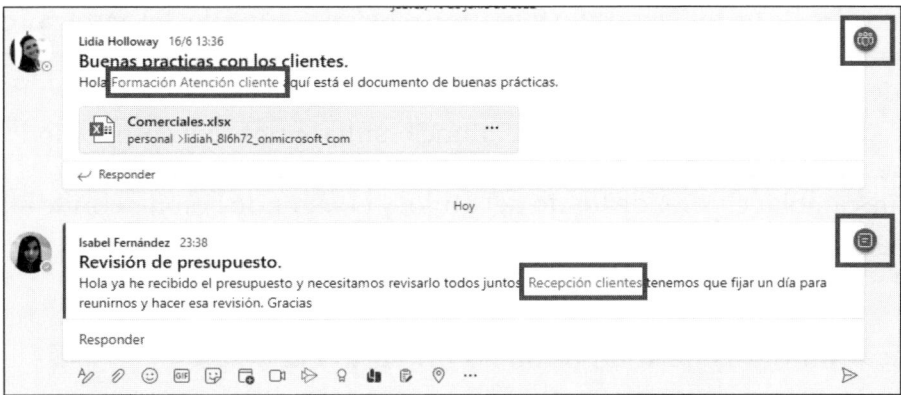

Figura 7.42. Mensajes destacados con una mención de equipo y de canal.

NOTA:

El símbolo representado por unos bustos representa una mención a todo el equipo; el símbolo representado por una hoja significa que se ha mencionado a todo el canal en ese mensaje.

Crear un anuncio

Cuando es necesario que una conversación destaque sobre el resto de las conversaciones podemos crear un anuncio. Para crear un anuncio, haremos clic en el botón **Nueva conversación**; a continuación, en la barra de herramientas inferior, haremos clic en el icono de la letra A con un lápiz. En la parte superior derecha, en el menú desplegable **Nueva conversación**, haremos clic, y seleccionaremos **Anuncio**, como se puede ver en la figura 7.43.

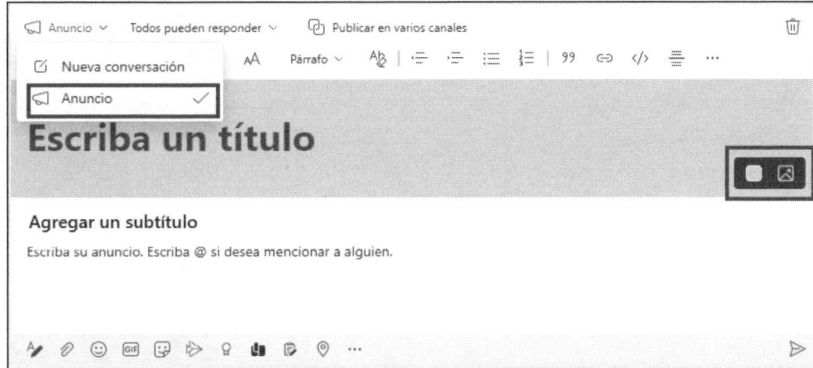

Figura 7.43. Nuevo anuncio.

En el cuadro de texto **Escriba un título**, introducimos el título del anuncio; opcionalmente, se puede agregar un subtítulo y, a continuación, agregaremos el contenido del mensaje. Es posible usar menciones si es necesario.

Se puede modificar el aspecto del anuncio si hacemos clic en uno de los dos botones que aparecen en la parte inferior derecha del título. El primer botón permite cambiar el color de fondo del título, y el segundo botón permite insertar una imagen de fondo para el título. Esto puede hacer que el anuncio destaque aún más si cabe.

Publicar un mensaje o un anuncio en varios canales

Es posible realizar una publicación, ya sea un mensaje o un anuncio, en varios canales a la vez, esto permite un ahorro de tiempo y de trabajo.

Para publicar en varios canales a la vez, haz clic en el botón **Publicar en varios canales**, que se encuentra en la parte superior del mensaje. Al hacer clic, aparece el botón **Seleccionar canales**. Al hacer clic en este botón, se muestra en pantalla un cuadro de diálogo donde podemos ver todos los equipos y los canales que contienen esos equipos, como se muestra en la figura 7.44.

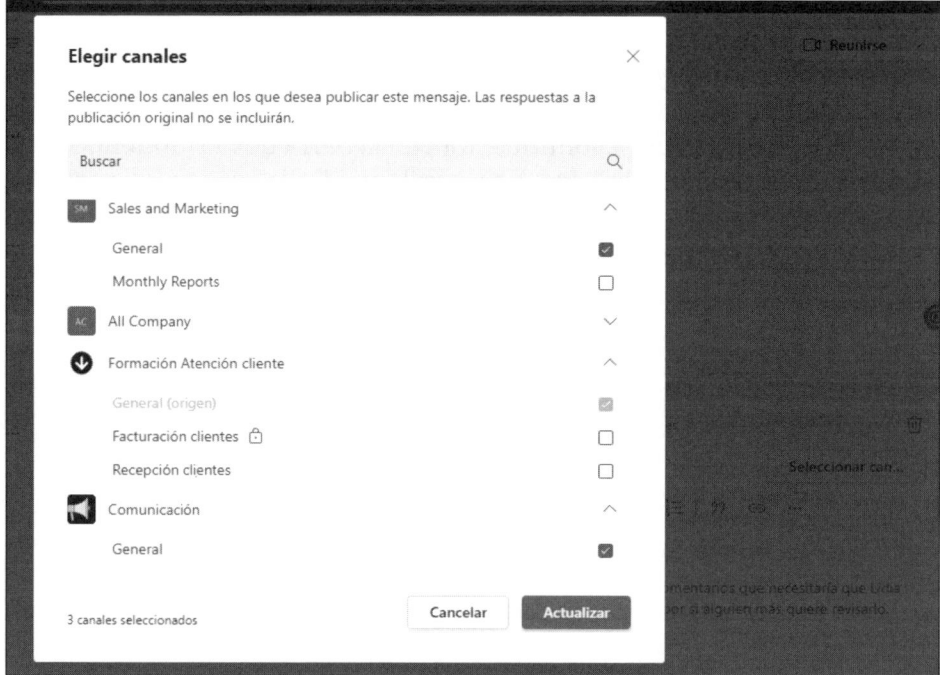

Figura 7.44. Elegir canales.

Si no puedes ver todos los canales, haz clic en la flecha que aparece a la derecha del nombre del equipo para que se despliegue. Ahora solo hay que marcar los canales donde se necesita publicar el mensaje o anuncio y, a continuación, hacer clic en el botón Actualizar.

Responder a un mensaje

Una buena práctica en el uso de Teams es mantener el hilo de las conversaciones. Si ya hay un mensaje que trata un tema concreto, no deberemos de iniciar un nuevo mensaje con ese mismo tema, deberemos de mantener el hilo de la conversación. Esto se consigue respondiendo al primer mensaje o a uno de los que ya han respondido. Cada mensaje publicado contiene en la parte inferior el vínculo responder, solo hay que hacer clic en él y escribir el texto de la respuesta.

En una respuesta se pueden utilizar menciones si es necesario y se puede aplicar formato al texto, solo hay que hacer clic en el botón representado por la letra A mayúscula acompañada de un lápiz, como se ve en la figura 7.45.

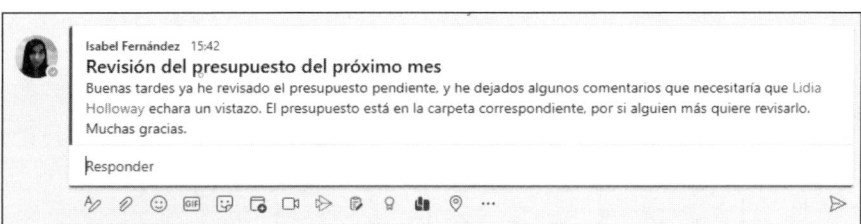

Figura 7.45. Responder a un mensaje.

Responder a un mensaje con una reacción

Cuando queremos responder a un mensaje de una forma rápida, podemos utilizar las reacciones, es decir, el lenguaje no verbal.

Las reacciones permiten a través del uso de emojis comunicar un sentimiento sin necesidad de tener que escribir. En la parte superior derecha de cada mensaje publicado, al pasar el ratón, se pueden ver las reacciones. Haz clic en el emoji que representa mejor lo que quieres comunicar, como se puede ver en la figura 7.46.

Agregar a la conversación emojis, adhesivos y GIF animados

En el cuerpo de un mensaje puedes utilizar emojis, adhesivos y GIF animados para hacer más desenfadada la conversación, para añadirle un toque divertido y para comunicar un sentimiento a través del lenguaje no verbal.

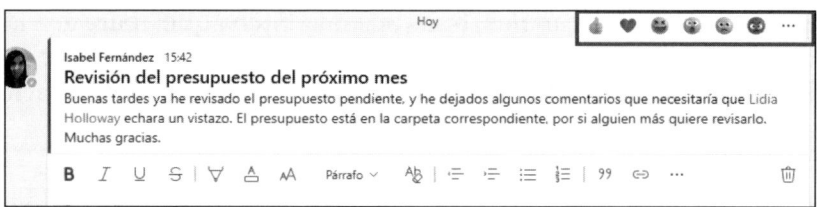

Figura 7.46. Reaccionar a un mensaje.

En la barra de herramientas de la parte inferior del cuerpo del mensaje, se localizan los botones que nos permiten insertar este tipo de contenido. El tercer botón de la barra de herramientas comenzando por la izquierda permite incorporar emojis al mensaje. En el menú de emojis es posible cambiar de categoría en la parte inferior para localizar el que sea necesario; también es posible introducir una palabra clave de búsqueda en el cuadro de texto Encuentre algo divertido.

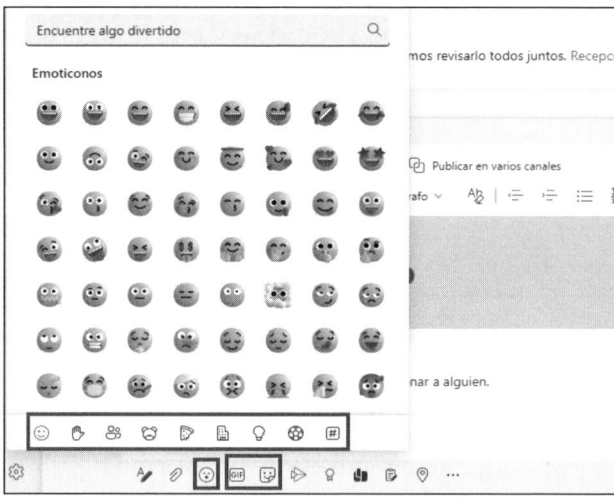

Figura 7.47. Agregar material divertido al cuerpo de un mensaje.

Los dos botones que se encuentran a la derecha del botón para incorporar emojis permiten agregar GIF animados y adhesivos; al hacer clic en estos botones, se puede incorporar este tipo de material divertido al cuerpo del mensaje.

Editar o eliminar un mensaje publicado

Una vez enviado un mensaje al canal, la persona que lo ha enviado puede editarlo o eliminarlo. Para editar un mensaje, se debe hacer clic en la parte superior derecha de este, en el botón Más opciones, representado por tres puntos, y seleccionar la opción **Editar**, como se señala en la figura 7.48. Una vez realizados los cambios necesarios, veremos, en la parte inferior derecha del mensaje, un botón para aceptar los cambios y otro botón para cancelarlos, como se puede ver en la figura 7.49.

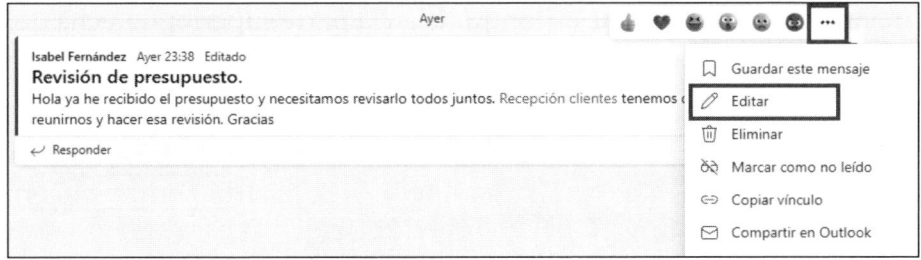

Figura 7.48. Editar un mensaje.

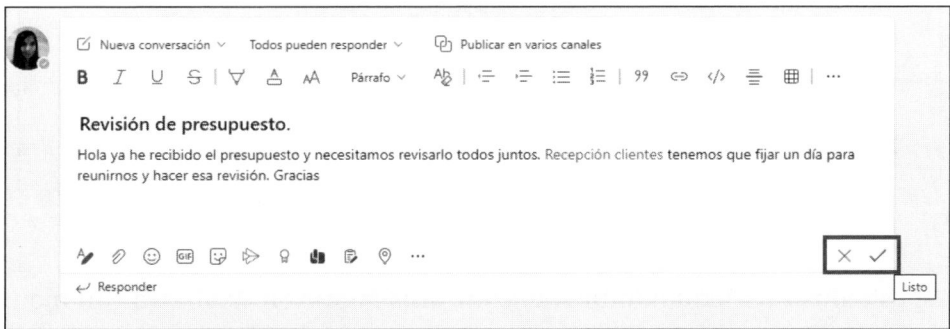

Figura 7.49. Botones para aceptar o cancelar edición.

Si se ha enviado un mensaje a un canal por equivocación, la persona que lo ha enviado puede eliminarlo. Solo hay que hacer clic en la parte superior derecha del mensaje, en el botón **Más opciones**, representado por tres puntos, y seleccionar la opción **Eliminar**, como se indica en la figura 7.50.

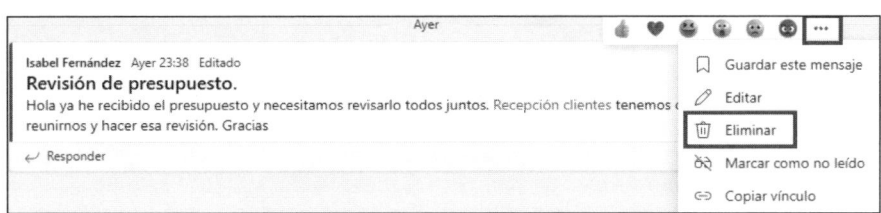

Figura 7.50. Eliminar mensaje.

Guardar un mensaje o marcarlo como no leído

En los canales, lo normal es que haya muchas publicaciones y que no te dé tiempo a revisarlas todas y contestar a las que necesites; por eso, existe la opción de guardar un mensaje para consultarlo más tarde.

En el menú Más opciones, que encontrarás en la parte superior derecha de cada mensaje, haz clic en la opción Guardar este mensaje, como se puede ver en la figura 7.51.

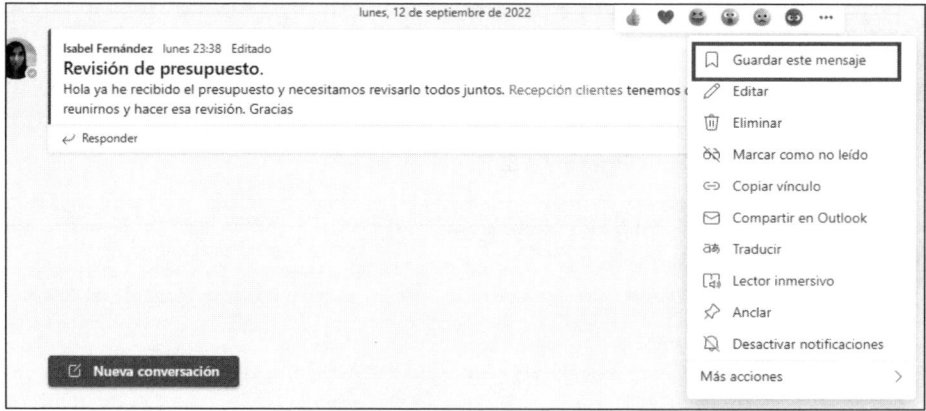

Figura 7.51. Guardar mensaje.

Desde este mismo menú, también encontrarás la opción de marcar un mensaje como no leído.

Para revisar tus mensajes guardados, hay que hacer clic en la foto de perfil en la parte superior derecha de Microsoft Teams y seleccionar la opción Guardado, como se indica en la figura 7.52.

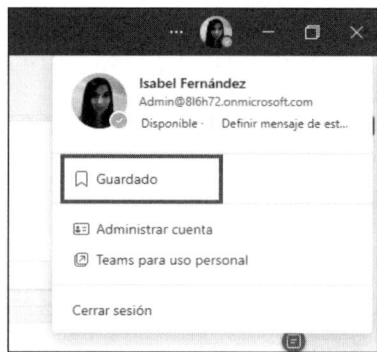

Figura 7.52. Opción Guardado.

Esto te llevará a una pantalla donde podrás ver todos los mensajes que hayas guardado para revisar. Cuando termines de revisar un mensaje, haz clic en el icono en forma de marcador para quitarlo de la lista.

Otras opciones para mensajes

Desde el menú de opciones de un mensaje, puedes realizar varias acciones como **Anclar**, que permite fijar el mensaje para todos los miembros del canal. En el caso de que sea necesario compartir un mensaje de un canal a través del correo electrónico de Outlook, solo hay que seleccionar la opción **Compartir en Outlook**.

Si algún usuario del canal publica un mensaje en un idioma que no dominas, puedes traducirlo a través de la opción **Traducir**. Todas estas opciones aparecen en la figura 7.53.

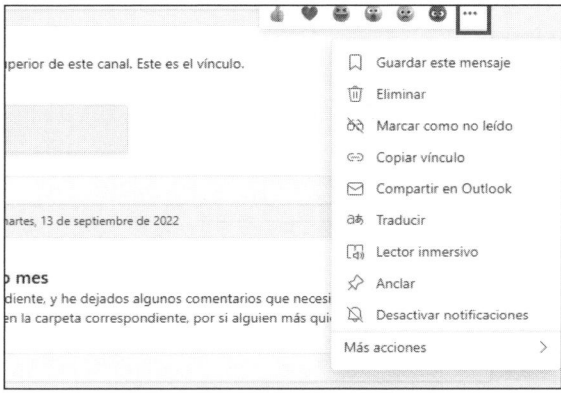

Figura 7.53. Opciones de mensajes.

Comunicación a través de *apps* en una conversación

En Teams, no solo podemos añadir texto a un mensaje, también gracias a las *apps* o aplicaciones podemos compartir otros tipos de información.

Desde Teams puedes utilizar aplicaciones de Microsoft y también de otros proveedores de servicios con los que Microsoft tiene un acuerdo de uso. En algunas aplicaciones se deberá de iniciar sesión para poder utilizarlas.

Cuando vas a iniciar una conversación en un canal de Teams o cuando vas a responder a un mensaje, puedes acceder desde la barra de herramientas a las aplicaciones y enviar información al canal a través de ellas.

Enviar un sondeo a un canal

Es posible que se necesite conocer la opinión de los miembros de un canal sobre un tema; en ese caso, se podría enviar un sondeo a través de la aplicación Microsoft Forms en un mensaje de un canal.

Al hacer clic en el botón Nueva conversación en las herramientas que aparecen en la parte inferior del cuadro de texto, haremos clic en el botón Extensiones de mensajería (representado por tres puntos), esto abre un cuadro donde podemos ver las aplicaciones recientemente utilizadas y podemos buscar otras en el cuadro de búsqueda.

Escribimos en el cuadro de búsqueda **Forms** y vemos cómo aparece la aplicación, como se puede ver en la figura 7.54.

Figura 7.54. Extensiones de mensajería.

Esta aplicación nos permitirá crear el sondeo.

Al hacer clic en Forms, se abre un cuadro de diálogo donde debemos de introducir primero el texto que corresponde a la pregunta y, a continuación, las distintas respuestas para que los miembros del canal seleccionen una de ellas, como se ve en la figura 7.55.

Si la pregunta da la posibilidad de seleccionar varias respuestas, haz clic en el botón Varias selecciones. Si quieres que la encuesta no sea anónima, es decir, necesitas conocer qué ha respondido cada usuario que la rellena, tendrás que marcar la casilla Registrar nombres de encuestados.

Figura 7.55. Forms para crear el sondeo.

NOTA:

Si se marca esta opción solo la persona que envía la encuesta puede conocer la identidad de los participantes y lo que han respondido.

Si dejas marcada la opción Compartir los resultados agregados con los encuestados, los resultados se enviarán al canal, y cada vez que una persona responda se actualizará el resultado. Solo se ven los resultados, pero los miembros del canal no conocen quien ha respondido y qué ha respondido, solo la persona que envía el sondeo.

Una vez que hayas terminado de crear el sondeo, haz clic en Vista previa para visualizar, antes de enviar, cómo quedará finalmente. Si la vista previa es correcta, se puede hacer clic en el botón Enviar para lanzar la encuesta al canal. Si es necesario modificar algo, se puede hacer clic en el botón Editar.

Visualizar los resultados de un sondeo

Cuando se envía un sondeo a un canal de Teams y los miembros comienzan a responder, todos los miembros del canal pueden visualizar los resultados, como se ve en la figura 7.56.

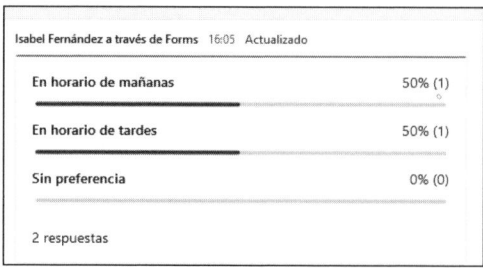

Figura 7.56. Resultados del sondeo.

En estos resultados, vemos las estadísticas de las votaciones, pero no sabemos lo que ha votado cada persona. Si el sondeo se hubiera marcado como no anónimo, solo el miembro del canal que envío el sondeo conoce exactamente lo que ha votado cada persona.

Si deseas ver la respuesta de los encuestados, debes abrir la aplicación Microsoft Forms y acceder al formulario haciendo clic en el vínculo **Todos los formularios**. Después de hacer clic en el formulario, en la pestaña **Respuestas** verás el botón **Ver resultados**, ahí podrás ver qué ha votado cada persona, como se muestra en la figura 7.57.

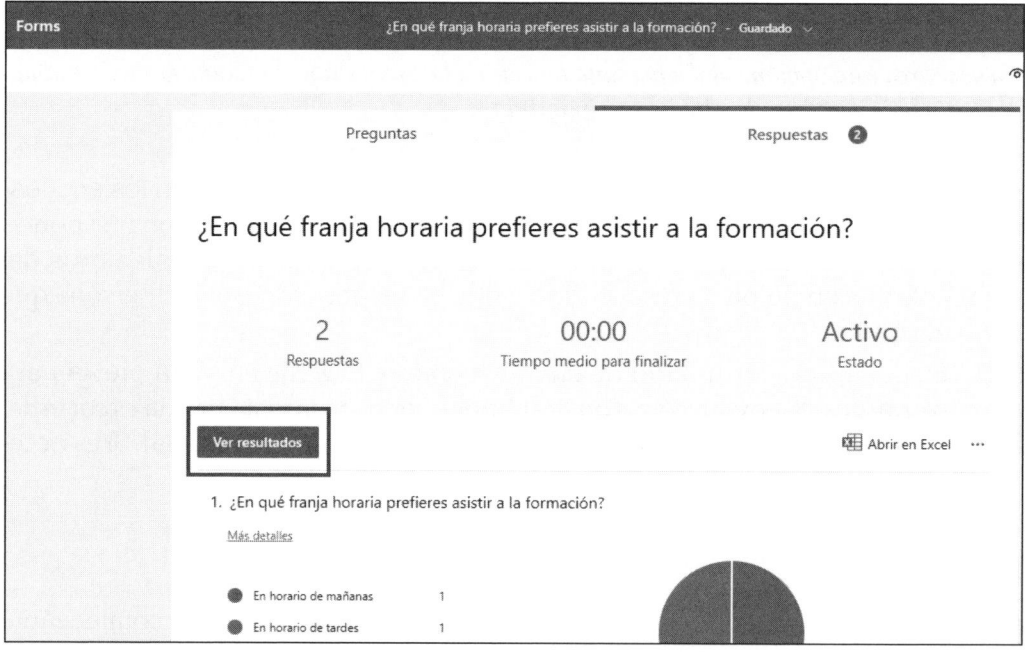

Figura 7.57. Resultados del sondeo.

Enviar un elogio

Un elogio es un reconocimiento que se puede enviar a uno o varios compañeros del canal. Se puede enviar un elogio haciendo clic en el botón **Nueva conversación** o también se puede responder con un elogio a una conversación ya iniciada.

Localizamos el botón **Elogio** en la barra de herramientas inferior al cuadro donde irá el texto del mensaje, como se puede ver en la figura 7.58.

Figura 7.58. Botón **Elogio**.

Al hacer clic, aparece el cuadro de diálogo **Elogio**, aquí deberemos elegir primero, de la lista **Distintivo**, qué tipo de elogio queremos enviar.

A continuación, escribimos opcionalmente un texto que se incluirá junto con el elogio y, por último, a la derecha, en el cuadro de texto que está situado bajo **Para**, agregaremos al usuario o usuarios que queremos elogiar, como se muestra en la figura 7.59.

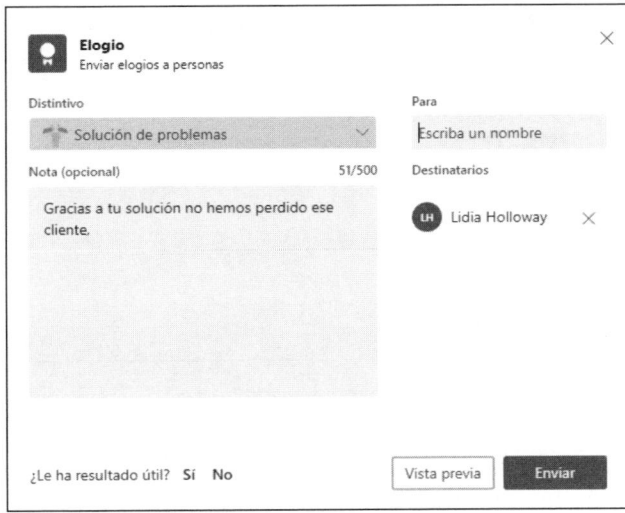

Figura 7.59. Enviar elogio.

Por último, solo hay que hacer clic en el botón **Enviar**. La persona o personas que han sido elogiadas recibirán una notificación y todos los miembros del canal conocerán esta mención.

Enviar una solicitud de aprobación

Desde Microsoft Teams se pueden realizar solicitudes de aprobación; si se solicitan en un canal, todos los miembros del canal conocerán el estado de la solicitud.

Para realizar una solicitud de aprobación, haremos clic en el botón Extensiones de mensajería en una nueva conversación del canal. Escribimos **Aprobaciones** en el cuadro de búsqueda, aparecerá la aplicación en la búsqueda, solo hay que hacer clic en ella.

En el cuadro de diálogo que aparece, podemos crear una nueva aprobación. Podemos seleccionar crear una aprobación básica o tomar una plantilla, también puedes crear nuevas solicitudes de aprobación a través de otros proveedores de servicios, como se puede ver en la figura 7.60.

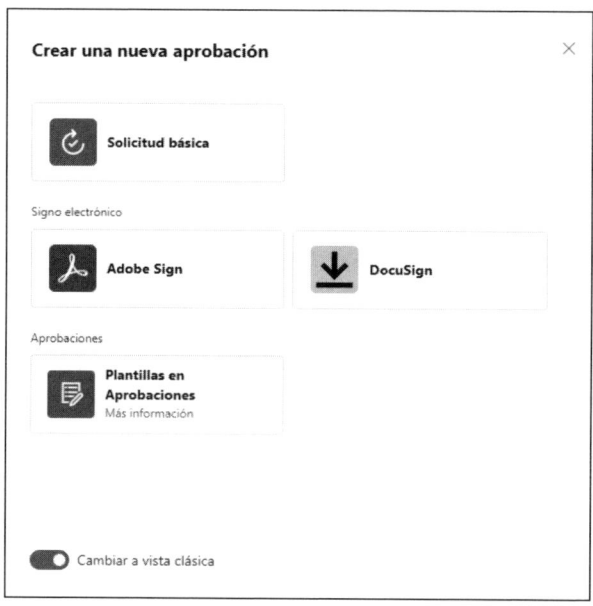

Figura 7.60. Crear una nueva solicitud de aprobación.

Al hacer clic en el botón Solicitud básica, aparecerá un cuadro de diálogo para rellenar los datos de la solicitud. Comienza agregando un título que tenga que ver con la solicitud de aprobación que vas a enviar; a continuación, escribe el nombre de la persona o personas que deban aprobar tu solicitud, si son varias personas puedes solicitar una respuesta de todos los aprobadores; para ello, activa el botón correspondiente que aparece justo debajo de los nombres. Puedes añadir algunos detalles o notas en el cuadro de texto Detalles adicionales. En el caso de que se necesite enviar junto con la solicitud archivos adjuntos, se debe hacer clic en el vínculo **Agregar datos adjuntos**. Por último, haremos clic en el botón **Enviar**.

La solicitud llega como un mensaje al canal y todos los miembros pueden ver su estado. Inicialmente y hasta que el aprobador o aprobadores den una respuesta, aparecerá en el canal como solicitado.

La persona o personas encargadas de revisar la solicitud de aprobación reciben una notificación en Teams y también en el correo electrónico. Una vez aprueben o rechacen la solicitud, esta respuesta llegará al canal y todos los miembros podrán ver la actualización del estado de esta, como se ve en la figura 7.61.

Figura 7.61. Resultado de una solicitud de aprobación en un canal de Teams.

La persona que hizo la solicitud recibirá una notificación en Teams con el resultado de la solicitud.

Enviar una ubicación en un mensaje

Otra información que puedes enviar a un canal es una ubicación. En la barra de herramientas del mensaje, tanto si es una nueva conversación como si respondes a una existente, encontrarás el botón **Ubicación**, como se puede ver en la figura 7.62.

La primera vez que hagas clic en el botón **Ubicación** se te solicitará acceder a la configuración y dar permiso a la aplicación para el uso de esta característica. Después de confirmada la ubicación, podrás introducir en el cuadro de búsqueda la dirección del lugar que necesitas localizar.

Se mostrará un mapa. Si la ubicación es correcta, ya puedes hacer clic en **Enviar**. Los miembros del canal verán ese mapa y podrán hacer clic en el botón **Indicaciones** para ver cómo llegar a ese lugar, como se muestra en la figura 7.63.

Figura 7.62. Botón **Ubicación**.

Figura 7.63. Ubicación enviada al canal.

La pestaña Archivos del canal

Los archivos que se comparten en un equipo de Teams se almacenan en una carpeta en el sitio de SharePoint del equipo, en una carpeta con el nombre del canal. Desde la pestaña Archivos del canal podemos acceder a todos los archivos que se envíen en las conversaciones del canal o que se suban directamente a la pestaña Archivos, como se ve en la figura 7.64.

Antes de ver todas las funcionalidades que proporciona la pestaña Archivos, vamos a ver cómo compartir un archivo en un mensaje de un canal.

Enviar un adjunto en un mensaje de un canal

Una de las principales ventajas que nos proporciona el hecho de almacenar los archivos en la nube es que podemos compartirlos fácilmente con otros miembros del equipo. Compartir archivos supone que las personas que tengan acceso puedan trabajar sobre el mismo documento a la vez y en tiempo real, es lo que se conoce como trabajar en coautoría de documentos.

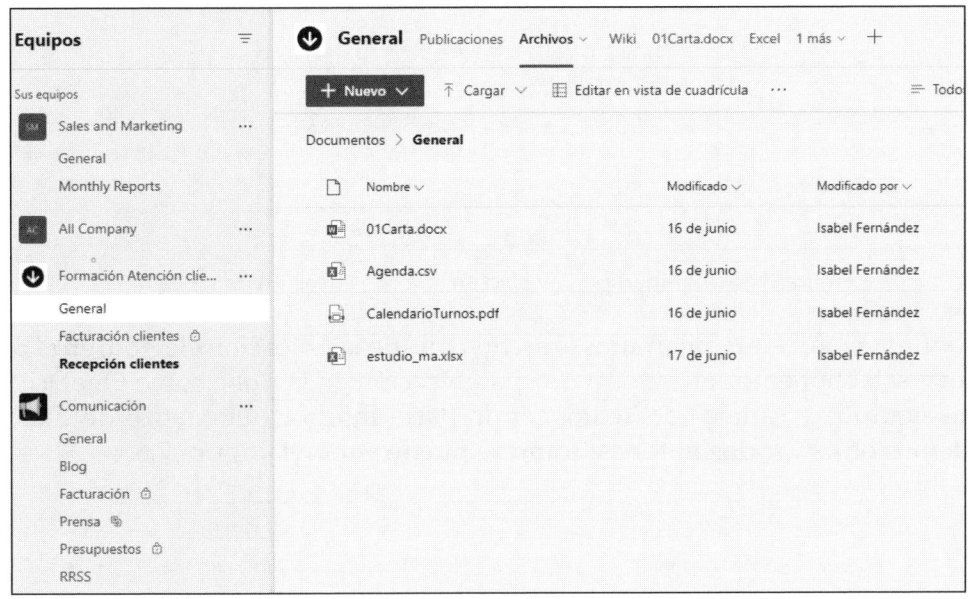

Figura 7.64. Pestaña **Archivos** de un canal.

Compartir archivos en lugar enviarlos adjuntos por correo electrónico supone liberar de gran cantidad de peso nuestros buzones de correo y nos proporciona la ventaja de trabajar sobre el mismo archivo, sin necesidad de tener varias copias de este. Cuando adjuntamos un archivo a un mensaje en un canal de Microsoft Teams, automáticamente ese archivo se comparte y todos los miembros del canal tienen acceso al archivo.

En un canal estándar de Teams, es posible compartir un archivo que se encuentre en modo local en nuestro equipo, almacenado en la nube de OneDrive, o que ya se haya compartido en un equipo o canal de Teams con anterioridad. Una vez seleccionado el archivo, al hacer clic en el botón **Enviar**, inmediatamente el archivo sube al sitio SharePoint del equipo y se guarda en una carpeta con el mismo nombre que el canal.

Al archivo se puede acceder desde el mensaje enviado al canal, pero también permanecerá siempre accesible desde la pestaña **Archivos** del canal.

Para compartir un archivo con los miembros del canal hay que hacer clic en el botón con forma de clip **Adjuntar**, que se localiza en la barra de herramientas del mensaje, como se puede ver en la figura 7.65. Al hacer clic en el botón **Adjuntar**, nos aparece un menú para seleccionar el archivo desde distintas ubicaciones, de los archivos recientemente utilizados, de nuestro dispositivo, de la nube de OneDrive o de otros equipos y canales donde ya se haya compartido.

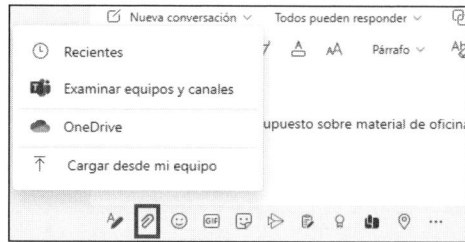

Figura 7.65. Compartir un archivo en una conversación de un canal.

A continuación, seleccionaremos el archivo desde la ubicación elegida; en el caso de que seleccionemos el archivo de una ubicación en la nube como OneDrive u otros equipos y canales de Teams, en la parte inferior del cuadro de diálogo podemos observar dos botones, como se puede ver en la figura 7.66:

Figura 7.66. Adjuntar archivo.

- **Cargar una copia:** Nos permitirá compartir una copia del archivo original, manteniendo el original intacto.

- **Compartir un vínculo:** Al hacer clic en este botón se compartirá el archivo original con los miembros del canal.

Por último, solo queda enviar el mensaje. Los miembros del canal podrán acceder al archivo desde el propio mensaje haciendo clic en él. También podrán acceder desde la pestaña Archivos del canal.

Subir archivos y carpetas a la pestaña Archivos del canal

Además de compartir archivos desde un mensaje, los miembros del canal pueden subir archivos y carpetas a la pestaña Archivos del canal y ponerlos a disposición de todos los miembros.

Hay varias formas de subir archivos y carpetas a la pestaña Archivos. Se pueden arrastrar directamente desde el Explorador de archivos o es posible hacer clic en el botón Cargar que localizamos en la barra de herramientas, se despliega un menú de opciones donde podemos elegir entre subir archivos o carpetas, como se puede ver en la figura 7.67.

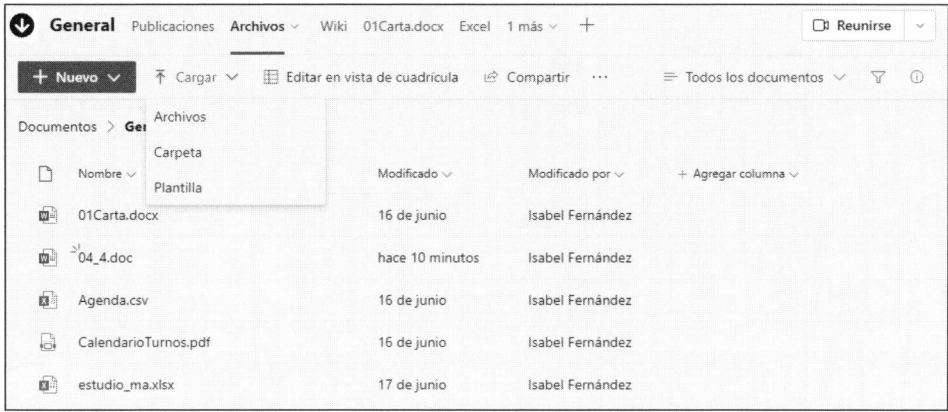

Figura 7.67. Subir archivos y carpetas al canal.

Desde el cuadro de diálogo Subir archivos es posible subir varios archivos a la vez, solo manteniendo la tecla **Control** pulsada mientras hacemos clic en cada uno de los archivos que necesitemos subir.

Desde la pestaña Archivos podemos ver la lista de archivos y carpetas que se encuentran en el canal a disposición de todos sus miembros. Se puede observar en la lista de archivos y carpetas dos columnas junto al nombre del archivo que contienen la fecha de la última modificación y el nombre de la persona que la ha realizado.

Otras opciones para trabajar con archivos

Como ya hemos comentado, los archivos que podemos ver en la pestaña Archivos del canal realmente se encuentran almacenados en el sitio de SharePoint del equipo, en concreto, en una carpeta con el mismo nombre que el canal, pero no es necesario ir al sitio de SharePoint para realizar algunas tareas con los archivos. Desde el menú Más opciones de la barra de herramientas, podemos realizar numerosas tareas, solo hay que seleccionar el archivo o archivos previamente haciendo clic a la izquierda del nombre del archivo. Veamos las opciones más importantes que encontramos en este menú al seleccionar un archivo, como se ve en la figura 7.68.

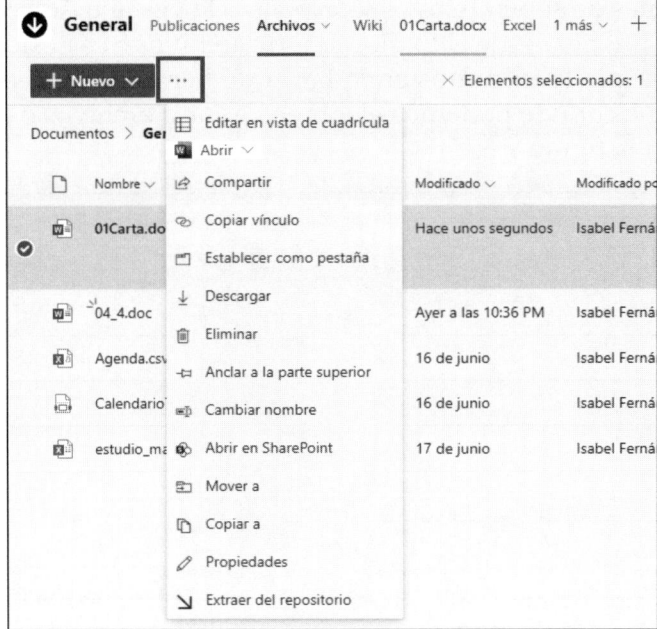

Figura 7.68. Opciones de archivo.

- **Abrir:** Permite elegir entre tres opciones para abrir el archivo seleccionado:

  - **Editar en Teams:** Es la opción predeterminada, permite abrir el archivo directamente en Microsoft Teams, es decir, sin salir de la aplicación.

  - **Abrir en el explorador:** Permite abrir el archivo en el navegador predeterminado en la aplicación *online* correspondiente al tipo de archivo que sea seleccionado.

  - **Abrir en la aplicación:** Permite abrir el archivo en la aplicación de escritorio correspondiente al archivo seleccionado.

  La última opción permite cambiar el valor predeterminado, que por defecto es que los archivos se abran directamente en Microsoft Teams, permitiéndonos abrirlos a partir de ese momento siempre en la aplicación de escritorio o en el explorador según la opción elegida.

- **Compartir:** Permite compartir el archivo con otras personas. Al hacer clic en esta opción aparece un cuadro de diálogo **Configuración de vínculos**, que nos permite seleccionar cómo y con quién compartir el archivo. Lo primero es seleccionar quién puede acceder al archivo; para ello, hay que hacer clic en la lista y seleccionar entre varias opciones:

- **Cualquier persona que tenga el vínculo:** Cualquier persona, sea o no de la organización, podrá acceder al archivo.

- **Usuarios de la organización que tengan el vínculo:** Cualquier persona de la organización podrá acceder al archivo.

- **Personas que tienen acceso:** Solo las personas que ya tienen acceso al archivo podrán acceder a él a través de este vínculo.

- **Personas determinadas:** Solo las personas que agreguemos tendrán acceso al archivo, además de todas las personas que anteriormente ya lo tuvieran. Debemos añadir sus nombres o direcciones de correo electrónico en el cuadro de diálogo una vez seleccionada esta opción.

Una vez elegida la opción correspondiente, decidiremos qué acceso se permite al archivo. Podemos elegir entre tres opciones, como se ve en la figura 7.69:

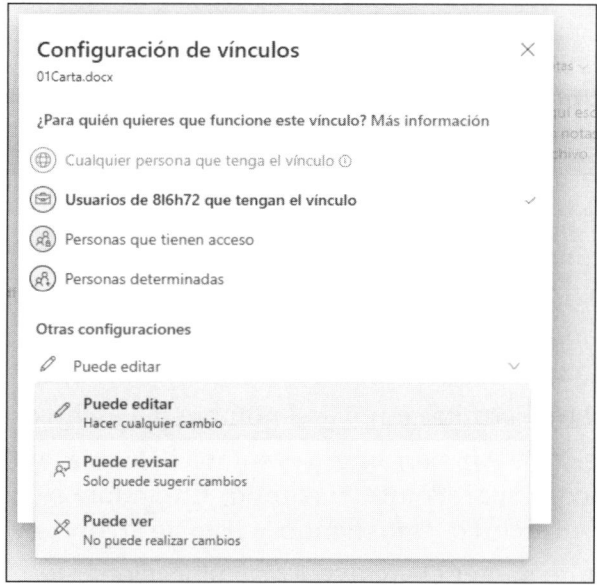

Figura 7.69. Configuración de vínculos.

- **Puede editar:** El archivo puede ser modificado por las personas que tengan acceso.

- **Puede revisar:** Las personas que tengan acceso al archivo podrán agregar sugerencias y comentarios o responder a comentarios de otras personas, pero no podrán hacer modificaciones en el archivo ni aceptar o rechazar sugerencias de otras personas.

- **Puede ver:** El archivo es de solo lectura, no admite cambios ni tampoco comentarios ni sugerencias. En el caso de que se seleccione la opción **Puede ver** se podrá bloquear la descarga activando el botón **Bloquear la descarga**.

Después de elegir con quién compartir el archivo y cómo, haremos clic en el botón **Aplicar**.

- **Copiar vínculo:** Hay dos formas de compartir el archivo. Una es enviando el vínculo por correo electrónico, haciendo clic en el cuadro de texto **Mensaje**, se puede añadir opcionalmente un mensaje para acompañar al vínculo y, a continuación hay que hacer clic en el botón **Enviar**. Otra forma de compartir el vínculo es copiándolo al portapapeles haciendo clic en el botón **Copiar** y pegándolo después en cualquier lugar donde la persona o personas con las que queremos compartir el archivo puedan acceder a ese vínculo. Encontramos esta misma opción directamente en el menú de opciones para acceder a ella más rápidamente.

- **Establecer como pestaña:** Coloca el archivo en una pestaña de canal, donde todos los miembros del canal pueden acceder directamente al archivo sin salir de Microsoft Teams.

- **Descargar:** Permite obtener una copia del archivo que se guardará en la carpeta de descargas del sistema operativo.

- **Eliminar:** Elimina el archivo de la pestaña **Archivos** y también del sitio de SharePoint enviándolo a la papelera.

- **Anclar a la parte superior:** Fija el archivo a la parte superior de la lista de archivos para facilitar el acceso.

- **Cambiar nombre:** Permite cambiar el nombre del archivo.

- **Abrir en SharePoint:** Abre una nueva ventana del navegador donde se puede acceder al sitio de SharePoint del equipo, situándonos en la carpeta donde está guardado el archivo y mostrando la lista de archivos y carpetas del sitio.

- **Mover a:** Permite mover el archivo a otra ubicación.

- **Copiar a:** Permite copiar el archivo a otra ubicación.

- **Propiedades:** Nos muestra la información del archivo en una única pantalla.

- **Extraer del repositorio:** Entendemos por repositorio un almacén donde se encuentran los archivos. Cuando un archivo se extrae del repositorio, se marca como extraído y su edición por parte de otras personas se bloquea. Una vez se haya terminado de modificar el archivo, se puede volver a agregar al repositorio, haciendo clic en la opción **Insertar en el repositorio**. Es posible añadir un comentario que describa los cambios que se han realizado en esta versión.

Las notificaciones en Teams. La fuente de actividad

Durante tu trabajo con Microsoft Teams, recibirás numerosas notificaciones; por eso, es importante que conozcas qué notificaciones te llegarán de forma automática, y cuáles no. Es necesario aprender a activar o desactivar las notificaciones según interese en cada momento y a configurar todas las características que tienen que ver con ellas.

En Microsoft Teams, la actividad es el lugar de la aplicación donde se reciben las notificaciones de lo que ha ido sucediendo en los canales y donde se mantienen guardadas con el objetivo de que se puedan consultar cuando sea necesario.

La Actividad en Teams se representa por el icono de una campana, se localiza en el panel izquierdo de navegación de aplicaciones en Teams. Si hay alguna notificación pendiente que no se ha revisado, aparecerá un número encima de la campana que indica el número de notificaciones nuevas que hay sin revisar, como se muestra en la figura 7.70.

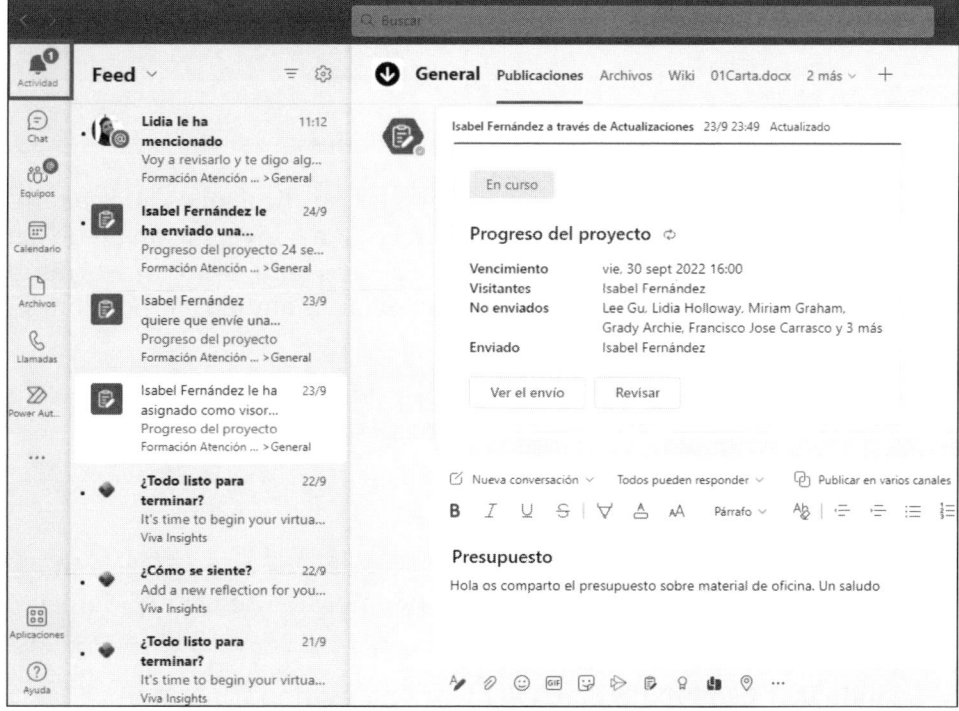

Figura 7.70. La actividad en Microsoft Teams.

Exploración de la Actividad en Teams

Al hacer clic en el botón **Actividad**, podemos ver un panel que muestra el histórico de todas las notificaciones recibidas; destacan las notificaciones que no han sido leídas, que aparecen en negrita para distinguirlas más fácilmente. Estas notificaciones aparecen en la fuente durante 30 días, después expiran y desaparecen.

En la parte superior del panel de actividad, localizamos una lista desplegable. Al hacer clic sobre ella, observamos que contiene dos elementos: Feed y Mi actividad, como se puede ver en la figura 7.71.

Figura 7.71. Feed y Mi actividad.

Veamos en detalle cada una de estas funcionalidades:

- **Feed** (fuente): Es el lugar donde se reciben las notificaciones que se refieren a nosotros, por ejemplo, si nos mencionan en una conversación de un canal, si nos responden o reaccionan a un mensaje enviado, entre otras. También aquí recibiremos notificaciones que nos enviarán algunas aplicaciones con las que estamos trabajando.

- **Mi actividad**: Aquí se encuentra el histórico de la actividad que hemos realizado en los canales, es decir, de los mensajes que hemos enviado.

Simbología de las notificaciones

Vamos a comenzar por conocer en detalle los símbolos que aparecerán en las notificaciones que recibimos en Teams, así podemos identificar rápidamente de qué tipo de notificación se trata:

@   Cuando un miembro del canal te menciona usando @mención.

↵   Cuando alguien responde a una de tus publicaciones.

☺ Cuando alguien reacciona a una de tus publicaciones.

☎ Aviso de llamada perdida en Teams.

⚏ Mención para todo un equipo del que formas parte.

▣ Mención para todos los miembros de un canal del que formas parte.

⚎ Aviso de que te han agregado a un equipo.

⌨ Aviso de mensaje de voz en el buzón de voz de Teams.

💡 Microsoft Teams te hace una sugerencia para una publicación.

ADVERTENCIA:

Las notificaciones no solo aparecen en **Actividad,** *aparecen en el chat o en el icono de equipos de Teams y, dependiendo de la configuración, es posible que también aparezcan en forma de* banners *en la parte inferior derecha de la pantalla en Windows y en la parte superior derecha de la pantalla en Mac.*

Filtrar las notificaciones en Actividad

Cuando se reciben muchas notificaciones puede ser complicado localizar una notificación determinada en la lista; por eso, te resultará muy útil aplicar un filtro sobre la lista.

En la parte superior derecha del panel Actividad veremos un icono representado por tres líneas horizontales, como se señala en la figura 7.72.

Figura 7.72. Botón Filtrar en el panel Actividad.

Al hacer clic se puede ver un cuadro de texto donde incorporar la palabra clave o frase a buscar. También se puede observar a la derecha del cuadro de texto un botón representado por tres puntos; al hacer clic en él, aparece un menú para filtrar por tipo de notificación, como se ve en la figura 7.73. Se pueden filtrar las notificaciones por:

- No leídas.
- Menciones.
- Respuestas.
- Reacciones.
- Llamada perdida.
- Correo de voz.
- Aplicaciones.

Figura 7.73. Menú **Filtrar** por tipo de notificación.

Una vez seleccionada una opción, se aplicará el filtro mostrando los resultados. Para quitar el filtro, solo hay que hacer clic en el icono representado por el símbolo del tipo de notificación junto con una x, como se muestra en la figura 7.74.

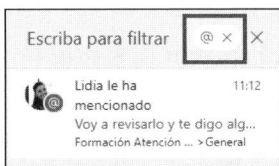

Figura 7.74. Eliminar filtro.

El chat. Comunicación privada

El chat es el centro de las comunicaciones privadas en Microsoft Teams. Cuando hay que comunicarse con otras personas y no queremos que otros miembros del canal o del equipo se enteren de esa conversación, nos comunicaremos a través del chat. El chat puede ser individual, con un compañero en concreto o puede ser grupal, formado por varios usuarios que necesitan tratar un tema común y no cuentan con un equipo o canal en Teams para tratarlo.

Localizamos el botón de chat en el panel izquierdo de navegación de Microsoft Teams. Al hacer clic, veremos a la izquierda un panel con una lista de todos los contactos con los que hemos mantenido una conversación; a la derecha, vemos todos los mensajes de la conversación seleccionada, como se puede ver en la figura 7.75.

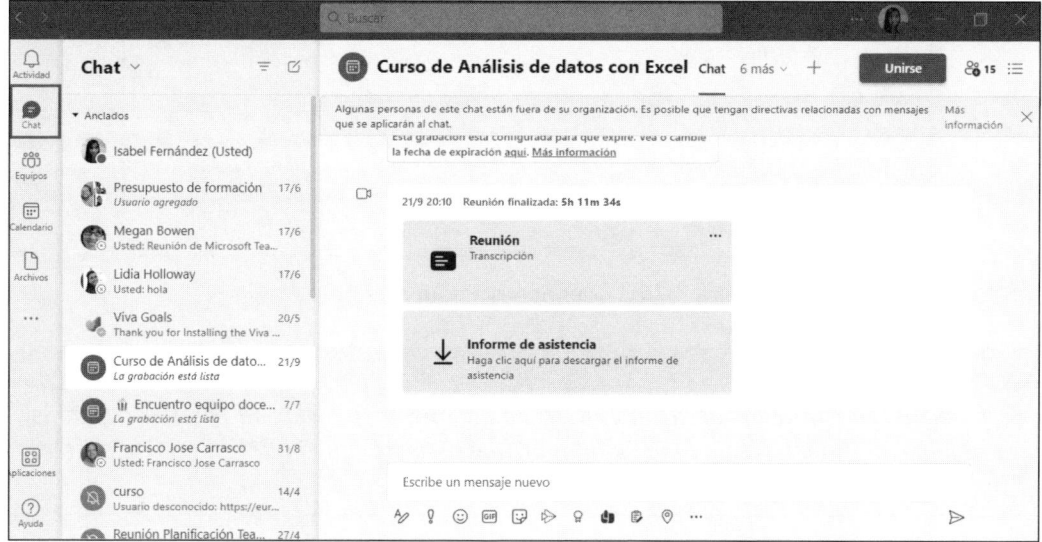

Figura 7.75. Interfaz del chat en Microsoft Teams.

Iniciar un chat individual o de grupo

En Teams, es posible iniciar un chat individual o de grupo, la forma de hacerlo es la misma en los dos casos. En el panel izquierdo del chat en la parte superior, se puede ver el botón **Nuevo chat** ( ). Al hacer clic veremos en la parte superior derecha de la pantalla el cuadro de texto **Para** donde deberemos indicar el nombre del contacto o la dirección de correo electrónico de la persona con la que vamos a iniciar la conversación de chat, en el caso de que el chat sea grupal, es decir, haya más de una persona en el campo **Para**, agregaremos varios nombres o direcciones de correo electrónico. En el caso de que el chat sea grupal, es aconsejable poner un nombre al chat. Haz clic en el botón con forma de flecha que hay a la derecha del cuadro de texto, señalado en la figura 7.76, y se despliega una opción que permite introducir un nombre para el chat, introduce un nombre corto pero descriptivo.

NOTA:

En el momento de escribir este libro un chat grupal admite hasta 250 personas.

TRUCO:

Poner nombre al chat de grupo hará que se pueda localizar más fácilmente en el panel izquierdo dentro de la lista de chats.

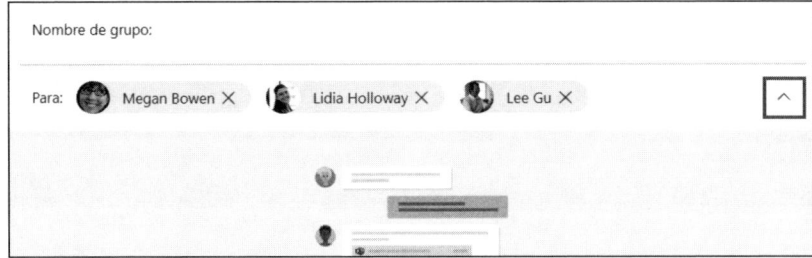

Figura 7.76. Poner nombre a un chat grupal.

TRUCO:

Se puede iniciar un chat desde el cuadro de búsqueda superior de Microsoft Teams, escribiendo el símbolo @ seguido del nombre del usuario con el que se necesita chatear, como se puede ver en la figura 7.77.

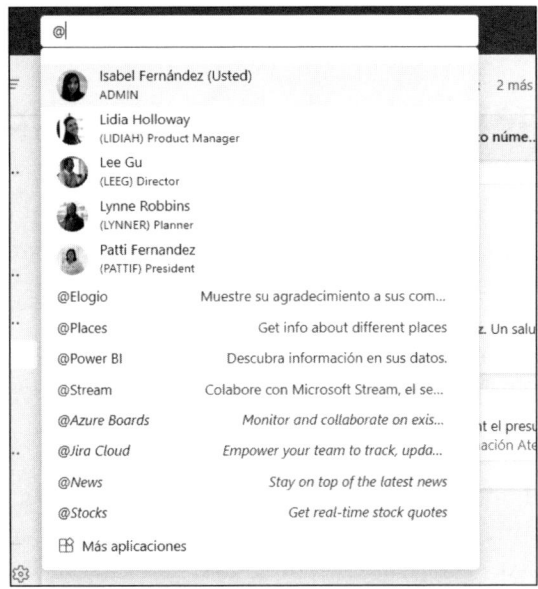

Figura 7.77. Iniciar un chat rápido desde la barra de búsqueda de Teams.

Iniciar un chat con uno mismo

Cuando sea necesario enviarse algo, se puede redactar un mensaje en el chat y enviárselo a uno mismo; puedes enviarte archivos, todo lo que se hace en un chat normal se puede hacer en un chat y enviártelo a ti mismo.

El chat de uno mismo se encuentra anclado en la parte superior de la lista de chat, como se indica en la figura 7.78.

Figura 7.78. Chat con uno mismo.

Agregar personas a una conversación de chat

Si te encuentras en un chat de uno a uno y necesitas agregar más personas a la conversación, haz clic en el botón **Agregar personas** (⚇), que encontrarás en la barra superior derecha de la pantalla de conversación de chat.

A continuación, escribe los nombres de las personas que necesitas que formen parte de la conversación y haz clic en el botón **Agregar**, como se puede ver en la figura 7.79.

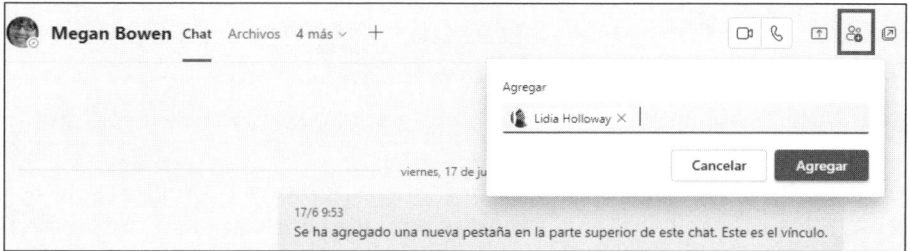

Figura 7.79. Agregar personas a un chat.

Si el chat es grupal y necesitas agregar a más personas, haz clic en el botón **Agregar personas** (⚇6), en la lista desplegable, seleccionaremos la opción **Agregar personas** en el cuadro de texto que aparece puedes escribir sus nombres o direcciones de correo electrónico, como se ve en la figura 7.80.

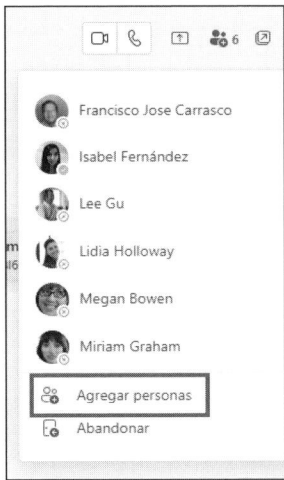

Figura 7.80. Agregar personas a un chat grupal.

A continuación, tendrás que elegir si quieres que esa persona recién agregada tenga acceso o no la conversación mantenida anteriormente en ese chat, como se ve en la figura 7.81. Las opciones son:

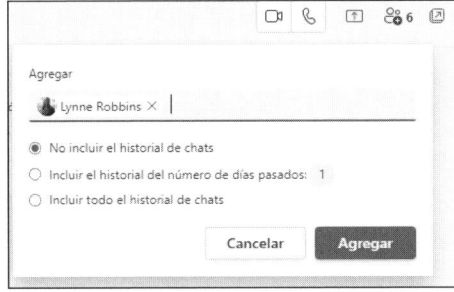

Figura 7.81. Agregar personas a un chat grupal y acceso al historial de la conversación.

- **No incluir el historial de chats:** La persona o personas agregadas no tendrán acceso a los mensajes intercambiados con anterioridad a su unión al chat.

- **Incluir el historial del número de días pasados:** La persona o personas agregadas tendrán acceso a las conversaciones anteriores a un número de días que se debe escribir previamente en el cuadro de texto que aparece a la derecha de esta opción.

- **Incluir todo el historial de chats:** La persona o personas agregadas tendrán acceso a las conversaciones anteriores mantenidas en el chat.

Visualizar los miembros de un chat grupal

Si se necesita conocer qué miembros forman parte de un chat grupal, se debe hacer clic en el botón Ver y agregar participantes en la parte derecha del encabezado del chat. Aparecerá una lista con todos los participantes.

Además, al final de la lista de miembros, verás la opción Abandonar, que te permite abandonar el chat. En el caso de que abandones un chat, dejarás de ser miembro de este y no podrás acceder más a las conversaciones del chat.

Mantener conversaciones en un chat

Tanto si estás en un chat uno a uno como si estás en un chat de grupo, puedes enviar nuevos mensajes o responder a los que han enviado otras personas.

Escribir un mensaje nuevo en un chat

Una vez seleccionada la persona o el chat grupal, lo siguiente es escribir el mensaje. En la parte inferior de la pantalla del chat, verás el cuadro de texto Escribe un mensaje nuevo, aquí es donde comenzamos a escribir. Se puede escribir todo el texto del mensaje en una línea, pero, si quieres hacerlo en varias líneas, no debes de presionar la tecla **Intro** del teclado porque eso hará que envíes el mensaje, probablemente sin terminar.

> **TRUCO:**
>
> *Para que un mensaje contenga varias líneas, cuando quieras comenzar la nueva línea debes pulsar las teclas **Mayús-Intro** a la vez, esto hará que comience una nueva línea disponible para escribir.*

Una vez terminado el texto del mensaje, solo hay que presionar la tecla **Intro** del teclado para enviar el mensaje o hacer clic en el botón Enviar.

Dar formato al texto del mensaje

A los mensajes de chat se les puede aplicar muchas opciones de formato. Para abrir estás opciones en la barra de herramientas que aparece en la parte inferior del cuadro de texto del mensaje, hay que hacer clic en el icono Formato (✐), esto hace que en la parte superior del mensaje aparezca una nueva barra de herramientas con todas las opciones de formato que nos recuerdan a las opciones que encontrábamos en los mensajes de las conversaciones de un canal, como se ve en la figura 7.82.

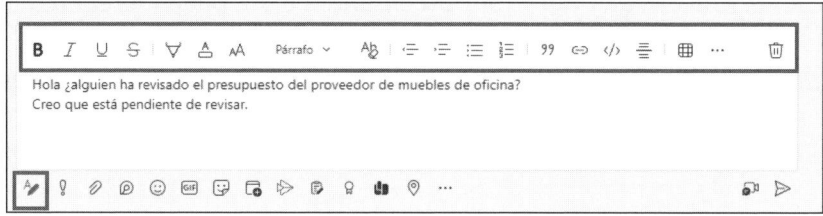

Figura 7.82. Barra de herramientas para aplicar formato.

En la barra de herramientas de formato encontramos numerosos botones para aplicar formato al texto del mensaje desde negrita, cursiva, subrayado, hasta la posibilidad de sangrar el texto, incorporar numeración y viñetas, agregar un enlace, una tabla o una línea horizontal para separar párrafos; en el botón representado por tres puntos horizontales encontramos otras opciones adicionales.

El botón representado por el símbolo de una papelera nos permitirá descartar el mensaje antes de enviarlo.

Responder a un mensaje para mantener el hilo de la conversación

Para responder a un mensaje concreto de una conversación de chat, se debe de hacer clic en el botón Más opciones, situado en la parte superior derecha del mensaje, y seleccionar la opción Respuesta, como se señala en la figura 7.83.

Cuando se responde a un mensaje, aparece el mensaje en la parte superior de la línea de conversación y se pueden usar todas las opciones de formato necesarias, igual que cuando se inicia un nuevo mensaje.

Para descartar el mensaje, hay que hacer clic en el botón Descartar (en forma de aspa), que aparece a la derecha, como se puede ver en la figura 7.84.

Editar o eliminar un mensaje de chat

Cuando una persona envía un mensaje a un chat puede editarlo con posterioridad si es necesario y también eliminarlo de la conversación. En el botón Más opciones del mensaje podemos encontrar estas dos opciones, como se ve en la figura 7.85.

Figura 7.83. Respuesta a un mensaje.

Figura 7.84. Responder a un mensaje.

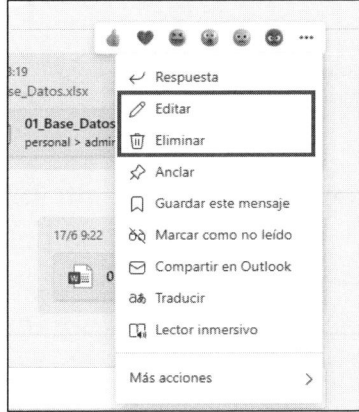

Figura 7.85. Editar o eliminar un mensaje enviado.

TRUCO:

Si nada más enviar un mensaje, necesitas editarlo pulsa dos veces seguida la tecla de dirección hacia arriba del teclado, aparecerá el mensaje listo para ser editado.

8

Conéctate, colabora y triunfa: descubre la magia de las reuniones con Microsoft Teams

En este capítulo aprenderás:

- Cómo organizar reuniones en Microsoft Teams.
- Cómo organizar reuniones de equipo inmediatas o programadas.
- Compartir el enlace de una reunión.
- Organizar reuniones inmediatas o programadas desde el chat.
- Las distintas formas que hay de unirse a una reunión.
- Cómo programar reuniones desde el calendario.
- Utilizar las herramientas de reunión cuando eres un asistente.
- Cómo presentar y compartir contenido en una reunión.

Organizar reuniones en Microsoft Teams

Las reuniones, videoconferencias o también llamadas videollamadas es una forma excelente de comunicarse cara a cara con otras personas desde Microsoft Teams. Puedes realizar llamadas desde Teams versión de escritorio, desde Teams para la web y usando la aplicación de Teams desde tu dispositivo móvil. Puedes realizar reuniones inmediatas desde el chat, desde los canales, desde el calendario o desde la aplicación de llamadas de Teams, o puedes programarlas con antelación como una reunión en línea desde el calendario de Teams o desde el calendario de Outlook, que resulta ser el mismo calendario.

Las reuniones en Teams pueden incluir audio, vídeo y uso compartido de pantalla, entre otras muchas funciones. Son ideales para la comunicación y para la colaboración. Además, no tienes que ser miembro de la misma organización para poder participar en una reunión de Teams, ni siquiera necesitas tener una cuenta de Teams para unirte a una reunión de Teams.

Reuniones inmediatas desde un canal de Teams

Comenzaremos por ver cómo realizar una reunión inmediata desde un canal de un equipo. Cuando varios miembros en un canal están conversando a través de la mensajería y se ve la necesidad de tener una reunión inmediata, se puede realizar de forma rápida y sencilla. Cualquier miembro del canal podrá iniciar la llamada inmediata y los miembros del canal que lo deseen pueden unirse a la reunión mientras esté en curso; cuando la reunión se esté desarrollando aparecerá el símbolo de una videocámara a la derecha del nombre del canal, como se puede ver en la figura 8.1.

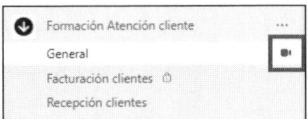

Figura 8.1. Reunión en curso un canal de Teams.

Cómo iniciar una reunión inmediata en un canal

Cualquier miembro del canal puede iniciar una reunión inmediata en un canal, solo tiene que hacer clic en la parte superior derecha de la pantalla en el botón Reunirse. Esta acción inicia una nueva videollamada. Si haces clic en la flecha que se encuentra a la derecha del botón, se despliega un menú con las opciones Reunirse ahora y Programar una reunión, como se ve en la figura 8.2.

Figura 8.2. Botón Reunirse.

Nada más hacer clic en el botón **Reunirse** o en la opción **Reunirse ahora**, se inicia una nueva videoconferencia en el canal, a la que puede unirse cualquier miembro desde el vínculo que aparece en la conversación del canal haciendo clic en el botón **Unirse**, como se muestra en la figura 8.3.

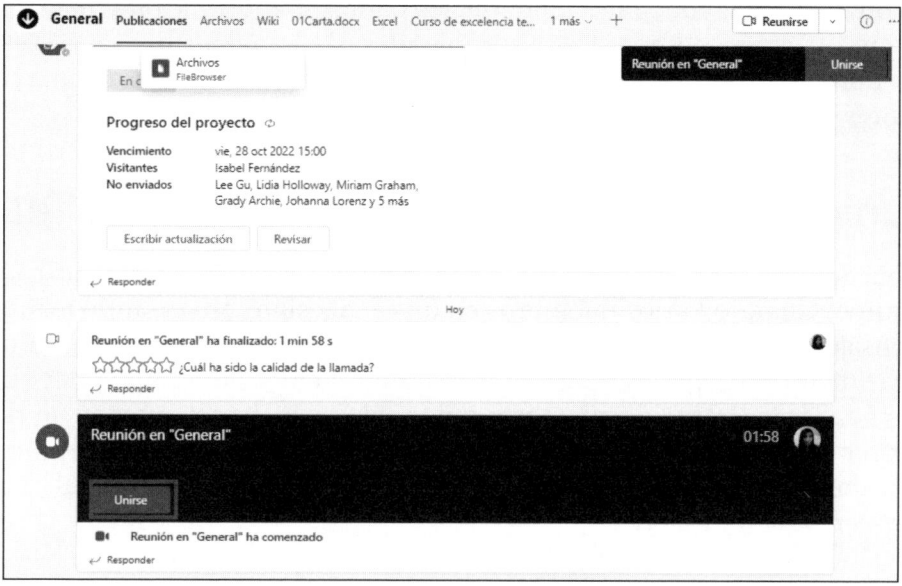

Figura 8.3. Unirse a una reunión inmediata de canal.

NOTA:

También es posible unirse a la reunión desde el botón Unirse *que aparece en la parte superior derecha de la pantalla de conversación de ese canal.*

Configurar los dispositivos antes de iniciar la reunión

Si eres la persona que ha iniciado la reunión inmediata, la siguiente pantalla que aparece es para que puedas unirte a la reunión, pero mi consejo es que, antes de hacerlo, configures la videoconferencia teniendo en cuenta algunos detalles.

Primero, es aconsejable darle un título a la reunión, que normalmente tendrá que ver con el motivo de esta. Esto va a ayudar a los participantes que vayan a unirse a saber el motivo de esa reunión inmediata y, una vez que concluya la reunión, si es necesario localizarla se puede buscar por ese título. En el ejemplo de la figura 8.4, estoy realizando una reunión inmediata en el canal General de un equipo, y he agregado el título Revisión de presupuesto.

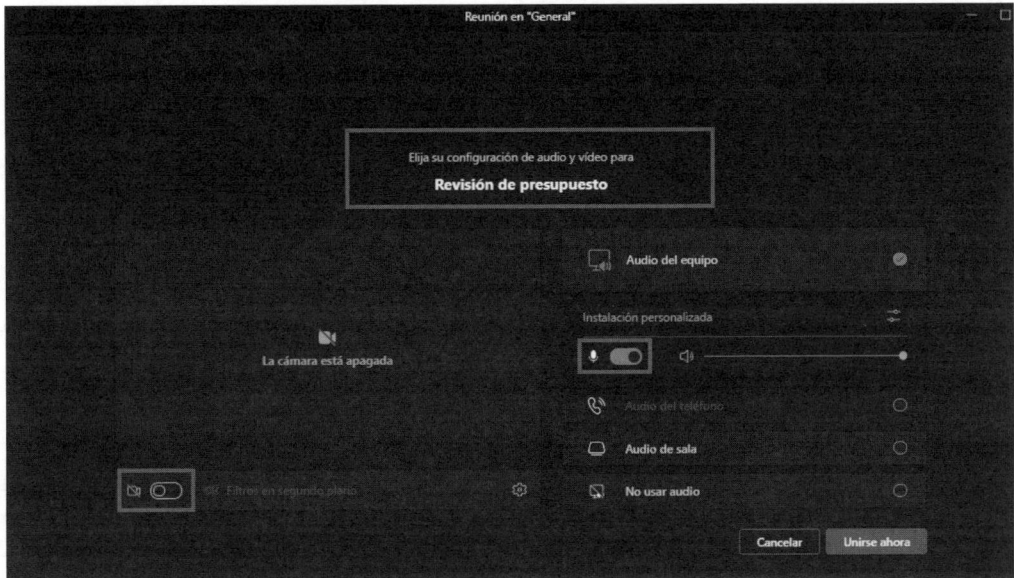

Figura 8.4. Título de la reunión.

El siguiente paso que aconsejo que lleves a cabo consiste en revisar que el audio y el vídeo funcionan correctamente. Debes decidir si te vas a unir a la reunión con la cámara y el micrófono activados, hay un botón para cada uno de los dispositivos que puedes activar o desactivar según sea necesario. Controla el volumen del micrófono, que esté lo suficientemente alto para que, si tienes que hablar, los asistentes puedan escucharte correctamente.

Observa que encima del volumen del micrófono hay un botón llamado Instalación personalizada (⊶) para configurar los dispositivos correctamente; si ves que algún dispositivo no funciona bien, puedes hacer clic en él para mostrar el panel de Configuración dispositivo, donde podrás ver los elementos de hardware que están seleccionados y si es necesario hacer un cambio de dispositivos en ese momento, accediendo a las listas Altavoces y Micrófono. En estas listas aparecen todos los dispositivos que tengas conectados al equipo; si no tienes seleccionado el correcto, puedes cambiarlo.

Si el lugar desde donde te vas a unir la videollamada es muy ruidoso, por ejemplo estás en la calle, en la recepción de un hotel, etc., puedes seleccionar la supresión de ruido en modo Alto, seleccionando esta opción de la lista desplegable, como se ve en la figura 8.5.

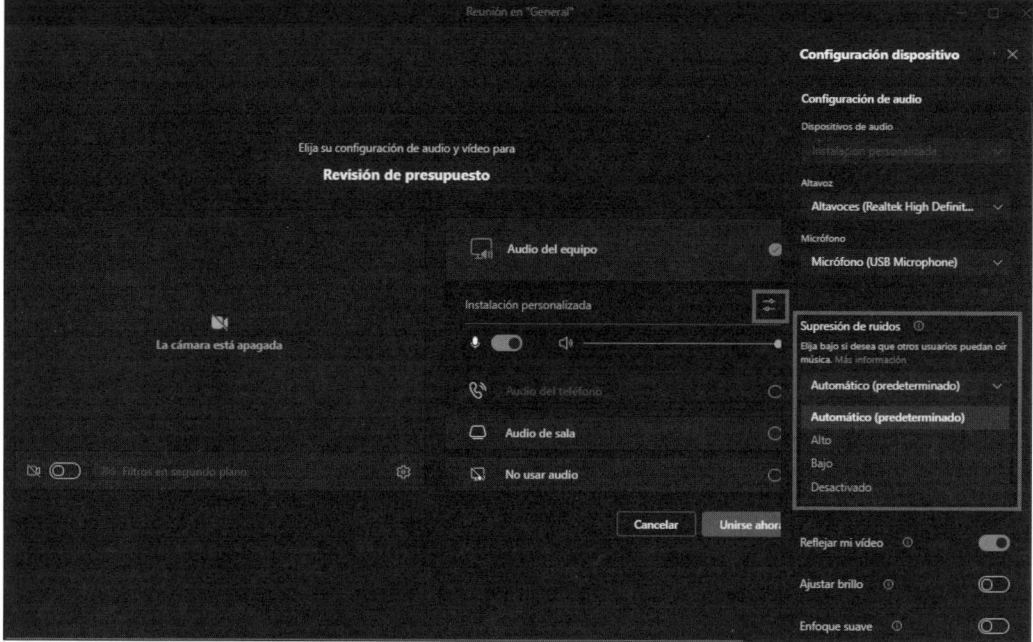

Figura 8.5. Configuración de audio y vídeo para la reunión.

Compartir el enlace de la reunión o añadir participantes

Una vez configurado el hardware y comprobado que está todo correcto, puedes hacer clic en el botón Unirse ahora. El siguiente cuadro de diálogo que aparece es para que puedas invitar a alguien más a unirse a la reunión, teniendo en cuenta que es una reunión inmediata y que no ha sido programada para los participantes. En esta pantalla, aparecen dos opciones, como se ve en la figura 8.6:

1. Copiar el vínculo de la reunión.

2. Añadir participantes.

Si haces clic en la primera opción, el enlace de la reunión se copiará al portapapeles y podrás pegarlo en cualquier lugar donde otra persona pueda acceder a él. En el caso de hacer clic en la segunda opción, te unirás a la reunión y se mostrará a la derecha el panel de participantes, donde podrás escribir en el cuadro de texto superior de la lista el nombre de la persona que desees que se una a la reunión, o puedes escribir en este mismo cuadro de texto la dirección de correo electrónico del participante.

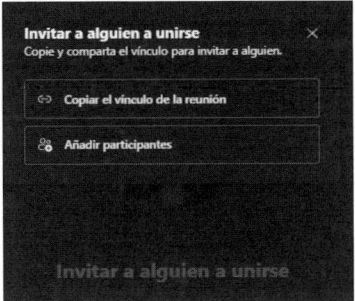

Figura 8.6. Invitar a alguien a unirse.

Reuniones inmediatas desde un chat de Teams

En una conversación de chat, también se puede iniciar una reunión inmediata, no importa si es desde un chat uno a uno o desde un chat de grupo. Cuando se necesita reunirse de forma inmediata para continuar la conversación cara a cara, se puede iniciar una reunión inmediata haciendo clic en el botón Videollamada ( ), que se encuentra en la parte superior derecha de la conversación de chat. En el momento que se haga clic en uno de los dos botones, Videollamada o Llamada, se iniciará la reunión inmediata con vídeo o solo con voz respectivamente. Si es un chat de uno a uno, Teams llamará a la persona y, en el caso de que esta conteste, se iniciará la reunión, pero, si la persona no está disponible, se escuchará una locución que nos lo indicará, o si esa persona tiene activado el contestador automático se activará y podremos dejar un mensaje.

Si es en un chat de grupo donde inicias una nueva reunión inmediata, se realizará una videollamada grupal a todos los participantes, y los que estén disponibles y contesten a la llamada se unirán a la reunión.

Realizar una videollamada a un contacto desde su imagen de perfil

En cualquier lugar de Teams o de Microsoft Outlook donde puedas ver la imagen de perfil de un contacto, puedes iniciar una videollamada con él. Al pasar el ratón por encima de la imagen de perfil de un contacto aparecen varios iconos para poder comunicarnos con ese contacto; entre esos iconos, está el que te da la posibilidad de hacerle una llamada con vídeo, como se señala en la figura 8.7.

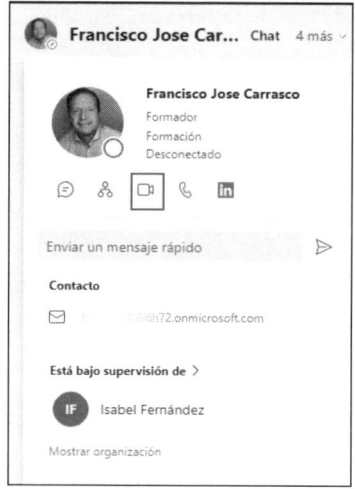

Figura 8.7. Llamar a un contacto desde su imagen de perfil.

Realizar una reunión inmediata desde el calendario de Teams

Si te encuentras situado en el calendario de Teams, no hace falta que cambies de aplicación para comenzar una reunión inmediata; a continuación, podrás compartir el vínculo para que otros usuarios puedan unirse a la reunión.

Ve al calendario desde la barra lateral izquierda de aplicaciones de Teams, a continuación, observa la parte superior derecha de la pantalla, hay un botón llamado Reunirse ahora. Al hacer clic en él, se despliega un menú con un cuadro de texto para agregarle un título a la reunión y dos botones: uno para copiar el vínculo al portapapeles y poder compartirlo, y otro para iniciar la reunión inmediata, como se indica en la figura 8.8.

Distintas formas de unirse a una reunión

Una de las grandes ventajas que tienen las reuniones de Teams es que es posible unirse a ellas desde cualquier dispositivo y en cualquier lugar. Es posible unirse a una reunión de Teams desde la aplicación de escritorio, desde la web o desde nuestro dispositivo móvil, aunque la experiencia más completa nos la da el uso de la aplicación de escritorio. Hay varias posibilidades a la hora de unirse a una reunión de Teams; vamos a ver algunas de las habituales.

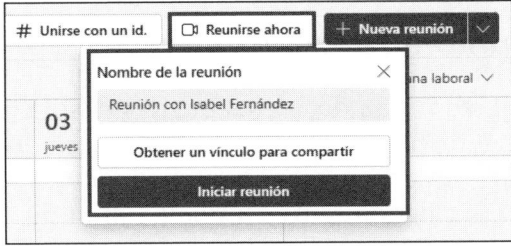

Figura 8.8. Iniciar una reunión inmediata desde el calendario de Teams.

Unirse a una reunión de Teams a través de un vínculo

Cuando recibes una invitación para unirte a una reunión en línea de Microsoft Teams, esta lleva en el cuerpo del mensaje un vínculo desde el que solo con hacer clic en él te podrás unir a la reunión.

Solo tienes que hacer clic en el vínculo Haga clic aquí para unirse a la reunión, que encontrarás en la parte inferior de la invitación a la reunión, como se ve en la figura 8.9.

Figura 8.9. Vínculo para unirse a una reunión en línea de Teams.

Esto te llevará a una página donde es posible elegir entre unirse desde la web o descargar la aplicación de escritorio. Si ya tienes la aplicación de escritorio de Teams instalada, la reunión se abrirá automáticamente en la aplicación.

En el caso de que no tengas una cuenta de Teams y el organizador de la reunión lo permita, es posible que puedas unirte a la reunión como un invitado, introduciendo tu nombre para unirte. Pero, si tienes una cuenta de Teams y has iniciado sesión, podrás unirte con acceso al chat de la reunión y muchas funcionalidades más. Dependiendo de la configuración que el organizador haya aplicado a la reunión, puede ser que te unas a la reunión directamente o que vayas a la sala de espera, donde las personas que ya están en la reunión pueden admitirte.

Unirse a una reunión de Teams a través del calendario

Desde la barra lateral izquierda de Teams puedes desplazarte al calendario. El calendario de Teams y tu calendario de Outlook son el mismo calendario, las citas y reuniones que ves en el calendario de Teams son las mismas citas y reuniones que ves en tu calendario de Outlook. Para unirte a la reunión, busca esta en el calendario y, una vez localizada, haz clic en ella y verás el botón Unirse. Haz clic para unirte a la reunión, como se muestra en la figura 8.10.

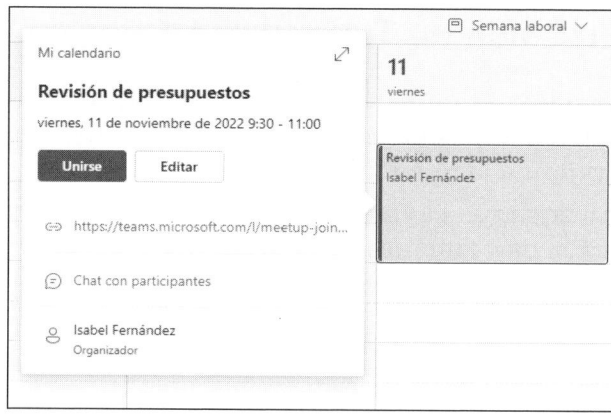

Figura 8.10. Unirse a una reunión en línea desde el calendario de Teams.

Unirse a una reunión de Teams desde el calendario utilizando un ID

Las reuniones, además del vínculo, también llevan un ID. Este dato aparece en el cuerpo de la invitación, junto al vínculo de la reunión, como se resalta en la figura 8.11. Para unirse a una reunión con ID desde el calendario, haz clic en el botón que aparece en la parte superior derecha de la pantalla, # Unirse con un id., como se ve en la figura 8.12.

Junto al vínculo de la reunión, verás el ID y el código de acceso que tendrás que introducir en el menú que se despliega al hacer clic en el botón # Unirse con un id.; una vez añadida esta información, solo hay que hacer clic en el botón Unirse a la reunión.

Figura 8.11. Localizar el ID de la reunión.

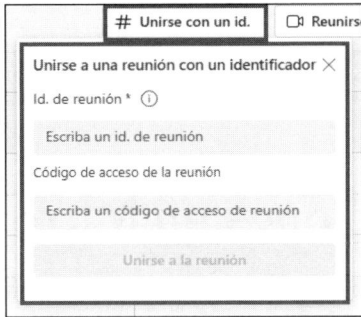

Figura 8.12. Unirse a una reunión en línea con un ID.

Unirse a una reunión desde un canal de Teams

Si se ha iniciado una reunión en un canal de Teams, verás una invitación para unirte dentro de la conversación del canal; además, en la parte derecha de la invitación, aparecen las imágenes de perfil de los usuarios que ya se han unido, como se puede ver en la figura 8.13. Solo hay que hacer clic en el botón Unirse para unirse a la reunión.

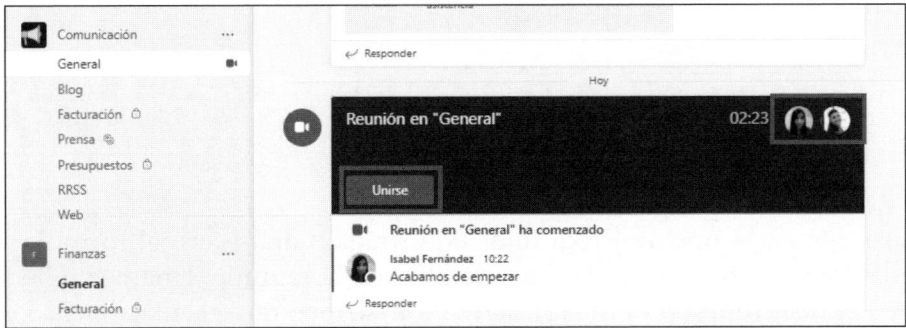

Figura 8.13. Unirse a una reunión en curso desde un canal de Teams.

Unirse a una reunión desde el chat

Cuando la reunión ya ha comenzado, aparece en la lista de chats recientes, solo hay que seleccionar la reunión y, en la parte superior del chat, hacer clic en el botón Unirse. En el panel izquierdo, aparece el nombre del chat que tiene la reunión en curso con un pequeño símbolo de un teléfono para indicarnos que en ese chat se ha iniciado una reunión, como se muestra en la figura 8.14.

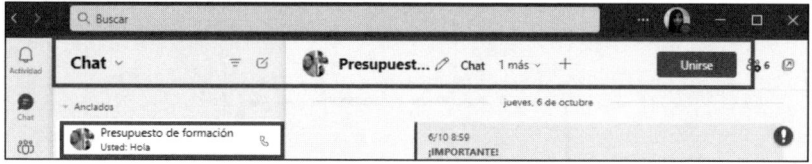

Figura 8.14. Unirse a una reunión en curso desde un chat de Teams.

Programar reuniones en Microsoft Teams

Todas las reuniones que se programan en Teams son automáticamente reuniones en línea. En Teams hay varias formas de programar reuniones.

Programar reuniones en un canal estándar de Teams

Cuando se programa una reunión en un canal estándar, todos los miembros del equipo podrán verla y unirse a ella desde ese canal. Situándose previamente en el canal de tipo estándar de Teams donde se quiere programar la reunión, hay que hacer clic en el botón Más opciones de Reunirse ahora, que encontrarás en la parte superior derecha del canal. Al desplegar el menú, aparece la opción Programar una reunión, como puedes ver en la figura 8.15.

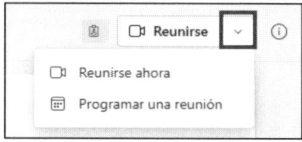

Figura 8.15. Programar una reunión.

Al hacer clic en la opción Programar una reunión aparecerá el formulario en pantalla donde debemos agregar los detalles de la reunión. Una vez rellenados los detalles de la reunión y enviada la reunión, se mostrará el enlace en la conversación del canal, como se muestra en la figura 8.16. Desde ahí podrán unirse a la reunión todos los miembros del canal que lo deseen.

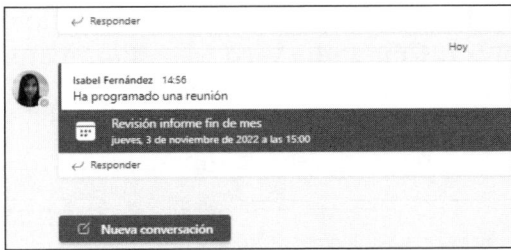

Figura 8.16. Vínculo de acceso a la reunión programada en un canal estándar de Teams.

Programar reuniones en un canal privado de Teams

En el momento de escribir este libro, los canales privados en Teams no permiten la programación de reuniones. Cuando accedes a un canal privado en la parte superior derecha de la pantalla, únicamente aparece el botón Reunirse, que solo puede utilizarse para crear una reunión inmediata.

Podemos programar una reunión con las personas que se encuentran en un canal privado de Teams utilizando otro método: accede al botón Más opciones, que aparece a la derecha del nombre del canal. A continuación, vamos a copiar la dirección de correo electrónico del canal haciendo clic en la opción Obtener dirección de correo electrónico, como se ve en la figura 8.17.

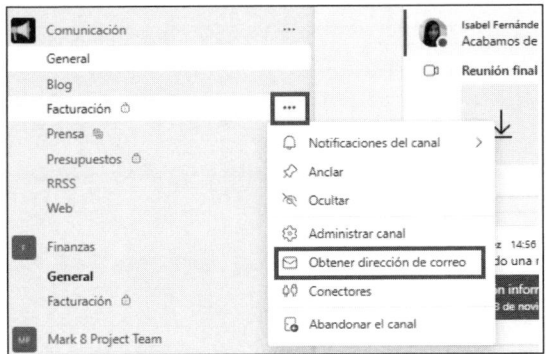

Figura 8.17. Obtener la dirección de correo de un canal.

En el cuadro de diálogo que aparece con esa dirección, haz clic en el botón Copiar para pasar la dirección al portapapeles, como puedes ver en la figura 8.18.

El siguiente paso consiste en desplazarse al calendario de Teams y programar una nueva reunión haciendo clic en el botón que aparece en la parte superior derecha de la pantalla Nueva reunión. Una vez introducido el título de la reunión en el apartado Agregue asistentes requeridos, pegaremos la dirección de correo electrónico del canal privado que tenemos en el portapapeles pulsando la tecla **Control-V** en Windows o **Comando-V** en Mac. Eliminamos de la dirección el texto que no necesitamos, como el nombre del canal y del equipo que aparece justo delante de la dirección y los caracteres de mayor y menor que aparecen al principio y al final de la dirección, estos también los eliminaremos.

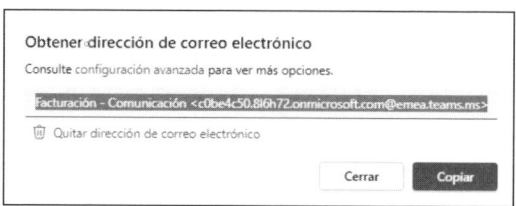

Figura 8.18. Copiar la dirección de correo de un canal.

Una vez eliminada la información que no necesitamos, veremos que aparece debajo de la dirección el nombre del canal, hacemos clic en él y lo añadimos al campo de asistentes. Ya solo queda rellenar los detalles de la reunión y enviarla para que todos los miembros del canal reciban la invitación.

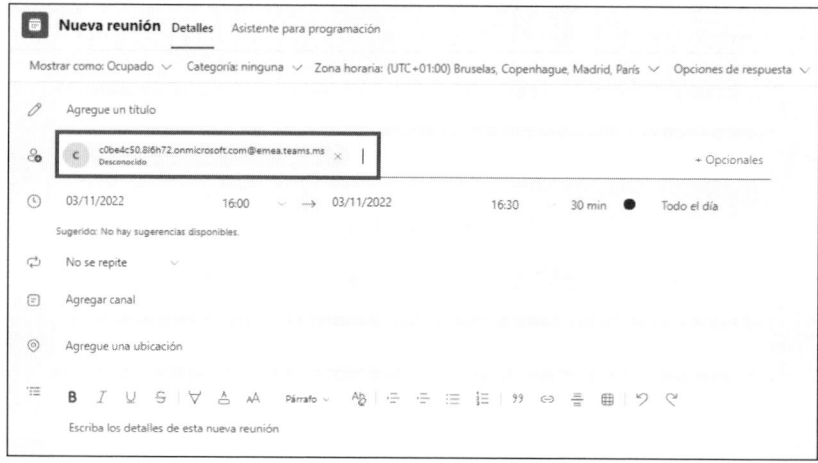

Figura 8.19. Agregar la dirección de correo electrónico del canal al campo asistentes de la reunión.

Programar reuniones en un chat de Teams

En Teams es posible programar reuniones en un chat uno a uno o en un chat grupal. Para programar una reunión en la barra de herramientas que aparece debajo de la línea de conversación, haremos clic en el botón **Programar una reunión**, como puedes ver en la figura 8.20.

Figura 8.20. Programar una reunión desde un chat de Teams.

Aparece el formulario para agregar los detalles de la reunión. En el campo **Agregar asistentes obligatorios** ya aparecen los participantes del chat, solo queda agregar los detalles de la reunión y hacer clic en el botón **Enviar**. Los integrantes del chat recibirán la invitación y aparecerá en su calendario el enlace desde donde se accede a la reunión.

Programar reuniones desde el calendario de Microsoft Teams

Todas las reuniones que se programan en Teams son de forma automática reuniones en línea. El calendario de Teams está conectado al calendario de Microsoft Exchange, lo que significa que el calendario de Teams y el calendario de Outlook son el mismo calendario. Cuando se programan reuniones en Teams, se muestran en Outlook y viceversa.

Para programar una reunión de Teams desde el calendario, lo primero es desplazarnos al calendario y, en la parte superior derecha de la pantalla, haremos clic en el botón **Nueva reunión**, como se puede ver en la figura 8.21.

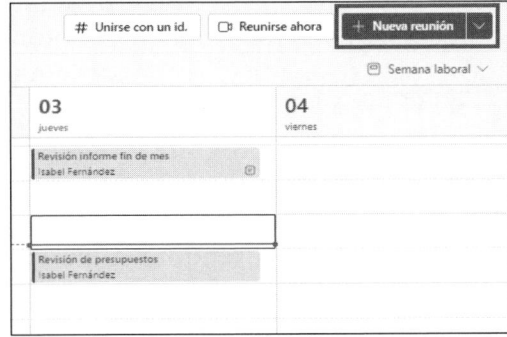

Figura 8.21. Programar una reunión desde el calendario de Teams.

A continuación, aparece en pantalla el formulario donde debemos añadir los detalles de la reunión. Una vez rellenados los asistentes y los detalles, después de enviar la reunión, esta aparecerá en el calendario y, cuando sea el momento de unirse, aparecerá el botón **Unirse**, como se puede ver en la figura 8.22.

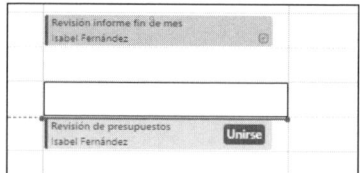

Figura 8.22. Reunión programada en el calendario.

Programar reuniones de Teams desde el calendario de Outlook

Existe un complemento de Microsoft Teams que permite crear y gestionar reuniones en línea con Teams directamente desde Outlook.

Es posible programar reuniones de Teams desde el calendario de Outlook para la web, y desde el calendario de Outlook versión de escritorio. Veamos cómo hacerlo.

NOTA:

En el momento de escribir este libro, se pueden programar reuniones de Teams en Outlook, pero no se puede elegir un canal en el cual programar la reunión.

Programar reuniones de Teams en Outlook para la web

Una vez situados en el calendario de Outlook para la web, en la pestaña Inicio haremos clic en el botón Nuevo evento. Se mostrará en pantalla un formulario para rellenar los detalles de la reunión. Para convertir la reunión en una reunión en línea con Microsoft Teams, deberemos activar el botón Reunión de Teams, esto hará que automáticamente se añada el enlace de la reunión al cuerpo de la invitación, como se ve en la figura 8.23.

Si deseas que todas las reuniones que programas en el calendario de Outlook para la web sean reuniones en línea a través de Microsoft Teams, solo tienes que ir a la configuración del calendario y marcar la opción Agregar reunión en línea a todos los eventos; si tienes varios proveedores, selecciona Microsoft Teams, como se muestra en la figura 8.24.

Programar reuniones de Teams en Outlook versión de escritorio

Estando situados en el calendario de Outlook versión de escritorio, en la pestaña Inicio podemos observar el botón Nueva reunión de Teams. Al hacer clic en él, se genera automáticamente un nuevo evento, el cual ya contiene el enlace de la reunión en el cuerpo de la invitación, como puedes ver en la figura 8.25.

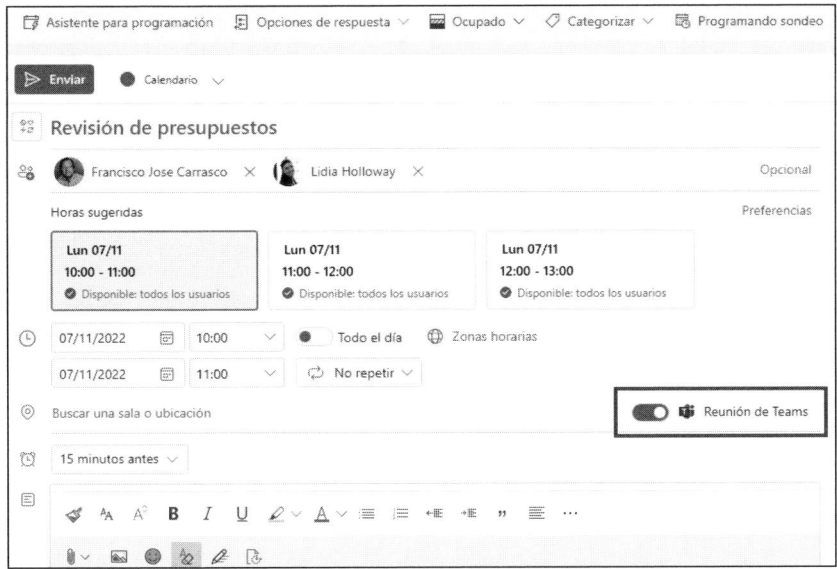

Figura 8.23. Nueva reunión de Teams desde Outlook para la web.

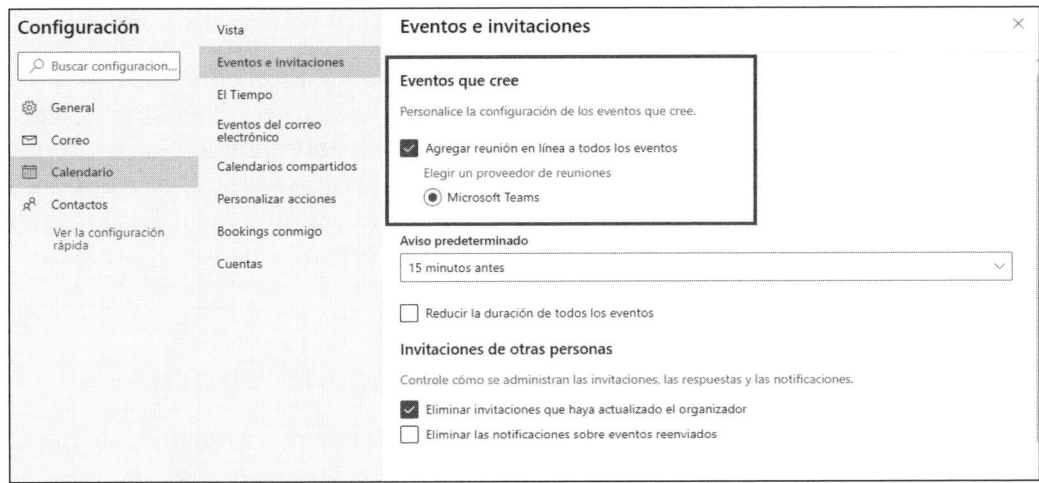

Figura 8.24. Configurar eventos en Outlook para la web.

NOTA:

Aunque en Outlook versión de escritorio comiences creando un nuevo evento y no hayas hecho clic en el botón Reunión de Teams, *una vez creado el evento podrás observar que en la pestaña* Inicio *se muestra el botón de* Nueva reunión de Teams, *que te permitirá convertir ese evento en una reunión en línea con Teams.*

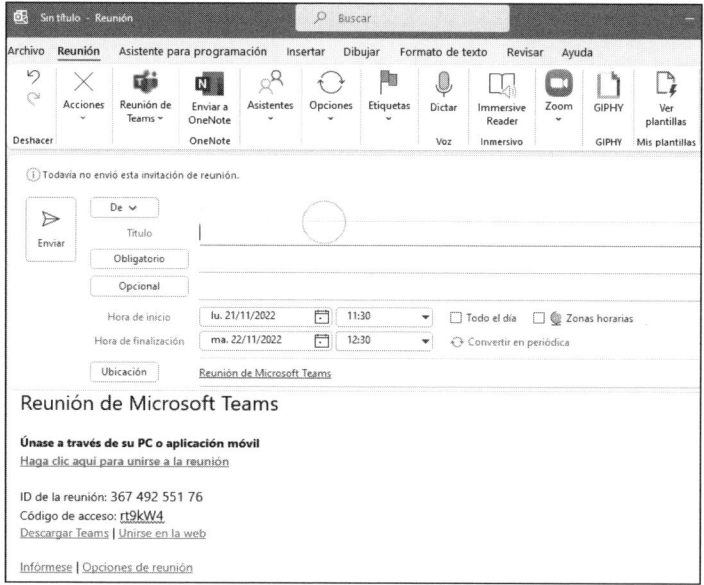

Figura 8.25. Nueva reunión de Teams desde Outlook versión de escritorio.

En Outlook versión de escritorio también es posible configurar que todas las reuniones que creas sean reuniones en línea con Teams. Para ello, debes ir a las opciones del calendario. Desde la pestaña Archivo, haz clic en Opciones y selecciona la categoría Calendario, en el apartado Opciones del calendario. En Agregar reuniones en línea a todos los eventos, haz clic en el botón Agregar proveedores de reuniones. Se muestra un cuadro de diálogo donde puedes seleccionar el proveedor predeterminado; en el caso de tener varios proveedores, selecciona Microsoft Teams, como se ve en la figura 8.26.

Organizar reuniones en Microsoft Teams

Cuando eres la persona que organiza una reunión de Teams, indistintamente si la organizas en un canal como en un chat o desde el calendario, deberás agregar los detalles de la reunión. Vamos a ver cómo hacerlo.

Agregar un título a la reunión

Comenzaremos por el título: cuando programes una nueva reunión, lo primero que debes agregar es un título descriptivo a esta. El título es lo primero que verán tus invitados y les ayudará a conocer el motivo de la reunión. En el campo Agregue un título, escribe una frase descriptiva.

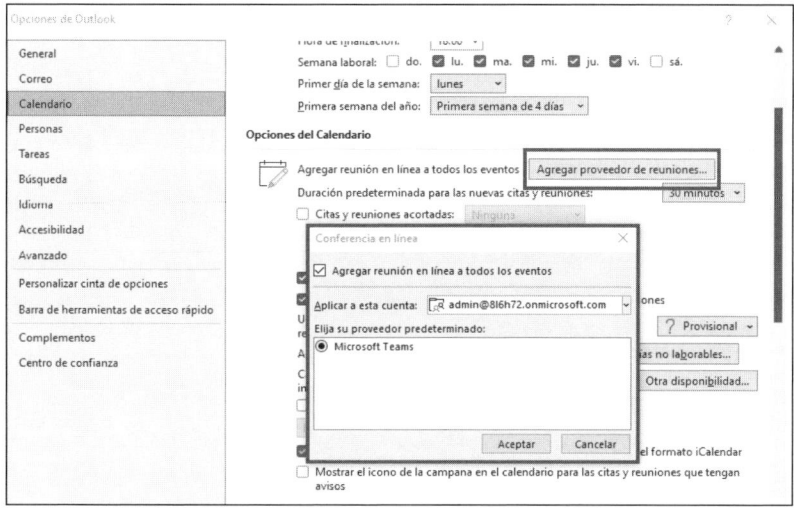

Figura 8.26. Configurar eventos en Outlook versión de escritorio.

Agregar asistentes a una reunión

A continuación, deberás agregar a los asistentes, algunas personas pueden ser de asistencia obligatoria y otras de asistencia opcional.

Si los asistentes están entre tus contactos, con agregar el nombre es suficiente, verás como automáticamente Teams los reconoce; si no los tienes agregados como contactos o no son personas de tu organización, escribe su dirección de correo electrónico para agregarlos a la reunión, como se muestra en la figura 8.27.

Invitar a personas que no son de la organización

Teams permite invitar a personas que no son de la organización a una reunión, incluidas aquellas que no tienen una licencia de Microsoft Teams. Solo es necesario escribir su dirección de correo electrónico para invitarlas. En el campo **Agregue los asistentes requeridos u opcionales** escribe la dirección de correo electrónico completa de esas personas.

ADVERTENCIA:

Es posible que la persona que administra Teams en tu organización no permita que se agreguen asistentes de fuera de la organización. Si esta opción está bloqueada, Teams te avisará de que no es posible agregar a esa persona, por lo que deberás pedir a la persona responsable de administrar Teams que te habilite esta opción.

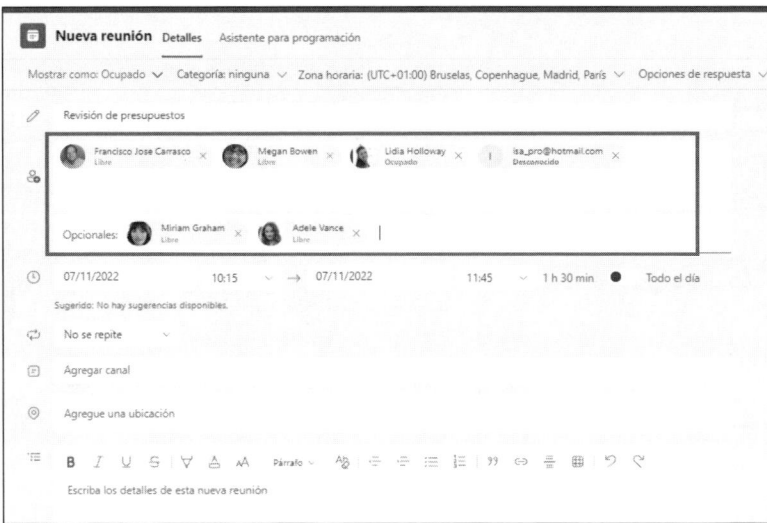

Figura 8.27. Agregar asistentes a una reunión de Teams.

Utilizar el asistente para programación

Antes de programar la fecha y hora de la reunión, es conveniente observar cómo tienen el calendario las personas que hemos invitado a la reunión, es decir, cuándo tienen tiempo disponible para asistir. Podemos ver la disponibilidad de los usuarios, siempre que sean personas de nuestra organización, pudiendo ver si tienen el tiempo ocupado o disponible, gracias al asistente de programación. Podremos buscar la mejor fecha y hora para programar la reunión e incluso es posible que Teams nos ofrezca fechas y horas aconsejadas donde todo el mundo esté disponible.

Para acceder al asistente para programación, debes hacer clic en la pestaña **Asistente para programación**, que verás en la parte superior del formulario de la reunión, como se ve en la figura 8.28.

Observa cómo a la izquierda aparecen los asistentes, tanto los que tienen asistencia obligatoria como los que tienen asistencia opcional. Si algún asistente no está disponible en la fecha/hora que hemos seleccionado inicialmente, nos lo indica como **No disponible** con el texto en color rojo. En las franjas horarias podemos ver que la parte que aparece sombreada es el tiempo que tiene ocupado y el resto es el tiempo libre.

Por defecto, en el asistente de programación, se muestra la franja horaria que corresponde a las horas laborales, ya que aparece marcada la casilla **Ver mis horas laborales**, que puedes ver en la parte superior derecha del asistente de programación. Si la reunión debe de ser programada en una franja horaria fuera de tu jornada laboral, puedes desmarcar esta casilla, se mostrarán todas las horas de cada día y podrás seleccionar cualquiera para programar la reunión.

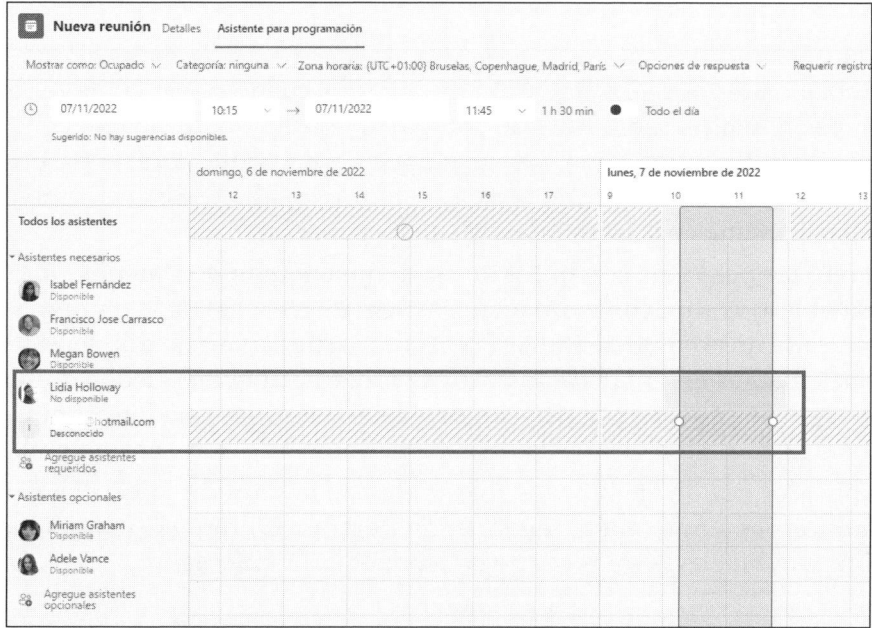

Figura 8.28. Asistente para programación en reuniones de Teams.

NOTA:

En tu calendario podrás ver los detalles de los eventos que tengas en las distintas fechas y horas; en el caso de tus compañeros, solo verás si tienen el tiempo ocupado o disponible.

Los invitados, es decir, personas que no son de nuestra organización, se muestran como **Desconocidos** y no podemos ver cómo tienen el calendario ni si pueden asistir a la reunión o no en la fecha y hora planeadas. Deberemos esperar a que acepten o declinen la reunión cuando les llegue la invitación para saber si podrán asistir o no. Las distintas franjas horarias de un calendario de invitado aparecen sombreadas con un relleno de líneas diagonales.

Roles en una reunión de Teams

Cuando se organiza una reunión en Teams con varios asistentes, es posible que se necesite asignar roles a cada participante para determinar qué pueden hacer en la reunión.

Hay tres roles aparte del rol de organizador que puedes otorgar a un asistente:

- Coorganizador.
- Moderador.
- Asistente.

El organizador, el coorganizador y el moderador cuentan con la mayoría de los privilegios en una reunión. Pueden compartir contenido, utilizar el chat, tomar el control de una presentación, silenciar a los participantes, quitar participantes de la reunión, admitir a las personas que estén en la sala de espera, cambiar roles a otros participantes e iniciar o detener una grabación.

En cambio, las personas con el rol de asistente cuentan con menos privilegios. Pueden hablar y compartir su imagen, participar en el chat de la reunión y ver de forma privada un archivo de PowerPoint compartido, pero no pueden silenciar a otros participantes ni tomar el control de la presentación, no pueden quitar participantes de la reunión, no pueden cambiar roles, tampoco pueden admitir a otros participantes que estén en la sala de espera ni iniciar o detener una grabación.

El organizador puede atribuir los roles antes de la reunión, desde las opciones de la reunión eligiendo quién puede ser moderador. Durante la reunión también es posible cambiar esos roles desde la lista de participantes.

Editar una reunión y enviar una actualización

Cuando sea necesario hacer cambios en los detalles de una reunión, tendrás que editarla y enviar la actualización con las novedades a todos los participantes. Una vez realizados los cambios, haz clic en el botón Enviar actualización, como se señala en la figura 8.29.

Cancelar una reunión

Si por algún motivo la reunión ya no se va a producir, hay que cancelarla para que los asistentes reciban la noticia de la cancelación. En el calendario, haz clic en la reunión que quieres cancelar, haz clic en el botón Editar para acceder a los detalles de la reunión; en la parte superior izquierda, verás el vínculo Cancelar reunión.

NOTA:

Se enviará un correo electrónico de cancelación a los presentadores y asistentes registrados.

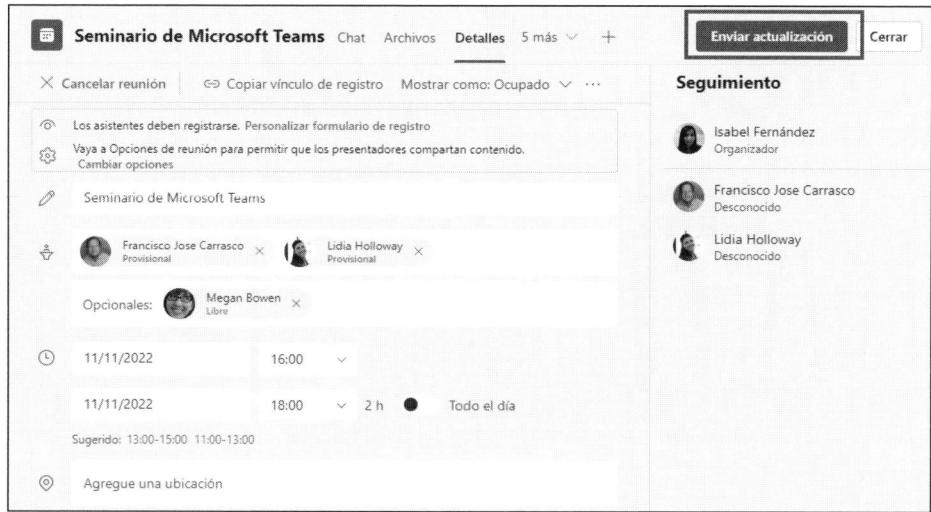

Figura 8.29. Enviar actualización.

Establecer opciones al programar una reunión

Cuando se programa una reunión en línea, es posible utilizar el cuadro de diálogo Opciones de la reunión para establecer detalles, como quién debe esperar en la sala de espera antes de ser admitido en la reunión, quién puede actuar como moderador y qué privilegios de participación tendrán los asistentes. Para acceder a las opciones de reunión, haz clic en el botón Más opciones (···) y selecciona Opciones de reunión, como se puede ver en la figura 8.30.

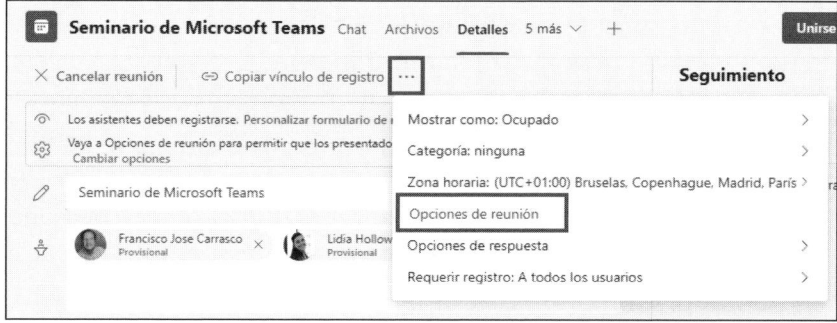

Figura 8.30. Menú Opciones de reunión.

En la ventana Opciones de reunión se muestran varias opciones que podemos configurar, como se muestra en la figura 8.31:

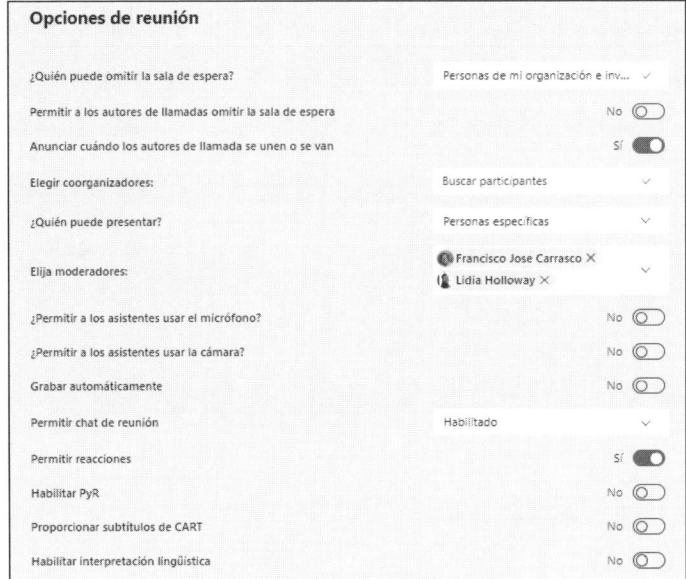

Figura 8.31. Opciones de reunión.

- **¿Quién puede omitir la sala de espera?**: Con esta opción podemos decidir cómo se unen los asistentes a nuestra reunión: si se unen directamente o tienen que pasar por la sala de espera. En la lista desplegable que aparece, podemos seleccionar qué grupo de personas omite la sala de espera, es decir, se unen directamente a nuestra reunión. Normalmente, se usa como medida de seguridad para evitar que se cuelen personas ajenas no invitadas que se hayan podido hacer con el enlace de la reunión.

- **Anunciar cuándo los autores de llamada se unen o se van**: Si se habilita esta opción, la persona que organiza la reunión puede recibir un aviso en forma de pitido cuando un asistente se une o abandona la reunión.

- **Elegir coorganizadores**: En esta opción podemos elegir qué personas serán coorganizadores o moderadores en la reunión. Un coorganizador tiene casi los mismos privilegios que la persona organizadora. Estas personas deben estar invitadas a la reunión previamente para que aparezcan en la lista.

- **¿Quién puede presentar?**: En esta lista podemos seleccionar quién puede usar la opción de compartir pantalla durante la reunión.

- **¿Permitir a los asistentes usar el micrófono o la cámara?**: Como medida de seguridad, se puede impedir que los asistentes puedan abrir sus micrófonos y compartir su vídeo. Esto se suele hacer en algunas reuniones en las que se hace una exposición y los asistentes harán las preguntas al finalizar esta; en ese momento, desde los controles de la reunión, el organizador o moderador puede habilitar de nuevo estas opciones y permitir que los asistentes las utilicen.

- **Grabar automáticamente:** Esta es una estupenda opción para dejar programada la grabación de la reunión y así no tener que recordar iniciar la grabación cuando comienza esta.

- **Permitir chat de reunión:** Al igual que los micrófonos y las cámaras, el chat se puede deshabilitar para que no se formen conversaciones paralelas en el transcurso de la exposición en una reunión y luego, cuando llegue el momento de la ronda de preguntas en la reunión, se puede habilitar para que los asistentes puedan hacer preguntas o conversar.

- **Permitir reacciones:** Podemos seleccionar si se pueden usar las reacciones o en cambio estarán deshabilitadas; durante la reunión se puede cambiar el estado de esta opción.

- **Habilitar PyR:** Al habilitar esta opción, se permite a los agentes y supervisores de tu organización una buena experiencia y sin problemas entre Dynamics 365 y Teams. Es necesario tener una licencia de Dynamics 365 Customer Service.

- **Proporcionar subtítulos de CART:** Es un servicio que permite durante la reunión que la voz se convierta en texto. Para usar esta opción se necesita una solución CART. Microsoft Teams tiene una opción para subtitular la voz que puedes usar también durante la reunión.

- **Habilitar interpretación lingüística:** Aunque Microsoft Teams no ofrece el servicio de interpretación es posible habilitar esta opción. La interpretación lingüística hace posible que los intérpretes profesionales conviertan las palabras del orador a otro idioma en tiempo real, sin interrumpir el flujo original del orador.

Después de modificar las opciones de reunión, no hay que olvidar hacer clic en el botón **Guardar**.

Descargar la lista de asistencia de la reunión

Cuando la reunión ha finalizado, es posible que necesites revisar la lista de asistencia e incluso descargarla. Puedes realizar estas acciones editando la reunión y accediendo en la parte superior de la pantalla a la pestaña **Asistencia**.

Verás el listado de asistentes y otras columnas con información, como a qué hora se conectaron y desconectaron de la reunión y cuánto tiempo permanecieron en ella. También podrás ver el rol que tenía cada persona en la reunión. Para descargar toda esta información, haz clic en el vínculo **Descargar**, como puedes ver en la figura 8.32, que puedes localizar en la esquina superior derecha de la pantalla. Se descargará en la carpeta **Descargas** de tu equipo un archivo en formato CSV que podrás abrir en Excel si lo deseas.

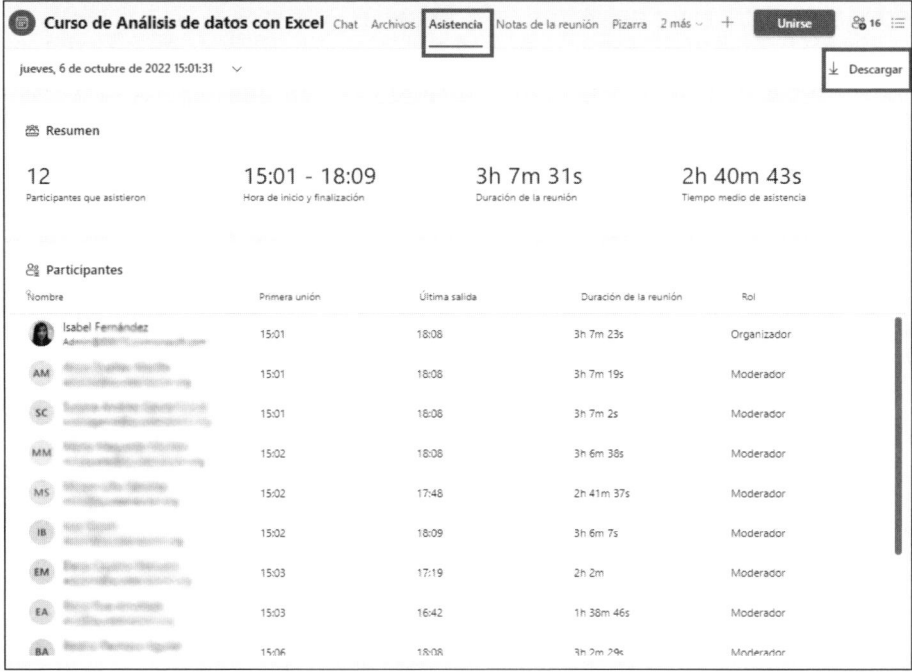

Figura 8.32. Descargar la lista de asistencia.

Descargar la grabación de una reunión

Se puede grabar cualquier reunión o llamada de Teams para verla en el futuro. Todas las personas con una licencia de Microsoft 365 Enterprise E1, E3, E5, F3, A1, A3, A5, M365 Business, Business Premium o Business Essentials pueden iniciar la grabación de la reunión, incluso aunque el organizador no esté presente.

NOTA:

Un invitado que no es de la organización no puede iniciar la grabación de la reunión.

La grabación captura toda la actividad de audio, vídeo y pantalla compartida, y puede compartirla de forma segura en toda la organización.

Cuando se graba una reunión en Teams, solo la persona que inició la grabación y la persona que organizó la reunión pueden descargar la grabación.

En las reuniones que no se produzcan en un canal, la grabación se almacenará en la carpeta `Grabaciones` del directorio de OneDrive de la persona que inició la grabación. Si la reunión se produce en un canal, la grabación se guarda en SharePoint Online en una carpeta llamada `Grabaciones` dentro de la carpeta con el nombre del canal.

Cuando se graba una reunión y una vez haya concluida esta, la grabación se muestra en el historial del chat de la reunión por un tiempo limitado y se eliminará automáticamente cuando expire. El periodo de tiempo en el que estará disponible la grabación en el historial del chat lo configura el administrador de IT.

Se puede ver y cambiar la configuración de expiración de una reunión desde el vínculo que aparece en la parte inferior de la grabación, **Vea o cambie la fecha de expiración aquí**, como se ve en la figura 8.33.

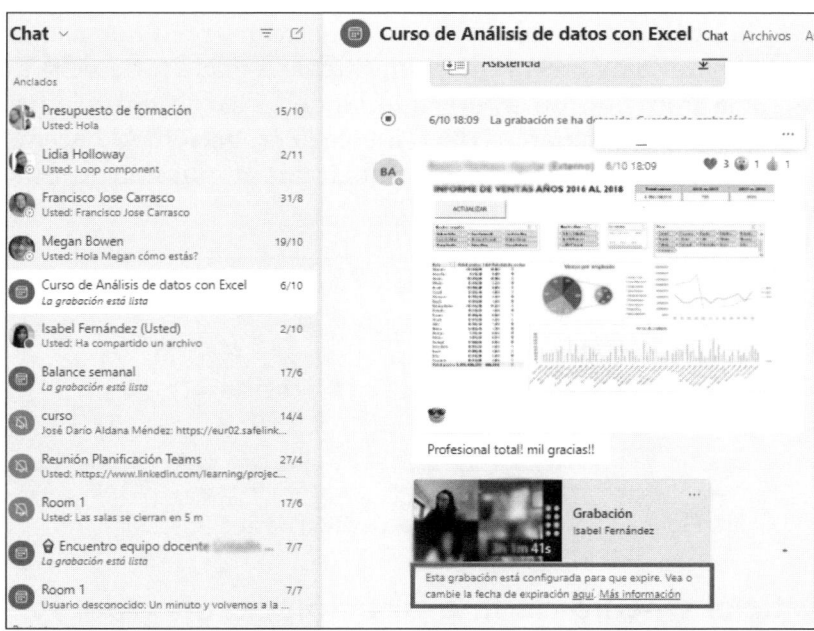

Figura 8.33. Archivo de grabación en el historial de chat.

Al hacer clic en ese vínculo, aparecerá una ventana del explorador con Microsoft Stream, como se puede ver en la figura 8.34.

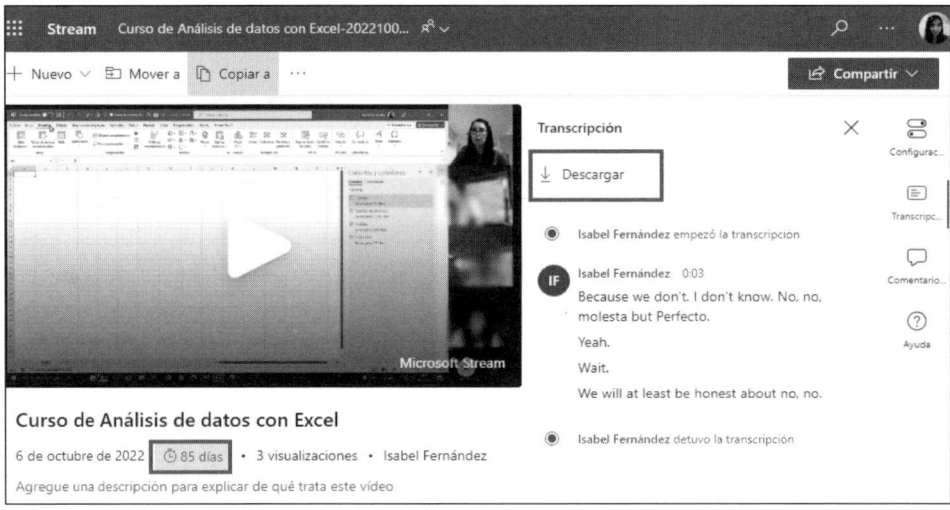

Figura 8.34. Microsoft Stream.

Microsoft Stream es un servicio de vídeo empresarial inteligente que se encuentra como una aplicación de Microsoft 365 en Office.com, pero que está migrando actualmente a SharePoint. En la ventana de Stream, verás a la derecha un vínculo para descargar la grabación. En la parte inferior del vídeo de grabación, se observa un botón donde indica en cuántos días caduca la grabación. Al hacer clic en ese botón, se despliegan varias opciones para elegir una ampliación de fecha o quitar la expiración, como se ve en la figura 8.35.

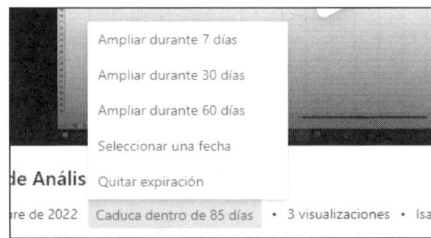

Figura 8.35. Configurar la expiración de la grabación.

Compartir el vínculo de la grabación de una reunión con otras personas

Es posible compartir el vínculo de la grabación de una reunión con otras personas que no asistieron a la reunión o que no fueron invitadas. Si no eres la persona que organizó la reunión o que inició la grabación, puedes compartir el vínculo de la grabación con otras personas, pero el organizador o la persona que la grabó tendrá que autorizarlas cuando accedan al vínculo. Para compartir el vínculo de la grabación, solo hay que localizar el archivo de la grabación en la carpeta `Grabaciones` de OneDrive o SharePoint y compartirlo como lo haríamos con cualquier otro archivo.

En la pestaña Archivos del chat o del canal también se puede acceder al archivo de grabación y desde ahí copiar el vínculo o descargar el archivo.

Una vez situados en la pestaña Archivos, a continuación, localizaremos el archivo de grabación, puede ser que se encuentre dentro de una carpeta llamada `Grabaciones` o directamente en la pestaña Archivos. Localiza el archivo de grabación, haz clic en el botón Más opciones (⋯) y selecciona Copiar vínculo del menú que se despliega. Esto enviará el vínculo al portapapeles y podrás compartirlo con otras personas, como se ve en la figura 8.36.

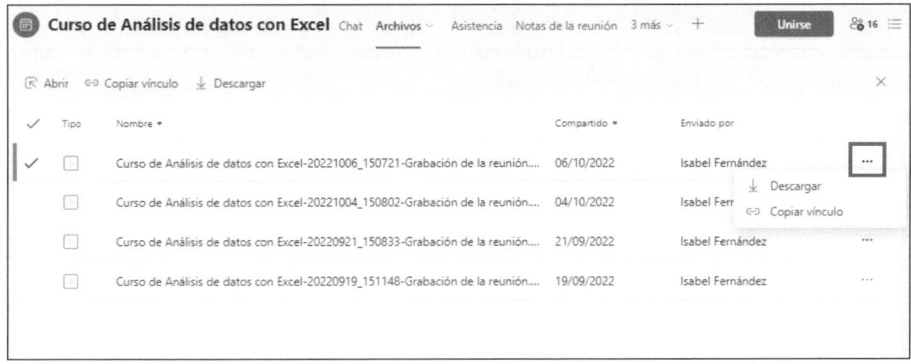

Figura 8.36. Copiar el vínculo de una grabación.

Participar en una reunión de Microsoft Teams

Silenciar y reactivar el audio del micrófono durante la reunión

Es aconsejable que, cuando te unas a una reunión de Teams, mantengas el audio del micrófono apagado; de este modo, si se produce algún ruido, no molestarás al resto de participantes. Puedes desactivar el micrófono como ya hemos visto con anterioridad cuando vas a unirte a la reunión, justo antes de hacerlo.

En Teams, hay varias formas de activar y desactivar el audio del micrófono durante el transcurso de una reunión. Si estás usando la aplicación de escritorio, puedes usar el botón con forma de micrófono que aparece en la barra de herramientas superior.

Si te has unido a la reunión desde Teams para la web, encontrarás este mismo botón en la barra de herramientas que aparece en la parte central de la pantalla de la reunión.

El botón Micrófono es un botón de alternar, si haces clic una vez se activa y la siguiente vez se desactiva.

TRUCO:

Si tienes el micrófono desactivado y necesitas hablar durante un momento, puedes reactivarlo con una combinación rápida de teclas, mantén pulsada la tecla **Control-Barra espaciadora** *en Windows y* **Comando-Barra espaciadora** *en Mac, para activar el micrófono temporalmente. Cuando sueltes la combinación de teclas, el micrófono volverá a desactivarse.*

Si quieres activar o desactivar el micrófono por un tiempo más largo, puedes utilizar otra combinación de teclas que consiste en pulsar **Control-Mayús-M** alternativamente; es una opción rápida a hacer clic en el botón con forma de micrófono.

Si los participantes de una reunión no pueden escucharte, es posible que estés silenciado o que no tengas configurado correctamente el micrófono.

Si activas tu micrófono y el resto de los participantes no pueden escucharte, debes acceder a la configuración del micrófono. En este mismo panel, puedes configurar también los altavoces o la cámara si no te funcionan durante una reunión o llamada. Para acceder a la configuración de estos dispositivos, haz clic en el botón Más acciones (⋯) en la barra de herramientas de la reunión y selecciona la opción Configuración dispositivo. Después, selecciona las opciones de altavoz, micrófono y cámara que necesites configurar.

Silenciar a todos los participantes

Si eres la persona que organiza la reunión o un moderador, puedes silenciar el micrófono de todos los participantes de la reunión.

Para ello, solo tienes que hacer clic en el botón Gente en la barra de herramientas de la reunión. Esto hará que aparezca en pantalla la lista de asistentes, verás en la parte superior de la lista el botón Silenciar a todos, como se puede ver en la figura 8.37.

Si haces clic en ese botón, cierras el micrófono a todas las personas que puedan tenerlo abierto, evitando así que se escuchen ruidos innecesarios.

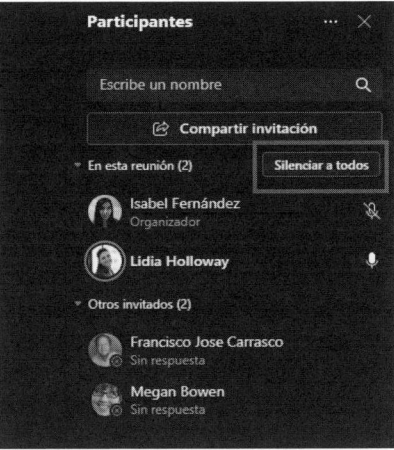

Figura 8.37. Silenciar a todos.

La persona que organiza la reunión o un moderador pueden decidir cerrar los micrófonos de los participantes por un largo periodo de tiempo durante la reunión y que estos no puedan abrirlos. Para ello, hay que acceder a las opciones de reunión haciendo clic en el botón Más opciones, que localizas en la barra de herramientas de la videoconferencia.

En el menú que se despliega, selecciona la opción Opciones de reunión. Esto muestra un panel a la derecha de la reunión donde puedes desactivar o activar el micrófono para todos los participantes de la reunión. Si desactivas la opción Permitir a los asistentes usar el micrófono, los participantes no podrán utilizar el micrófono hasta que actives de nuevo esta opción (véase la figura 8.38).

La persona que organiza la reunión o los moderadores pueden silenciar el micrófono de un participante en particular, desde la lista de participantes, haciendo clic en el botón de tres puntos horizontales Más opciones del participante; en el menú desplegable, hay que hacer clic en la opción Silenciar participante, como puedes ver en la figura 8.39.

Activar o desactivar la cámara en una reunión

Como ya vimos anteriormente, cuando te unes a una reunión, antes de entrar puedes desactivar la cámara y unirte sin compartir el vídeo.

Una buena práctica al unirse a una reunión es activar la cámara al menos cuando te unes para saludar al resto de participantes que ya estén en la reunión; luego, si quieres, puedes desactivarla.

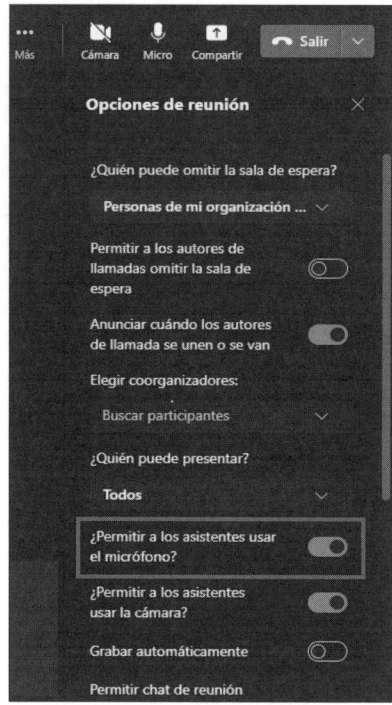

Figura 8.38. Opciones de reunión. Permitir a los asistentes usar el micrófono.

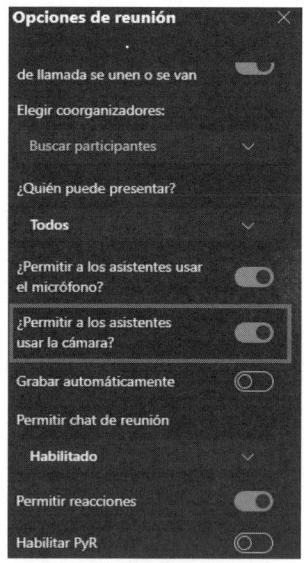

Figura 8.39. Opciones del participante. Silenciar participante.

NOTA:

Mantener la cámara apagada durante la reunión hace que esta sea más impersonal y fría. Mi consejo es que, si te es posible, la mantengas encendida.

En la barra de herramientas de la videoconferencia, localizamos el botón **Cámara**. Si este icono aparece tachado significa que la cámara está apagada, y que no estamos compartiendo nuestra imagen con el resto de los participantes. Para activar la cámara o desactivarla alternativamente, puedes hacer clic en este botón **Cámara** o pulsar la combinación de teclas **Control-Mayús-O**.

TRUCO:

Si quieres ver cómo queda tu imagen antes de activar la cámara y antes de que el resto de los participantes vean tu imagen, mantén unos segundos el ratón encima del botón **Cámara**, *sin hacer clic, solo mantén el cursor encima del botón, verás una vista previa con una miniatura de tu imagen.*

Una persona organizadora o moderadora en la reunión puede impedir que se activen las cámaras de los participantes, accediendo a las opciones de reunión desde el botón **Más acciones** que localizas en la barra de herramientas de la videoconferencia.

En el menú que se despliega, selecciona la opción **Opciones de reunión**. Esto muestra un panel a la derecha de la reunión donde puedes desactivar o activar el uso de la cámara para los participantes, como puedes ver en la figura 8.40.

Figura 8.40. Opciones de reunión. Permitir a los asistentes usar la cámara

La lista de participantes de la reunión

Según el rol de acceso que tengas en una reunión, podrás hacer más o menos cosas durante el desarrollo de esta. Para mostrar la lista de participantes, haz clic en el botón Gente en la barra de herramientas de la videoconferencia. Este botón muestra y oculta alternativamente la lista de participantes cuando haces clic en él.

Dar paso a participantes que están en la sala de espera de la reunión

Si eres la persona que organiza la reunión o un moderador, podrás dar paso a invitados que están en la sala de espera desde la lista de participantes. Las personas que están en la sala de espera aparecen en la parte superior de la lista y están esperando que se les dé paso, como puedes ver en la figura 8.41.

Figura 8.41. Lista de participantes. Sala de espera de la reunión.

Para dar paso a un asistente, haz clic en el botón Aceptar y, para denegarle la entrada, en el botón Cancelar representado por un aspa roja.

Si hay varios participantes en la sala de espera puedes dar paso a todos a la vez si lo deseas haciendo clic en el botón Aceptar todos.

Cambiar de rol a un participante durante la reunión

Cuando te unes a una reunión, tienes el rol que se te otorgó cuando se programó esta, pero durante la reunión es posible promocionar o rebajar el rol a uno o varios participantes.

Si eres la persona que organiza la reunión, al hacer clic en el botón **Más opciones del participante** en un participante en concreto, según su rol actual, podrás convertirlo en organizador, moderador o asistente, como se señala en la figura 8.42. Verás la opción que corresponde en el menú y solo con hacer clic habrás cambiado el rol de esa persona.

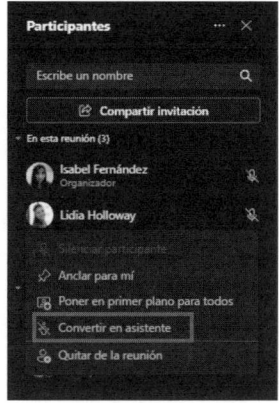

Figura 8.42. Opciones del participante. Cambiar rol.

Usar las reacciones para expresarse en una reunión

En una reunión de Teams, puedes abrir el micrófono si está permitido para comunicar algo de forma verbal, pero, si tan solo necesitas comunicar un sentimiento, puedes hacerlo mediante el lenguaje no verbal a través de las reacciones.

NOTA:

Si necesitas comunicar algo, puedes solicitar la palabra levantando la mano (*), antes de abrir el micrófono directamente.*

Las reacciones hacen que las reuniones de Teams se vean más inclusivas e incluso divertidas. Localizarás el botón de reacciones en la barra de herramientas de la reunión, como puedes ver en la figura 8.43.

Figura 8.43. Reacciones.

Al hacer clic, verás en primer lugar el icono con forma de mano, úsalo para pedir la palabra; luego verás el resto de los iconos que corresponden a las distintas reacciones que puedes comunicar.

Puedes enviar tantas reacciones como desees. Por ejemplo, si quieres aplaudir, puedes enviar varios aplausos haciendo clic repetidamente en el icono de aplaudir, como se muestra en la figura 8.44.

Figura 8.44. Reacciones de aplaudir.

Cuando se está compartiendo contenido en una reunión, las reacciones de los participantes aparecerán flotando desde la parte inferior de la pantalla, como puedes ver en la figura 8.45.

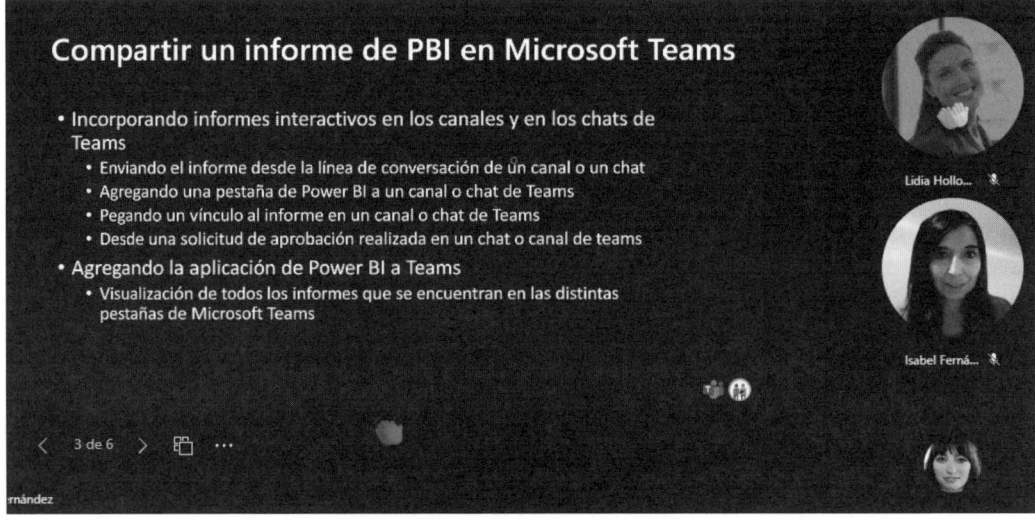

Figura 8.45. Reacciones en pantalla.

En la reunión todos los participantes verán tus reacciones, y tú verás las reacciones que envíen el resto de los participantes.

Cuando un participante pide la palabra haciendo clic en el icono en forma de mano, en la lista de asistencia aparece la mano en el nombre del participante, como se muestra en la figura 8.46.

Figura 8.46. Un participante pide la palabra durante la reunión.

NOTA:

El número que aparece delante del icono con forma de mano indica el orden en que los participantes deben de tomar la palabra, según el momento en el que se haya hecho clic en el icono.

Si en una reunión ves que el icono de reacciones está desactivado, ten en cuenta que la persona que administra la reunión ha podido desactivar esta opción desde el cuadro de diálogo Administración de permisos de la reunión. Si eres organizador o coorganizador, haz clic en el botón Más acciones, en la parte superior derecha de la lista de participantes, y selecciona Administrar permisos.

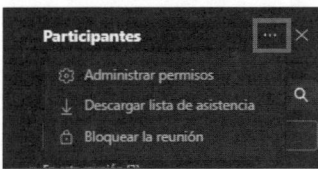

Figura 8.47. Administrar permisos.

Esto abre una ventana del navegador predeterminado donde puedes encontrar la opción Permitir reacciones y deshabilitarla si es necesario, como puedes ver en la figura 8.48.

Cambiar el fondo de tu vídeo

Cambiar el fondo antes de unirte a la reunión

Antes de unirte a la reunión o en el transcurso de esta, si tienes intención de activar la cámara, puedes agregar o cambiar el fondo de tu vídeo.

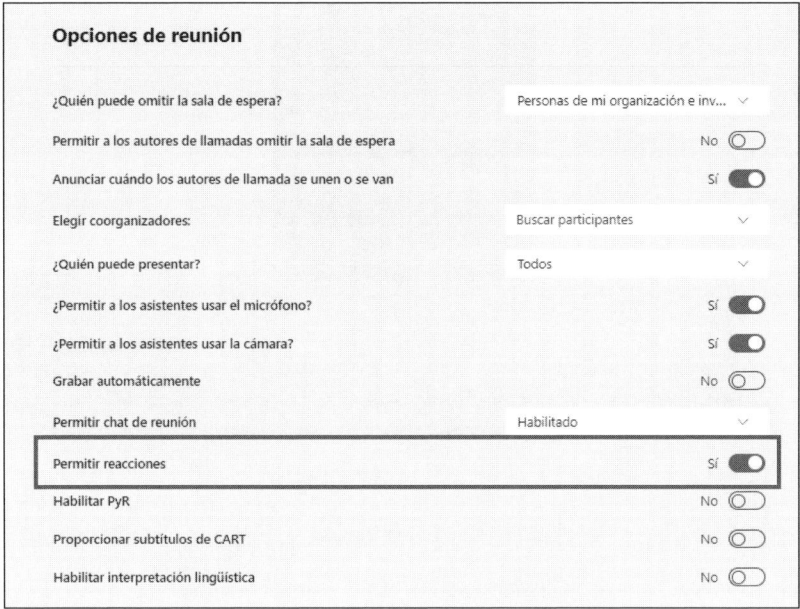

Figura 8.48. Administrar permisos. Permitir reacciones.

Colocar una imagen de fondo puede aumentar tu privacidad y, en algunas ocasiones, si estás en lugares donde hay otras personas alrededor, puede evitar que el resto de los participantes se distraiga con los elementos adicionales que enfoca tu cámara.

Cuando te unes a una reunión antes de entrar, encuentras una opción para agregar un fondo o cambiar el que tienes actualmente: **Filtros en segundo plano**. Al hacer clic, verás a la derecha una lista con las imágenes para usar como fondo que Microsoft Teams te ofrece. Puedes seleccionar la que más te guste, aunque también puedes agregar una imagen propia si lo deseas, por ejemplo, una imagen de fondo corporativa u otra imagen que desees, solo tienes que hacer clic en el vínculo **+ Agregar nuevo**. Todas estas opciones las puedes ver en la figura 8.49.

Otra posibilidad, en lugar de agregar una imagen de fondo, es que difumines el fondo existente. Eso lo consigues haciendo clic en **Desenfoque**, que es la segunda opción que aparece en la lista de fondos. La primera opción que aparece con la imagen de prohibido es para quitar el fondo existente.

ADVERTENCIA:

Los fondos que agregues desde tu equipo o dispositivo móvil deben ser archivos JPG, PNG o BMP.

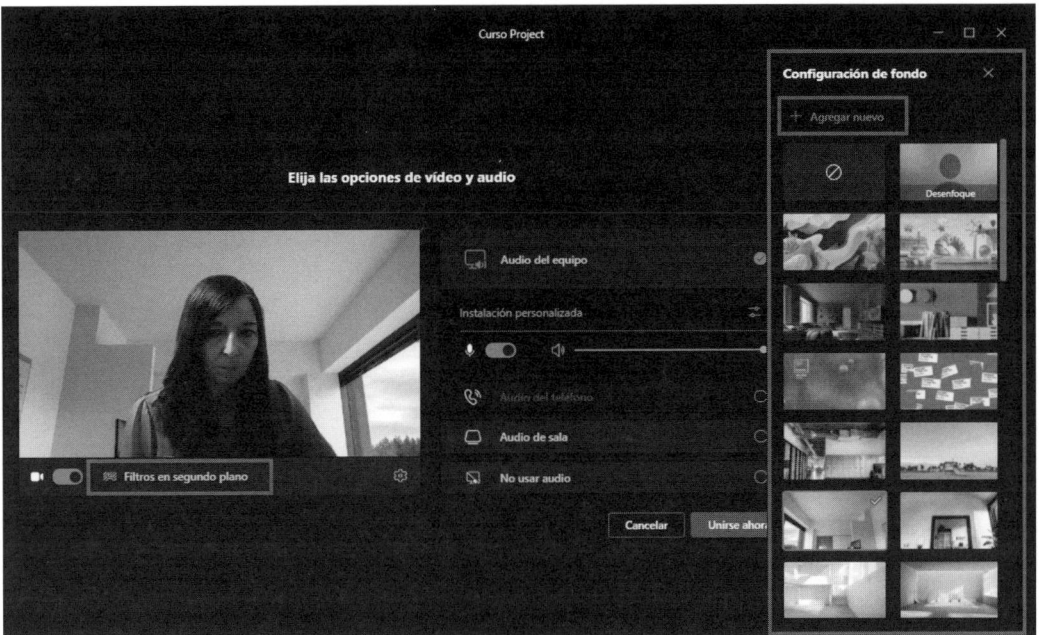

Figura 8.49. Agregar/modificar fondo.

NOTA:

Cuando apliques un fondo, este permanecerá activo para todas las reuniones en las que participes hasta que lo cambies.

Cambiar el fondo durante la reunión

Desde el botón Más acciones, que localizas en la barra de herramientas de la videoconferencia, puedes acceder a la opción Aplicar efectos de fondo, como se muestra en la figura 8.50. Al igual que cuando te unes a la reunión, aquí también tienes la opción para seleccionar uno de los filtros para el fondo de tu vídeo que Microsoft Teams te ofrece, puedes agregar también tu propio fondo con las características mencionadas anteriormente o difuminar el existente.

Lo que sí puede resultarte útil es que, antes de hacer clic en el botón Aplicar, hagas clic en el botón Vista previa, así podrás ver tu imagen con el fondo antes que el resto de los participantes y comprobar cómo te queda; si no te gusta, puedes seleccionar otro fondo más apropiado y repetir el proceso haciendo clic cada vez en el botón Vista previa. Cuando encuentres el fondo adecuado, haz clic en el botón Aplicar, como se señala en la figura 8.51.

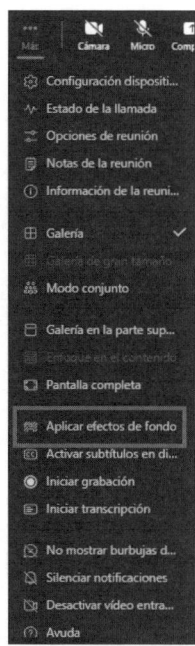

Figura 8.50. Aplicar efectos de fondo.

Figura 8.51. Seleccionar el fondo del vídeo durante la reunión.

Cambiar la vista de la reunión

Vista Galería

Por defecto, las reuniones de Teams arrancan con la vista Galería, que permite mostrar hasta 9 participantes en una cuadrícula de 3 × 3. Durante el transcurso de una reunión en Teams, es posible cambiar la vista de los participantes dependiendo de si hay que centrarse en el contenido compartido o visualizar el vídeo del resto de los participantes.

Cuando alguien comparte contenido en una reunión, Teams de forma predeterminada enfoca ese contenido para centrar la atención de los participantes, pero podemos modificar la vista de la reunión desde el botón Más acciones, que localizas en la barra de herramientas de la videoconferencia. Por defecto, como te decía, está activado el modo Galería, como se ve en la figura 8.52.

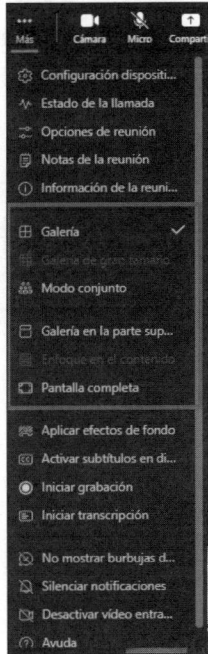

Figura 8.52. Cambiar la vista de la reunión.

Este modo hace que, cuando estás en una reunión y alguien comparte contenido, de manera predeterminada, el contenido aparece en el centro de la vista de la reunión y los vídeos de los participantes se desplazan hacia un lado o hacia arriba. Si en este modo Galería alguien está compartiendo contenido y haces clic en el vídeo de un participante se intercambia el contenido que se comparte con la galería de participantes. Esta acción lleva los vídeos de los participantes al centro de la vista de la reunión y mueve el contenido compartido, a un lado o a la parte superior de la vista de la reunión, haciendo que se vea como un icono de la aplicación que se esté compartiendo, como se ve en la figura 8.53.

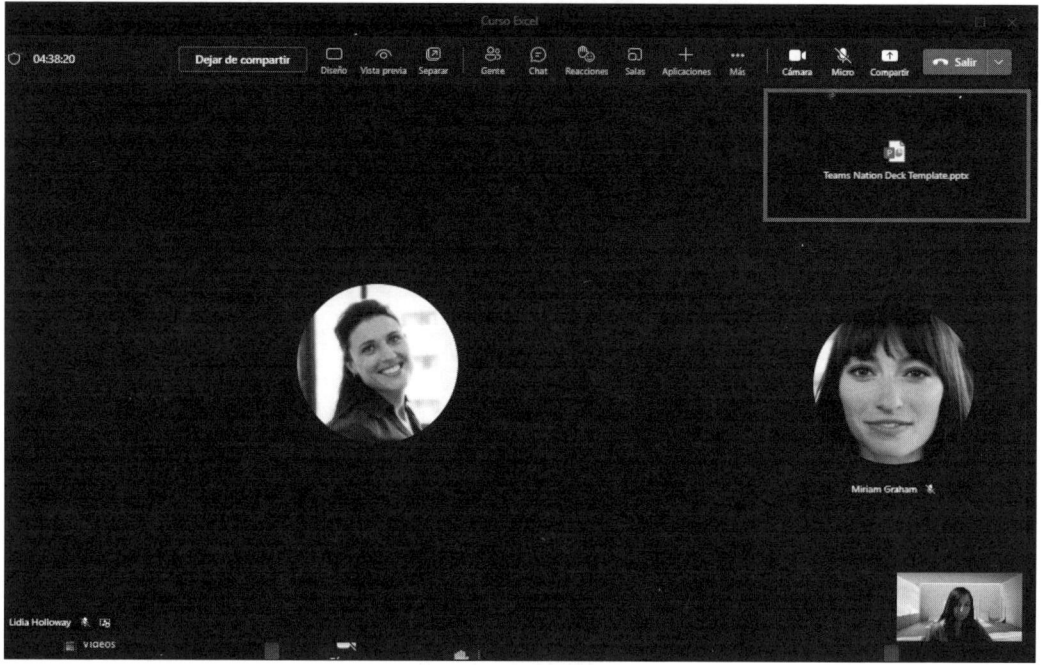

Figura 8.53. Intercambiar contenido compartido y participantes en la vista Galería.

Para devolver el contenido compartido al centro de la pantalla, haz clic en el contenido y volverá a intercambiarse.

Aumentar el número de participantes que puedes ver en la reunión

Hay una vista llamada Galería grande que solo está disponible cuando al menos diez personas tienen sus cámaras encendidas. Permite ver a un máximo de 49 participantes. Cuando más de 49 participantes se unan a una reunión de Teams, puedes verlos a todos en la vista Galería grande por páginas, aparecerán unos controles de navegación (<, >) en la parte inferior de la galería siempre que haya más de 49 participantes. Utiliza estos controles de navegación para visualizar o interactuar con otros participantes.

Galería en la parte superior

La opción Galería en la parte superior te permite cambiar la orientación de los participantes de la reunión y pasarlos a la parte superior de la pantalla para mantener un mejor contacto visual mientras se comparte contenido.

Enfoque en el contenido

Cuando alguien está compartiendo contenido en una reunión, Teams se anticipa cambiando la vista para mejorar el contacto visual. Pero, si lo deseas, puedes cambiar la vista manualmente. La opción Enfoque en el contenido va a centrar el contenido compartido en la pantalla dándole prioridad visual a ese contenido.

Pantalla completa

Cuando alguien comparte contenido, podemos ayudarnos a tener una mejor visualización del contenido compartido activando la opción Pantalla completa.

Hay archivos que se comparten que tienen la letra pequeña y no alcanzamos a ver bien el contenido compartido. La opción Pantalla completa puede sernos de gran ayuda y nos puede proporcionar una mejor experiencia de usuario con el contenido compartido.

Cuando termine de mostrarse el contenido compartido, puedes desactivar la opción de Pantalla completa igual que la activaste. También puedes desactivar el modo Enfoque.

Modo conjunto

El Modo conjunto en Teams proporciona un entorno de reunión que permite integrar a las personas y animarlas a activar su cámara. Muestra a los participantes en una sola escena virtual todos juntos. Así, cuando distintas personas se encuentren en lugares diferentes, se verá a todos los participantes en el mismo entorno virtual.

El modo conjunto permite reorganizar la pantalla de la reunión para acercarse más a una experiencia real en la reunión mediante el uso de la inteligencia artificial. Para disfrutar de la experiencia, pide a los participantes que activen su cámara; a continuación, ve al botón Más acciones, que localizas en la barra de herramientas de la videoconferencia, y selecciona Modo conjunto.

Aparece la primera escena virtual; tiene forma de teatro y cada participante que tiene la cámara activada aparece localizado en un asiento.

Si haces clic en la opción **Cambiar escena**, que verás en la parte inferior izquierda de la vista, podrás observar las distintas escenas que puedes aplicar y navegar por ellas, como se muestra en la figura 8.54.

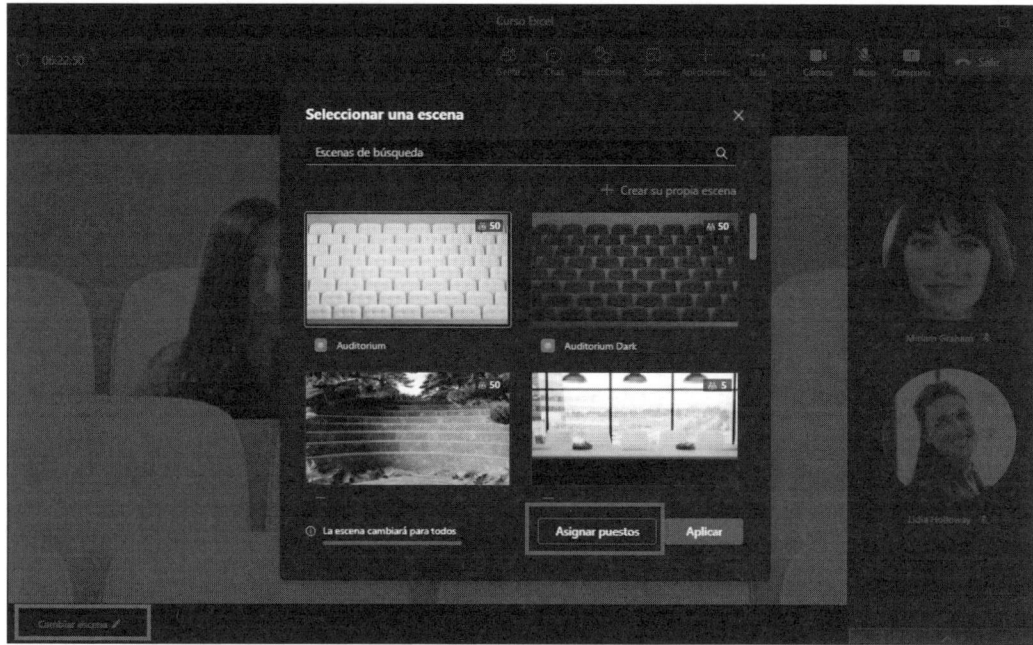

Figura 8.54. Vista Modo conjunto.

Es posible cambiar al participante de asiento. En la parte inferior derecha, verás el botón **Asignar puestos**, esto te mostrará un cuadro de diálogo con la lista de participantes y los puestos correspondientes a los distintos asientos, solo tienes que seleccionar el puesto e indicar qué participante irá allí, haciendo clic en él en la lista de participantes, como se ve en la figura 8.55.

NOTA:

En cada escena, en la parte superior derecha, aparece un número indicando cuántos participantes se pueden mostrar como máximo en esa escena.

ADVERTENCIA:

Ten en cuenta que, cuando aplicas una escena, esta cambiará para todos los participantes.

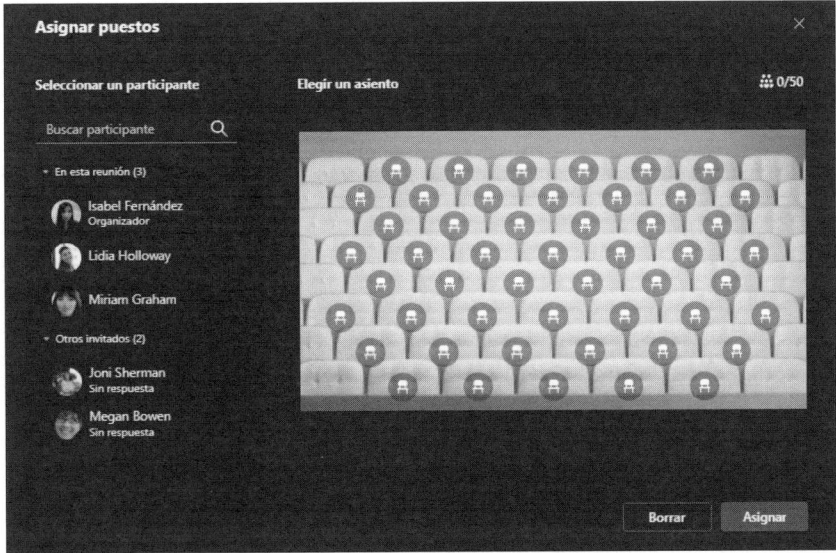

Figura 8.55. Asignar puestos.

Grabación de una reunión

Las reuniones y las llamadas de Teams se pueden grabar para en el futuro poderlas revisar. Cuando grabamos una reunión de Teams, se graba tanto el audio como el vídeo y también la pantalla compartida, pero no se graban pizarras ni notas ni vídeos que aparezcan en PowerPoint.

ADVERTENCIA:

Las grabaciones de las reuniones expiran y se eliminan de forma automática después de un periodo de tiempo establecido. Este periodo de tiempo lo establece el administrador de Microsoft Teams, que lo define de forma general para todas las reuniones, pero se puede cambiar la fecha de expiración de cualquier grabación.

Programar la grabación de una reunión

La persona que organiza la reunión puede dejar la grabación programada para que durante la reunión no se olvide iniciar la grabación. Es normal que queramos grabar una reunión, pero que no nos acordemos de iniciar la grabación hasta que la reunión ya lleva un tiempo comenzada. Para evitar esto, se puede programar que la grabación se inicie de forma automática cuando comience la reunión.

Cuando se está programando la reunión o una vez programada, la persona que la organiza puede editarla y, desde la pestaña **Detalles**, hacer clic en el botón representado por tres puntos horizontales y seleccionar la opción **Opciones de reunión**, como se señala en la figura 8.56.

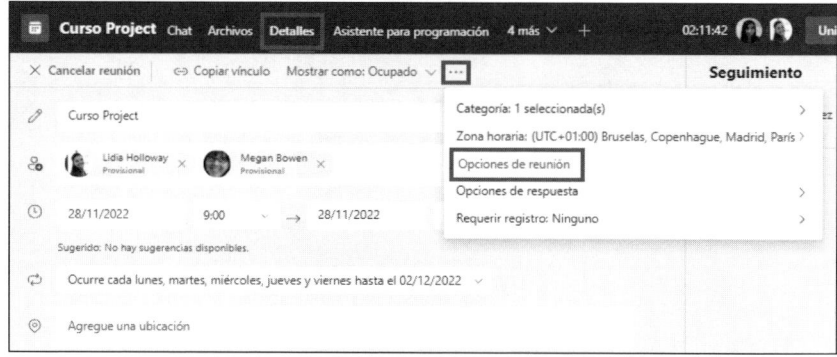

Figura 8.56. Opciones de reunión.

Esto nos muestra una ventana del navegador donde veremos la opción **Grabar automáticamente**, solo tenemos que activarla para dejar programada la grabación, como se señala en la figura 8.57.

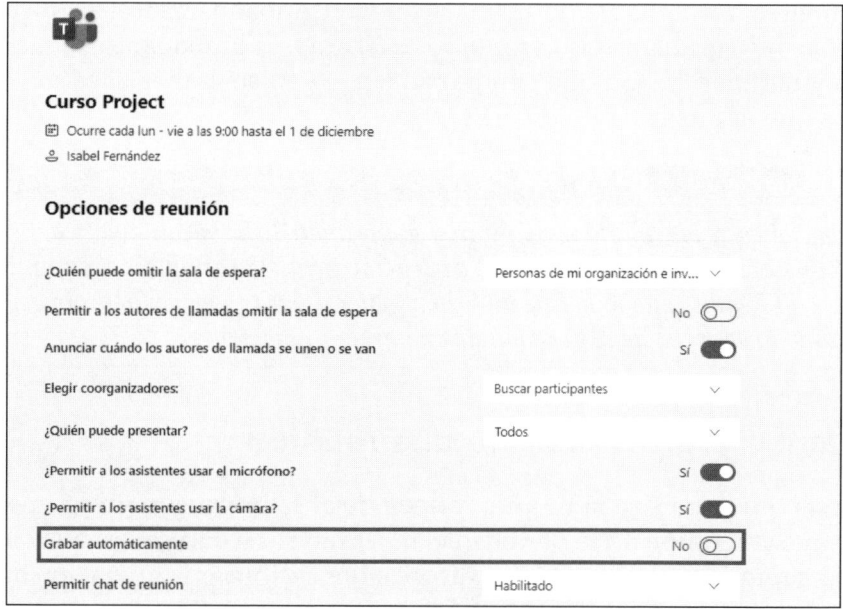

Figura 8.57. Grabar automáticamente.

Iniciar la grabación

Para iniciar la grabación de la reunión, haz clic en el botón **Más acciones** y selecciona **Iniciar grabación**, como ves en la figura 8.58.

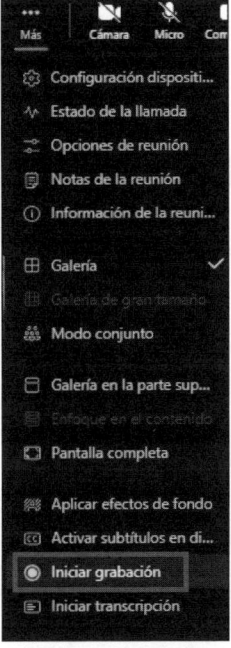

Figura 8.58. Iniciar grabación.

NOTA:

Cualquier persona de la organización puede iniciar la grabación de la reunión, solo las personas invitadas o que pertenezcan a otra organización tendrán esta opción desactivada.

Cuando comiences a grabar una reunión, también se activará la transcripción en directo, siempre y cuando la persona que administra Microsoft Teams haya activado esta opción.

ADVERTENCIA:

Cuando se graba una reunión, a todos los participantes de esta se les notifica que se ha iniciado la grabación y la transcripción de la reunión.

El chat de la reunión

El chat es un lugar donde los participantes de la reunión pueden compartir información sin interrumpir el flujo de esta. La mayoría de las reuniones de Teams tienen activo el chat, la persona que administra Microsoft Teams puede habilitar o deshabilitar el chat para todas las reuniones. La persona que organiza la reunión también puede modificar la configuración del chat limitando su uso a únicamente durante el transcurso de la reunión y no antes o después de esta.

> **NOTA:**
>
> *Los participantes externos a la organización y los participantes anónimos solo tienen acceso al chat mientras asisten a la reunión. En las reuniones de canal, estos participantes no tienen acceso al chat.*

Mostrar el chat y enviar mensajes

Para mostrar el chat, haz clic en el botón Chat en la barra de herramientas de la reunión. Este botón activa o desactiva el chat de forma alternativa.

En la parte derecha de la reunión, aparece un panel donde podrás ver las conversaciones del chat y, en la parte inferior de este, podrás comenzar a escribir un mensaje; una vez que hayas escrito el texto, haz clic en el botón Enviar (▷).

Antes de enviar el mensaje, puedes aplicar formato al texto. Esto puedes hacerlo desde el botón Formato (🖉), que aparece en la barra de herramientas inferior del chat. Desde el chat es posible enviar imágenes y usar emojis, adjuntar archivos y compartir aplicaciones entre otras acciones.

De forma predeterminada, cuando estás en una reunión, aparecen las notificaciones del chat en la ventana principal de la reunión. Para evitar que aparezcan en esta ventana, haz clic en el botón Más acciones de la reunión y selecciona la opción No mostrar burbujas de chat.

Adjuntar un archivo a un mensaje del chat

Para adjuntar un archivo desde una conversación en el chat de la reunión, haz clic en el botón en forma de clip (🖉) y selecciona el archivo. Puedes elegirlo desde diferentes ubicaciones, como OneDrive, o cargarlo desde tu equipo o dispositivo. Cuando cargues un archivo desde tu dispositivo, este subirá una copia de forma automática a la nube de OneDrive. Una vez seleccionado el archivo, haz clic en Enviar.

Presentar y compartir contenido en una reunión de Teams

Si te han otorgado permisos para ello, en Teams puedes compartir tu pantalla durante las reuniones para mostrar presentaciones, aplicaciones, vídeos, tu escritorio y mucho más.

Como ya vimos anteriormente, cuando se organiza la reunión se puede establecer quién puede compartir pantalla, aunque durante la reunión se puede volver a configurar esta opción accediendo a las Opciones de reunión desde el botón Más acciones y eligiendo la opción Opciones de reunión.

En el panel que aparece a la derecha de la reunión, puedes ver la opción ¿Quién puede presentar?, haz clic en el desplegable para configurar esta opción, como se indica en la figura 8.59.

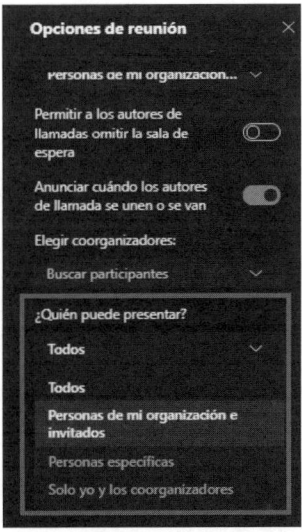

Figura 8.59. ¿Quién puede presentar?

Compartir la pantalla o una ventana

Para comenzar a compartir contenido, debes hacer clic en el botón Compartir desde la barra de herramientas de la reunión.

Aparece el panel Compartir contenido. Lo primero que debes tener en cuenta, por ejemplo, si vas a compartir un vídeo o alguna aplicación que tenga sonido y quieres que los asistentes lo escuchen, es activar la opción Incluir sonido del equipo.

A continuación, selecciona si quieres compartir la pantalla o una de las ventanas que tengas abiertas, como puedes ver en la figura 8.60.

Figura 8.60. Compartir contenido.

Compartir una presentación en una reunión de Teams con PowerPoint Live

Puedes compartir una presentación con PowerPoint Live durante la reunión, en la que el resto de los participantes podrán desplazarse por ella a su propio ritmo si tú lo permites.

PowerPoint Live ofrece al presentador de la reunión y a los asistentes una experiencia inclusiva que combina las funcionalidades de PowerPoint con la comunicación y la colaboración de una reunión de Microsoft Teams.

Los asistentes a la reunión pueden moverse por la presentación y utilizar subtítulos, diapositivas de contraste alto y traducir las diapositivas a su idioma materno.

Para compartir una presentación de PowerPoint, haz clic en el botón **Compartir** y, en la parte inferior del panel, verás las presentaciones recientes. Si la presentación que necesitas compartir no está en la lista de presentaciones recientes, puedes abrirla desde OneDrive o desde tu equipo o dispositivo.

Usar la vista moderador en PowerPoint Live

Si eres la persona que está presentando contarás con la vista de moderador donde podrás ver tus notas, las miniaturas de las diapositivas y las herramientas de moderador entre otras funcionalidades, como puedes ver en la figura 8.61.

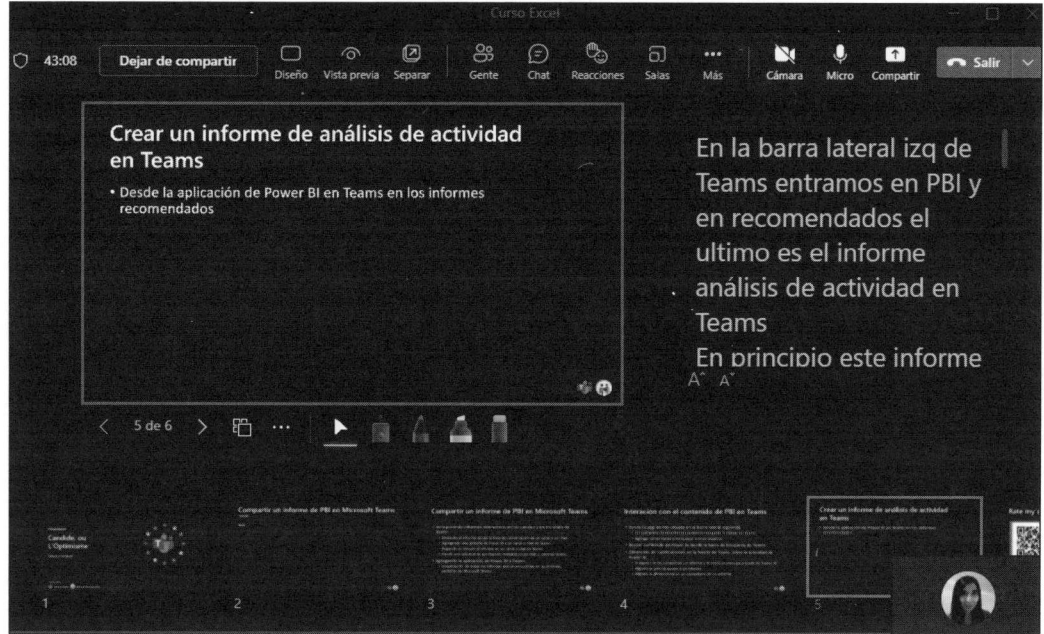

Figura 8.61. Vista moderador en PowerPoint Live.

Si haces clic en el botón Vista previa, el público no podrá desplazarse de forma independiente por la presentación, e inmediatamente la diapositiva que está viendo cada participante se sincronizará con la del presentador. En cualquier momento se puede volver a hacer clic en el botón Vista previa para permitir al público que se mueva por las diapositivas de la presentación de forma individual.

Si haces clic en el botón Más acciones en la barra de herramientas del presentador, podrás ver las opciones Ver diapositivas con contraste alto y Traducir diapositivas con la posibilidad de elegir el idioma de traducción, como puedes ver en la figura 8.62.

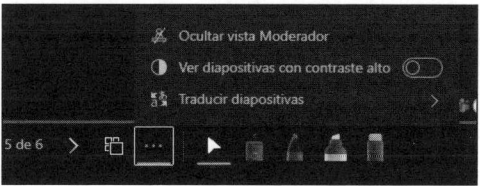

Figura 8.62. Más acciones en PowerPoint Live.

Cuando quieras dejar de compartir la presentación, haz clic en el botón Dejar de compartir.

9

Optimiza tu tiempo con Microsoft To Do. La herramienta esencial para gestionar tus tareas diarias

Microsoft To Do es una aplicación que está dentro del ecosistema de Microsoft 365 y, aunque la verás como aplicación en la página de inicio de Microsoft 365, está también integrada en Outlook. La encontrarás en la versión de Outlook para escritorio y en Outlook para la web.

To Do es una aplicación para aumentar tu productividad, diseñada para ayudarte a organizar tus tareas diarias, crear listas de tareas y gestionar tu tiempo de forma eficiente. A continuación, te detallo algunas de las características claves de Microsoft To Do:

- **Listas de tareas pendientes:** En To Do tienes varias listas para organizar tus tareas pendientes, permitiéndote agregar tareas individuales con detalles específicos, como fechas de vencimiento, recordatorios y notas adicionales. Esto facilita el seguimiento de lo que necesitas hacer y cuándo.

- **Integración con Microsoft 365:** Microsoft To Do se integra con otros servicios de Microsoft, como Outlook o Planner. Esto significa que las tareas creadas en estas aplicaciones también se reflejarán en Microsoft To Do y viceversa.

- **Sincronización multiplataforma:** La aplicación está disponible en múltiples plataformas, incluyendo Windows, macOS, iOS y Android. Esto te permite acceder a tus tareas desde cualquier dispositivo y mantener tu información sincronizada.

- **Funciones de organización:** Puedes organizar tus tareas utilizando funciones como la prioridad, la fecha de vencimiento y la asignación de etiquetas. Esto te ayuda a destacar las tareas más importantes y a filtrarlas según tus necesidades.

- **Vistas:** Microsoft To Do ofrece diferentes vistas, como la vista diaria o la vista por lista, para adaptarse a tus preferencias de organización y proporcionar una visión general clara de tus tareas.

- **Colaboración:** Puedes compartir listas específicas de tareas con otras personas, lo que facilita la colaboración en proyectos o tareas compartidas. Esto es útil para equipos o para organizar actividades familiares.

- **Listas personalizables:** Puedes crear listas para organizar tus tareas según categorías específicas, como trabajo, personales, etc. Esto te permite tener un enfoque más estructurado en tus actividades diarias.

Cómo acceder a Microsoft To Do

Como ya he comentado anteriormente, puedes acceder a Microsoft To Do desde la página de inicio de Microsoft 365 en Aplicaciones, como se señala en la figura 9.1.

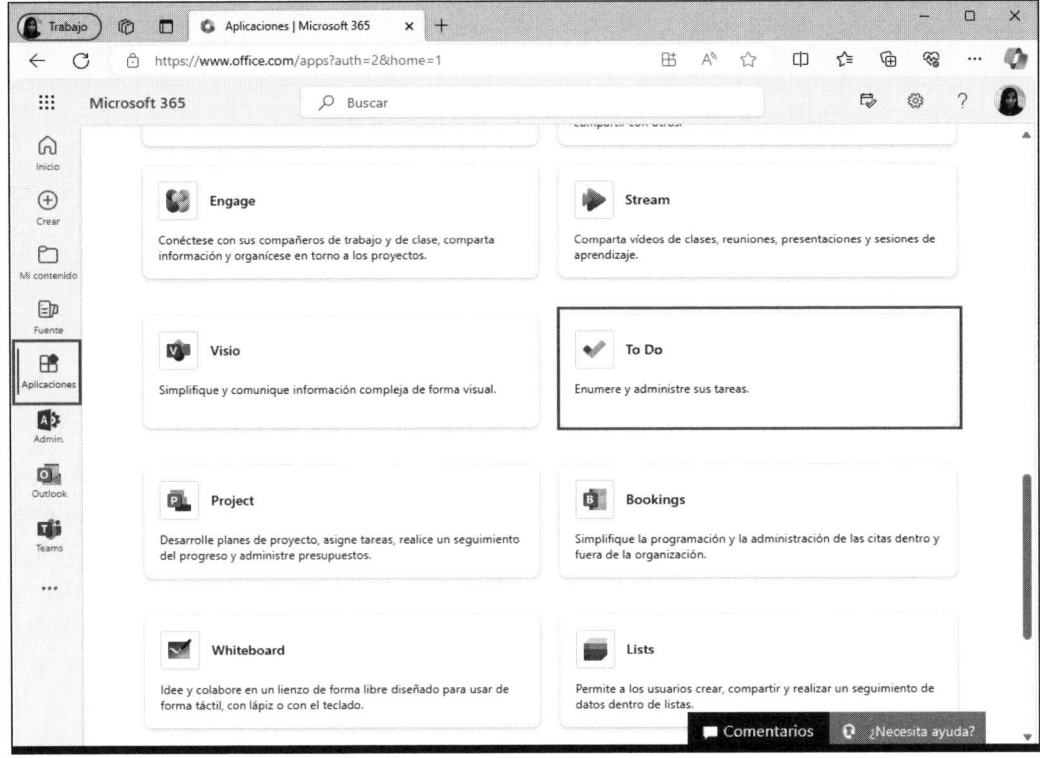

Figura 9.1. Acceso a Microsoft To Do desde la página de inicio de Microsoft 365.

O puedes acceder directamente desde el correo electrónico de Outlook. Encontrarás To Do en la barra de navegación izquierda de componentes del correo electrónico, como se ve en la figura 9.2.

Desde tu dispositivo móvil también puedes acceder a To Do. Si buscas la *app* de Microsoft To Do, podrás instalarla de forma gratuita en tu dispositivo. Una vez instalada, debes iniciar sesión con tu cuenta de Microsoft 365 para ver todas tus tareas.

También puedes acceder a To Do desde cualquier navegador escribiendo la URL: `https://to-do.office.com/`.

Las listas de tareas en Microsoft To Do

Cuando accedas a Microsoft To Do, lo primero que verás a la izquierda son las listas predeterminadas donde podrás organizar tus tareas.

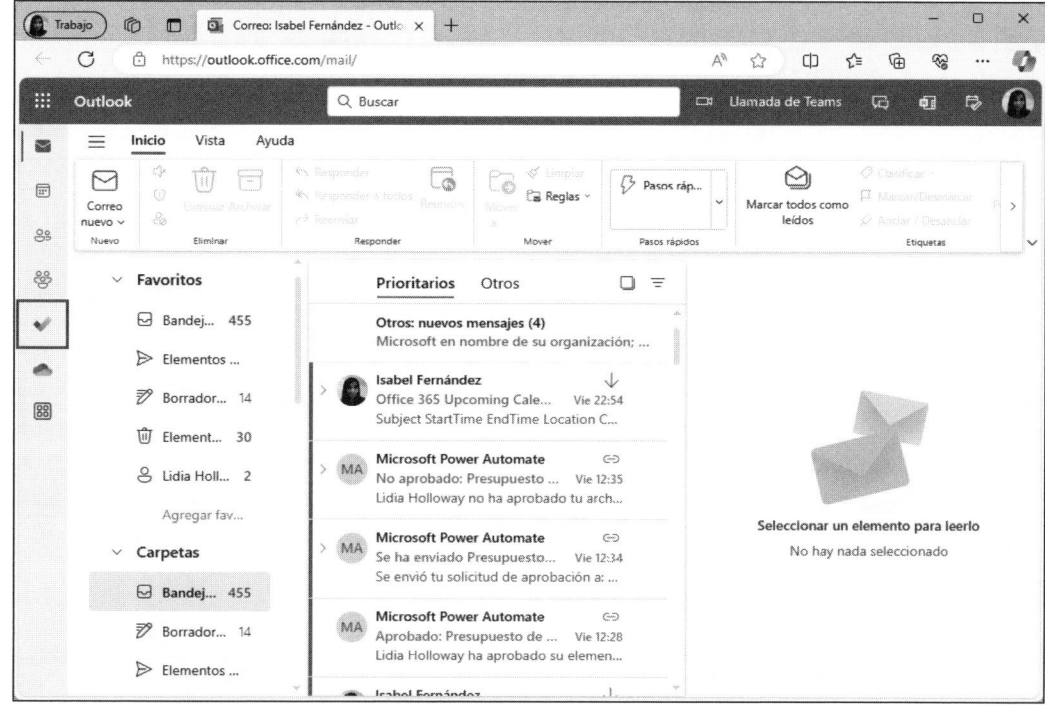

Figura 9.2. Acceso a Microsoft To Do desde Outlook.

Agregar una tarea a una lista predeterminada

En la mayoría de estas listas puedes agregar nuevas tareas para que cuando las crees ya las organices. Por ejemplo, si tienes pensado completar una tarea hoy, puedes crearla directamente en la lista Mi día; o si una tarea es importante, puedes crearla directamente en la lista Importante, como se muestra en la figura 9.3.

También puedes agregar tus tareas a la lista genérica Tareas y luego catalogarlas en la lista o listas que consideres dependiendo de si son importantes o tienes previsto completarlas hoy.

Las listas inteligentes

Antes de explicarte cuál es el objetivo de cada una de las listas que ves en el panel de navegación izquierdo de To Do, se llaman listas inteligentes, vamos a asegurarnos de que tienes activadas todas las listas, ya que algunas no aparecen por defecto.

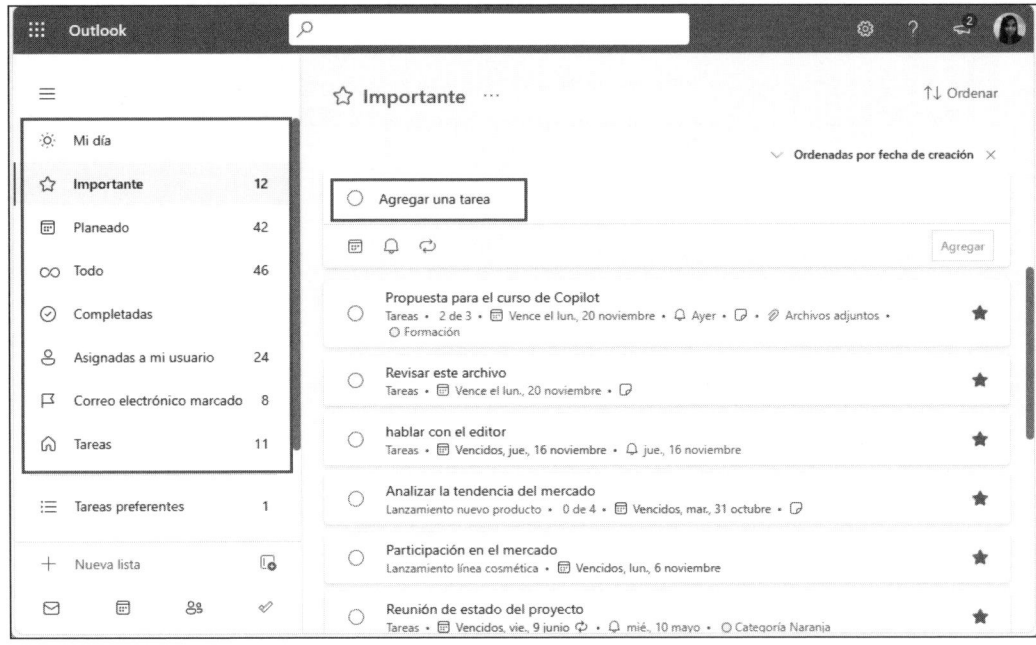

Figura 9.3. Agregar una tarea a una lista predeterminada.

Vamos a entrar en la configuración de To Do haciendo clic en el icono **Configuración** (con forma de rueda dentada), que encontrarás en la parte superior derecha de la aplicación. Haz clic en el vínculo **To Do Configuración**, como se indica en la figura 9.4.

Al entrar en **Configuración** verás muchas opciones para activar o desactivar. Ve a la categoría **Listas inteligentes**. Asegúrate de que tienes marcadas todas las opciones a excepción de **Ocultar automáticamente las listas inteligentes vacías**, que la dejaremos desactivada, como se ve en la figura 9.5.

Desplázate un poco hacia abajo por las opciones y ve a la lista **Aplicaciones conectadas**. Asegúrate de que está marcado tanto Planner como el correo electrónico. Ahora ya puedes cerrar el cuadro de diálogo de configuración. Vamos a ver en detalles cómo puedes organizar tus tareas en cada una de estas listas.

La lista Mi día

La lista **Mi día** en Microsoft To Do ha sido diseñada para ayudarte a organizar y priorizar tus tareas diarias. Esta lista es dinámica y se adapta a tus necesidades diarias, proporcionándote una visión rápida y concentrada de las tareas que has decidido realizar en el día de hoy.

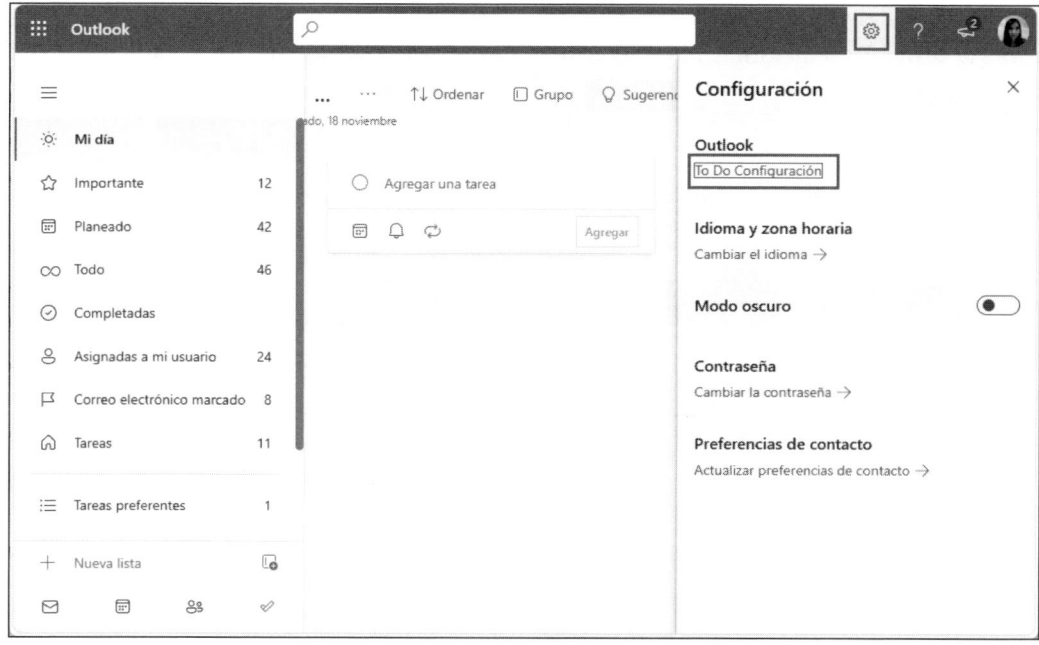

Figura 9.4. Acceso a la configuración de Microsoft To Do.

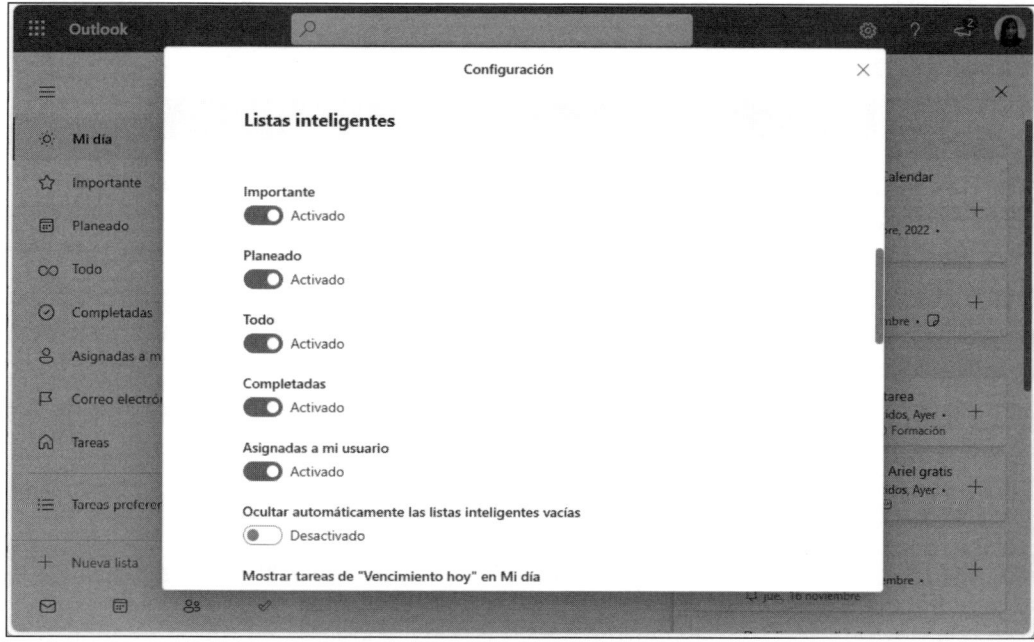

Figura 9.5. Activar Listas inteligentes.

A diferencia de otras listas que puedes tener en Microsoft To Do, Mi día no se rellena automáticamente. Eres tú quien tiene que seleccionar manualmente las tareas que deseas abordar durante el día. Esto te da un control total sobre qué tareas consideras prioritarias o importantes para intentar completarlas hoy mismo. Esta lista se limpia de tareas cada día a las 00:00 horas, de modo que podrás agregar cada día las tareas que tengas previstas realizar ese día, como se ve en la figura 9.6.

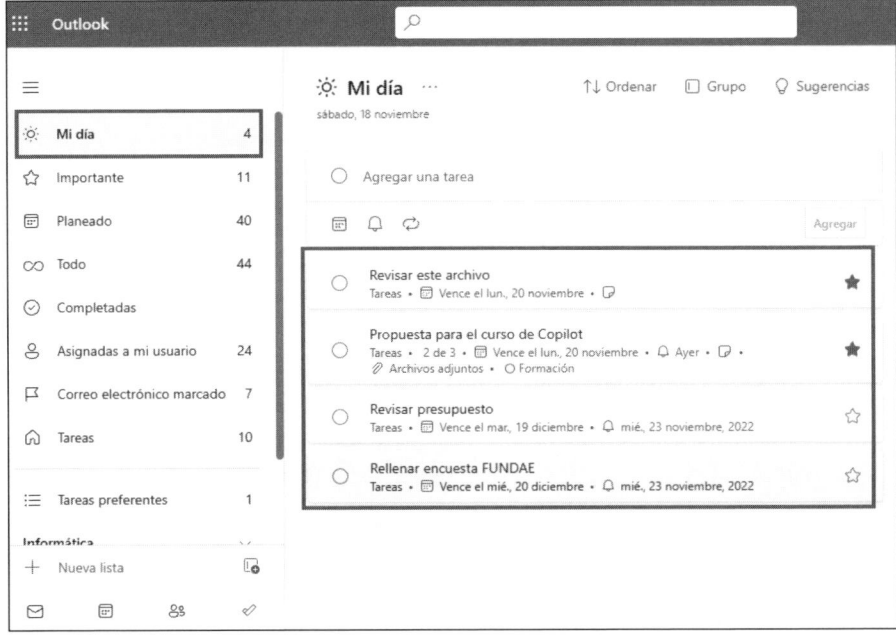

Figura 9.6. Lista inteligente Mi día.

Las tareas que no hayas completado del día anterior que habías agregado a Mi día permanecen en tu lista de tareas y podrás agregarlas de nuevo si tienes pensado completarlas hoy.

Microsoft To Do te ofrece sugerencias inteligentes para Mi día en función de las tareas que tienes ahí organizadas, como se ve en la figura 9.7.

Podrás también ver y gestionar la lista de tareas Mi día desde otras aplicaciones o lugares de Microsoft 365.

Por ejemplo, en la página de inicio de Microsoft 365, encuentras el icono Mi día, que te permite acceder a esta lista, a otras listas de tareas y a los eventos que tienes programados en tu calendario para desarrollarse próximamente, como se muestra en la figura 9.8.

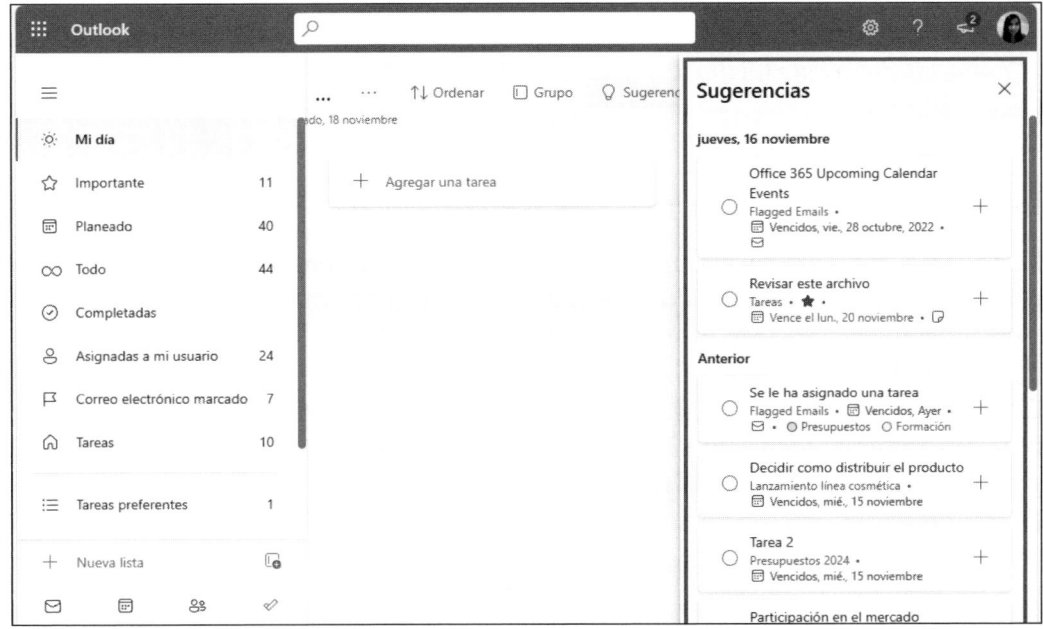

Figura 9.7. Sugerencias para **Mi día**.

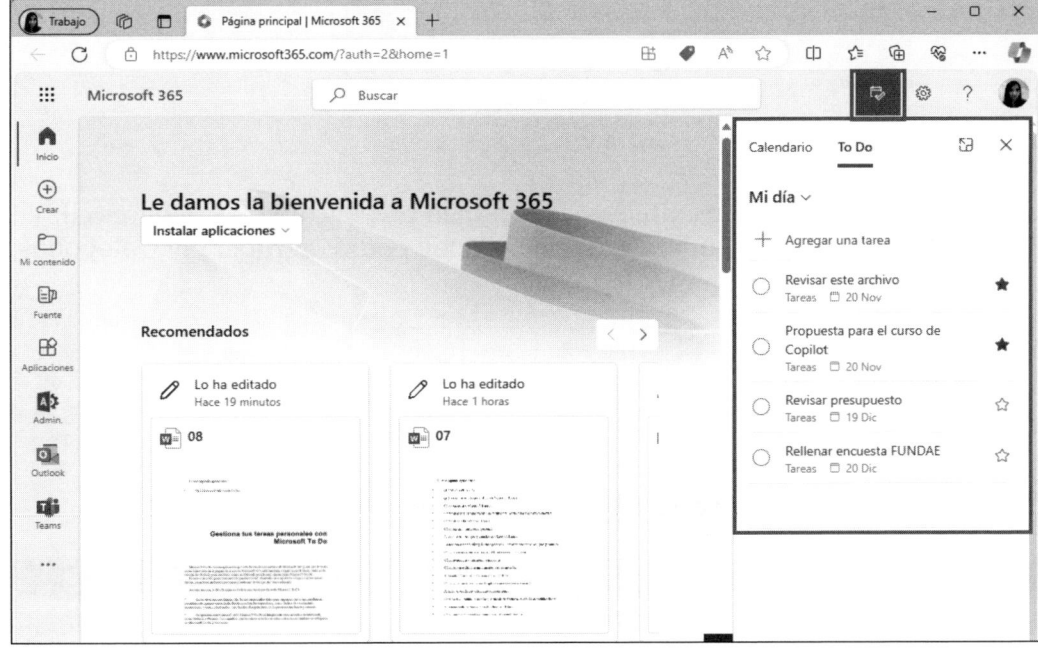

Figura 9.8. Herramienta **Mi día** desde la página de inicio de Microsoft 365.

NOTA:

Como cada día la lista **Mi día** *se reinicia, puedes agregar las tareas que tengas planeado realizar cada día.*

La lista Tareas

Cada tarea que agregues a una lista inteligente estará en **Tareas**, es la lista que contendrá todas tus tareas. Puedes agregar tareas directamente en la lista **Tareas** o en otras listas, pero siempre las encontrarás en **Tareas**.

Para visualizar las tareas de una forma ordenada, puedes hacer clic en el vínculo **Ordenar** que encontrarás en la parte superior derecha de la lista. Puedes ordenar por importancia, fecha de vencimiento, agregadas a **Mi día**, alfabéticamente o por fecha de creación, como se ve en la figura 9.9.

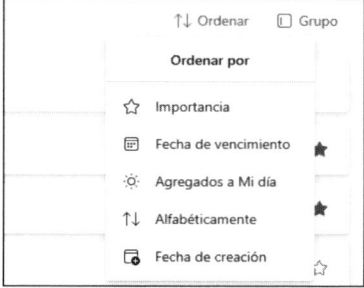

Figura 9.9. Ordenar tareas.

Otra forma de localizar tus tareas más fácilmente es agruparlas. Si haces clic en el botón **Grupo** que encuentras al lado de **Ordenar**, podrás agrupar por **Categorías**, como se muestra en la figura 9.10.

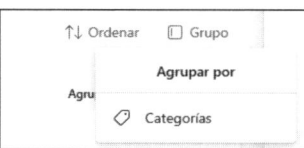

Figura 9.10. Agrupar por categorías.

NOTA:

Las categorías que aparecen en To Do son las que has creado en el correo electrónico de Outlook o en el calendario.

La lista Importante

Esta lista contiene una vista de todas las tareas que hayas marcado como importantes. Para marcar una tarea como importante, solo tienes que hacer clic en el botón en forma de estrella que encuentras a la derecha de cada tarea, como se indica en la figura 9.11.

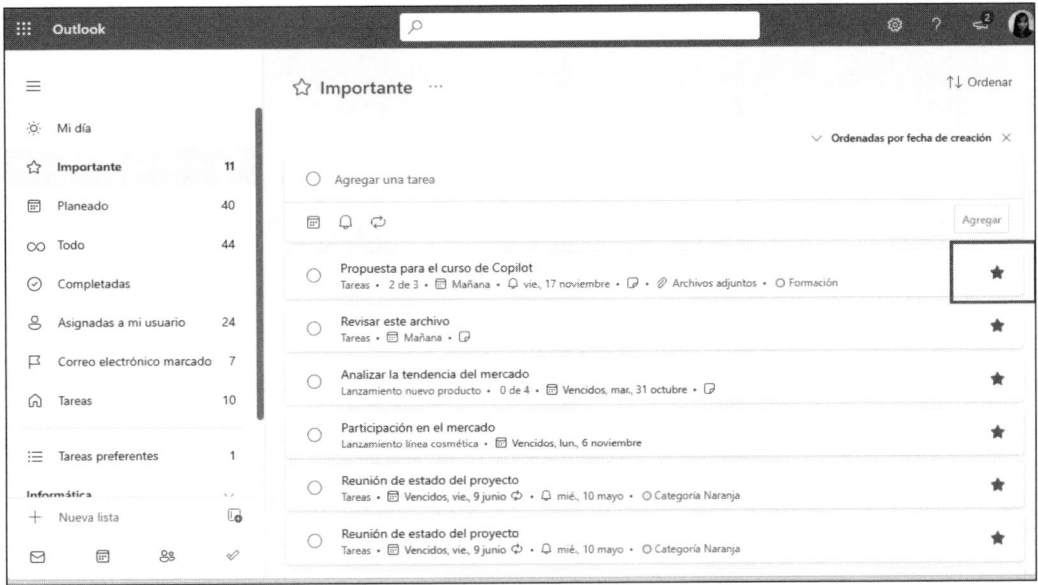

Figura 9.11. Tareas marcadas como importantes.

La lista de tareas importantes también las puedes ordenar haciendo clic en el botón **Ordenar**, que encontrarás, como en otras listas, en la parte superior derecha de la página.

A esta lista puedes agregar tareas directamente desde el botón **Agregar tarea**, que encontrarás en la parte superior de la lista. Solo tienes que escribir el título de la tarea y la fecha de vencimiento. Además, puedes agregar un aviso y hacerla repetitiva; después, haz clic en **Agregar**.

La lista Planeado

Esta lista contendrá de forma predeterminada todas aquellas tareas a las que hayas agregado una fecha de vencimiento. Las tareas que encontrarás en esta lista están agrupadas de forma cronológica, como se ve en la figura 9.12.

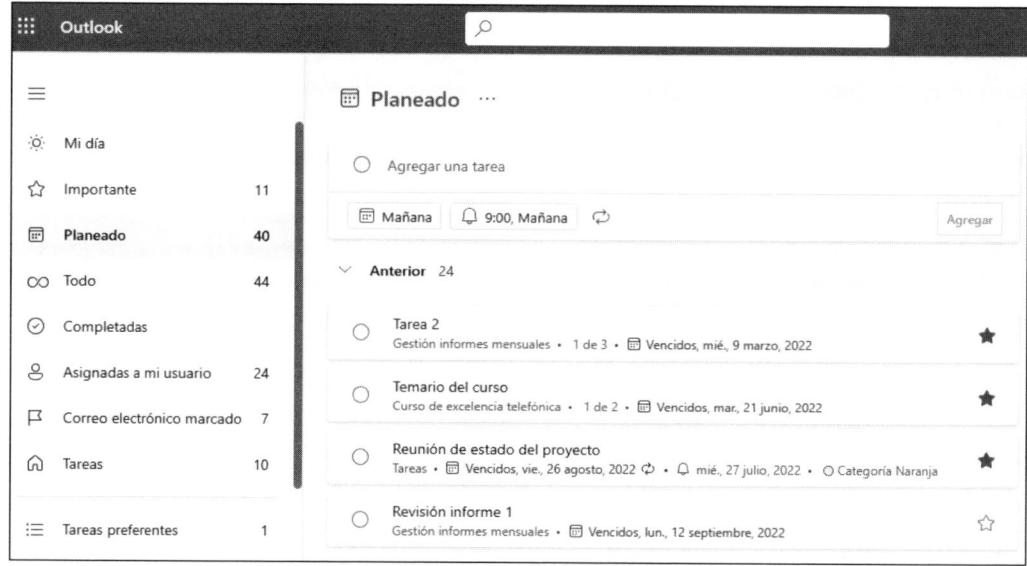

Figura 9.12. Tareas planeadas.

A esta lista puedes agregar tareas directamente desde el botón **Agregar tarea**, que encontrarás en la parte superior de la lista. Solo tienes que escribir el título de la tarea y la fecha de vencimiento. Además, puedes agregar un aviso y hacerla repetitiva; después, haz clic en **Agregar**.

La lista Completadas

Esta lista la tienes que añadir desde **Configuración** de To Do para que aparezca en el panel izquierdo que contiene las listas inteligentes. Como ya has adivinado, contiene todas las tareas que has marcado en otras listas como completadas.

Para marcar una tarea como completada, solo tienes que hacer clic en el círculo que aparece a la izquierda del nombre de la tarea. Esto hará que se marque como completada y que pase a formar parte de esta lista, como se ve en la figura 9.13.

Por defecto, verás las tareas completadas ordenadas cronológicamente.

La lista Todo

Esta lista la tienes que añadir desde **Configuración** de To Do para que aparezca en el panel izquierdo que contiene las listas inteligentes. Esta lista engloba todas las tareas que están en el resto de las listas, como se muestra en la figura 9.14.

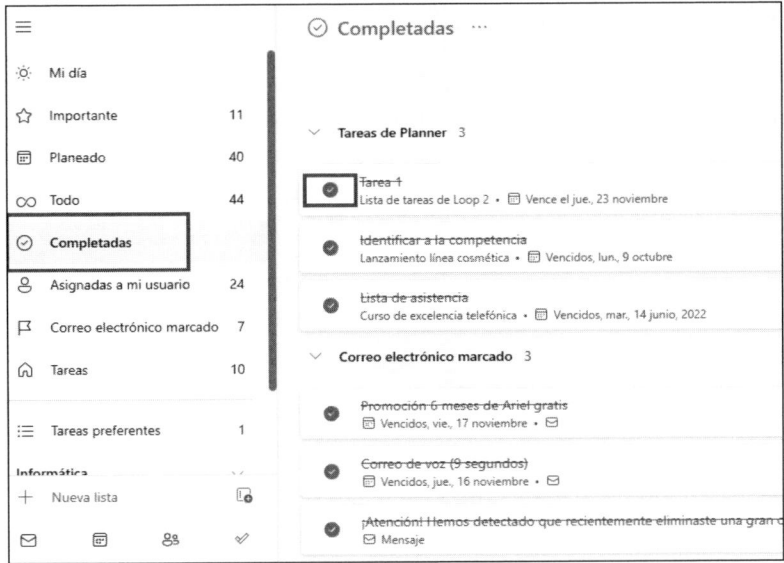

Figura 9.13. Tareas completadas.

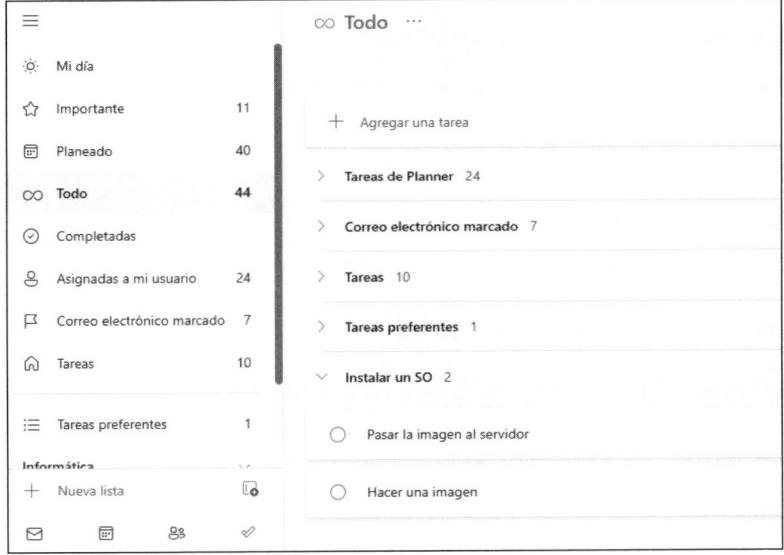

Figura 9.14. Lista Todo.

Podrás usarla para localizar cualquier tarea que se encuentre en las otras listas. Esta lista incluye las tareas que tienes asignadas en los distintos planes de Planner en los que trabajes.

Correo electrónico marcado

Esta lista, como su nombre indica, contiene el correo electrónico que has marcado en Outlook con la marca de seguimiento, la que se representa con una bandera. Las tareas que están en esta lista están ordenadas de forma cronológica según el correo electrónico marcado, como se ve en la figura 9.15.

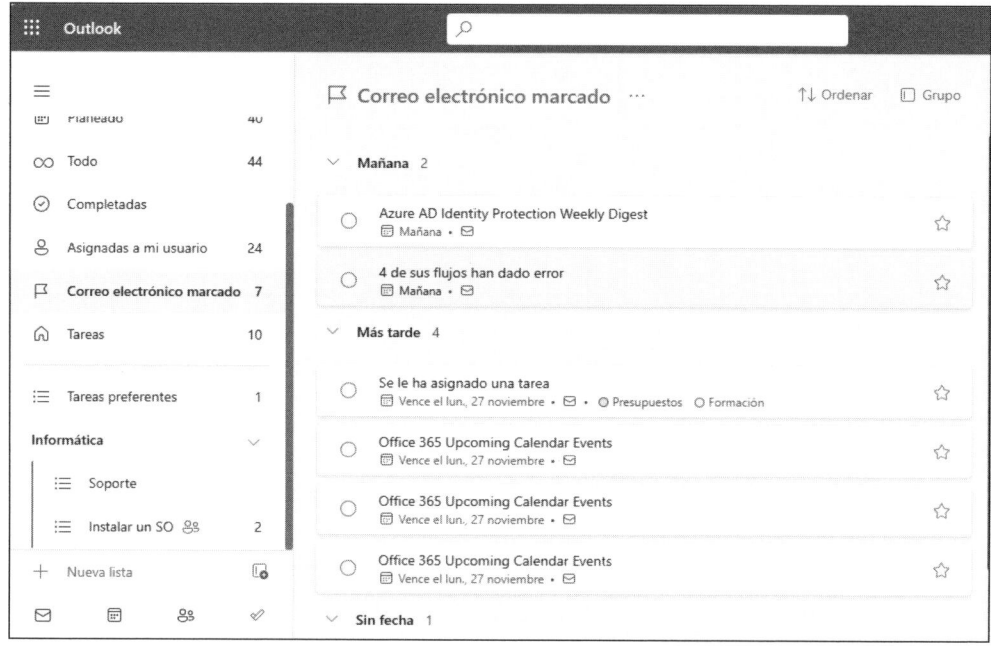

Figura 9.15. Lista correo electrónico marcado.

La lista Asignadas a mi usuario

Esta lista contiene todas las tareas que tengas asignadas en los distintos planes de Planner en los que trabajes. Debajo del nombre de la tarea, aparece el nombre del plan de Planner al que pertenece y la fecha de vencimiento que tienen, como se señala en la figura 9.16.

Crear listas de tareas personalizadas

En Microsoft To Do puedes crear tus listas personalizadas de tareas. La ventaja de crear tus propias listas de tareas es que esas listas se pueden compartir con otras personas y todas las personas que tengan acceso a la lista podrán editar y hacer cambios en tiempo real.

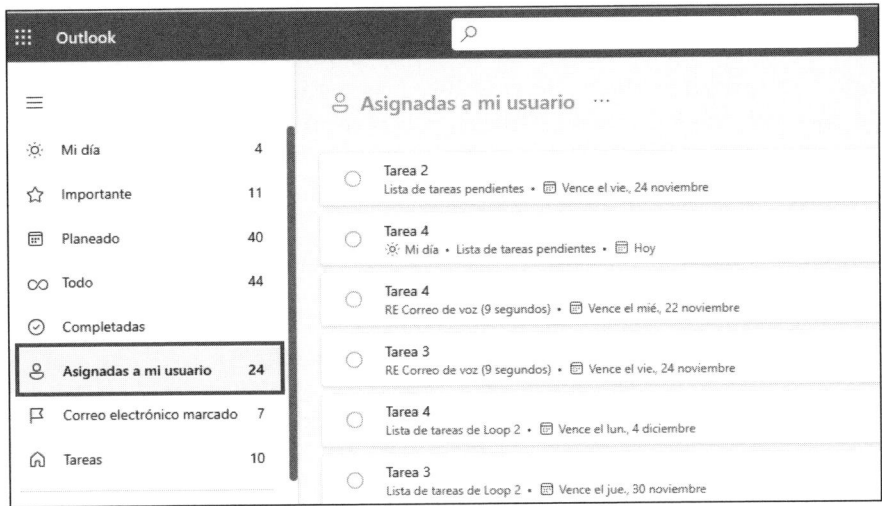

Figura 9.16. Lista correo tareas asignadas a mí.

Para crear una nueva lista de tareas, haz clic en el botón **Nueva lista**, que encontrarás en la parte inferior del panel de navegación izquierdo, como puedes ver en la figura 9.17.

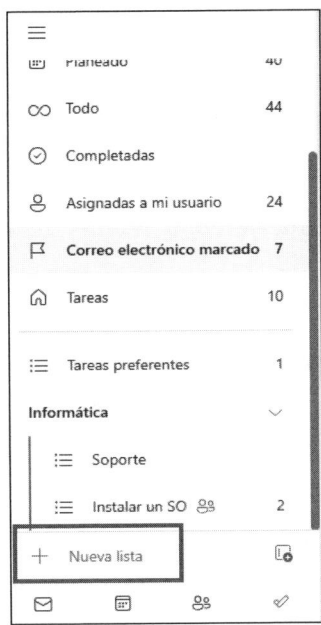

Figura 9.17. Crear nueva lista de tareas.

Al hacer clic en el botón Nueva lista, podrás escribir inmediatamente el nombre de la lista. En este ejemplo, voy a crear una lista llamada Contratar nuevos empleados. Ahora, a la derecha, puedes ir agregando las tareas a la lista. Haz clic en Agregar tarea y escribe el título, como se muestra en la figura 9.18.

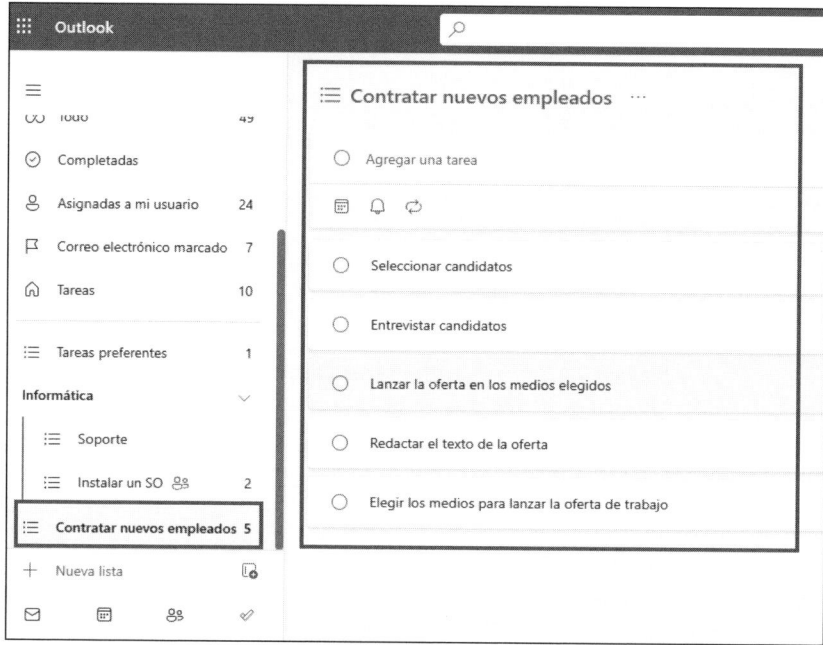

Figura 9.18. Agregar tareas a la lista.

Una vez agregadas las tareas o a medida que las vas agregando, puedes ir agregando los detalles de cada una de ellas, fechas de vencimiento, márcalas como importantes si es necesario, etc.

Compartir una lista de tareas

Como ya te he mencionado en Microsoft To Do, puedes compartir listas de tareas personalizadas con otras personas. Es muy sencillo compartir una lista de tareas, lo puedes hacer a través de un vínculo. En la parte superior derecha de la pantalla, haz clic en el botón Compartir, como se ve en la figura 9.19.

Al seleccionar la lista que quieres compartir y hacer clic en Compartir, aparecerá un cuadro como el que puedes ver en la figura 9.20, donde debes hacer clic en el botón Crear vínculo de invitación.

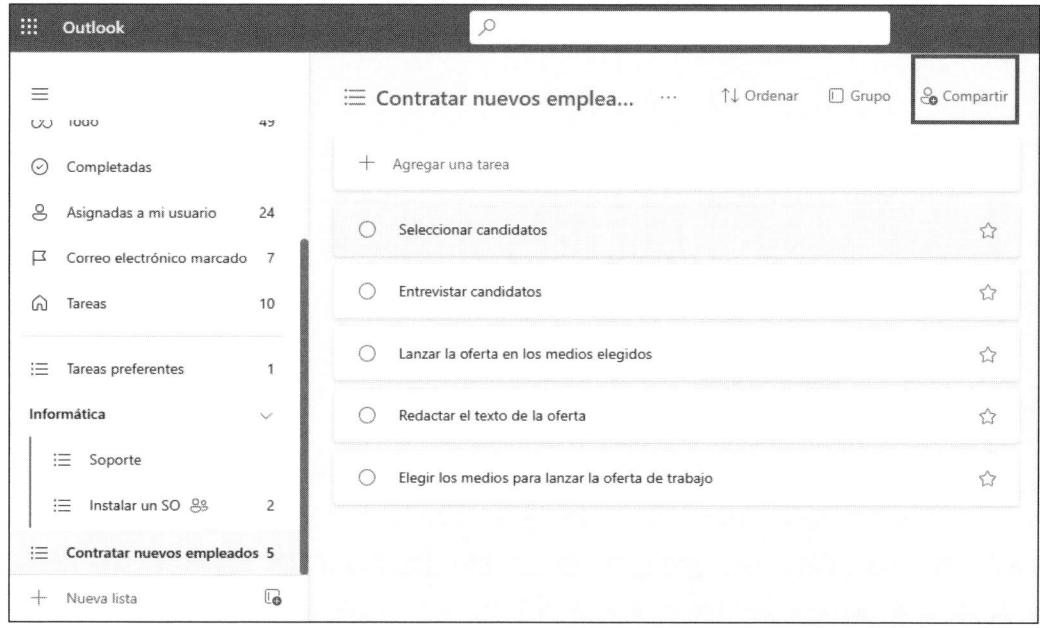

Figura 9.19. Compartir lista de tareas.

Figura 9.20. Crear vínculo de invitación.

Aparecerá el cuadro de diálogo que ves en la figura 9.21, donde puedes invitar a otras personas a participar en la lista de dos formas: puedes enviarles el vínculo por correo electrónico o puedes copiarlo al portapapeles para pegarlo en un chat o en un email, en cualquier lugar donde la persona o personas con las que quieres compartir la lista de tareas puedan acceder al vínculo.

Figura 9.21. Copiar el vínculo al portapapeles o enviarlo por correo.

Administrar el acceso a tu lista de tareas compartidas

Si tienes que dejar de compartir la lista de tareas o impedir que otras personas a las que no les has dado permiso puedan acceder a la lista compartida si se hacen con el vínculo, puedes hacerlo desde el botón Información general de la lista compartida (☷), que encontrarás en la parte superior derecha de la pantalla.

Si quieres limitar el acceso a la lista para las personas que puedan hacerse con el vínculo, activa el botón Limitar acceso a los miembros actuales.

Si quieres dejar de compartir la lista, haz clic en el vínculo Dejar de compartir del cuadro de diálogo Administrar acceso, como se ve en la figura 9.22.

Desde este cuadro de diálogo puedes también seleccionar el vínculo de la lista y copiarlo si necesitas compartir la lista con otras personas.

Agrupar tus listas de tareas

Cuando has creado varias listas de tareas personalizadas, puede resultarte de utilidad tenerlas agrupadas por temáticas o por otros conceptos.

Microsoft To Do te ofrece la oportunidad de poder agrupar las listas. Lo primero que debes hacer es ir al panel izquierdo de navegación de To Do y, debajo de este, haz clic en el icono Crear grupo (▣). Aparecerá el texto Grupo sin título, escribe ahí el nombre que quieres aplicar al grupo.

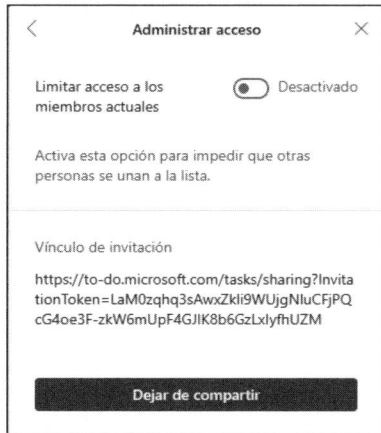

Figura 9.22. Administrar el acceso a una lista de tareas compartida.

Para agregar tus listas al grupo, solo tienes que arrastrarlas con el ratón y soltarlas dentro del grupo. Aparece un recuadro que te indica que vas a soltar la lista en ese grupo. Sigue arrastrando todas las listas que quieras que formen parte del grupo.

Integración de To Do con otras aplicaciones de Microsoft 365

Microsoft To Do se integra de manera fluida con otras aplicaciones de Microsoft 365, lo que permite una experiencia más completa, rápida y eficiente. Estas integraciones permiten una colaboración más efectiva, una gestión del tiempo más eficiente y una experiencia de usuario más completa al poder trabajar con Microsoft To Do desde varias aplicaciones en el ecosistema de Microsoft 365. Aquí te muestro algunas de las integraciones clave.

Administrar tus tareas de To Do desde Microsoft Teams

Agregar To Do a Microsoft Teams

Microsoft Teams es el centro neurálgico de Microsoft 365 y, si la mayoría del tiempo trabajas en Teams, puedes agregar tus tareas de To Do a Teams para que no tengas que salir de Teams para administrar tus tareas.

Para agregar To Do a Teams, entra en Teams y, en el panel izquierdo de navegación, en la figura 9.23, haz clic en el icono **Aplicaciones** y escribe en el cuadro de búsqueda **to do**.

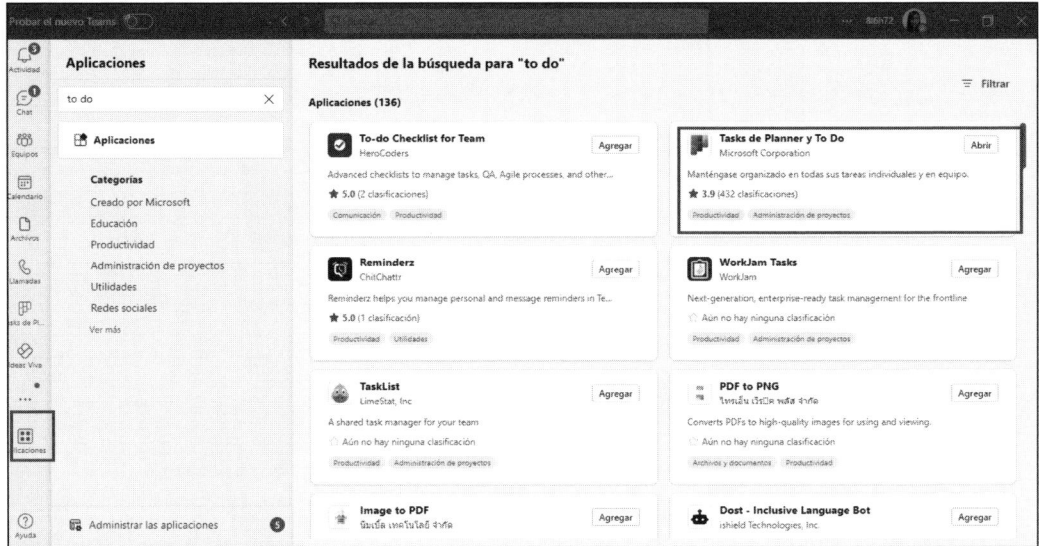

Figura 9.23. Acceso a aplicaciones desde Microsoft Teams.

Después, localiza Tasks de Planner y To Do. Si es la primera vez que accedes, aparecerá el botón Instalar; si ya has accedido alguna vez, el botón que aparecerá es Abrir. Haz clic en el botón que corresponda y podrás acceder y gestionar tus tareas de To Do y de Planner desde Microsoft Teams.

Podrás crear nuevas tareas, completar otras, agregar detalles a las tareas, todo como si estuvieras trabajando en To Do pero dentro de Teams, como se ve en la figura 9.24.

Crear tareas desde mensajes de Teams

Puedes hacer que un mensaje de Teams de un chat o un canal se convierta en una tarea de To Do. Solo tienes que acceder al canal o chat donde se encuentre el mensaje y hacer clic en el botón Más opciones (...) del mensaje que encontrarás en la esquina superior derecha de este.

Del menú desplegable elige la opción Crear tarea. En el cuadro de diálogo que se muestra, verás lo primero el nombre de la tarea que se corresponde con el asunto del mensaje. Si quieres haz clic en el cuadro de texto y cámbialo por uno más apropiado. A continuación, selecciona la lista a la que quieres agregar la tarea en la lista desplegable Tareas; puedes agregar la tarea si lo deseas a un plan de Planner. Por último, elige opcionalmente una prioridad y una fecha de vencimiento para la tarea y haz clic en Agregar tarea, como se muestra en la figura 9.25.

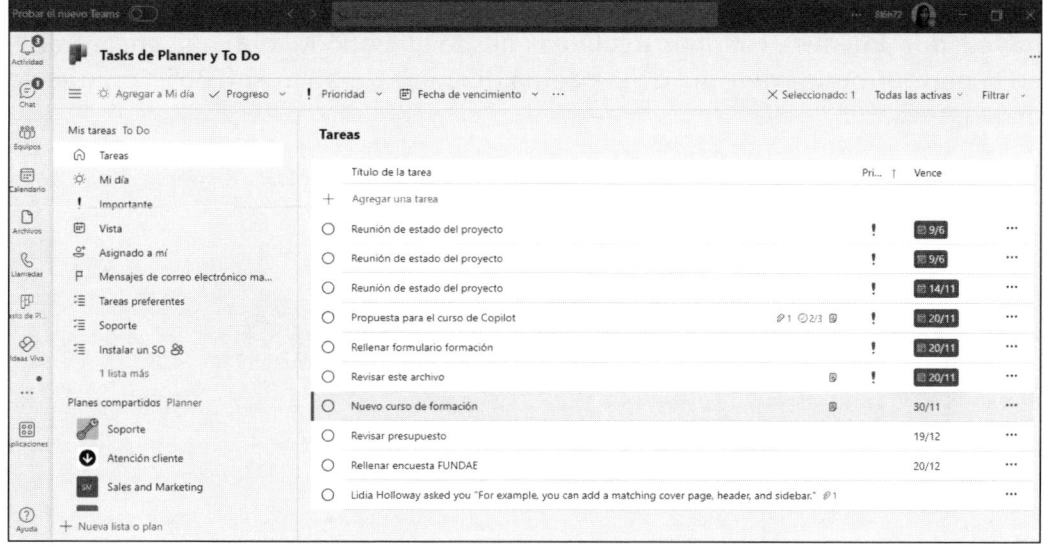

Figura 9.24. Tareas de To Do y de Planner desde Teams.

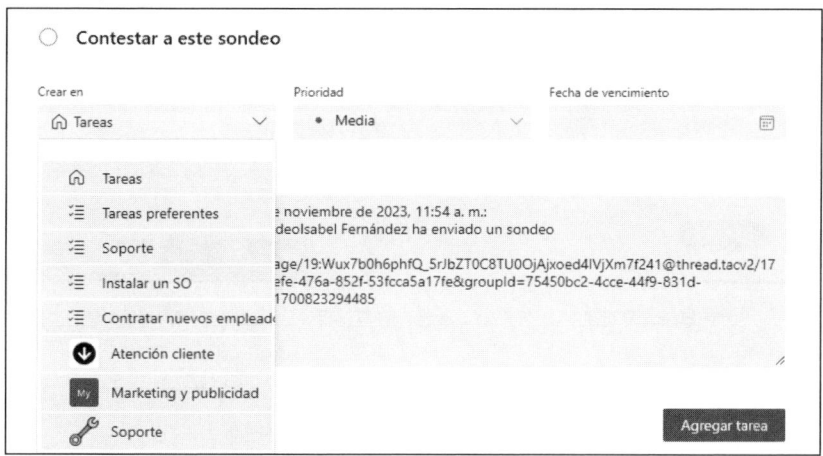

Figura 9.25. Crear una tarea de To Do desde Teams.

Acceder a las tareas de To Do desde la página de inicio de Microsoft 365

Si te encuentras en la página de inicio de Microsoft 365 y necesitas echar un vistazo rápido a tus tareas pendientes, marcar como completada alguna tarea que ya hayas realizado o agregar una nueva tarea, hoy no hace falta que entres en Outlook y vayas a To Do, ni siquiera que abras la aplicación de To Do en el navegador. Puedes gestionar tus tareas desde el icono Mi día, que encontrarás en la parte superior derecha de la página de inicio de Microsoft 365, como se ve en la figura 9.26.

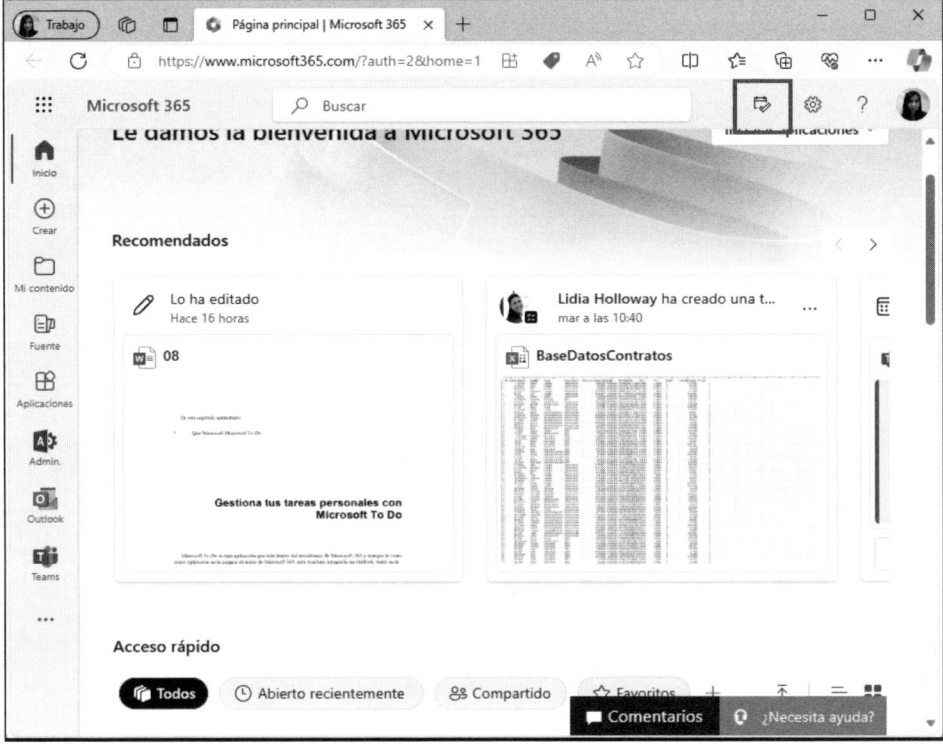

Figura 9.26. Acceso a las tareas de To Do desde Mi día.

Al hacer clic en el botón Mi día, se abre un panel a la derecha de la pantalla que te ofrece acceso inmediato al calendario y a tus tareas.

Encontrarás en la parte superior del panel dos pestañas: Calendario y To Do. En la pestaña Calendario podrás encontrar una lista con las próximas reuniones que tengas en tu calendario y, en la parte inferior del panel, verás un vínculo para crear un nuevo evento en el caso de que sea necesario. Como ves, es una forma rápida de echar un vistazo a los eventos más próximos o crear rápidamente un evento nuevo.

Desde la segunda pestaña puedes acceder a To Do. Al hacer clic, el panel que mostraba hace un momento los eventos del calendario ahora muestra las tareas que corresponden a la lista que tengas seleccionada. Si la lista seleccionada es Mi día, podrás ver las tareas que has previsto realizar hoy, pero puede ser que quieras ver el contenido de otras listas. Solo tienes que hacer clic en la lista, desplegarla y seleccionar la lista que desees ver, como se ve en la figura 9.27.

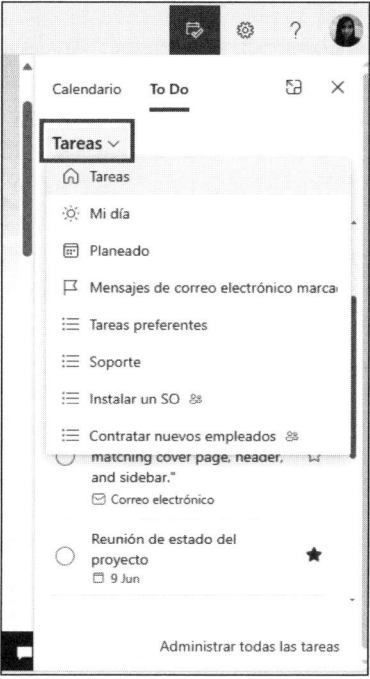

Figura 9.27. Seleccionar la lista de tareas de To Do desde **Mi día**.

Si te fijas en la parte inferior del panel, verás el vínculo **Administrar todas las tareas**, que te dará acceso a To Do, abriendo una ventana del navegador con la aplicación.

Notificaciones en Microsoft To Do

Las notificaciones en Microsoft To Do están diseñadas para mantenerte informado de tus tareas y recordarte las fechas de vencimiento. Aquí te explico cómo funcionan las notificaciones en Microsoft To Do:

- **Desde tu dispositivo móvil:** Si te has descargado la aplicación de Microsoft To Do en tu dispositivo móvil, podrás activar las notificaciones *push*. Estas notificaciones permiten que recibas alertas instantáneas en tu dispositivo móvil cuando haya actualizaciones relevantes en tus tareas.

- **Recordatorios de tareas:** Establecer recordatorios para tus tareas genera notificaciones en ese momento específico. Esas notificaciones pueden incluir detalles sobre la tarea y te permiten completar la tarea directamente si ya la has realizado desde la notificación.

- **Notificaciones por correo electrónico:** Según la configuración establecida, es posible recibir notificaciones por correo electrónico sobre las tareas que van a cumplir próximamente. En el caso de que tengas una lista de tareas compartidas, también recibirás una notificación cada vez que haya una actualización en esa lista de tareas. Para administrar la configuración de las notificaciones, desde Microsoft To Do, haz clic en el icono con forma de rueda dentada que aparece en la parte superior derecha de la pantalla. Haz clic en el vínculo To Do Configuración y desplázate hacia abajo hasta la categoría Notificaciones. Desde ahí podrás activar o desactivar las notificaciones que recibes por correo electrónico, como se muestra en la figura 9.28.

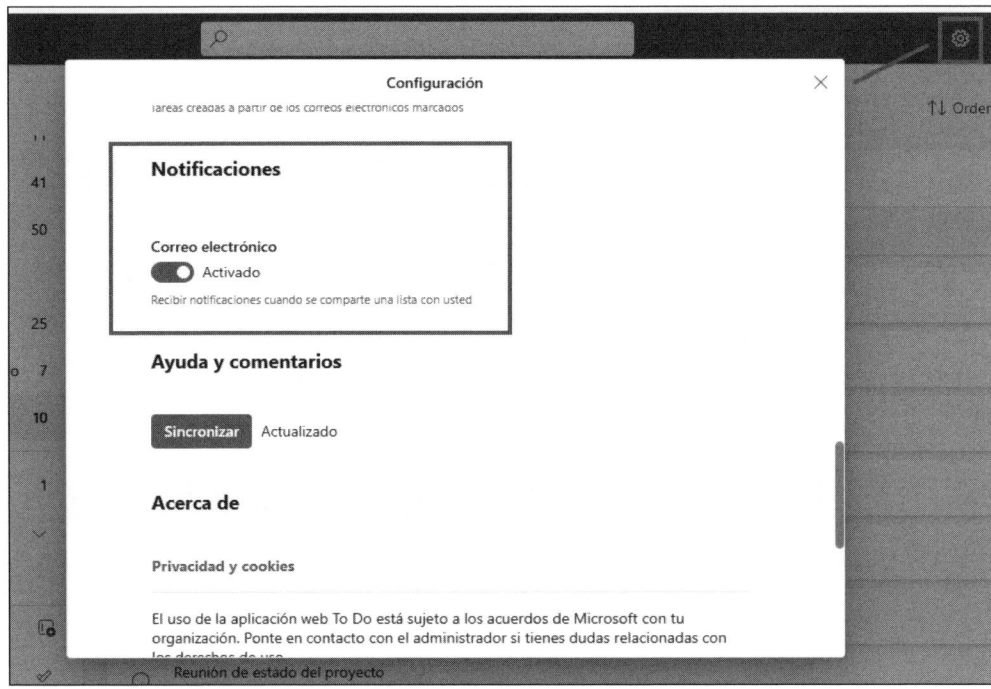

Figura 9.28. Configuración de las notificaciones de To Do.

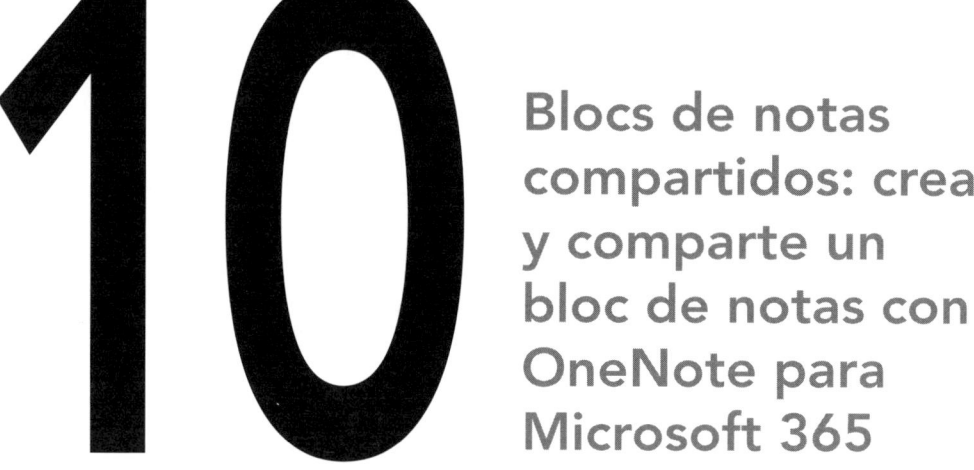

10

Blocs de notas compartidos: crea y comparte un bloc de notas con OneNote para Microsoft 365

Para qué sirve OneNote

Microsoft OneNote es una aplicación de toma de notas desarrollada por Microsoft. Esta herramienta te permite crear y organizar notas de manera digital en un formato similar al de un cuaderno físico. Imagina un cuaderno con separadores al que puedes agregar texto, dibujos, imágenes, enlaces web y otros tipos de contenido multimedia a tus notas. Los separadores te ayudan a organizar la información y reciben el nombre de secciones, cada sección puede tener varias páginas que contendrán tus notas.

Las secciones y las páginas facilitan la organización de tus notas de acuerdo con temas o proyectos específicos. Además, la aplicación está diseñada para ser accesible desde múltiples dispositivos, lo que significa que puedes acceder a tus notas desde tu computadora, tableta o teléfono móvil, siempre y cuando tengas una cuenta de Microsoft. Además, OneNote ofrece funciones de colaboración que permiten a varias personas trabajar en un mismo cuaderno al mismo tiempo, facilitando la colaboración en proyectos compartidos.

En resumen, Microsoft OneNote es una herramienta versátil para la toma de notas y organización de información, con la ventaja de estar integrada en el ecosistema de productos de Microsoft.

En una de mis primeras clases impartiendo un curso de Microsoft 365 me encontré con un caso real muy claro de entender y en el que se ve toda la potencia de OneNote, en una cadena internacional de hoteles, los jefes de cocina querían tener un recetario para toda la cadena, entonces cada jefe de cocina iba añadiendo las recetas de cada país para que cualquier cocinero de la cadena de hoteles, en cualquier parte del mundo, pueda realizar esa receta.

En el caso de los vendedores, puedes tener un catálogo de todos los productos para que, si hay cualquier modificación, tengan acceso a esta modificación todos los vendedores en tiempo real.

En estos casos podemos comparar OneNote con la carpeta de anillas que teníamos en la empresa con los distintos productos, con separadores por categorías.

OneNote también sirve para tomar notas rápidas cuando estamos en una reunión presencial o en una reunión *online*. OneNote es una aplicación de Microsoft 365, por lo que podemos acceder a ella desde la página de inicio Microsoft 365.

Además de la versión *online* de OneNote que pertenece a Microsoft 365, tenemos dos versiones de OneNote de escritorio en Windows: una se llama OneNote, que antes era OneNote 2016, que forma parte de Office 2019; y OneNote para Windows, esta versión está preinstalada en todas las versiones de Windows 10 o superior.

Se puede usar tanto la versión web, como la versión instalada del programa en paralelo, es decir, abrir un bloc de notas desde la web y después editarlo en la aplicación instalada en tu equipo.

OneNote también dispone de una *app* para *tablet* o móvil.

Cómo acceder a OneNote para la web

Para acceder a OneNote, puedes hacerlo desde la página de inicio de Microsoft 365 o desde la URL: `https://www.onenote.com`.

Cuando accedas a OneNote para comenzar a trabajar, debes abrir un bloc de notas que ya exista o crear uno nuevo.

Si quieres abrir un bloc de notas, puedes buscarlo en la lista que aparece cuando entramos en OneNote, también puedes ir a las siguientes opciones que ves en la figura 10.1.

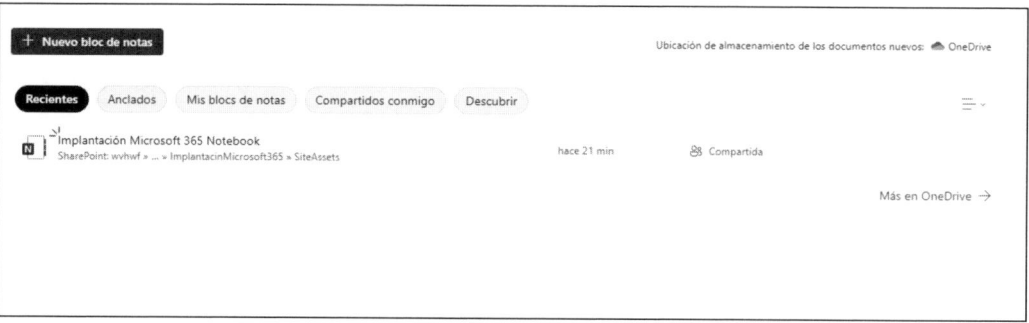

Figura 10.1. Pantalla de inicio de OneNote.

- **Recientes:** Aquí encontrarás los últimos blocs de notas en los que has trabajado.

- **Anclados:** Es el lugar donde están los blocs de notas que hayas fijado en esta sección para poder acceder a ellos de una forma rápida.

- **Compartidos conmigo:** Aquí se encuentran los blocs de notas que otras personas han compartido contigo.

- **Descubrir:** Te permite acceder a documentos en los que están trabajando otros usuarios y tú tienes acceso a ese documento.

En este caso, haz clic en el botón **Nuevo bloc de notas** y ponle de nombre **Recetas mundiales**, verás que aparece una pantalla similar a la que puedes ver en la figura 10.2.

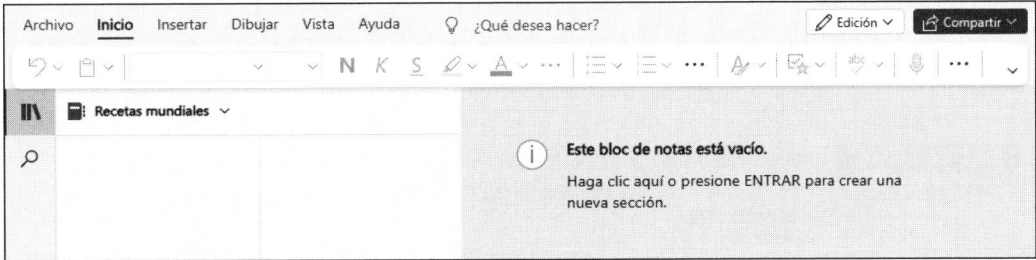

Figura 10.2. Crear bloc de notas.

Una vez creado el bloc de notas, en la parte inferior izquierda de la pantalla encontrarás las opciones **Agregar sección** y **Agregar página** dentro de cada sección.

También puedes insertar secciones y páginas yendo a la pestaña **Insertar**.

Sigamos con el ejemplo. Agrega la sección **Arroz** y, dentro de las páginas, agrega estás páginas: **Paella valenciana**, **Arroz tres delicias**, **Arroz a la milanesa**, etc. Si quieres continua tú agregando más páginas. El bloc de notas se mostrará con el aspecto que vemos en la figura 10.3.

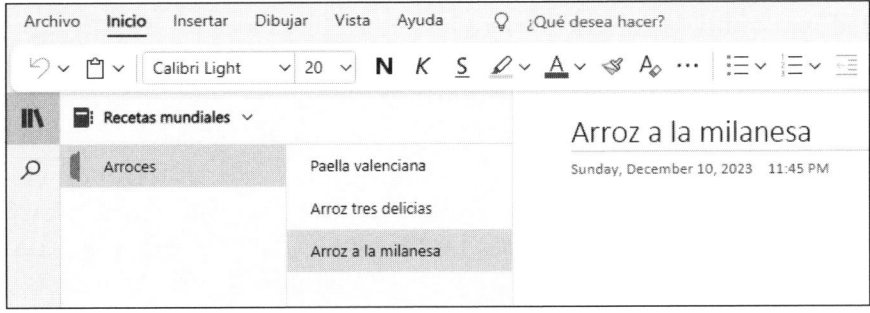

Figura 10.3. Crear estructura de un bloc de notas.

Para poner el nombre a cada página, después de insertar una página escribe en el título de la página el nombre que le quieras poner; la página tomará como nombre el título de esta.

En OneNote para la web, al igual que en todas la *apps* de Microsoft 365, no tienes que guardar ningún cambio, se va guardando de forma automática. Cada bloc de notas se guarda en una carpeta de bloc de notas en OneDrive.

Administrar los blocs de notas, dónde se almacenan

Puedes acceder a los blocs de notas que ya has creado desde la pantalla inicial de OneNote, donde ves una pantalla como la que aparece en la figura 10.4 cuando haces clic en los puntos horizontales que hay al lado de cada bloc de notas.

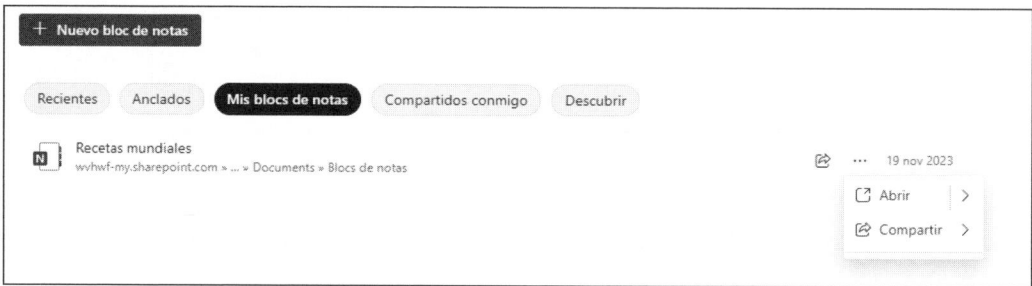

Figura 10.4. Administrar bloc de notas.

Desde aquí, puedes abrir el bloc de notas en el navegador o en la aplicación de escritorio que tengas instalada en tu equipo.

También puedes compartir el bloc con otros usuarios, copiar el vínculo para compartir, agregar a anclados para que aparezca siempre este bloc en la ficha de anclados o quitar este bloc de la lista. A la derecha del todo, nos aparece si el bloc lo hemos compartido o si solo nosotros tenemos acceso a ese bloc. Pero realmente nuestros blocs están guardados en OneDrive. Podemos ir a OneDrive a la carpeta Blocs de notas para ver los blocs que hemos hecho nosotros.

Para ir a OneDrive de una manera más rápida, en la parte inferior de la lista de blocs, aparece la opción Más en OneDrive y te lleva directamente a la carpeta de OneDrive donde se guardan los blocs. Desde OneDrive puedes copiar, compartir, administrar accesos, etc., es decir, que puedes trabajar con este archivo igual que con cualquier otro en OneDrive.

Insertar texto y otros elementos

Por defecto, la barra de herramientas aparece resumida, pero, si haces clic en la parte de la derecha de la barra de herramientas en la flecha que aparece, puedes elegir entre ver la cinta en forma clásica o simplificada; además, puedes elegir entre mostrarla siempre o que se oculte automáticamente (véase la figura 10.5).

Figura 10.5. Opciones de la barra de herramientas.

Insertar texto con el teclado

Para empezar a escribir texto, solo tienes que hacer clic y comenzar a escribir, tienes casi las mismas opciones de texto que en un documento de Word.

Al igual que en Word, puedes seleccionar el texto y cambiar tipos de letra, tamaño de la letra, color de la letra, estilos de fuente como negrita, cursiva, subrayado, tachado, así como superíndices y subíndices.

También puedes elegir la herramienta Resaltado para destacar el texto que sea necesario, hace el mismo efecto que un rotulador fluorescente en una hoja impresa.

A continuación, puedes aplicar formatos de párrafo cómo viñetas, numeraciones, sangrías y cambiar el espacio de interlineado.

También tienes un botón para borrar los formatos aplicados al texto que selecciones.

Además, puedes utilizar los estilos, que son conjuntos de formatos que tienen un nombre, para poder aplicar esos formatos de una manera mucho más rápida y homogénea.

Dictar texto

El texto lo puedes escribir como siempre con el teclado o puedes hacer clic en el botón Dictar y OneNote irá trascribiendo lo que hables.

Si es la primera vez que usas Dictar, debes elegir el idioma en el que vas a dictar.

La primera vez que utilices la opción Dictar tienes que conceder permiso a OneNote para que pueda acceder al micrófono.

También se puede regular el volumen del micrófono. Y, si quieres, puedes activar la puntuación automática y filtrar frases confidenciales, como se muestra en la figura 10.6.

Figura 10.6. Configuración de dictar texto.

Siempre que dictes es bueno revisar después lo que ha escrito OneNote por ti. Es posible que haya palabras que no haya escrito bien o incluso palabras que no tenga en su diccionario y las tengas que corregir posteriormente a mano.

Si estás unos segundos sin hablar, se desactivará automáticamente la herramienta Dictar.

Aplicar etiquetas a las notas

En OneNote, una etiqueta es una herramienta que te permite organizar y resaltar contenido importante en tus notas. Puedes utilizar etiquetas para categorizar información, hacer un seguimiento de tareas pendientes o resaltar puntos clave. Las etiquetas en OneNote suelen tener iconos y nombres descriptivos para facilitar su identificación.

Por ejemplo, puedes utilizar una etiqueta llamada Pendiente de realizar para marcar elementos que requieren ser completados, o crear una etiqueta de Urgente para resaltar información que requiere nuestra máxima atención.

Al asignar etiquetas a partes específicas de tus notas, puedes luego buscar y filtrar fácilmente el contenido etiquetado para acceder rápidamente a la información.

Desde el botón Etiqueta, puedes asignar varias etiquetas al mismo texto, como se ve en la figura 10.7.

Cada etiqueta tiene un significado distinto, es como asignar una categoría al texto indicado.

En la versión de escritorio, se puede buscar por estas etiquetas y hay una etiqueta de tarea pendiente que vincula la tarea marcada con las tareas de Outlook.

Figura 10.7. Algunas de las categorías que puedes asignar al contenido.

Insertar vínculos

Dentro de las páginas, puedes poner vínculos que te lleven a otra página web, o si pones delante **mailto:** puedes escribir una dirección de correo electrónico para enviar un mail a esa dirección. Puedes seleccionar un texto o te sitúas donde quieras que aparezca el vínculo.

Haz clic en el botón Vínculo y aparece una pantalla similar a la que puedes ver en la figura 10.8.

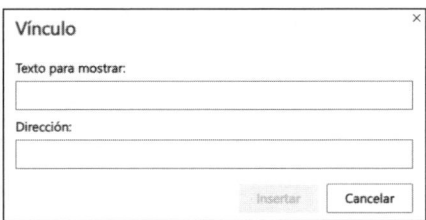

Figura 10.8. Pantalla para insertar vínculo.

Puedes escribir el texto que quieras que aparezca y el vínculo donde quieres que te lleve, es mejor poner la dirección completa, es decir, empezar por http:// o https:// si se trata de una página segura.

Insertar documentos

En tu bloc puedes insertar archivos adjuntos igual que en un correo electrónico. En la ficha Insertar, haz clic en el botón Archivo adjunto y se muestra una ventana para poder elegir el archivo que quieras adjuntar en el bloc de OneNote.

Estos archivos se pueden ver y editar en cualquier momento haciendo un doble clic en el icono que te muestra OneNote, como se señala en la figura 10.9.

Figura 10.9. Botón Insertar archivo y botón Insertar copia impresa.

En OneNote, tienes otra opción a la hora de insertar archivos, que es insertar una copia impresa del documento. Esta opción te muestra, dentro del bloc, el documento que has seleccionado como si lo hubieras impreso.

ADVERTENCIA:

La opción Insertar copia impresa *solo admite archivos de Word (Docx) o PDF. Una gran ventaja de esta opción es que este documento no es editable.*

Insertar los detalles de una reunión

Una estupenda opción que tienes en OneNote es el poder insertar la información de una reunión de Outlook dentro del bloc de notas. La información que se mostrará es la que corresponde a todos los asistentes invitados, la fecha y hora y el cuerpo de la reunión. Además, hay un cuadro de texto donde, durante la reunión, puedes tomar las notas necesarias, de este modo estarán esas notas asociadas a esa reunión, como se ve en la figura 10.10.

Haz clic en el botón Detalles de la reunión y, a la derecha, te pedirá que inicies sesión; una vez que pongas tu usuario y contraseña, puedes acceder al calendario de Outlook, donde puedes seleccionar la reunión a la que quieras vincular este bloc para que todas las personas asistentes a esa reunión tengan acceso al bloc.

Figura 10.10. Botón Agregar detalles de la reunión.

Insertar una tabla para organizar el contenido

Al igual que en Word, en OneNote puedes insertar tablas para organizar mejor los datos y que se puedan ver de una manera más clara. Cuando haces clic en **Insertar tabla**, se despliega hacia abajo este botón para que puedas elegir cuántas filas y cuántas columnas queremos que tenga esta tabla, como se muestra en la figura 10.11.

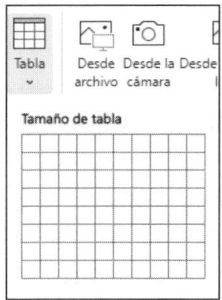

Figura 10.11. Insertar tabla.

Cuando insertas la tabla y estás con el cursor dentro de la tabla, aparece la pestaña de presentación con las opciones que tienes en la tabla, como se ve en la figura 10.12.

Figura 10.12. Opciones de las tablas en OneNote.

Tienes menos opciones que en Word, pero tienes las más importantes como pueden ser las opciones para seleccionar las distintas partes de la tabla y posteriormente aplicarles distintos formatos.

También puedes eliminar la tabla entera o las filas o las columnas seleccionadas.

Además, puedes insertar filas por encima o por debajo de la celda activa y columnas a la izquierda o a la derecha de la celda activa.

Otras opciones que puedes usar en OneNote son ocultar los bordes, cambiar la alineación de las celdas seleccionadas o cambiar el color de fondo de las celdas seleccionadas.

Buscar contenido

Si quieres buscar un determinado texto, en la parte superior de las secciones y las páginas, puedes hacer clic en el botón de la lupa y escribir el texto que quieras buscar. Puedes elegir si quieres buscar en Sección o en Página, como se ve en la figura 10.13.

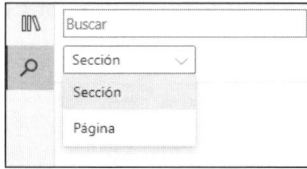

Figura 10.13. Buscar dentro de un bloc de notas.

Al hacer clic en Buscar aparece en la parte inferior las coincidencias que OneNote ha encontrado y, al hacer clic en ellas, te lleva al sitio donde está el texto buscado.

En la aplicación de escritorio se puede buscar también en todos los blocs de notas que tengas dentro de la cuenta de usuario; esto facilita mucho el trabajo, ya que no hace falta ir abriendo los blocs de notas uno por uno para buscar el texto.

En la aplicación de escritorio también se puede buscar por etiquetas, lo que le da mucha más funcionalidad al uso de etiquetas.

Agregar símbolos, adhesivos y emojis

Dentro de la pestaña Insertar encuentras la opción para insertar símbolos, como vemos en la figura 10.14.

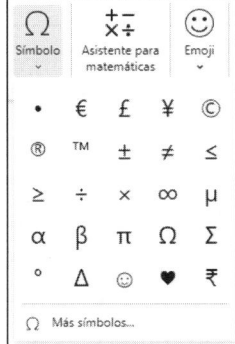

Figura 10.14. Agregar símbolos, adhesivos y emojis.

Los símbolos son los caracteres que no están en el teclado; en OneNote, hay menos símbolos que en Word, ya que tienen que ser símbolos que los pueda interpretar cualquier navegador.

A continuación, encontramos los emojis, que te van a ayudar a expresar en el tono que estás escribiendo, ya que cuando escribes no puedes utilizar distintos tonos. Puedes dar más expresividad a lo que escribes con estos emojis.

Un truco a la hora de trabajar con Windows 10 o superior es que, en cualquier aplicación que trabajemos, si pulsamos a la vez la tecla **Windows-.** (punto), aparece la ventana de los emojis y puedes elegir insertar el que quieras.

También tienes los adhesivos, que son distintas imágenes prediseñadas que puedes insertar dentro del bloc. Merece una mención especial la categoría de memes, donde tienes distintas imágenes y puedes personalizar el texto que muestra cada una de estas imágenes, de esta manera puedes hacer llegar el mensaje que quieras transmitir de una manera más distendida y con mucha más fuerza que escribiendo solo el texto.

Insertar imágenes

En OneNote, hay varias opciones para insertar imágenes dentro del bloc de notas. Ve a la pestaña Insertar y ahí encontrarás las opciones de imagen, cámara e imágenes en línea, como se ve en la figura 10.15.

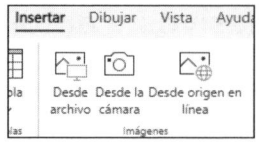

Figura 10.15. Insertar imágenes.

- Con la opción de imagen puedes elegir la imagen que quieres añadir desde tus dispositivos, es decir, desde el disco duro, *pendrive*, tarjeta, unidad de red, etc.

- Con la opción de cámara puedes hacer una fotografía en el momento y añadirla al bloc. Esto es muy útil cuando estás trabajando desde un teléfono móvil o una *tablet*, con un portátil también podrías hacer las fotos desde la webcam que lleva incorporada.

- La última opción que encuentras es la que te da la posibilidad de insertar imágenes en línea; en este caso, OneNote se conecta a Internet y entra en la página de Bing para buscar imágenes. Puedes escribir las palabras clave por las que quieres buscar imágenes y pulsar la tecla **Enter**.

ADVERTENCIA:

Cuando se muestran las imágenes, debes tener cuidado con las imágenes que eliges, ya que muchas pueden tener derechos de autor y no se pueden utilizar libremente. Es mejor buscar las imágenes Creative Commons, estas imágenes están libres de derechos, aunque hay algunas que tienen restringido el uso comercial.

Puedes seleccionar la imagen o imágenes que quieras añadir al bloc de notas; a continuación, haz clic en el botón Insertar.

Insertar audio

Dentro del bloc de notas de OneNote, también puedes hablar al micrófono y guardar la locución como una nota de audio, es decir, no es necesario que vayas escribiendo el texto, en este caso se guarda como un archivo de sonido. Esto facilita en gran medida la movilidad, puedes usar esta herramienta en OneNote para dispositivos móviles e insertar notas de audio desde estos dispositivos sin necesidad de usar el teclado.

Para insertar una nota de audio, tienes que ir a la ficha Insertar y hacer clic en el botón Grabar audio. A partir de ahora, todo lo que vayas hablando se va a ir almacenando en un archivo de sonido dentro del bloc de notas, como se muestra en la figura 10.16.

Figura 10.16. Grabar audio.

Esto es muy útil también para tomar notas rápidas de voz cuando estás en una reunión, ya que se guarda todo en el mismo archivo y no tienes que estar buscando por un lado las notas de voz que guardas, por otro lado, el archivo donde tiene que ir, relacionarlo, etc. Para dejar de grabar, haz clic en el botón **Detener**.

Una vez que hayas grabado la nota, verás en el bloc el archivo de sonido insertado. Puedes hacer clic en él y aparece la pestaña **Grabar y reproducir** para poder reproducir el archivo que has grabado.

En la versión de escritorio de OneNote también puedes insertar vídeos en línea.

Herramientas de dibujo

Dentro de OneNote, también puedes dibujar. Si piensas en trabajar desde un ordenador, esta opción te puede resultar poco útil, pero tienes que pensar que esta aplicación se puede ejecutar también desde una *tablet* o un teléfono móvil, en estos casos puedes dibujar con los dedos, como se ve en la figura 10.17.

Figura 10.17. Herramientas de dibujo.

Para poder dibujar, elige una herramienta de dibujo como puede ser la pluma; a continuación, elige el color y el grosor de la pluma y ya solo tienes que hacer clic y arrastrar dentro de la pantalla.

En caso de que estés trabajando con una tableta o un teléfono móvil, es mucho más útil esta opción, ya que te permite dibujar con los dedos.

También hay algunos ordenadores, especialmente portátiles, que tienen la pantalla táctil y puedes dibujar sobre la propia pantalla.

Si quieres borrar algo, puedes elegir la herramienta **Borrador** y arrastrar por encima de lo que quieras borrar.

También puedes encontrar la herramienta **Marcador de resaltado**, para resaltar el texto que necesites destacar.

Además, tienes la opción de seleccionar parte de lo que has dibujado y de esa manera puedes suprimir o transformar la parte seleccionada.

En la parte de la derecha, tienes la opción **Matemáticas**, que es para convertir lo escrito en una fórmula o ecuación matemática.

En la versión de escritorio de OneNote, encuentras una opción para convertir lo que has dibujado en un texto normal.

Ficha Vista

Como todas las aplicaciones de Microsoft 365, OneNote incorpora un lector inmersivo para que a las personas que tienen alguna diversidad funcional de tipo visual sea la propia aplicación quien vaya leyendo lo que hay escrito en el bloc de notas. En la ficha **Vista** puedes cambiar el color de fondo de la página.

También tienes las notas eliminadas; es una especie de papelera de reciclaje dentro de OneNote, ya que es donde se van las fichas y notas que eliminas.

Si en el bloc de notas han colaborado varias personas, puedes hacer clic donde pone mostrar los autores y aparecerá al lado de cada elemento la persona que ha insertado ese elemento en el bloc.

Puedes comprobar la accesibilidad para que personas con alguna diversidad funcional de tipo visual puedan entender bien todo lo que has escrito.

En la ficha **Ayuda** puedes acceder a la ayuda de OneNote y escribir comentarios a Microsoft sobre posibles mejoras del programa.

OneNote de escritorio

Siempre en las versiones de escritorio de los programas hay más opciones que en las versiones web de esos programas. En este capítulo, te voy a explicar las herramientas que tienes disponibles en la versión de escritorio que no están en la web.

Inicio

Nada más entrar en OneNote, verás que la distribución es distinta, ya que las pestañas están en la parte superior de la ventana y las páginas están en la parte de la derecha de la ventana. Además, puedes cambiar de un bloc a otro haciendo clic en el nombre del bloc.

Justo encima de las páginas, tienes las opciones de búsqueda y puedes buscar en la parte de OneNote que necesites, como se ve en la figura 10.18.

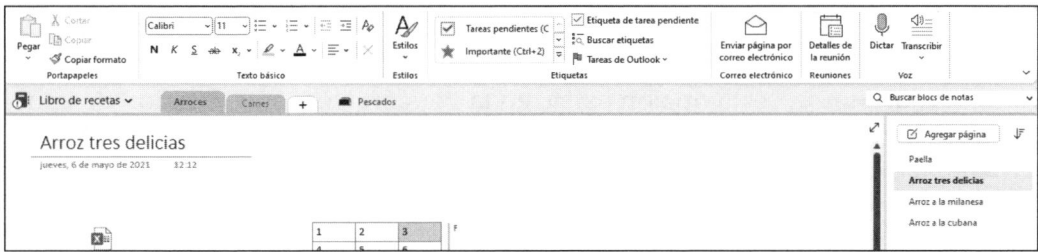

Figura 10.18. Pantalla OneNote de escritorio.

En el apartado de etiquetas puedes añadir la etiqueta de pendiente a un texto, añadirle una etiqueta de una tarea de Outlook para que te recuerde que tienes algo pendiente y la más importante como puede ser buscar por las distintas etiquetas que pongas en tus blocs.

También puedes enviar la página por correo electrónico, en nuestro ejemplo de esa manera puedes enviar una receta en concreto sin necesidad de compartir todas las recetas de nuestro hotel.

En la versión web de OneNote se pueden grabar audios, pero en la versión de escritorio también se pueden transcribir para poder leerlos.

Insertar

Dentro de la ficha Insertar en la versión de escritorio, tenemos las siguientes opciones que no tenemos en la versión web, como se ve en la figura 10.19:

Figura 10.19. Insertar en OneNote de escritorio.

- **Insertar espacio:** Haz clic en el botón **Insertar espacio** y, después, dentro del bloc, haz clic y arrastra; verás como deja el espacio en blanco entre los sitios que has arrastrado y de esa manera puedes añadir más elementos a la página.

- **Hoja de cálculo:** Dentro de nuestras páginas de OneNote, puedes añadir bien un libro en blanco de Excel o un libro de Excel que ya existe.

- **Recorte:** Desde la versión de escritorio de OneNote puedes hacer recortes como en otras aplicaciones de Microsoft Office y de esa manera añadir a tus páginas distintas capturas de pantalla.

- **Vídeo en línea:** Con esta opción puedes añadir a tus páginas vídeos que ya estén publicados, es decir, en la web, como pueden ser los vídeos de YouTube.

- **Vínculo:** Aunque esta opción existe en la versión web, en la versión de escritorio tiene más opciones, ya que puedes poner vínculos a archivos, páginas web u otros blocs.

- **Grabar vídeo:** En la versión de escritorio de OneNote, al igual que se puede grabar audio también se puede vídeo, de esa manera te puedes grabar con la webcam explicando lo que necesites en la página de tu bloc.

- **Fecha y Hora:** Dispones de tres botones para insertar solo la fecha, solo la hora o la fecha y la hora; al poner la fecha o la hora con estos botones conseguimos que se vaya actualizando automáticamente.

Dibujar

La pestaña **Dibujar** es menos importante que otras pestañas, ya que sobre todo se usa desde una *tablet* o un teléfono móvil, como se ve en la figura 10.20.

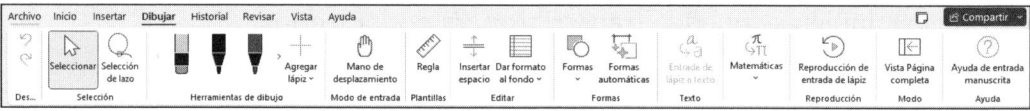

Figura 10.20. Dibujar en OneNote de escritorio.

En la aplicación de escritorio, tienes más herramientas de dibujo. Puedes elegir entre distintas plumas, con diferentes grosores y colores, incluso distintos efectos en la pintura. También se ha incorporado la herramienta de puntero láser.

Tienes la herramienta **Mano** de desplazamiento para poder mover la pantalla y ver la parte de la página que desees en cada momento. Una de las grandes ventajas que tienes en la versión de escritorio en lo referente a dibujar es que se pueden insertar formas predefinidas como cuadrados, círculos, etc.

También tienes la opción de ver el documento en pantalla completa y de esa manera ver el documento un poco más grande. Cuando dibujamos algo de una manera rápida, en la versión de escritorio tenemos la opción de convertirlo en texto, lo cual es muy útil para tomar notas de una manera rápida desde el teléfono móvil o desde una *tablet*. Si seleccionas una entrada de lápiz, puedes seleccionar esa entrada y hacer clic en el botón Reproducción de entrada de lápiz y, de esa manera, verás cómo se ha dibujado esa entrada de lápiz.

Historial

Esta pestaña no existe en la versión web, como se muestra en la figura 10.21.

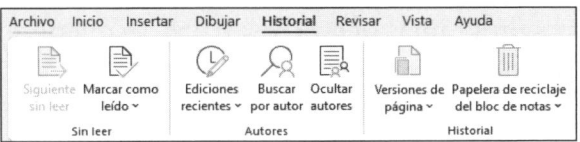

Figura 10.21. Pestaña Historial.

En esta ficha puedes buscar las modificaciones que haya hecho cada uno de los autores que hayan colaborado en el bloc.

Si haces clic en el botón Ediciones recientes, puedes mostrar las modificaciones que se hayan hecho dentro del periodo de tiempo seleccionado.

Los blocs, igual que los correos, se pueden marcar como leídos o no leídos.

En el botón Versiones de página, puedes acceder a las distintas versiones de las páginas, igual que cualquier archivo de Microsoft 365 que alojes en OneDrive.

Si has eliminado un bloc de notas, puedes hacer clic en el botón Papelera de reciclaje del bloc de notas para poder recuperarlo.

Revisar

La pestaña Revisar tampoco existe en la versión web, esta ficha es muy común en otros programas de Microsoft 365 como Word o Excel, como se ve en la figura 10.22.

Figura 10.22. Pestaña Revisar.

Como en otros programas, puedes pasar la revisión ortográfica del bloc; esto es muy importante, ya que queda muy mal una falta de ortografía en tu bloc.

Se puede seleccionar una palabra y hacer clic en el botón **Sinónimos** para buscar sinónimos y palabra relacionadas.

El botón **Búsqueda inteligente** también es bastante común en las aplicaciones de Microsoft 365 y nos permite buscar imágenes, archivos, páginas de Internet, etc.

Microsoft cada vez más está haciendo hincapié en que todos los documentos creados con sus aplicaciones deben de ser accesibles a todo el mundo, aunque tengan distintas diversidades funcionales. Para comprobarlo, puedes hacer clic en el botón **Comprobar accesibilidad**, donde te aparecerán las cosas que debes mejorar en tus páginas para que sean accesibles.

Al igual que en otros programas de Microsoft 365, se puede seleccionar un texto y traducirlo a otros idiomas y también se puede elegir en el idioma que quieras pasar la revisión ortográfica y gramatical al documento.

En la versión de escritorio de OneNote, puedes proteger con contraseña las secciones que estimes pertinentes, de esa manera puedes tener un bloc que tenga una parte privada, solo para las personas que sepan la contraseña, y otra parte pública para que pueda acceder todo el mundo con quien compartas el bloc. Para hacer esto, solo tienes que hacer clic en el botón **Contraseña** y, en la parte derecha de la pantalla, puedes escribir la contraseña que quieras.

Vista

Esta pestaña sí que existe en la versión web, pero, como tantas otras cosas, siempre en la versión de escritorio hay más opciones, como se ve en la figura 10.23.

Figura 10.23. Pestaña Vista.

En la versión de escritorio puedes elegir entre vista normal, página completa o acoplar al escritorio, de esta manera se quedarán visibles las notas vinculadas.

En el botón **Diseño de pestañas**, puedes elegir si quieres ver las páginas en la parte superior o en la parte de la derecha de la pantalla.

También se puede cambiar el tamaño del papel y el fondo de la página.

Además, se pueden crear nuevas ventanas y notas.

Compartir un bloc de notas

Compartir un bloc de notas con otros usuarios

La revolución que supone Microsoft 365 es sobre todo el uso de trabajo colaborativo, es decir, el poder compartir el trabajo que haces con otros usuarios, vas a ver ahora cómo puedes compartir tus blocs de notas.

Para compartir un bloc de notas con otro usuario puedes hacerlo desde varios sitios:

- En la pantalla inicial de OneNote, a la derecha de cada bloc de notas, tenemos la opción de compartir.

- Desde el menú Archivo del bloc que estés editando tienes el botón Compartir.

- Dentro del bloc de notas en el que estás trabajando, en la parte superior derecha tienes el botón Compartir.

- También puedes ir a OneDrive y compartirlo como cualquier otro archivo.

En cualquier caso, te aparecerá una pantalla en la que puedes copiar el vínculo o si haces clic en el botón de la rueda dentada puedes personalizar estas opciones, aparecerá una imagen similar a la de la figura 10.24.

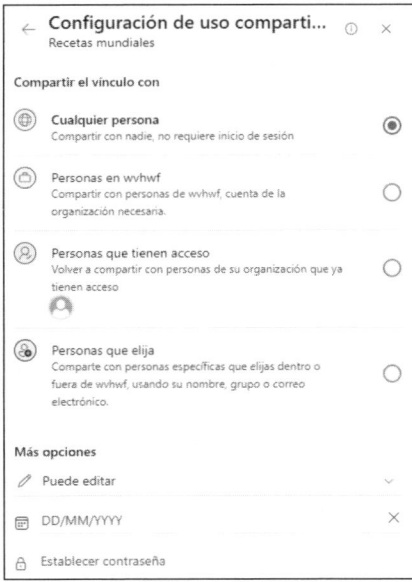

Figura 10.24. Compartir bloc.

Tienes distintas opciones a la hora de compartir el archivo:

- Que lo pueda ver cualquier persona que tenga el vínculo.
- Que solo lo puedan ver las personas de tu empresa que tengan el vínculo.
- Que solo accedan las personas que tengan acceso.
- Que solo pueden acceder determinadas personas.

Otros permisos opcionales que puedes asignar según el tipo de compartición que hagas son: que se puedan editar los blocs de notas; que tengan una fecha de expiración, es decir, que solo se comparte el archivo hasta una determinada fecha; poner una contraseña o que se puede bloquear la descarga del archivo.

Una vez que has elegido los permisos que quieras compartir, puedes enviarlos directamente por correo o copiar el vínculo para ponerlo en alguna herramienta de trabajo colaborativo como puede ser Yammer o Teams.

Colaborar en un bloc de notas en coautoría

Una de las mayores ventajas de trabajar con Microsoft 365 es que, cuando compartes archivos, esos archivos los pueden abrir varios usuarios a la vez.

Con OneNote puedes estar editando el bloc y otra persona también lo puede estar editando, de esa manera el mismo archivo se puede modificar por varias personas a la vez.

No hay que hacer nada especial con los archivos, solamente guardarlos en una ubicación donde pueden acceder los distintos usuarios y cada usuario puede ir abriendo el archivo.

Cuando estás dentro del archivo, si hay otras personas te aparece el cursor que nos muestra dónde están escribiendo el resto de las personas.

Es muy útil la coautoría de documentos para poder crear un documento en tiempo real por varias personas a la vez.

Por ejemplo, puedes estar modificando un bloc de OneNote mientras que estás en una reunión de Teams con más personas e ir decidiendo lo que se va haciendo en el bloc.

Cunado se crea un bloc en la versión web de OneNote, se crea en OneDrive; sin embargo, si creamos el bloc desde la versión de escritorio, puedes elegir donde lo creas.

Con todos los documentos de Microsoft 365 podemos trabajar en coautoría.

Opciones

Otras opciones

Puedes hacer clic con el botón derecho en el nombre de la página y tienes las siguientes opciones:

- Copiar el vínculo de esa página para después enviárselo a otras personas para que solo puedan acceder a esa página en concreto.

- En la versión web de OneNote puedes abrir esta página en una pestaña nueva para poder comparar varias páginas.

- Mover, copiar o eliminar la página en la que estés.

- También puedes crear subpáginas e incluso acceder a las distintas versiones de la página, como se ve en la figura 10.25.

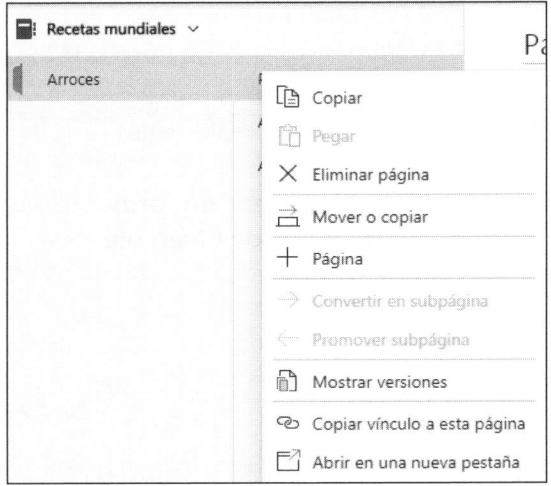

Figura 10.25. Menú contextual páginas.

Al hacer clic con el botón derecho en el nombre de la sección, puedes cambiar el nombre de la sección, cambiar el color de la sección, eliminar la sección e insertar más secciones y páginas, así como compartir solo la sección seleccionada.

En la aplicación de escritorio puedes hacer clic en el menú Archivo, en Información, y de esa manera editar el bloc de notas en el que estás trabajando con la aplicación OneNote de escritorio. Desde el menú Archivo puedes imprimir este bloc.

En la versión web, en el menú **Insertar** tienes la opción de complementos para poder añadir más utilidades a OneNote. Esta opción es bastante común en los programas de Microsoft 365, ya que permiten ampliar los distintos programas con las necesidades específicas que puedas tener, como se ve en la figura 10.26.

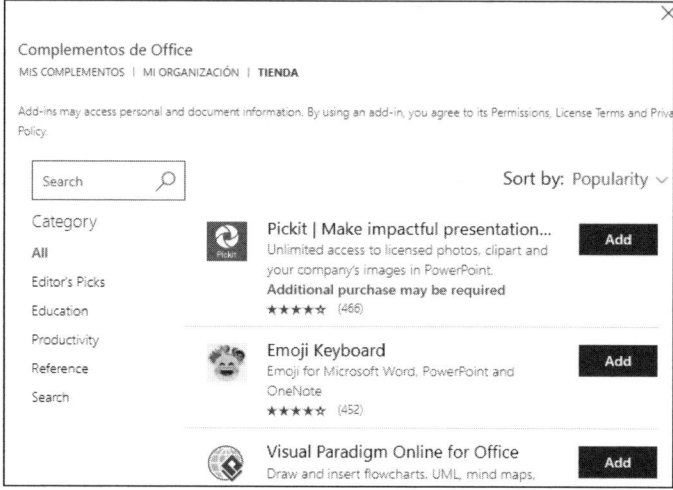

Figura 10.26. Complementos.

De esta manera, por ejemplo, puedes incluir un formulario realizado con la aplicación Forms dentro de tu bloc de notas de OneNote.

Organiza las tareas de tu equipo con Microsoft Planner

Para qué sirve Planner. Principales características y cómo puedes acceder

Microsoft Planner es una aplicación de gestión de tareas y proyectos que forma parte del conjunto de herramientas de Microsoft 365. Ha sido diseñada para facilitar la colaboración y la organización de tareas en equipo. Planner permite a los usuarios crear planes, asignar tareas, establecer fechas límite y realizar un seguimiento del progreso en un formato visual y accesible. Con funciones como la asignación de responsabilidades, la clasificación por prioridades y la integración con otras aplicaciones de Microsoft, como Teams, Planner busca simplificar la planificación y ejecución de proyectos, mejorando la eficiencia y la coordinación dentro de los equipos de trabajo. Veamos sus principales características:

- Las tareas que vas creando en cada plan las puedes ir agrupando en distintos depósitos. Planner usa una metodología ágil para la gestión de las tareas del proyecto.

- En Planner vas a encontrar distintas vistas para tener una mejor percepción de cómo va el trabajo.

- Además, las tareas que crees en cada plan de proyecto se asignarán a las personas correspondientes, de modo que dentro de cada plan puedes incluir a todas las personas que necesites de tu organización o externas si tienes permisos para ello.

- Los equipos de Planner se basan en los grupos de Microsoft 365; como ya sabes, los grupos tienen a su vez un sitio en SharePoint Online, por lo que, si ya tienes un grupo de 365 o un sitio en SharePoint Online o ambos, solo tienes que asignar el plan o planes a ese grupo o sitio. Esto hace que heredes todos los miembros que forman parte del grupo o sitio y también que heredes los recursos que tenga ese grupo o sitio, bandeja de entrada, bloc de notas, archivos compartidos, etc.

- Las listas de tareas proporciona una visión detallada de las actividades pendientes.

- Planner permite establecer fechas límite para las tareas y los hitos del proyecto.

- Permite asignar niveles de prioridad a las tareas para destacar las más importantes.

- Ofrece la posibilidad de incluir archivos y documentos relevantes adjuntos o vinculados a las tareas.

- Planner facilita la comunicación entre los miembros del equipo mediante comentarios y conversaciones asociadas a tareas específicas que hace que la conversación esté en el propio contexto de la tarea y que no haya que utilizar otra aplicación para comunicarse.

- En Planner vas a encontrar distintos informes de resumen para ver la progresión de las tareas que te ayudarán a realizar un perfecto seguimiento de los planes en los que trabajes.

- Se integra con otras aplicaciones de Microsoft, como Teams, Outlook y SharePoint.

- Podrás exportar el plan a Excel si lo deseas y el calendario de tareas a tus calendarios de Outlook, entre otras ventajas.

- Planner te proporciona una vista de calendario para planificar y seguir el progreso a lo largo del tiempo.

- Planner ofrece notificaciones para mantener a los usuarios informados sobre cambios y actualizaciones en las tareas.

- Podrás acceder a Planner desde dispositivos móviles para una perfecta gestión de las tareas cuando estés en movilidad.

Puedes acceder a Planner desde la página de inicio de Microsoft 365, haciendo clic en Explorar todas sus aplicaciones. Puedes ir a la categoría Administración de proyectos, donde encontrarás Planner, como se ve en la figura 11.1.

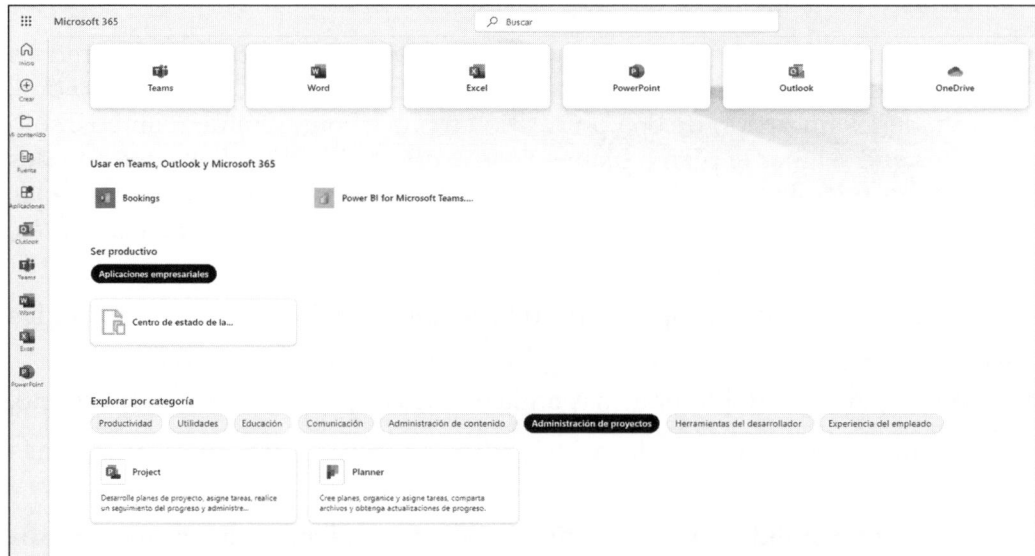

Figura 11.1. Acceso a Planner desde la página de inicio de M365.

También puedes acceder desde la dirección `https://tasks.office.com/`, que podrás escribir en cualquier navegador. También puedes acceder a Planner desde la *app* si accedes desde un móvil o una *tablet*. Deberás descargar la aplicación de Planner previamente en tu dispositivo móvil.

Crear un plan

Crear un nuevo plan desde cero

Cuando entras en Planner, si no tienes ningún plan creado, te aparece una pantalla donde se te da la bienvenida; después de avanzar un par de pantallas, te lleva a la opción de crear un nuevo plan.

Si tienes ya algún plan creado, puedes hacer clic en cualquiera de ellos o, en la parte superior izquierda del panel de navegación de Planner, puedes hacer clic en el botón **+ Nuevo plan**, como se ve en la figura 11.2.

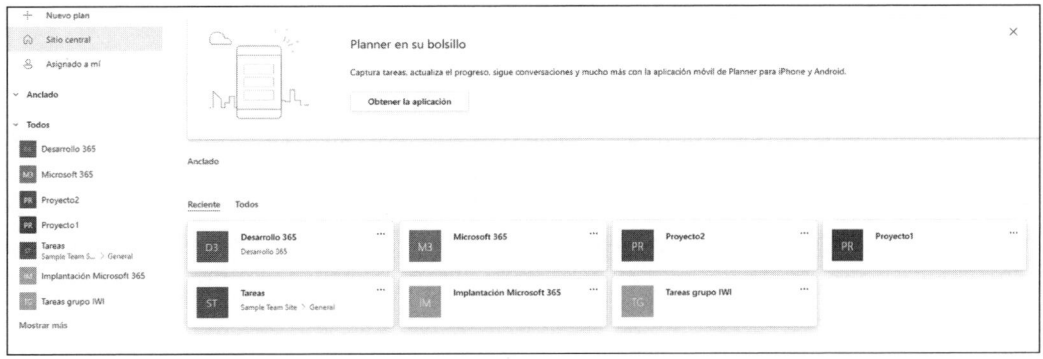

Figura 11.2. Crear nuevo plan.

Cuando creas un plan, lo primero que debes hacer es ponerle un nombre; por supuesto, no puede haber 2 planes que se llamen igual. Voy a crear en este ejemplo un plan al que voy a llamar "Implantación Microsoft 365".

El plan puede ser público para que lo pueda ver cualquier persona de tu organización o, lo que suele ser más habitual, privado y que solo lo puedan ver las personas que añadas al plan o el grupo en el que hayas basado ese nuevo plan.

Si despliegas las opciones, también puedes añadir una descripción del grupo, como se muestra en la figura 11.3.

Una vez que has rellenado los datos, puedes hacer clic en el botón **Crear plan**.

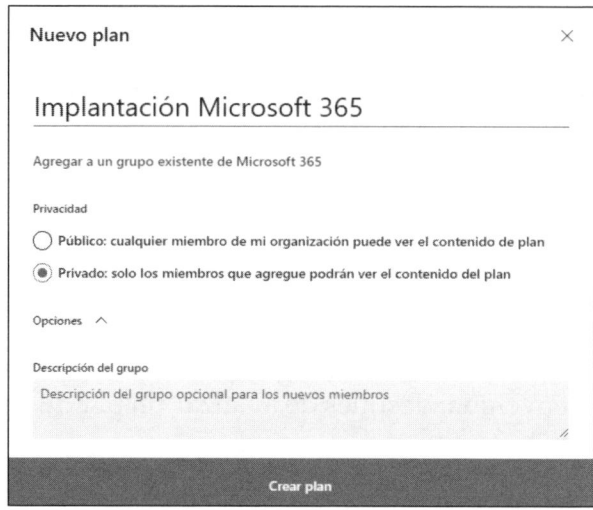

Figura 11.3. Opciones al crear un nuevo plan de Planner.

Crear un nuevo plan desde un grupo de Microsoft 365 existente

Si ya tienes un grupo de Microsoft 365 existente o un sitio de SharePoint Online, una vez que hayas escrito el nombre del plan, haz clic en el vínculo Agregar a un grupo existente de Microsoft 365. Verás la lista de grupos o sitios, solo tienes que seleccionar al que quieres asociar el plan. A continuación, selecciona si el plan será público o privado, añade opcionalmente la descripción y haz clic en el botón Crear plan.

Agregar miembros colaborativos a un plan

Cuando creas un plan directamente sin asociarlo a un grupo de Microsoft 365 existente, debes añadir a las personas al plan. Son las mismas personas que tienen que realizar las distintas tareas. Si no las añades ahora porque desconoces quiénes serán, no te preocupes; se pueden añadir *a posteriori*, como se ve en la figura 11.4.

Es muy común que, según vayas desarrollando las distintas tareas del plan, te des cuenta de que tienes que añadir más personas. En cualquier momento puedes hacer clic en el botón Miembros, situado en la parte superior derecha de la pantalla.

En esta pantalla puedes gestionar los usuarios del plan, es decir, puedes añadir usuarios en cualquier momento o los puedes eliminar del plan.

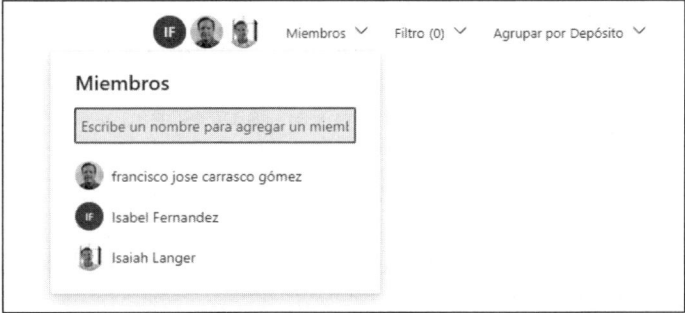

Figura 11.4. Acceso a Planner desde la página de inicio de M365.

NOTA:

Para poder asignarle tareas a una persona, debe estar incluida en el plan.

Según los permisos que te haya dado el administrador de Microsoft 365 de tu empresa, podrás añadir solo personas de tu organización o también personas externas, es decir, personas que no sean de tu organización. Las personas externas se agregan escribiendo su dirección de correo electrónico en el cuadro de diálogo **Agregar miembros**.

Este punto de añadir personas externas te puede ser muy útil en determinadas tareas, ya que puede que dependas de empresas contratadas para llevar a cabo las tareas que necesitas. Si no puedes agregar miembros externos, ponte en contacto con la persona que administra Microsoft 365 en tu organización para obtener más detalles.

Cómo funciona Planner

Crear tareas

Una vez creado el plan de Planner y asignado a un grupo o si has agregado los miembros directamente, deberás incorporar las tareas al plan e ir asignándoselas a los miembros.

Una tarea es un trabajo que hay que realizar, pero, a diferencia de una reunión o una cita, la tarea no tiene día y hora específica para llevarse a cabo, sino que tienes que realizar la tarea cuando tengas tiempo. Sí puede ser que la tarea tenga una fecha límite para ser realizada, podrás agregarla a la hora de crear la tarea; lo veremos más adelante.

Para crear una nueva tarea, haz clic en el botón **+ Agregar tarea** y te aparece un cuadro de texto donde tienes que poner el nombre de la tarea. Si quieres, en este momento, ya puedes agregar más detalles a la tarea; aparte de su nombre, también se la puedes asignar ya a una o varias personas y se puede poner una fecha de vencimiento, es decir, especificar antes de qué fecha tiene que estar terminada la tarea.

Voy a crear una tarea, en la figura 11.5, que la voy a nombrar como "Información de ofertas de Microsoft 365" y se la voy a asignar a Francisco, de momento no le pongo fecha de vencimiento.

Figura 11.5. Agregar tarea y asignarla al mismo tiempo.

A continuación, haz clic en el botón **Agregar tarea**.

Editar tarea

Una vez que has añadido la tarea, puedes hacer clic dentro y así editas la tarea en una pantalla como la de la figura 11.6.

Se ve la información completa de esta tarea: en la parte superior, tienes el nombre del plan y, debajo, el nombre de la tarea, que en caso necesario podrás modificar.

A la izquierda del nombre de la tarea, tienes un círculo; si haces clic sobre él, se marcará la tarea como completada, es decir, indicará que ya se ha llevado a cabo el trabajo que estaba programado en esta tarea. Debajo, tienes la persona o personas que son encargadas de llevar a cabo esta tarea, desde aquí puedes gestionar las personas de la tarea, pero recuerda que para poder asignarle una tarea a una persona tiene que pertenecer previamente al plan. A continuación, le puedes asignar una etiqueta a la tarea. Las etiquetas son muy parecidas a las categorías de los mensajes de Outlook y te van a ayudar a clasificar las tareas. Piensa si varias tareas tienen algo en común, y crea una tarea para clasificarlas. Luego podrás agrupar u ordenar las tareas por esas etiquetas que crees.

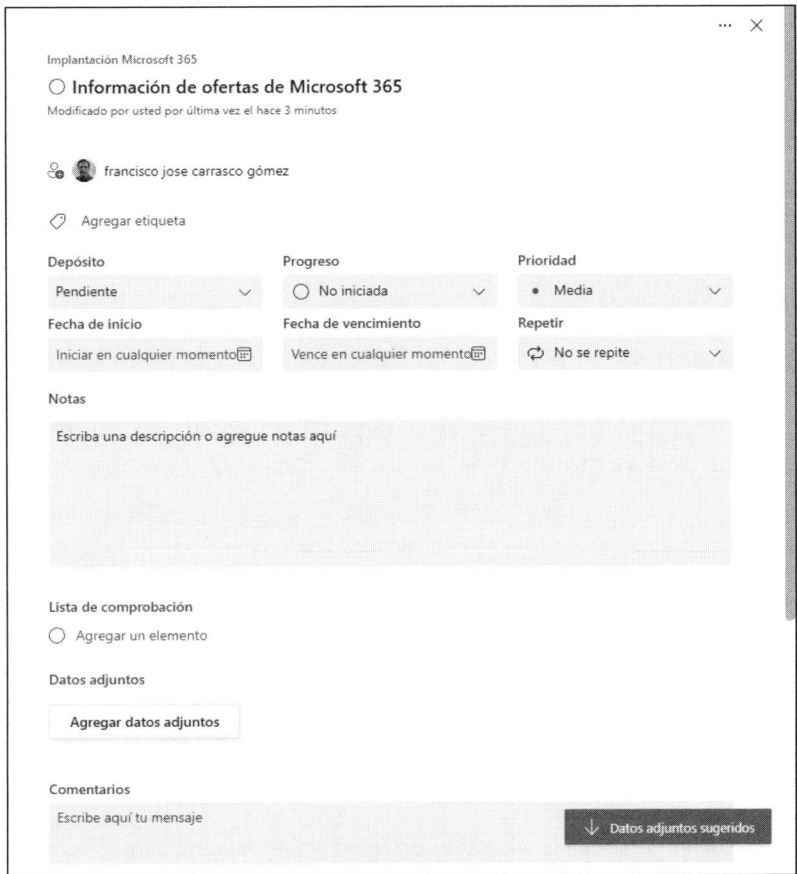

Figura 11.6. Editar tarea.

Cuando hagas clic por primera vez en **Etiquetas** te puede parecer un poco extraño que ponga rosa, rojo, etc. Pone el nombre del color que tendrá esa etiqueta, elige un color y haz clic en el lápiz que está a la derecha, ya le puedes poner el nombre que necesites a esa etiqueta o categoría.

Después, veremos que las tareas se pueden buscar y agrupar por etiquetas, como te decía anteriormente; por eso, resulta muy útil crear etiquetas. Crea todas las que necesites.

TRUCO:

Una misma tarea puede tener varias etiquetas, por lo que después, a la hora de buscar por etiquetas o agrupar por etiquetas, esta tarea aparecerá en todas las categorías que tenga.

A continuación, puedes ver el depósito, es decir, el grupo virtual en el que está clasificada inicialmente la tarea, veremos cómo crear y organizar estos depósitos más adelante.

En la opción Progreso, puedes indicar si la tarea está No iniciada, En curso o Completado. También puedes indicar la prioridad de la tarea: si es baja, media, importante o urgente.

Además, le podemos agregar a cada tarea tanto la fecha de inicio si la conoces como la fecha de vencimiento.

La mayoría de las tareas se tienen que realizar una única vez, pero, si hay alguna tarea que tenemos que realizar periódicamente, tienes la opción Repetir, donde le puedes indicar un patrón de repetición: diariamente, días laborables, semanalmente, mensualmente, anualmente o personalizado. Si eliges esta última opción, aparece una ventana como la de la figura 11.7 para personalizar esa recurrencia.

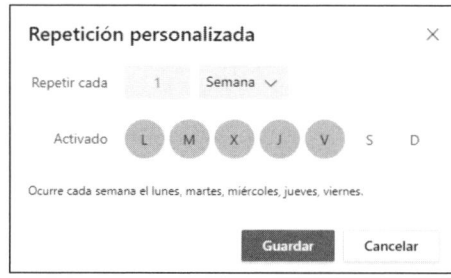

Figura 11.7. Personalizar el patrón de recurrencia para una tarea repetitiva.

Aquí puedes elegir el periodo de tiempo sobre el que quieras que se repita la tarea y personalizar en el momento en que se tiene que repetir.

En Notas puedes poner los comentarios o notas que necesites añadir sobre la tarea.

Agregar varios pasos o listas de comprobación a una tarea

Hay algunas tareas que para completarse tienen que rellenarse distintos puntos independientes; para eso, tienes lista de comprobación para añadir los distintos hitos parciales que darán como resultado el cumplimentar la tarea, como se ve en la figura 11.8.

En este caso, he añadido 3 elementos a la lista de comprobación como es Buscar correos, Buscar web y Llamar por teléfono; además, puedes observar en la parte de la derecha que puedes añadir esta lista de comprobación en la tarjeta de la tarea. Eso hará que desde la vista Panel se puedan ver y editar esos elementos de la lista de comprobación, pidiéndolos marcar cuando estén completados sin necesidad de editar la tarea.

Figura 11.8. Lista de comprobación para una tarea.

Agregar datos adjuntos a una tarea

Dentro de una tarea, también puedes agregar datos adjuntos, que pueden ser archivos que deben completar las personas que realicen la tarea, instrucciones de la tarea que tienen que realizar, pueden ser libros de Excel, documentos de Word, presentaciones, PDF, imágenes, etc., cualquier archivo que tenga que ser asociado a la tarea para facilitar su comprensión y su acceso.

Planner suele sugerirte archivos para adjuntar a la tarea, suelen ser archivos recientes o que hayáis compartido en el equipo o sitio de SharePoint donde colaboráis habitualmente.

Si te desplazas hacia abajo por la pantalla, verás que aparecen las últimas acciones que se han llevado a cabo en la tarea, así como Datos adjuntos sugeridos, donde nos muestra los archivos que cree que pueden estar relacionados con esta tarea.

Los comentarios en las tareas y sus ventajas

Como ya sabes, la mayoría de las aplicaciones de Microsoft 365 permiten el uso de comentarios colaborativos, es decir, puedes agregar un comentario a una tarea y cualquier persona que tenga acceso a esa tarea puede responder ese comentario. Esto tiene la ventaja de que se crean hilos de conversación o chats dentro de la tarea con las conversaciones que se han realizado desde esos comentarios y que se puede después revisar cuando sea necesario. La ventaja de estos comentarios es que siempre se encuentra la conversación en el contexto de la tarea.

Una vez que has indicado las opciones que deseas, solo tienes que cerrar esta ventana de la tarea, todo quedará guardado. Haz clic en la X que hay en la esquina superior derecha de la ventana para cerrar la pantalla de edición de la tarea.

Gestionar tarea

Si editamos una tarea haciendo clic sobre ella podemos modificar cualquiera de las opciones que le hemos indicado anteriormente; además, en la parte superior derecha de la pantalla de crear tareas, al lado de la X de cerrar la ventana, tienes unos puntos suspensivos desde los cuales puedes acceder al siguiente menú, como se ve en la figura 11.9:

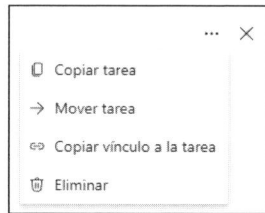

Figura 11.9. Menú de opciones de tarea.

- **Copiar tarea:** Te permite copiar la tarea, indicarle en qué plan quieres copiarla, en qué depósito la quieres crear y qué características de la tarea son las que quieres copiar.

- **Mover tarea:** Te permite elegir a qué plan y a qué depósito quieres mover la tarea.

- **Copiar vínculo a la tarea:** Puedes utilizarlo para enviárselo a otra persona.

- **Eliminar:** Elimina la tarea definitivamente.

Sin necesidad de editar la tarea también puedes encontrar estas opciones en el botón de tres puntos en la parte superior derecha de la tarjeta de tarea, donde, además de las acciones anteriores, encontrarás otras como la de asignar la tarea a otras personas y aplicar distintas etiquetas a la tarea seleccionada.

Organizar las tareas en depósitos

Cuando creas tareas en Outlook, cada tarea es independiente de las demás, por lo que es más complicado gestionar las tareas cuando tienes varias tareas que realizar.

En Planner puedes crear distintos depósitos para agrupar las tareas dentro de un mismo proyecto. Esto te permitirá ver de una manera mucho más rápida y organizada tus tareas. Estos depósitos los puedes imaginar como espacios temporales en los cuales se va englobando las tareas; digo temporales porque inicialmente los depósitos que aparecen por defecto son clasificaciones temporales, por eso ves **Pendiente** como nombre del primer depósito. Cuando creas un nuevo plan, ya está creado ese primer depósito en el que puedes ir añadiendo todas las tareas que quieras y que en principio tendrás pendientes. En la siguiente columna, puedes crear un nuevo depósito para ir añadiendo más tareas, solo tienes que hacer clic donde pone **Agregar un depósito nuevo**. Ese depósito puede tener el nombre que tú elijas y el depósito pendiente también puede tener otro nombre si no es una clasificación temporal la que te interesa.

Puedes tener todos los depósitos que necesites, eso dependerá de la complejidad del proyecto que estés abordando. Los depósitos, al fin y al cabo, son una manera de organizar las tareas dentro de cada plan, aunque puedan parecer solo distintas columnas, son distintas agrupaciones.

NOTA:

Pon en práctica lo aprendido. Piensa en el plan de proyecto del lanzamiento de una nueva línea de producto. ¿Qué depósitos crearías? ¿Qué tareas incluirías en cada depósito?

Voy a echarte una mano con ello ayudándote a seguir unos pasos. Comienza creando un nuevo plan:

- Llámalo "Lanzamiento línea de producto".

- Después agrega unos cuantos miembros al plan, los que tú quieras.

- Establece el plan como privado y haz clic en **Crear plan**.

Ahora vamos a agregar los depósitos:

NOTA:

Cambia el nombre del primer depósito, **Pendiente**, *haciendo clic en él y dale el nombre "Investigación de mercado".*

- Investigación de mercado.

- Definición de objetivos.

- Desarrollo del producto.

- Segmentación y posicionamiento.

- Canales de distribución.

Y ahora en cada depósito ve agregando estas tareas en cada uno:

- Investigación de mercado:
  - Analizar tendencias de mercado.
  - Identificar a la competencia.
- Definición de objetivos:
  - Adquisición de clientes.
  - Participación en el mercado.
  - Estimación de ventas.
- Desarrollo del producto:
  - Fabricación.
  - Pruebas de calidad.
- Segmentación y posicionamiento:
  - Identificar segmentos clave del mercado.
- Canales de distribución:
  - Acuerdos con minoristas y mayoristas.
  - Decidir cómo distribuir el producto.

Una vez introducidas todas las tareas, ve editándolas y agregando información. Puedes inventar fechas de finalización, agregar datos adjuntos, añadir listas de comprobación, cambiar la prioridad y el estado a algunas tareas, entre otras opciones que quieras agregar.

Luego ve asignando las distintas tareas a uno o varios miembros de las personas que has agregado al plan. Por último, crea una etiqueta de color naranja y dale por título "Dependencia externa" para así poder catalogar todas las tareas que son de dependencia externa. Asigna esa etiqueta a las tareas:

- Participación en el mercado.
- Pruebas de calidad.
- Acuerdos con minoristas y mayoristas.

De momento, así puede quedar tu primera práctica; después, cuando tengas más conocimientos de Planner, podrás continuar poniendo en práctica el resto de las opciones con este ejemplo que has creado.

Desarrollo del plan

Para seguir explicándote las distintas funcionalidades que encontrarás en Planner y para que veas mejor el resultado, he creado varias tareas más en el plan "Implantación Microsoft 365".

He cambiado el nombre del depósito Pendiente a Información. Para eso, solo he tenido que hacer clic en Pendiente y escribir el nuevo nombre. En este depósito he añadido la tarea Elegir opción. Nos la he asignado a Francisco y a mí, y le he indicado que el estado es En curso.

He creado un nuevo depósito que he llamado Contratación, donde creo una tarea para mí que será Contratación de Microsoft 365.

A continuación, he creado otro depósito nuevo al que llamo Desarrollo, donde voy a crear la tarea Instalación y la tarea Impartir formación, que nos asigno a Francisco y a mí. El plan que he diseñado queda como aparece en la figura 11.10.

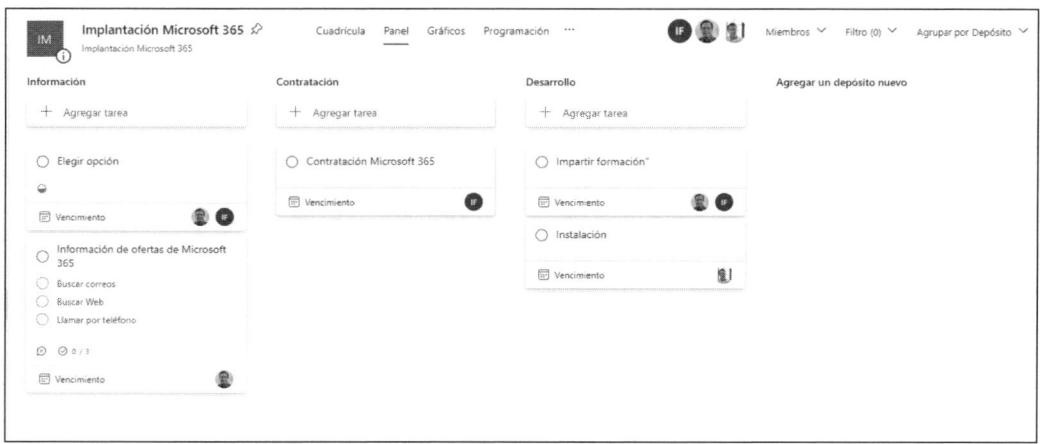

Figura 11.10. Imagen del plan en vista Panel.

No hace falta que hagas este plan igual que el mío, ya tienes un ejemplo que debes haber creado antes, pero, si quieres ir haciendo este plan, te servirá de segunda experiencia. Yo simplemente he añadido más tareas y depósitos para que puedas entender las opciones que vienen a continuación, pero, por supuesto, lo puedes aplicar en los planes que tengas hechos o al ejemplo anterior que hemos creado.

He dejado todas las tareas sin vencimiento de una manera intencionada para que veas que puedo hacer un plan entero sin ninguna fecha; de esa manera, ya tengo el desarrollo del plan y en el momento que se apruebe el proyecto solo me queda poner las fechas correspondientes en cada caso.

Agrupar tareas

Por defecto, las tareas del plan las vemos agrupadas por depósitos en la vista **Panel**, que es también la vista por defecto.

Puedes hacer clic donde dice **Agrupar por depósito**, en la parte superior derecha de la página, y observa que hay una flecha para desplegar; ahí puedes cambiar la forma de agrupar las tareas.

Las tareas las puedes agrupar según la persona a quien han sido asignadas, según el progreso, según la fecha de vencimiento, por etiquetas y según la prioridad que tienen las tareas. De esta manera, podemos ver las tareas agrupadas según lo que más nos interese.

Si seleccionas agrupar por **Asignado a**, verás una pantalla como la de la figura 11.11.

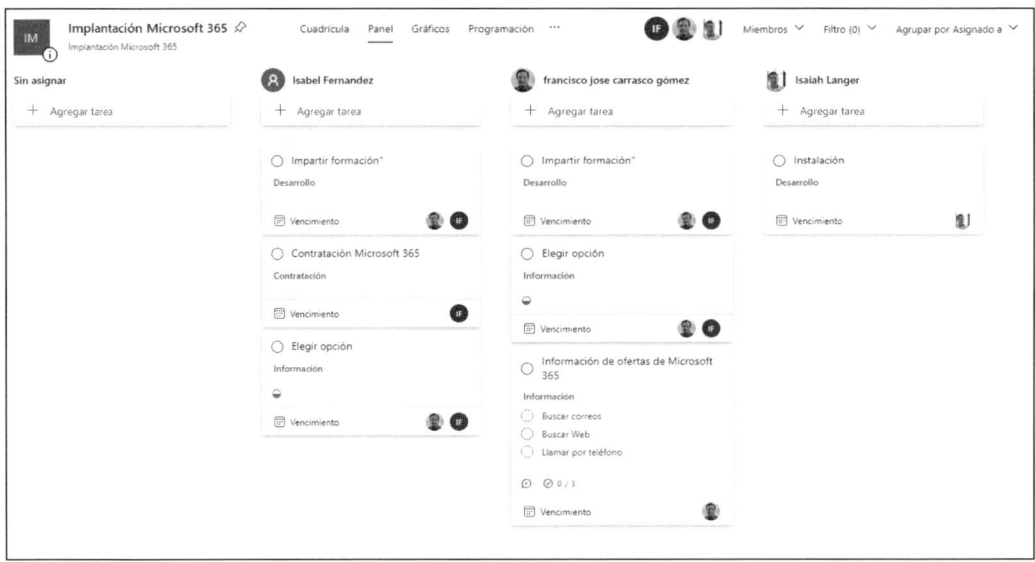

Figura 11.11. Agrupar por asignación.

De esta agrupación podemos destacar dos puntos clave: primero, que hay una columna donde dice sin asignar, ya que puedes crear tareas y no asignárselas a nadie en ese momento. Cuando llegue el momento de llevar a cabo esa tarea, puedes ver qué miembro del equipo tiene menos carga de trabajo y asignársela entonces, por ejemplo.

También quiero que veas que parecerá que hay más tareas, ya que cada tarea aparecerá en la columna de cada persona a la que ha sido asignada.

Además de la opción **Agrupar,** justo a la parte izquierda encontrarás la opción **Filtrar,** que te permite mostrar solo las tareas que cumplan las condiciones que indiques. Puedes filtrar por a quién han sido asignadas las tareas, fecha de vencimiento, etiquetas, prioridad, etiquetas, progreso, depósitos, etc.

Cuando filtras puedes elegir las condiciones que desees de cada una de las categorías de filtrado que tienes a tu disposición, y esas condiciones se van acumulando para ver solo las tareas que cumplen todas las condiciones.

Por defecto, las tareas que se han completado no se ven. Al final de cada depósito aparecen las tareas completadas. Puedes hacer clic en **Mostrar completadas** para visualizarlas.

Puedes mover las tarjetas de las tareas de un depósito a otro solo con arrastrarlas, proporcionando una forma intuitiva de gestionar y ajustar el flujo de trabajo. Además, la vista de panel suele incluir detalles clave de cada tarea, como fechas límite, asignaciones, etc., ofreciendo una visión completa y accesible de la planificación del proyecto. En resumen, esta vista en Microsoft Planner simplifica la gestión visual de las tareas, mejorando la eficiencia y la colaboración en equipos de trabajo.

Seguimiento del plan

El seguimiento efectivo de los planes desarrollados en Microsoft Planner implica una combinación de planificación cuidadosa, asignación de tareas, comunicación constante y aprovechamiento de las herramientas visuales y de integración disponibles. Veamos ahora qué herramientas nos ofrece Planner para llevar un mejor seguimiento del plan.

Gráficos de progreso

Planner, además de gestionar las tareas, te muestra distintos informes que te informan de la progresión de las tareas de cada uno de los planes. Si entras en cualquier plan, en la parte superior tenemos la opción de gráficos, donde podemos hacer clic y nos aparece una pantalla como la de la figura 11.12.

Primero, se muestra un gráfico donde puedes comparar las tareas según el estado de realización que se encuentren, agrupando las tareas por las que se han completado, las que van con retraso, las que están en curso y las que no se han iniciado. A continuación, nos encontramos otro gráfico que te muestra el número de tareas que tienes en cada depósito. Más a la derecha, tenemos un gráfico que te muestra el número de tareas que tienes según la importancia de esas tareas. Más abajo, hay un gráfico en el que puedes ver cuántas tareas tiene cada usuario, es decir, un gráfico que te ayuda a ver las cargas de trabajo.

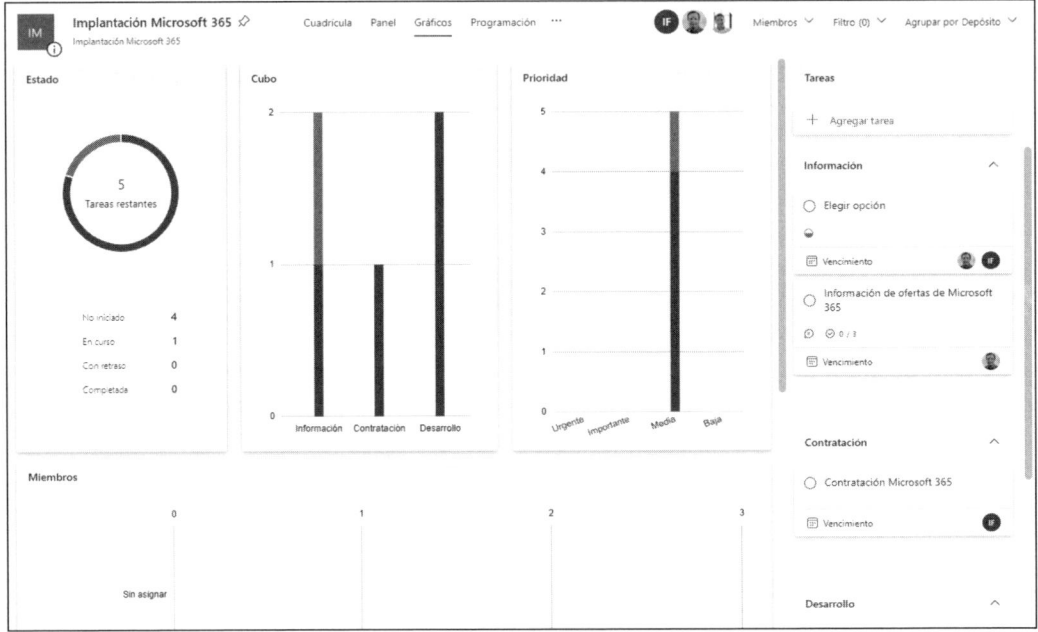

Figura 11.12. Vista gráfico del plan.

En todo momento puedes ver las tareas que van con retraso en color rojo, en color gris cuando no se han iniciado, en color azul cuando se han iniciado y, en color verde, cuando se han completado. A la derecha, aparecen las tareas que forman parte de este plan y las podemos agrupar de las formas que hemos visto anteriormente, e incluso en esta vista también puedes agregar tareas en ese panel derecho.

Vistas de programación

Otra estupenda manera de hacer un seguimiento de las tareas es haciendo clic en la vista de programación, donde puedes acceder para ver las tareas en formato calendario y de esa manera organizadas por fechas, una buena forma de poder ver qué tareas son las que tienes que hacer antes.

NOTA:

Evidentemente, para que esta vista de programación sea eficaz, las tareas deben de tener fecha de vencimiento.

En la parte superior derecha del calendario, puedes cambiar entre la vista semanal y la vista mensual, y en la parte superior izquierda puedes desplazarte por el calendario. En la vista mensual te puedes cambiar de mes y de año.

Si haces clic en una de las tareas del calendario, accedes a las propiedades de la tarea, que se pueden modificar desde esta vista calendario si es necesario.

Vista de cuadrícula

La vista de cuadrícula en Microsoft Planner proporciona una representación organizada y estructurada de las tareas y actividades dentro de un plan. En esta vista, las tareas se presentan en una cuadrícula o tabla. Cada columna representa un campo de información del plan, comenzando por el título de la tarea, las personas a las que está asignada, las fechas de inicio y fin, el depósito o cubo donde están agrupadas, el progreso y la prioridad.

En esta vista también puedes aplicar filtros para ver las tareas que te interesen. Esta disposición visual permite una fácil identificación y seguimiento del progreso de las tareas.

Opciones del plan

Si haces clic en el botón representado por tres puntos que hay a continuación de la vista **Programación**, te aparece un menú con diferentes opciones, como se ve en la figura 11.13.

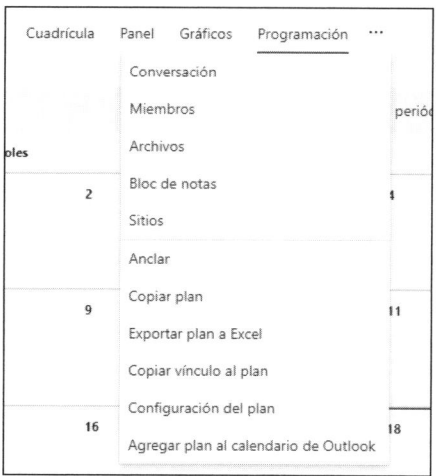

Figura 11.13. Opciones del plan.

El primer bloque de estas opciones te abre otros programas:

- **Conversación:** Abre Outlook con un correo para todos los componentes del plan.

- **Miembros:** Te lleva a contactos donde se ha creado el grupo de contactos.

- **Archivos:** Abre Sharepoint para ver los archivos que se han compartido.

- **Bloc de notas:** Abre un bloc de notas de OneNote para el grupo o si ya tienen uno abre el existente.

- **Sitios:** Te lleva al sitio de Sharepoint donde se almacena toda la información, es decir, todos los archivos que se comparten en el grupo.

En el segundo bloque de opciones puedes realizar las siguientes acciones con el plan:

- **Anclar:** Según quieras que aparezca o no este plan dentro del apartado Anclado.

- **Copiar plan:** Para realizar un plan parecido al que estás desarrollando y poder modificarlo luego.

- **Exportar plan a Excel:** Te permite exportar las tareas del plan con sus características a Excel y desde ahí poder hacer las estadísticas que necesites.

- **Copiar vínculo al plan:** Crea un vínculo que podrás compartir para que puedan acceder las personas que necesites.

- **Configuración del plan:** Esta opción la vemos con más detalle en el siguiente punto del capítulo.

- **Agregar plan a calendario de Outlook:** Esta es una de las preguntas que más me hacen los alumnos en mis clases: ¿al crear un plan de Planner se añaden las tareas al calendario de Outlook? La respuesta es que en principio no, pero, si queremos, las podemos añadir para tener más controladas las tareas de un determinado plan. Realmente lo que haremos será crear un calendario para ese plan que podremos luego ver junto con el nuestro de Outlook.

Configuración del plan

Cuando hacemos clic en esta opción, se abre un panel en la parte derecha de la pantalla, como se ve en la figura 11.14.

Figura 11.14. Configuración del plan.

En este panel puedes cambiar el nombre del plan, el fondo y en la parte inferior eliminar el plan. En general, no te aconsejo eliminar un plan, aunque se hayan terminado todas las acciones de ese plan, por si quieres consultar el histórico o deseas desarrollar un plan parecido a este. En la parte superior, puedes hacer clic en Grupo, donde puedes cambiar el nombre del grupo de las personas que pertenecen al plan. También puedes cambiar la descripción del grupo y si quieres cambiar el grupo de público o privado o viceversa.

En la última opción, en Notificaciones, puedes gestionar las notificaciones del plan. Puedes enviar un correo electrónico al grupo cuando se asigne o se complete una tarea, o también a nivel personal puedes indicar que se te envíen notificaciones cuando alguien te asigne una tarea o cuando una tarea que tengas asignada venza hoy o en los próximos 7 días.

Agregar un plan de Planner a un canal de Teams

Microsoft 365 es un ecosistema, es decir, que todos los programas que forman parte de Microsoft 365 interactúan entre ellos; por eso, es muy útil añadir dentro de un equipo de Teams un plan de Planner, de ese modo desde Teams todo el equipo puede acceder al plan.

Para insertar un plan de Planner dentro de Teams, se puede hacer de varias maneras, quizás la más visible para todos los usuarios es hacer clic en el símbolo que tiene dibujado un más (+) en las pestañas del canal y seleccionar la aplicación Planner, donde se muestra una imagen como la que aparece en la figura 11.15.

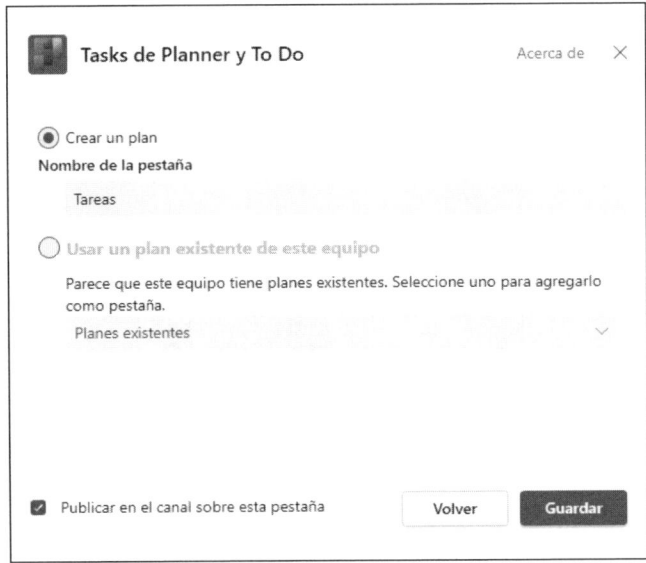

Figura 11.15. Agregar un plan a un canal de Teams.

Puedes elegir si quieres crear un nuevo plan o quieres vincular uno de los planes que ya estén creados para ese equipo. Para poder vincular uno de los planes existentes, tiene que estar basado en el mismo grupo de Microsoft 365 que el equipo de Teams.

Elige la opción que desees y haz clic en Aceptar. Ya estás trabajando con el plan de Planner dentro de Teams y todos los miembros del equipo podrán acceder a él y hacer modificaciones sin salir de Teams.

La pantalla de Planner cuando tienes varios planes que gestionar

En la pantalla principal de Planner, puedes acceder a todos los planes que has creado o en los que te han incluido otras personas. Puedes copiar el plan, copiar un vínculo al plan, así como añadirlo a los planes anclados, que harás que lo puedas tener más a mano, como se ve en la figura 11.16.

Cuando accedes a Planner, a la izquierda te encuentras las opciones de + Nuevo plan, Sitio central y Asignado a mí, donde puedes ver las tareas que te han sido asignadas. Esta última vista es muy importante, ya que puedes visualizar las distintas tareas que tienes que realizar y las puedes agrupar por las mismas opciones que ya has visto para las tareas de un plan.

Figura 11.16. Interfaz de Planner con varios planes.

Más abajo, a la izquierda, aparece una lista de todos tus planes; en el centro de la pantalla, también puedes ver tus planes, puedes elegir entre los planes recientes o todos. En la esquina superior derecha de cada plan, hay tres puntos horizontales donde puedes ver el siguiente menú:

- Anclar el plan para que aparezca en la parte superior de los planes, de esa manera no desaparecerá nunca de la lista y además nos muestra un gráfico con el proyecto del plan.

- Copiar el plan para hacer un duplicado del plan y luego modificarlo.

- Copiar vínculo del plan para dar acceso a alguien al plan.

- Quitar de los planes recientes, esta opción solo aparece si estamos dentro de los planes recientes.

Salir de un plan de Planner

Cualquier miembro que ya no trabaje en un plan puede abandonar este para no seguir recibiendo notificaciones o para ordenar mejor su interfaz principal de Planner sin que aparezcan planes en los que ya no trabaja. Para salir de un plan sigue estos pasos:

1. En la interfaz del plan, localiza el botón **Más opciones** del plan, representado por tres puntos, se encuentra en la parte superior derecha de la pantalla.

2. Selecciona la opción que indique **Salir del plan**.

Confirmarás tu decisión de abandonar el plan y, una vez que confirmes, serás eliminado del plan y ya no tendrás acceso a él.

Conclusiones

En este capítulo has aprendido a usar Planner y has visto la potencia de colaboración que ofrece para compartir tareas en equipo.

Optar por Microsoft Planner para gestionar las tareas del equipo es elegir una herramienta integral y eficiente para la gestión de tareas y proyectos. Su interfaz visual y fácil de usar permite una rápida adaptación, facilitando la creación, asignación y seguimiento de tareas en equipos de trabajo. La capacidad de establecer fechas límite, asignar prioridades y utilizar tableros visuales proporciona una visión clara del progreso del proyecto. Además, la integración fluida con otras aplicaciones de Microsoft 365, como Teams y Outlook, mejora la colaboración y la comunicación entre distintos miembros del equipo.

La flexibilidad de acceder a Planner desde dispositivos móviles garantiza la posibilidad de realizar un seguimiento en cualquier momento y lugar. La capacidad de adjuntar archivos, comentar y mantener conversaciones directamente en la plataforma simplifica la coordinación y el intercambio de información. Microsoft Planner ofrece una solución completa para optimizar la productividad, mejorar la colaboración y garantizar un seguimiento efectivo de proyectos, convirtiéndose en una opción convincente para aquellos que buscan una herramienta integral y centrada en el trabajo en equipo.

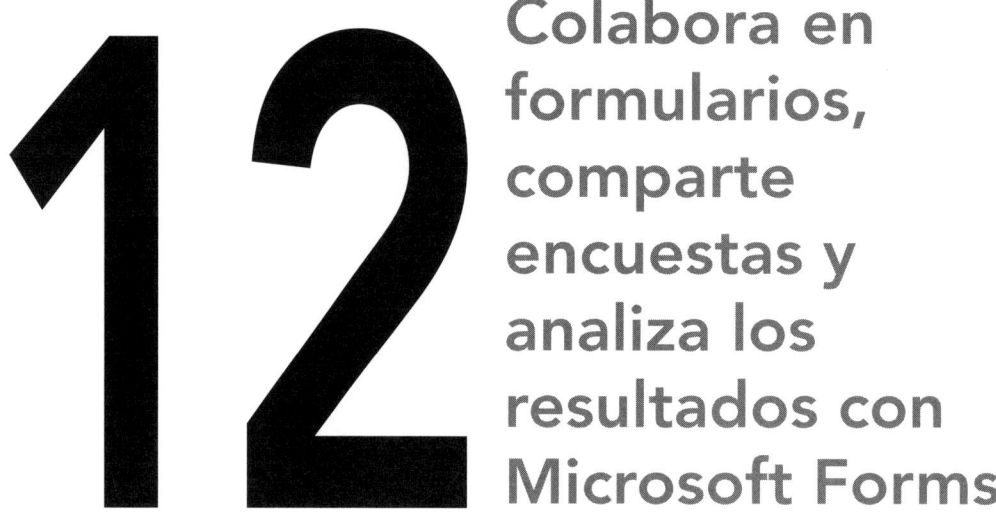

12 Colabora en formularios, comparte encuestas y analiza los resultados con Microsoft Forms

Descubriendo Microsoft Forms

Microsoft Forms es una aplicación integrada dentro del ecosistema de Microsoft 365, ha sido diseñada para simplificar y agilizar el proceso de recopilación de información y opiniones. Esta herramienta eficiente y fácil de usar permite a los usuarios crear formularios, cuestionarios y sondeos de manera rápida y efectiva.

Con Microsoft Forms, puedes diseñar formularios personalizados con preguntas personalizadas, seleccionar entre una variedad de tipos de respuestas y ajustar la apariencia visual del formulario para que se adapte a tus necesidades específicas o a las de tu organización. Además, ofrece la flexibilidad de compartir los formularios de manera interna o externa, facilitando la recopilación de datos tanto dentro como fuera de la organización.

Una de las características que más destaca en Microsoft Forms es su capacidad para proporcionar resultados en tiempo real, permitiéndote analizar y visualizar fácilmente los datos recopilados. Esto facilita la toma de decisiones informadas y la identificación de tendencias significativas.

Microsoft Forms se integra de manera fluida con otras aplicaciones de Microsoft 365, lo que mejora la colaboración y la eficiencia en el flujo de trabajo. En resumen, esta herramienta es ideal para encuestas, evaluaciones, formularios de retroalimentación y cualquier situación en la que se requiera recopilar información de manera estructurada y eficaz para luego poder analizarla.

Ventajas que conlleva el uso de Microsoft Forms

El uso de Microsoft Forms conlleva muchas ventajas que contribuyen significativamente a la eficiencia y productividad a la hora de recopilar la información. Aquí te presento una lista con algunas de sus ventajas clave:

- **Facilidad de uso:** Microsoft Forms se caracteriza por su interfaz intuitiva y fácil de usar, lo que permite a los usuarios crear formularios sin la necesidad de habilidades técnicas avanzadas.

- **Posibilidad de personalización:** Forms ofrece la capacidad de personalizar preguntas, respuestas y la apariencia visual del formulario, adaptándose a las necesidades específicas de cada usuario y de cada situación.

- **Acceso en tiempo real a los resultados:** Proporciona resultados en tiempo real, lo que permite acceder y analizar la información recopilada de inmediato.

- **Integración con otras aplicaciones de Microsoft 365:** Se integra de manera fluida con otras aplicaciones de Microsoft, como Excel, SharePoint o Teams, optimizando la colaboración y la gestión de datos.

- **Favorece la colaboración:** Facilita la compartición de formularios tanto de forma interna como externa, permitiendo la recopilación de datos de diversas fuentes y ubicaciones.

- **La seguridad y la privacidad son una prioridad:** Microsoft Forms está respaldado por las sólidas medidas de seguridad y privacidad de Microsoft 365, garantizando la protección de la información sensible.

- **Automatización de procesos:** Permite la automatización de procesos al conectar formularios con flujos de trabajo, simplificando aún más la gestión de datos y tareas repetitivas.

- **Su adaptabilidad para dispositivos móviles:** La aplicación es compatible con dispositivos móviles, lo que facilita la recopilación de datos en movilidad y desde cualquier ubicación.

- **Ofrece un análisis visual de los datos:** Ofrece herramientas de análisis visual que facilitan la interpretación de resultados, ayudando en la toma de decisiones.

- **Historial de respuestas:** Mantiene un historial completo con las respuestas, lo que facilita el seguimiento y la revisión de la información recogida a lo largo del tiempo.

Todas estas ventajas que te he contado hacen que Microsoft Forms sea una herramienta versátil, valiosa y una de las más utilizadas para la recopilación y gestión de datos en diversos contextos empresariales o educativos.

Acceso a Microsoft Forms

Como ya he mencionado, Forms es una aplicación que pertenece a Microsoft 365. Podrás localizarla desde la pantalla de inicio de Microsoft 365, dentro de la categoría Productividad, como puedes ver en la figura 12.1, o accediendo directamente desde un navegador a la URL: `https://forms.office.com/`.

La página e inicio de Microsoft Forms

Cuando accedes a Microsoft Forms, la página que se presenta te permite elegir el tipo de objeto a crear entre un nuevo formulario o un nuevo cuestionario. Quizás, te estés preguntando la diferencia que existe entre ambos objetos. Son muy similares, pero el cuestionario recopila las respuesta, evalúa y puntúa, mientras que el formulario solo se dedica a recopilar respuestas, por lo que cuando se diseña un cuestionario se le da una puntuación a cada pregunta y se debe de indicar cuál es la respuesta correcta.

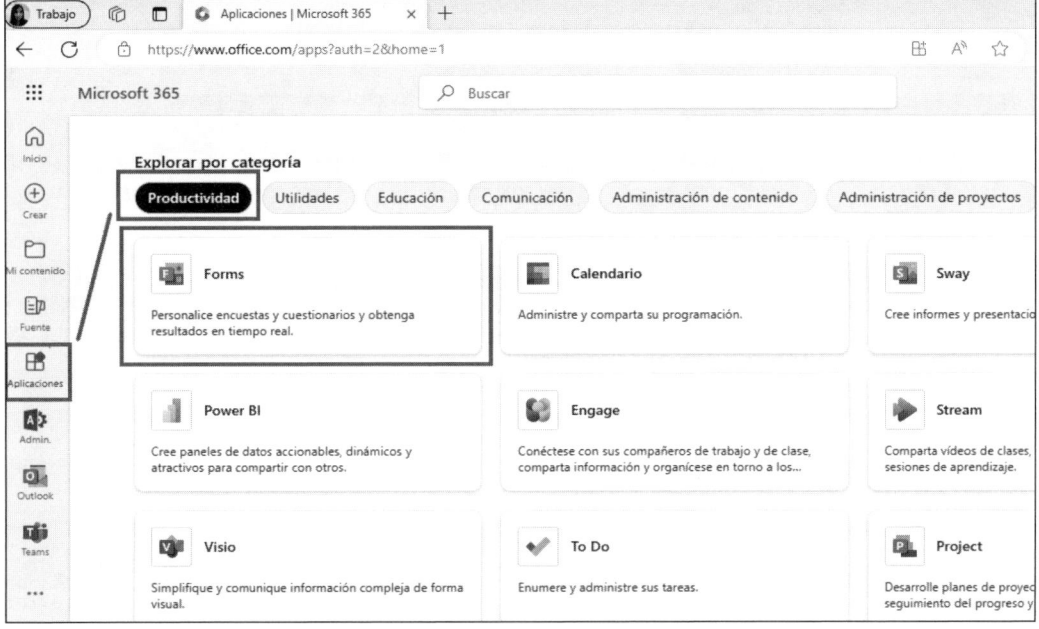

Figura 12.1. Acceso a Forms desde la página de inicio de M365.

Desde la página de inicio de Microsoft Forms también puedes importar un documento de Word o un PDF y convertirlo en un formulario.

Si no sabes cómo empezar, puedes utilizar una de las plantillas que Microsoft Forms pone a tu disposición. Haz clic en Explorar plantillas para comprobar si hay alguna que pueda ser similar a lo que necesitas crear.

Crear un nuevo formulario

Veamos ahora cómo crear un nuevo formulario. Lo vamos a basar en un ejemplo de modo que si quieres puedes ponerlo en práctica a la vez que vas leyendo. Haz clic en el botón Nuevo formulario, que encontrarás en la página de inicio de Microsoft Forms, como se ve en la figura 12.2. El nuevo formulario que acabamos de crear tomará como nombre el título que le pongas y se guardará automáticamente en OneDrive, por lo que no debes de preocuparte a partir de este momento de guardar; los cambios que realices se guardarán en tiempo real.

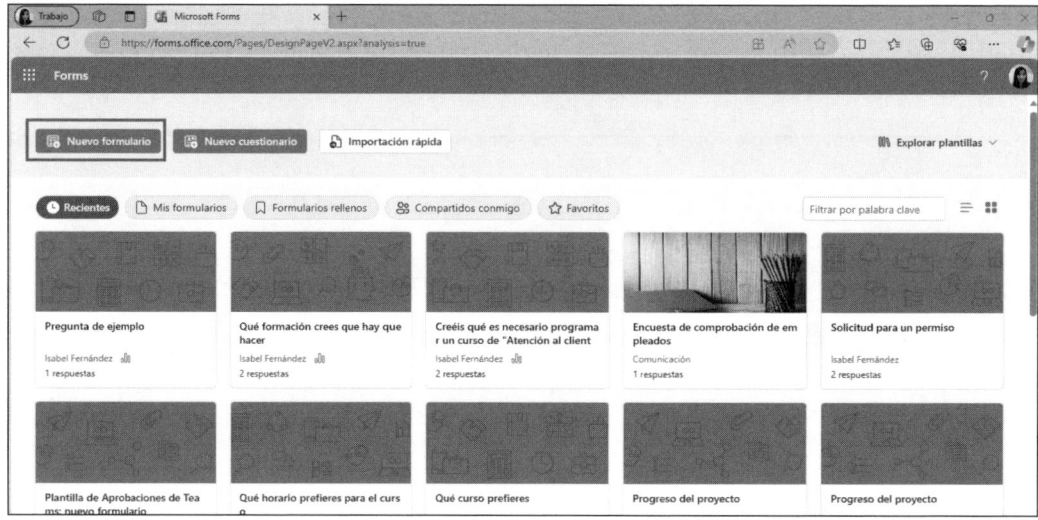

Figura 12.2. Crear un nuevo formulario.

Comenzaremos por ponerle un título al formulario que deje claro el objetivo de este.

En el ejemplo que voy a utilizar, pretendemos hacerles a los empleados una encuesta para recoger la opinión que tienen del servicio de restaurante que ofrece la empresa.

En el título voy a escribir: **Encuesta sobre el servicio de restaurante**.

Opcionalmente puedes agregar un subtítulo, yo voy a agregar el texto: **Te agradecemos que rellenes esta encuesta. Tu opinión es importante**, como se muestra en la figura 12.3.

Figura 12.3. Título y subtítulo del formulario.

Vista previa del formulario

Cuando desees ver cómo quedará tu formulario cuando esté listo para que un usuario lo rellene, puedes hacer una vista previa de este. En la parte superior derecha de la página, verás el vínculo Vista previa, haz clic para verlo igual que se verá cuando se comparta, como se ve en la figura 12.4.

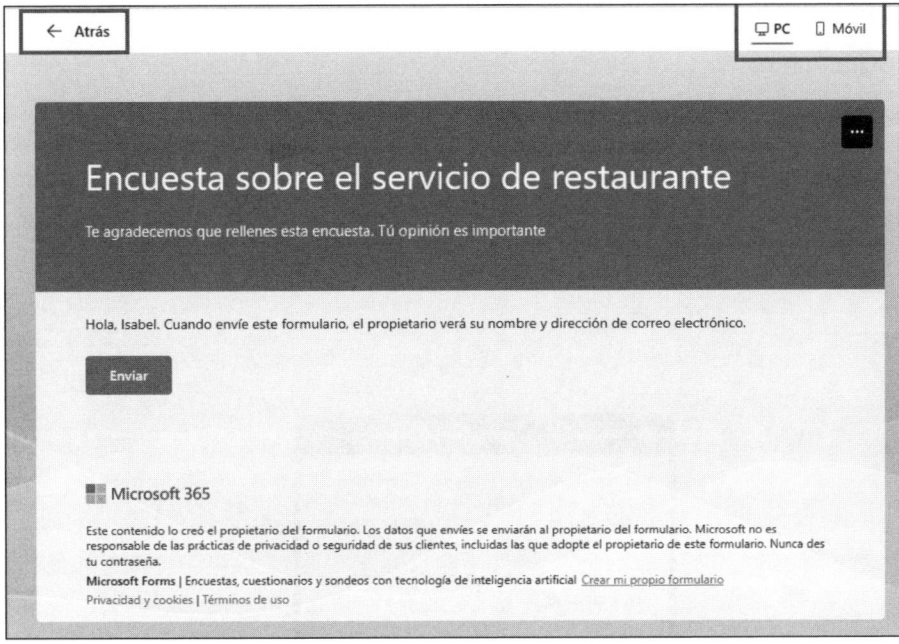

Figura 12.4. Vista previa del formulario en un PC.

En la vista previa, por defecto ves cómo lo verá un usuario que lo rellenará desde un PC, pero sería bueno que hicieras clic en la parte superior derecha de la página en Móvil para ver la versión móvil, es decir, cómo lo va a ver un usuario que lo abra en su teléfono móvil, como puedes ver en la figura 12.5.

Para volver a la vista de edición y seguir creando el formulario, haz clic en el botón Atrás, que encontrarás en la parte superior izquierda de la página.

Agregar preguntas al formulario

Una vez que has agregado el título al formulario y opcionalmente un subtítulo, llega el momento de agregar las preguntas. Verás el botón Agregar nuevo debajo del título y subtítulo; haz clic para que se muestre una nueva pregunta.

Inmediatamente selecciona el tipo de pregunta que deseas añadir, como se ve en la figura 12.6. Según el contenido puedes elegir entre estos tipos:

- Opción.
- Texto.
- Calificación.

- Fecha.
- Clasificación.
- Likert.
- Cargar archivo.
- Net Promoter Score®.

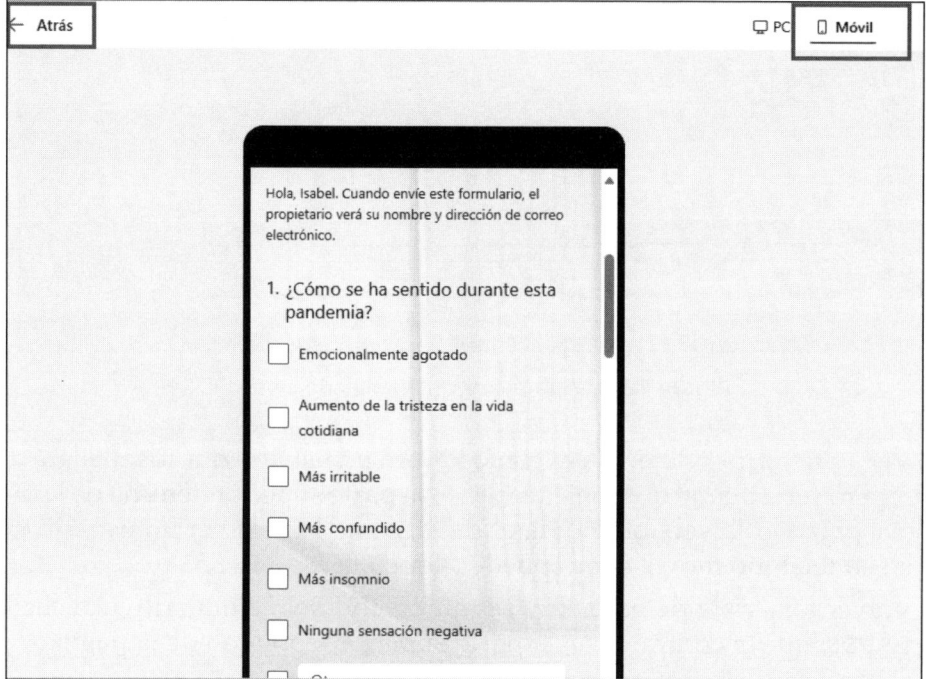

Figura 12.5. Vista previa del formulario en un dispositivo móvil.

Figura 12.6. Agregar pregunta seleccionando el tipo.

Vamos a describir estos tipos en detalle para que sepas cuándo es mejor usar uno u otro.

- **Opción:** Permite a los encuestados seleccionar una opción de una lista de respuestas predefinidas. Puedes configurar para que se muestren respuestas únicas o permitir selecciones múltiples.

- **Texto:** Es ideal para recoger respuestas cortas en forma de texto. Puedes establecer límites de longitud para controlar la extensión de la respuesta.

- **Clasificación:** Los encuestados pueden clasificar opciones según sus preferencias o importancia. Es útil para evaluar las preferencias del usuario en orden de prioridad.

- **Fecha:** Recoge información de fecha y hora. Puede ser útil, por ejemplo, para programar eventos o reuniones.

- **Likert:** Facilita la recogida de respuestas para preguntas que siguen un formato de matriz, donde los encuestados pueden seleccionar opciones para múltiples categorías.

- **Cargar archivo:** Permite a los participantes adjuntar archivos, útil cuando necesitas que los usuarios envíen documentos, imágenes o cualquier otro tipo de archivo.

- **Net Promoter Score®:** Permite a los participantes expresar su opinión en una escala del 1 al 10. Útil para medir la intensidad de un sentimiento o preferencia. Por defecto ya trae formulada la pregunta "¿Qué probabilidades hay de que nos recomiende a un amigo o compañero?", pero puedes modificarla si lo deseas.

Vamos a agregar unas preguntas al ejemplo práctico que estamos haciendo.

Haz clic en el botón **Agregar nuevo** y comienza agregando una pregunta de tipo **Opción**. Esta será una pregunta decisiva para enviar al encuestado a una sección u otra de nuestro formulario.

Nuestro formulario tendrá tres secciones: la sección número uno y principal, donde se encuentra esta primera pregunta; una sección número dos, donde habrá preguntas para aquellas personas que hayan respondido de forma positiva a la primera pregunta; y una sección tres para aquellas personas que hayan respondido de forma negativa con preguntas que puedan explicar el porqué de esa respuesta.

En el título de la pregunta añade el texto: **¿Estás contento/a con el servicio de restaurante de nuestra empresa?**

Después, agrega dos posibles respuestas: **Sí** y **No**.

Como puedes ver en la figura 12.7 tanto la pregunta como las respuestas pueden ir acompañadas de una imagen descriptiva, esto es opcional.

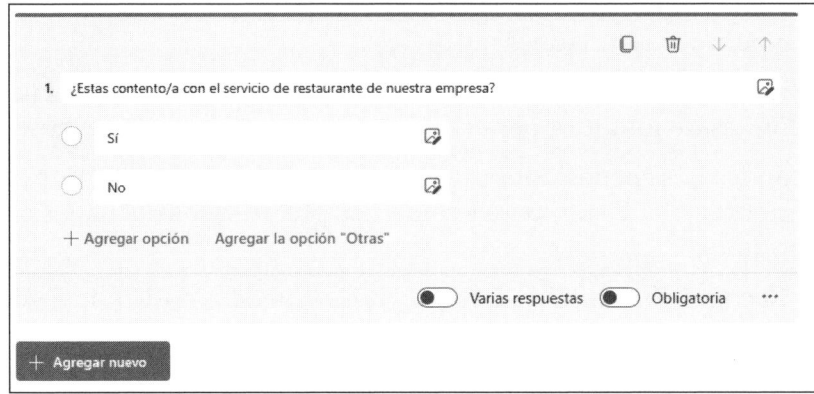

Figura 12.7. Pregunta de opción.

Fíjate que en la parte superior derecha de la pregunta tienes un botón con forma de papelera para eliminar la pregunta y un botón para copiar la pregunta, también unos botones representados por una flecha que sirven para cambiar el orden de la pregunta cuando hayas agregado varias al formulario.

Esta pregunta será de contestación obligatoria, ya que desde aquí vamos a enviar al encuestado a una sección u otra del formulario. Marca **Obligatoria** en este botón que puedes ver en la parte inferior derecha de la pregunta. Ahora haz una vista previa del formulario para ver qué aspecto va teniendo. Haz clic en el botón **Vista previa**, que ves en la parte superior derecha de la página, como se ve en la figura 12.8.

Agregar secciones a un formulario

En Microsoft Forms, una "sección" es una forma de organizar y estructurar tu formulario en bloques temáticos o categorías. Puedes utilizar secciones para dividir tu formulario en partes más manejables y lógicas, lo que facilita la navegación y comprensión para quienes responden al formulario o para redirigir al encuestado a una sección u otra según lo que responda en una determinada pregunta.

Cuando creas un formulario en Microsoft Forms, puedes agregar secciones entre las preguntas. Cada sección puede tener su propio título descriptivo y, además, puedes configurar opciones específicas para cada sección.

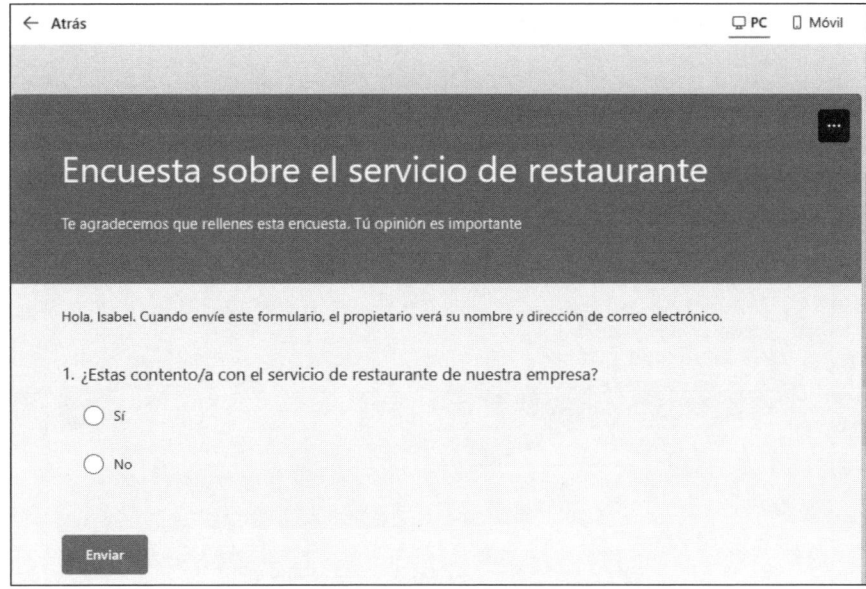

Figura 12.8. Vista previa del formulario.

Siguiendo con el ejemplo en el que estamos trabajando, vamos a agregar una nueva sección.

Haz clic en el botón **Agregar nuevo** como si fueras a agregar una nueva pregunta, pero selecciona **Sección**, como se indica en la figura 12.9.

Figura 12.9. Agregar sección.

Cada sección puede llevar opcionalmente un título y también un subtítulo. Agrega el texto: **Queremos conocer tu opinión sobre el servicio de restaurante** en el título de la sección, y en el subtítulo agrega el texto: **Gracias por continuar rellenando la encuesta**.

A continuación, vamos a agregar todas las preguntas que van en esta sección.

Pregunta de tipo Opción múltiple

Agrega una nueva pregunta de tipo Opción de varias respuestas. Para ello, en la parte inferior de la pregunta, marca Varias respuestas (véase la figura 12.10).

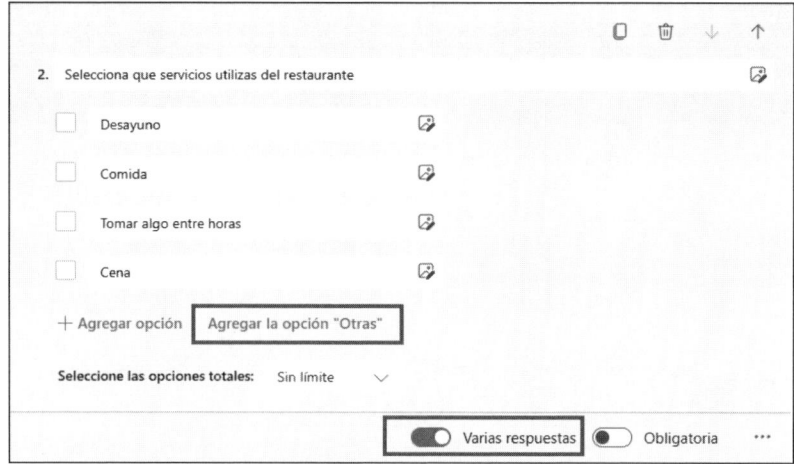

Figura 12.10. Agregar pregunta de opción múltiple.

Agrega el título: **Selecciona qué servicios utilizas del restaurante**.

Agrega estas respuestas: Desayuno, Comida, Tomar algo entre horas, Cena, Otras.

NOTA:

Para agregar la opción Otras, *haz clic en el vínculo* Agregar la opción "Otras".

Opcionalmente puedes marcar la pregunta como de contestación obligatoria.

Al ser una pregunta de opción múltiple, puedes decidir si hay algún límite en el número de respuestas que puedes seleccionar o no. Observa la lista desplegable Seleccione las opciones totales; cuando despliegues la lista, verás las opciones Sin límite, Igual a, Como máximo. Si seleccionas la opción Sin límite, el encuestado podrá seleccionar todas las respuestas que desee; si eliges Igual a, podrás indicar cuántas respuestas se pueden seleccionar; en el caso de elegir la opción Como máximo, podrás indicar cuántas respuestas como máximo se pueden seleccionar.

Pregunta de tipo Calificación

A continuación, vamos a agregar otra pregunta a esta sección, en este caso de tipo Calificación.

Haz clic en el botón **Agregar nuevo** y elige **Calificación**, como se señala en la figura 12.11.

Figura 12.11. Agregar pregunta de calificación.

Agrega a la pregunta de **Calificación** el título: **Valora la calidad de los alimentos**. En esta pregunta, puedes elegir cuántos niveles quieres que haya de evaluación; por defecto, son 5, pero puedes modificarlo. Por defecto el símbolo que se usa es estrellas, pero puedes cambiarlo por otro de la lista, como ves en la figura 12.12.

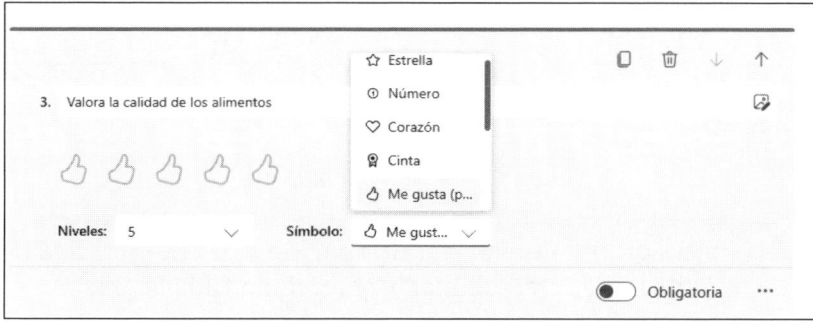

Figura 12.12. Características de la pregunta de tipo **Calificación**.

Marca la pregunta como **Obligatoria** para que no se pueda dejar sin contestar. A la derecha del botón para marcar la obligatoriedad, verás el botón de **Más opciones**, representado por tres puntos horizontales (⋯). De las opciones que se muestran, selecciona **Etiqueta**, te servirá para agregar un texto que aclare que un símbolo significa la puntuación más baja y que todos los símbolos significa otorgar la puntuación más alta, como se muestra en la figura 12.13.

Pregunta de tipo Clasificación

A continuación, vamos a agregar una pregunta de tipo **Clasificación** a esta sección. La pregunta de tipo **Clasificación** se utiliza para recoger datos cuando se desea que los encuestados clasifiquen elementos en un orden específico según su preferencia o importancia. Esta pregunta es ideal cuando quieras obtener una jerarquía o ranking de opciones. Cuando creas una pregunta de clasificación, proporcionas una lista de elementos y le pides a los encuestados que los ordenen según sus preferencias o importancia. Por ejemplo, podrías usar esta pregunta para que las personas clasifiquen sus opciones favoritas de productos, servicios o características.

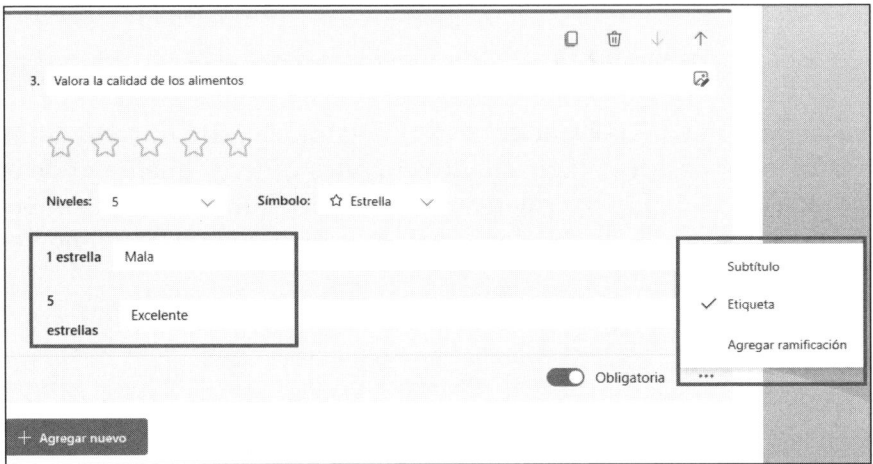

Figura 12.13. Agregar etiqueta.

Haz clic en el botón Agregar nuevo. A continuación, haz clic en la flecha para ver los tipos de preguntas que están ocultas y selecciona Clasificación.

En el título de la pregunta escribe: **Clasifica estos alimentos por orden de preferencia**. A continuación, vamos a agregar los elementos. Ve agregando estas opciones: Vegetales y frutas, Carne, Sopas y cremas, Pasta, Pescado.

Marca la pregunta como Obligatoria y haz clic en Vista previa para ver cómo se muestra esta pregunta. Para probarla, arrastra los elementos para colocarlos en tu orden de preferencia, como se ve en la figura 12.14.

Pregunta de tipo Fecha

La pregunta de tipo Fecha en Forms se utiliza para recoger información relacionada con fechas. Puedes emplear este tipo de pregunta cuando necesitas que tus encuestados proporcionen una fecha específica, como su fecha de nacimiento, la fecha de un evento, una fecha límite o cualquier otra información en la que se tenga que introducir una fecha.

Cuando creas una pregunta de tipo Fecha en Microsoft Forms, lo haces con el objetivo de que la fecha que proporcionen todos los encuestados se introduzca en el mismo formato, de modo que luego a la hora de volcar las respuestas a Excel se puedan analizar correctamente esas fechas.

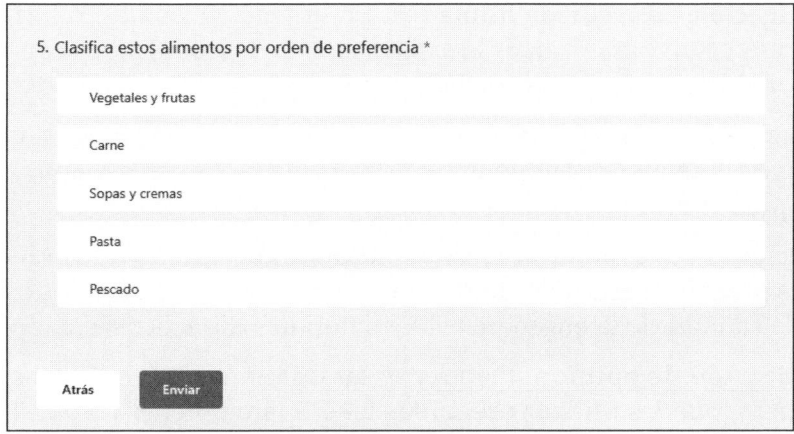

Figura 12.14. Pregunta de tipo Clasificación.

Vamos a agregar una pregunta de tipo Fecha a esta sección.

Haz clic en el botón Agregar nuevo y selecciona Fecha.

Escribe en el título de la pregunta el texto: **Cuándo fue la última vez que visitaste el restaurante**. En este caso, no es necesario que la pregunta se rellene de forma obligatoria, desmarca la opción Obligatoria.

Haz clic en Vista previa para ver y probar este tipo de pregunta, en la figura 12.15.

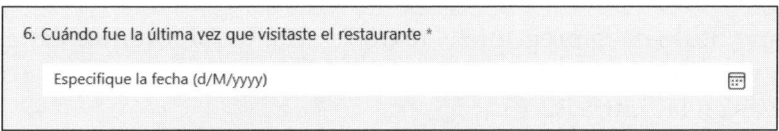

Figura 12.15. Pregunta de tipo Fecha.

Agregar una pregunta de tipo Likert

La pregunta de tipo Likert se usa para medir las actitudes, las opiniones o las percepciones sobre un tema de los encuestados.

Este tipo de pregunta usa una escala de respuesta que va desde Totalmente en desacuerdo hasta Totalmente de acuerdo o algo similar. Aquí te pongo de ejemplo algunas situaciones en las que podrías utilizar una pregunta de tipo Likert:

- **Encuestas de satisfacción del cliente:** Puedes utilizar preguntas Likert para evaluar la satisfacción del cliente para tus productos o servicios. Por ejemplo, podrías preguntar: "¿Cómo de satisfecho está con el servicio al cliente?".

- **Investigación de recursos humanos:** En el ámbito laboral, podrías utilizar preguntas Likert para evaluar la satisfacción de los empleados con respecto a su entorno laboral, políticas de la empresa, oportunidades de desarrollo, etc.

- **Evaluación de eventos:** Si estás organizando un evento, puedes usar preguntas Likert para obtener retroalimentación sobre diversos aspectos, como la calidad de las presentaciones, la comodidad de las instalaciones, etc.

- **Educación:** Para evaluar la efectividad de un programa educativo o curso, puedes utilizar preguntas Likert para medir la percepción de los estudiantes sobre la calidad de la enseñanza, los materiales didácticos, etc.

- **Investigación de opinión:** Para recopilar opiniones sobre temas específicos o políticas, puedes utilizar preguntas Likert para obtener respuestas cuantitativas que luego se pueden analizar de manera estadística.

NOTA:

No olvides diseñar tus preguntas de manera clara y sin sesgo para obtener respuestas precisas y significativas. Además, es útil combinar preguntas Likert con otros tipos de preguntas para obtener una comprensión más completa del tema que estás investigando.

Vamos a agregar una pregunta de tipo Likert al ejemplo que estamos siguiendo para recoger la opinión de los empleados sobre varios aspectos del servicio de restaurante. Haz clic en el botón Agregar nuevo y selecciona Likert.

Escribe como título de la pregunta el texto **Evalúa los siguientes aspectos sobre el servicio de restaurante**, añade en los títulos de las filas y de las columnas el texto que ves en la figura 12.16.

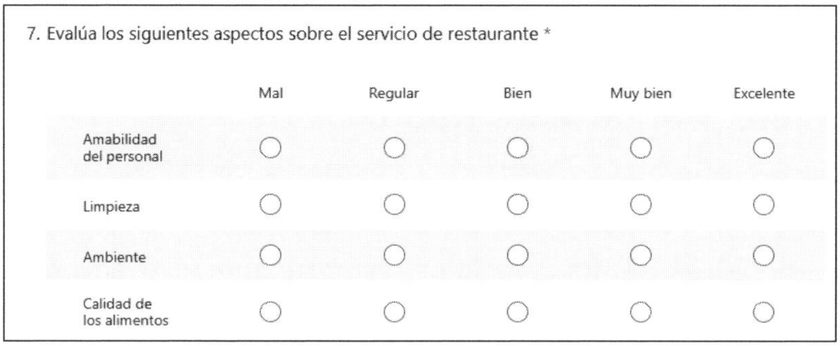

Figura 12.16. Pregunta de tipo Likert.

Haz una vista previa del formulario para ver e interactuar con este tipo de pregunta.

Agregar una pregunta de tipo Net Promoter Score®

Una pregunta de tipo Net Promoter Score® (NPS) en Microsoft Forms se utiliza para medir la lealtad y la satisfacción del cliente con respecto a un producto, servicio o experiencia en general. El Net Promoter Score® es una métrica estándar en la industria que ayuda a las organizaciones a evaluar el nivel de recomendación de sus clientes. Aquí te explico cómo puedes usar una pregunta de NPS en Microsoft Forms.

La pregunta típica de NPS (Net Promoter Score®) es: "En una escala del 0 al 10, ¿cuán probable es que recomiende nuestro [producto/servicio/empresa] a un amigo o compañero de trabajo?".

Según sus respuestas, los encuestados se dividen en tres categorías:

- **Promotores (Puntuación 9-10):** Son clientes satisfechos y leales que probablemente recomendarán tu producto o servicio.

- **Pasivos (Puntuación 7-8):** Están satisfechos, pero no son entusiastas ni leales. Pueden cambiar fácilmente a la competencia.

- **Detractores (Puntuación 0-6):** No están satisfechos y podrían hablar negativamente de tu producto o servicio.

Aquí te muestro algunos ejemplos de algunos de los casos de uso de una pregunta NPS en Microsoft Forms:

- **Medir la satisfacción del cliente:** Proporciona una evaluación rápida y cuantificable de la satisfacción general del cliente.

- **Identificar áreas de mejora:** Al conocer la puntuación NPS y analizar los comentarios adicionales proporcionados por los encuestados, puedes identificar áreas específicas que necesitan mejora.

- **Evaluar la lealtad del cliente:** El NPS ayuda a identificar el nivel de lealtad de tus clientes y su propensión a recomendar tus productos o servicios.

- **Monitorear cambios en el tiempo:** Al realizar encuestas periódicas, puedes monitorear cómo cambia el NPS con el tiempo, lo que te permite evaluar el impacto de las mejoras implementadas.

- **Tomar decisiones estratégicas:** La información del NPS puede influir en las decisiones estratégicas de la empresa, ya que proporciona una medida clara de la satisfacción del cliente.

ADVERTENCIA:

Cuando utilices una pregunta NPS en Microsoft Forms, asegúrate de analizar tanto la puntuación global como los comentarios abiertos para obtener una comprensión más profunda de la percepción de los clientes y tomar acciones específicas y así mejorar la experiencia del cliente.

Agregar una pregunta de tipo Cargar archivo

La pregunta de tipo Cargar archivo en Microsoft Forms permite a los usuarios adjuntar documentos, imágenes u otros archivos a sus respuestas en un formulario. Esta característica es especialmente útil cuando se necesita recopilar información adicional junto con las respuestas de texto.

Además, puedes personalizar la carga de archivos, establecer límites de tamaño de archivo o tipos de archivo permitidos. También puedes hacer que la carga de archivos sea obligatoria o no, según tus necesidades. Por último, vamos a agregar al formulario una segunda sección para bifurcar la primera pregunta sobre si el usuario ha tenido una buena experiencia en el servicio de restaurante.

En el botón en forma de flecha para agregar una pregunta haz clic de nuevo en Sección.

En el título escribe el texto: **¡Ooooh, estamos desolados!**, indicando al usuario nuestro pesar por que el servicio no haya sido de su agrado.

En esta ocasión no agregaremos subtítulo.

A continuación, vamos a agregar una pregunta de texto abierta, para que el usuario nos explique lo sucedido.

Haz clic en el botón Agregar nuevo, a continuación, selecciona la pregunta de tipo Texto. Como pregunta escribe el texto: **Explica brevemente lo sucedido**, marca la pregunta como Obligatoria.

Configurar las secciones del formulario

Cuando en un formulario utilizas secciones, debes de configurarlas para indicar a Microsoft Forms qué debe suceder cuando el usuario termina de rellenar las preguntas de esa sección.

Entre las distintas opciones que se ofrecen, está la de pasar a la siguiente sección, pasar a una sección en concreto que tú selecciones previamente o enviar el formulario cuando se termina esa sección.

Vamos a ir configurando las distintas secciones de nuestro formulario de ejemplo.

Desplázate al inicio del formulario a la sección número 1; en la parte superior derecha de la sección verás de nuevo el botón Más opciones, representado por tres puntos horizontales, haz clic y selecciona la opción Agregar ramificación.

Esto hace que se muestren unas opciones a la derecha de cada respuesta para indicar a qué sección debe de ir el usuario según la respuesta que seleccione, como se ve en la figura 12.17.

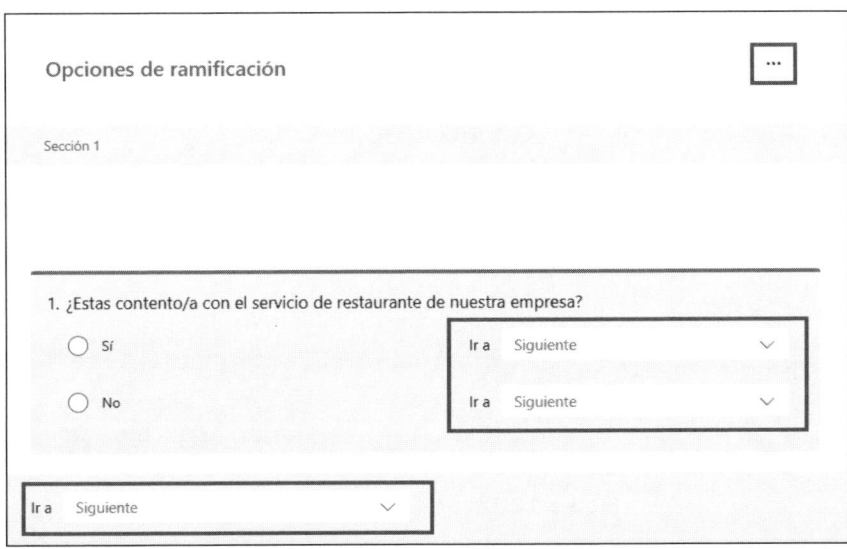

Figura 12.17. Configurar secciones.

En la respuesta Sí selecciona en Ir a la sección 2: Queremos conocer tu opinión sobre el servicio de restaurante y en la respuesta No, en Ir a selecciona la sección 3: Ooooh, estamos desolados.

Ahora desplázate al final de las preguntas de la sección 2. En la lista Ir a selecciona Fin de formulario. Esto hace que, cuando acaben de rellenar esta sección los usuarios que hayan seleccionado Sí en la primera sección, el formulario se envíe sin pasar a la siguiente sección.

Tienes que realizar el mismo proceso para la sección 3. En la lista Ir a selecciona Fin de formulario y esto hará que, cuando el usuario agregue la explicación de por qué no está contento con el servicio, se envíe el formulario.

Nuestro formulario de ejemplo ya está listo; ahora vamos a darle una estética y a configurar su funcionamiento.

Aplicar un estilo al formulario

Haz clic en el botón **Atrás** para volver al formulario. A continuación, haz clic en el botón **Estilo**. Del panel que se muestra a la derecha de la pantalla, selecciona el estilo que quieres aplicarle al formulario y que llamará la atención del usuario que va a rellenarlo, como se muestra en la figura 12.18.

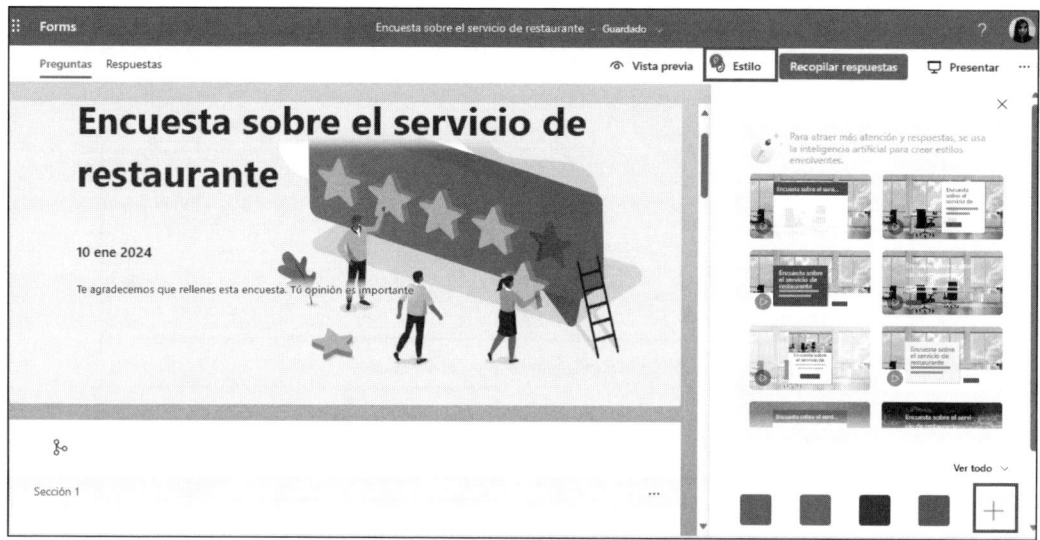

Figura 12.18. Estilo del formulario.

Si no hay ningún estilo que te convenza, haz clic en el botón + que ves a continuación de los colores de fondo y selecciona una imagen propia o crea un color de fondo personalizado que, por ejemplo, muestre el color corporativo; necesitas el código hexadecimal de ese color.

También puedes marcar el botón **Música de fondo** y elegir entre varias melodías que Forms te ofrece.

Configuración de funcionamiento del formulario

Ahora vamos a revisar las distintas opciones de configuración que puedes aplicar al formulario, de ellas depende cuándo y cómo funcionará el formulario. Haz clic en el botón **Más opciones**, representado por 3 puntos horizontales, que encontrarás en la parte superior derecha de la pantalla, justo debajo de tu imagen de perfil. De las opciones que se presentan selecciona **Configuración**.

Se muestra un panel a la derecha con varias opciones, vamos a revisarlas:

- En la sección **Quién puede rellenar este formulario**: Aquí puedes seleccionar si deseas que cualquier persona pueda rellenar el formulario o solamente las personas de tu organización. En el caso de que decidas que solo las personas de tu organización pueden rellenar el formulario, se te ofrece la opción de marcar si registrarás su nombre o, por el contrario, si no marcas esta opción, el formulario será anónimo. También puedes marcar la opción de que solo puede haber una respuesta por usuario.

- En la sección **Opciones para respuestas**: Puedes marcar si el formulario ya acepta respuestas desde el momento en que lo envíes o, por el contrario, puedes establecer una fecha de inicio y alternativamente una fecha de finalización para dejar el formulario abierto por un periodo de tiempo limitado. Puedes desde decidir si las preguntas se mostrarán en orden aleatorio o no, mostrar una barra de progreso para indicar al usuario qué tanto por ciento lleva relleno y cuánto le falta por rellenar e incluso desde aquí puedes personalizar el mensaje de agradecimiento cuando el usuario haya enviado el formulario.

- En la sección **Confirmaciones de respuesta**: Puedes decidir si recibes o no notificaciones por correo electrónico cuando alguien rellene el formulario.

Enviar el formulario para recopilar respuestas

Al hacer clic en el botón **Recopilar respuestas**, que verás en la parte superior derecha de la pantalla de Microsoft Forms, podrás seleccionar en qué forma compartes el formulario con las personas que deben de rellenarlo.

En la parte derecha del cuadro de diálogo que se muestra, verás cuatro botones. El primero te permite obtener el vínculo para pegarlo en un correo electrónico, un chat o canal de Teams, o en cualquier lugar donde un usuario pueda hacer clic para rellenar el formulario.

Si marcas la opción **Acortar la URL**, la dirección será más legible y corta.

Si haces clic en el segundo botón, que tiene forma de gusto, podrás compartir el formulario a través de correo electrónico o de Teams. Solo tienes que añadir el nombre de la persona, grupo, chat o canal al que vas a enviar el formulario.

El tercer botón que encuentras en la parte superior derecha del cuadro de diálogo te permite descargar un código de barras que podrás pegar en cualquier lugar para que los usuarios puedan capturar ese código QR y rellenar el formulario desde sus dispositivos móviles, por ejemplo.

El último botón te permite obtener el código HTML que podrás pegar por ejemplo en una página web o en un Sway (aplicación para crear presentaciones de Microsoft 365).

Recoger y analizar las respuestas del formulario

A medida que los usuarios rellenen el formulario las respuestas se irán guardando en la opción **Respuestas**, que verás en la parte superior izquierda del formulario.

Al hacer clic verás cada pregunta acompañada de un gráfico para que entiendas mejor su valoración.

Fíjate que puedes hacer clic en el vínculo **Más detalles** para ver cada respuesta de modo individual.

En la parte superior derecha de las respuestas, verás el botón **Abrir en Excel**, que te permite exportar las respuestas a un archivo Excel.

Si haces clic en el botón **Más opciones**, los tres puntos horizontales, se muestran otras opciones para compartir el resumen de respuestas o incluso imprimirlo físicamente o en PDF, como se señala en la figura 12.19.

Figura 12.19. Respuestas.

13

La IA ya está en Microsoft 365. Descubre Microsoft Copilot

- Qué es Microsoft 365 Copilot y cómo puede ayudarte en tu trabajo diario.
- Cómo funciona Copilot y qué requisitos se necesitan para usarlo.
- Utilizar Copilot en tus aplicaciones del día a día: Word, Outlook, Excel, PowerPoint, Teams y OneNote.
- Cómo acceder a Copilot Chat y cómo puede ayudarte.
- Conocer y experimentar con Copilot Lab.

Microsoft 365 Copilot. Tu asistente digital en las aplicaciones de Microsoft 365

Microsoft 365 Copilot es una herramienta de productividad con tecnología de inteligencia artificial que combina el poder de los modelos de lenguaje grandes (LLM) con los datos de tu organización (contenido en Microsoft Graph) y las aplicaciones de Microsoft 365, de forma que convierte tus palabras en una de las herramientas de productividad más poderosas que existen. Funciona, como te decía, junto con las aplicaciones Microsoft 365 más populares que utilizas todos los días como Word, Excel, PowerPoint, Outlook, Teams y OneNote entre otras.

Microsoft 365 Copilot te proporciona asistencia inteligente en tiempo real, lo que te permite mejorar tu creatividad, productividad y habilidades.

Microsoft 365 Copilot funciona utilizando una combinación de modelos de lenguaje grandes (LLM) con un tipo de algoritmo de inteligencia artificial (IA) que usa técnicas de aprendizaje profundo y grandes conjuntos de datos para comprender, resumir, predecir y generar contenido. Estos LLM incluyen modelos previamente entrenados, como transformadores preentrenados (GPT) generativos, como GPT-4.

NOTA:

Copilot no es una herramienta para hacer tu trabajo, es una herramienta que trabaja contigo para que des rienda suelta a tu creatividad y realices tus tareas más rápidamente.

Copilot es una forma completamente nueva de trabajar. Es importante que tengas en cuenta que no ha llegado para reemplazar tus ideas ni tu trabajo; es simplemente una herramienta que puedes usar para potenciarlo.

Microsoft ha hecho un análisis de los primeros usuarios de Copilot y el resultado demuestra que el 77% de los usuarios que ya utilizan Copilot opinan que son más productivos en su trabajo diario y no quieren dejar de usarlo.

ADVERTENCIA:

Dado que el contenido generado por inteligencia artificial puede contener errores, debes comprobar todo el contenido que genere Copilot, revisándolo detenidamente y modificándolo si fuera necesario.

Cada persona tiene un control total en el uso de Copilot. Del contenido que Copilot te proporcione, tú decides qué conservas, qué modificas o qué descartas de lo que Copilot te haya ofrecido.

ADVERTENCIA:

Copilot se basa en el compromiso de seguridad y privacidad de la información de Microsoft. Los datos empresariales que Copilot usa para formular las respuestas no se usan para entrenar los modelos de lenguaje de gran tamaño que usa Copilot, por lo que tanto los usuarios como las organizaciones mantienen la integridad y privacidad de sus datos.

Cómo funciona Copilot para Microsoft 365

Microsoft Copilot funciona con:

- Las aplicaciones de Microsoft 365, como Word, Excel, PowerPoint, Outlook, Teams, OneNote, Whiteboard, Power Automate, Power Apps, Loop, etc., ayudándote en el contexto de tu trabajo dentro de esas aplicaciones.

- Microsoft 365 Chat permite a los usuarios de Microsoft Copilot aprovechar la inteligencia entre aplicaciones, lo que simplifica el flujo de trabajo en varias aplicaciones. Usa la eficacia de los LLM básicos, los datos organizativos de un usuario y las aplicaciones de ese usuario para generar una respuesta. Microsoft 365 Chat está disponible en una amplia gama de aplicaciones, como Teams (chat), Bing, Microsoft Edge y las aplicaciones de Microsoft 365.

- Microsoft Graph ha sido y es fundamental para Microsoft 365. Incluye información sobre las relaciones entre los usuarios, las actividades y los datos de la organización. La API de Microsoft Graph aporta contexto adicional para la consulta, como información de correos electrónicos, chats, documentos, reuniones, etc.

- Semantic Index para Copilot utiliza múltiples LLM que se asientan sobre Microsoft Graph para interpretar las consultas de los usuarios y producir respuestas sofisticadas, significativas y multilingües que te ayudan a aumentar tu productividad permitiéndote buscar rápidamente a través de millones de vectores para poder conectar con la información más relevante e importante de tu organización.

Veamos ahora un ejemplo de cómo funciona Microsoft Copilot para Microsoft 365 para que entiendas mejor todo lo que te acabo de explicar:

"Un usuario hace una consulta a través de una aplicación como Word, Excel o Power Point. Copilot recibe la consulta; a continuación, procesa la consulta a través de un enfoque denominado '*grounding*' (nociones), lo que garantiza que se obtienen respuestas relevantes. Después, Copilot envía la consulta al LLM para su procesamiento; seguidamente, Copilot toma la respuesta del LLM y la procesa, incluyendo otras llamadas de *grounding* a Microsoft Graph. Por último, Copilot devuelve la respuesta a la aplicación, donde el usuario debe revisarla y evaluarla".

Requisitos previos para el acceso a Microsoft Copilot

A la hora de escribir este libro para utilizar Microsoft Copilot en Microsoft 365 tu organización debe proporcionarte una licencia de Copilot asociada a una cuenta de Microsoft 365 o, si tienes una suscripción personal o de familia a Microsoft 365, ya puedes comprar una licencia de Copilot para asociarla a esa cuenta.

> **ADVERTENCIA:**
>
> *Copilot solo estará disponible en la cuenta de M365 a la que se haya asociado, solo funcionará en el documento que pertenezca a la cuenta que tenga la licencia de Copilot o que se comparta con ella.*

Estas son las licencias de Copilot disponibles a la hora de escribir este libro:

* **Microsoft Copilot Pro:** Para suscriptores de Microsoft 365 Personal o Familiar:

    * Permite el uso de Copilot en las aplicaciones de Microsoft 365 de uso habitual.

    * Te da acceso prioritario a Copilot y un rendimiento más rápido.

    * Te permite crear imágenes con Microsoft Designer (una aplicación de diseño gráfico impulsada por inteligencia artificial que agiliza el proceso de diseño, ayudándote a crear imágenes para publicaciones en redes sociales, invitaciones, postales digitales, gráficos y mucho más, en tan solo unos segundos).

        Te dejo la referencia de Microsoft Designer por si estás interesado en echarle un vistazo. Regístrate con una cuenta de Microsoft gratuita, puedes hacerlo desde la web y usar Designer también de forma gratuita. Cuentas con unos créditos para comenzar a crear; cuando gastes todos los créditos, solo funcionará algo más lento: `https://designer.microsoft.com/?utm_source=m365&utm_medium=blog&utm_campaign=epp`

- **Microsoft Copilot para empresas:** Disponible para empresas con una suscripción a Microsoft 365 del tipo Empresa Estándar o Empresa Premium, o una suscripción a Microsoft 365 de los tipos E3 o E5:

  - Aquí Copilot utiliza el chat con tecnología de IA con acceso seguro a los gráficos de la organización.

  - Puedes acceder a Copilot en aplicaciones de Microsoft 365 más populares como Word, Excel, PowerPoint, Outlook y Teams entre otras.

  - Puedes personalizar y ampliar las ventajas de Copilot con la versión preliminar de Microsoft Copilot Studio, que te permite crear tus propios *chatbots* asociados a tus necesidades.

Como a lo largo del tiempo los tipos de licencias que ahora existen pueden variar, te dejo esta web de Microsoft para que puedas visitarla y obtener información actualizada: `https://www.microsoft.com/es-es/microsoft-365/microsoft-copilot#tabs-pill-bar-oc498c_tab2`.

Continuamos con las necesidades para el uso de Copilot. Aparte de la licencia de Copilot asociada a tu cuenta de Microsoft 365, si tienes una cuenta de empresa, es necesaria una cuenta de Azure Active Directory (actualmente llamado Microsoft Entra), que proporcionará acceso a las aplicaciones y servicios de Microsoft 365 que funcionan con Copilot, incluidos Word, Excel, PowerPoint, OneDrive, Outlook, Loop y el resto de las aplicaciones.

Además, los usuarios deben estar en el canal actual o mensual de las aplicaciones de Microsoft 365 para tener acceso a Copilot en clientes de escritorio. (Los canales controlan la frecuencia en que los usuarios obtienen nuevas características en las aplicaciones de Microsoft 365, incluidas actualizaciones de seguridad). Se recomienda el canal actual porque es el que proporciona a los usuarios las nuevas características de Office tan pronto como estén listas. El canal actual suele recibir nuevas funciones al menos una vez al mes.

En cuanto al uso con las aplicaciones de Microsoft 365 se necesitan cumplir los siguientes requisitos:

- **Tener una cuenta de OneDrive:** Debes tener una cuenta de OneDrive para varias características dentro de Microsoft Copilot para Microsoft 365, como guardar y compartir los archivos.

- **Utilizar el nuevo Outlook:** Para una integración perfecta de Microsoft Copilot para Microsoft 365 con Outlook, es necesario usar el nuevo Outlook, actualmente en versión preliminar, pero es posible que cuando leas esto ya esté funcionando al 100 %. Si no es así, fíjate en la barra superior de Outlook y si aparece el botón Nuevo Outlook debes activarlo.

- **En Microsoft Teams:** Para usar Microsoft Copilot con Microsoft Teams, debes usar el cliente de escritorio o cliente web de Teams. Se admiten tanto la versión actual como la nueva de Teams.

NOTA:

Para que Copilot funcione en Word Online, Excel Online y PowerPoint Online, debes tener habilitadas las cookies de terceros.

Seguridad y privacidad de los datos que usa Copilot

Microsoft Copilot garantiza la seguridad y privacidad de los datos mediante el cumplimiento de las obligaciones existentes y la integración con las directivas de tu organización. Los datos nunca saldrán de la organización, por lo que puedes estar tranquilo.

Microsoft 365 Copilot en tus aplicaciones del trabajo diario

Con Copilot debes utilizar lenguaje natural para formularle preguntas que te permitan obtener ayuda a la hora de generar contenido o para obtener un resumen de un tema concreto, documento o conversación de un chat. Cuanto más específica sea la indicación, mejor será el resultado. Por eso, es importante que, cuando dialogues con Copilot, el mensaje o *prompt* sea lo más detallado posible, en modo cortés y proporcionándole toda la información y en algunos casos documentos u otros recursos para que puedas obtener los mejores resultados. Es lo que se conoce como hacer un buen *prompt*.

NOTA:

Cuanto mejor sea el mensaje o prompt *que proporciones a Copilot, de más calidad será el resultado obtenido.*

NOTA:

Denominamos prompt *al mensaje que creamos y enviamos a Copilot para obtener resultados.*

Copilot te ayuda en muchas tareas con tus aplicaciones del día a día, por ejemplo, es capaz de resumir los correos electrónicos no leídos de un determinado remitente o de crear un borrador para contestar a un mensaje de tu equipo con los elementos de acción más importantes de vuestra última reunión, entre otras muchas tareas. Veamos ahora cómo puedes usar Microsoft Copilot en tus aplicaciones de Microsoft 365 de uso diario.

NOTA:

Copilot no está para hacerte el trabajo; es un asistente, un ayudante para ahorrarte tiempo y amentar tu productividad.

Crear un buen *prompt* o mensaje es fundamental

Para que Copilot te ayude a aumentar tu productividad y te ahorre tiempo en el trabajo diario, es necesario familiarizarse con las indicaciones. Me refiero al mensaje o *prompt* que le proporcionas a Copilot y que es tu forma de interactuar con la funcionalidad de IA.

Sin unas nociones básicas de cómo funcionan las indicaciones, es difícil sacarle el máximo partido a Copilot, por lo que es fundamental que, antes de enseñarte cómo Copilot puede ayudarte en tu trabajo diario con las aplicaciones que usas cada día, te explique qué necesitas para hacer un buen *prompt*.

Piensa en cuando te piden que hagas algo en el trabajo. Deben dejarte claro el objetivo, darte contexto y recursos si son necesarios y, desde luego, ser amables y educados. Lo mismo ocurre cuando se trabaja con IA generativa.

Piensa en Copilot como en un asistente o en un ayudante que te han asignado. Cuando le pides que haga algo, la calidad de lo que te devuelva dependerá de cómo realizas la solicitud y de los detalles y recursos que proporcionas a tu ayudante.

Para crear indicaciones que te proporcionen buenos resultados, debes asegurarte de que el mensaje tenga estos elementos esenciales:

- **Define el objetivo:** Debes tener un objetivo claro y pedir a Copilot claramente lo que quieres. Piensa en los resultados que necesitas lograr para poder elaborar bien el *prompt* o mensaje. Por ejemplo, si necesitas un resumen de una presentación, podrías escribir: "Escribe un resumen de esta presentación", o si necesitas conocer las novedades sobre un proyecto puedes pedir a Copilot: "Dame un resumen de las novedades del Proyecto x, así como un resumen de las tareas que siguen pendientes".

- **Prepara el escenario:** Hay que dar contexto, detalles relevantes como por qué lo necesitas. Indica tus expectativas sobre cómo Copilot debería dar su respuesta. ¿A quién o a qué público va dirigido? ¿Qué tipo de tono quieres que utilice: informal, formal, profesional? Eso, en ocasiones, implica alguna explicación sobre quién eres y qué estás tratando de lograr. Piensa en un buscador de Internet: a la gente que usa pocas palabras clave al hacer la búsqueda, el buscador termina devolviéndole infinidad de enlaces y el resultado no es efectivo.

Un ejemplo de *prompt* con un buen contexto podría ser: "Crear un documento que sea una guía de capacitación sobre gestión del tiempo. Estará dirigida a profesionales que trabajan en un entorno híbrido y necesitan constantemente asistir a reuniones virtuales y cumplir con los plazos. El tono del documento debe ser amable y sugerente".

Observa cómo he preparado el escenario para que Copilot entienda a quién o quiénes está dirigida esta guía, de este modo el resultado será mucho más preciso.

Otro ejemplo en el que das algo de información sobre ti podría ser: "Soy una ejecutiva muy ocupada, dame solo los puntos clave de esta reunión".

* **Fuentes y recursos:** No es un requisito, pero es bueno proporcionar fuentes y recursos en los que Copilot pueda basar su información, como documentos y fuentes relevantes que Copilot deba utilizar. Por ejemplo, algo que algunas personas desconocen es que en el *prompt* puedes especificar rangos de fechas en las que Copilot pueda centrarse. Cuanto más descriptivo seas, mejores resultados obtendrás.

Detalles para tener en cuenta a la hora de crear un buen *prompt*

Al crear el *prompt* o mensaje y ser educados, es importante el uso del lenguaje cortés, devuelve resultados de mayor calidad. La IA generativa refleja en sus resultados los niveles de profesionalidad, claridad y detalle en los *prompts* que proporcionas. Como consejo: practica, practica y practica. Tu *prompt* inicial es solo tu punto de partida. Después de obtener el primer resultado, puedes pedir a Copilot que ajuste cosas, edite o agregue algo que falta.

La comunicación es de ida y vuelta. Aportas información, recibes algo a cambio, haces preguntas, aprendes, "tienes una conversación".

Copilot en Microsoft Word

Vamos a comenzar por ver cómo puede ayudarte Copilot con tus documentos en Word. Copilot en Word escribirá, editará, resumirá, aconsejará y creará contigo tus documentos. Puedes crear primeros borradores que luego iréis perfeccionando, permitiendo agregar contenido a documentos existentes, resumir texto, volver a escribir secciones de un documento o incluso crear documentos completos, eligiendo incluso el tono y tamaño del contenido generado por Copilot.

Mi opinión es que el uso de Copilot en Word marca una nueva era de escritura, aprovechando el potencial de la inteligencia artificial. Copilot puede ayudarte a convertir una página en blanco en un documento completo rápidamente.

NOTA:

Aunque Copilot puede escribir exactamente lo que necesitas, a veces el contenido que te proporciona puede ser "incorrecto", por lo que no olvides siempre revisar el resultado.

Copilot puede hacerte sugerencias para crear o realizar cambios en un documento, pero, si utilizas Copilot Chat en Word, puedes dialogar con la inteligencia artificial, por lo que si buscas algo más genérico puedes formular preguntas a Copilot Chat para investigar, tomar ideas, etc.

¿Cuáles son los usos actuales de Copilot en Word?

En el momento de escribir este libro, Copilot en Word puede ayudarte en estas tareas que te detallo a continuación, pero recuerda que Copilot está en constante evolución y, a medida que vaya pasando el tiempo, irá realizando más tareas y perfeccionando los resultados:

- Puedes generar un documento preguntándole a Copilot sobre lo que deseas escribir e indicarle hasta tres archivos para que los use de referencia y base su contenido en ellos.

- Copilot puede generar contenido basado en el contexto del documento.

- Copilot puede proporcionar un resumen de un documento.

- Proporcionar respuestas a preguntas basadas en el contenido de un documento.

- Crear contenido de texto a través del chat.

- Reescribir contenido existente y ajustar el tono de las sugerencias reescritas.

- Transformar texto seleccionado en una tabla.

- Realizar modificaciones en el contenido y formato del documento.

Veamos dónde localizar Copilot en Microsoft Word. Si te encuentras en un documento existente, verás a Copilot en el margen izquierdo de cada párrafo, listo para comenzar a utilizarlo. Si estás en un documento nuevo, verás a Copilot en el punto indicativo. Por supuesto, si no quieres hacer uso de Copilot, puedes cerrarlo temporalmente haciendo clic en la X que aparece a la derecha del cuadro de texto para dialogar con Copilot, como se ve en la figura 13.1.

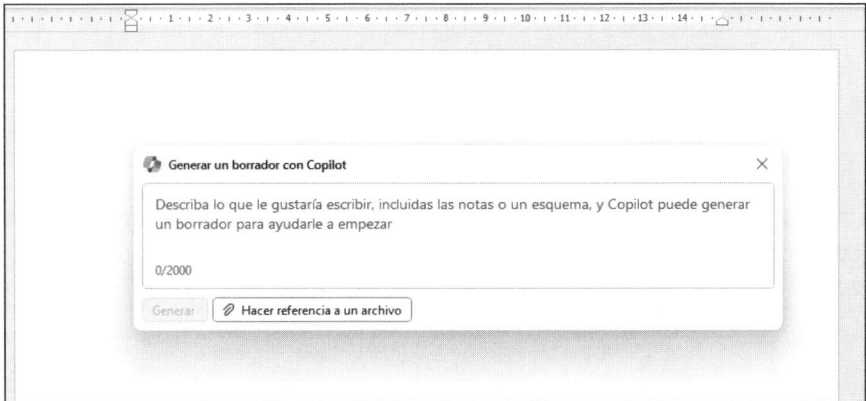

Figura 13.1. Acceso a Copilot desde el punto indicativo.

En el caso de que hayas cerrado Copilot, puedes acceder a él siempre que lo necesites en la pestaña Inicio de la cinta de opciones, haciendo clic en el botón Copilot. Es el último botón que aparece, como se señala en la figura 13.2.

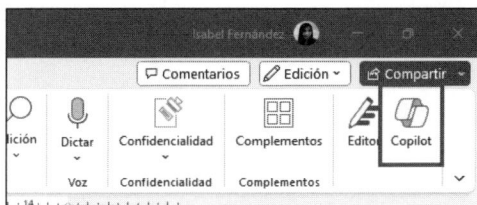

Figura 13.2. Acceso a Copilot desde la pestaña Inicio.

Al hacer clic en el botón Copilot aparecerá un panel en la parte derecha de la pantalla con varias opciones que paso a detallarte.

Desde el panel derecho, puedes con la ayuda de Copilot resumir el documento que tengas en pantalla, ver si hay alguna llamada a la acción en el documento o hacer una pregunta a Copilot en lenguaje natural. Por ejemplo, podrías pedirle a Copilot algo como esto: "Escribe una propuesta para un nuevo plato principal de pescado para el restaurante La perla del hotel Milán". En este ejemplo en la figura 13.3 un empleado de este restaurante es el que formula esta pregunta a Copilot a través de Microsoft Word.

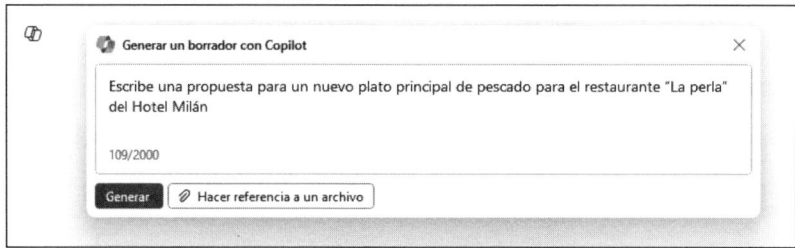

Figura 13.3. Formulando una pregunta a Copilot en Word.

Una vez formulada la pregunta, haz clic en el botón **Generar**. Esto hará que Copilot se ponga en marcha para crear el borrador que le hemos solicitado y, en un breve espacio de tiempo, devolverá ese borrador, como el de la figura 13.4.

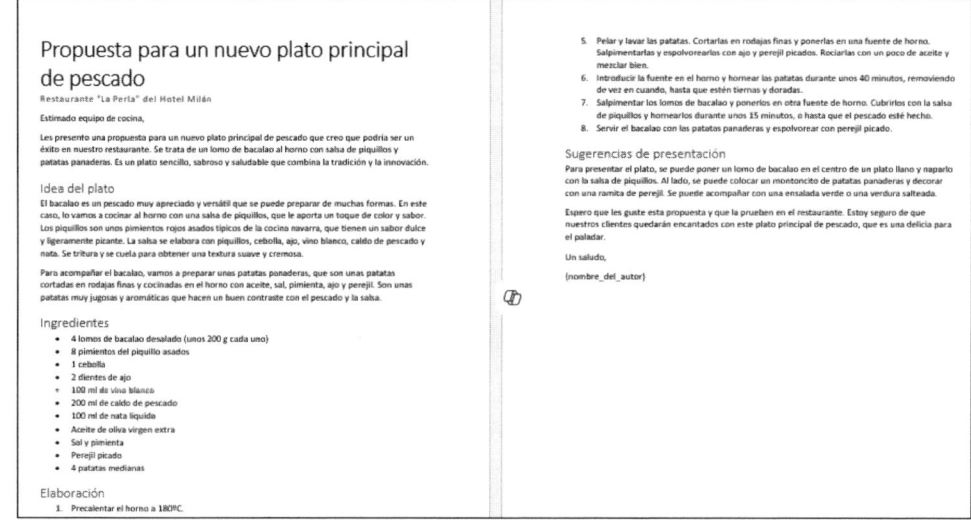

Figura 13.4. Borrador generado por Copilot en Word.

NOTA:

Actualmente, la pregunta que formules a Copilot no puede superar los 2.000 caracteres, incluidos los espacios en blanco.

NOTA:

Revisa detenidamente el contenido generado por Copilot; puede tener errores o requerir tu atención para hacer ciertas modificaciones.

Mientras que Copilot está generando el contenido que le has solicitado, puedes detener su funcionamiento haciendo clic en el botón **Dejar de generar**. También puedes utilizar la tecla **Esc** del teclado para detener el proceso de generación del contenido.

Chatear, responder a preguntas, ayudarte a escribir o resumir un documento

Estas acciones que te he mencionado en el título de este punto son solo algunas de las acciones que Copilot puede hacer por ti. Vamos a probarlas en detalle.

Abre en la aplicación de escritorio de Word un documento que tengas guardado en la nube, cualquiera que desees usar para practicar puede servir. Desde la pestaña Inicio de la cinta de opciones, haz clic en el botón Copilot, lo localizarás al final de la pestaña.

Observa el panel que aparece a la derecha, Copilot te ofrece una serie de acciones para realizar con el documento en las que puede resultarte de ayuda. Vamos a descubrirlas.

Escribir acerca de...

Si haces clic en esta opción, como se ve en la figura 13.5, se activa un cuadro de texto en la parte inferior del panel donde puedes escribir una frase para indicar a Copilot sobre qué quieres que escriba. Observa que tienes un botón representado con el icono de un micrófono, eso significa que también puedes dictar la frase a Copilot si tienes configurado el hardware.

El documento que yo he abierto es una guía para candidatos que van a pasar por un proceso de entrevistas laborales. En el cuadro de texto, le he pedido a Copilot que me indique a qué tipos de entrevista puede enfrentarse un candidato y me ha proporcionado el resultado que ves en la figura 13.6.

Si el resultado que te ofrece Copilot es útil para ti, puedes copiarlo y pegarlo en cualquier lugar que sea necesario, dentro o fuera del documento. Fíjate en el botón Copiar que hay al final del texto de resultado.

Copilot también te mostrará las referencias al documento que ha usado para obtener ese contenido. Además, te sugiere algunas preguntas que puedes hacerle en relación con ese tema.

Si ninguna de ellas es válida, puedes hacer clic en el botón con forma de flecha circular para actualizar las preguntas.

Si haces clic en una de esas preguntas, Copilot comenzará a buscar información para responderte rápidamente.

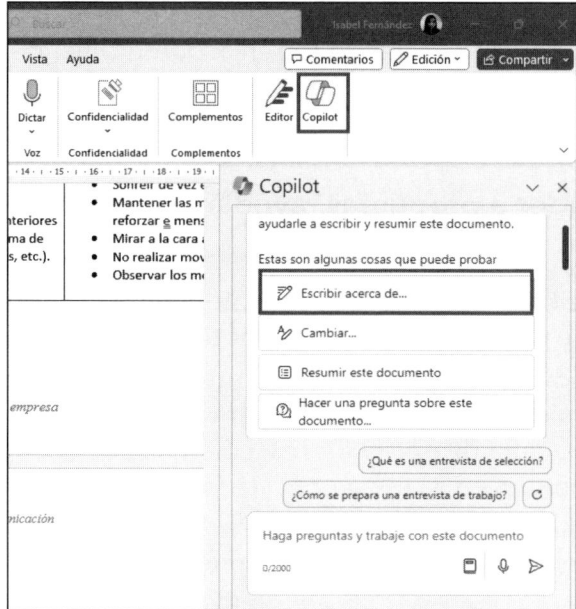

Figura 13.5. Pedir a Copilot que escriba acerca de...

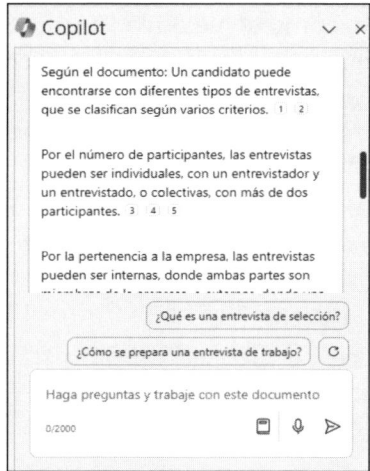

Figura 13.6. Resultado proporcionado por Copilot.

Reescribir un texto con Copilot

Copilot en Word te permite mantener el flujo de ideas mientras redacta nuevo contenido y puedes transformarlo una vez que tienes tus ideas escritas. Copilot puede volver a escribir el texto, incluyendo ajustes de tono.

Selecciona un texto del documento; a la izquierda, verás el icono de Copilot, haz clic en él y selecciona la opción **Reescribir con Copilot**, como se ve en la figura 13.7.

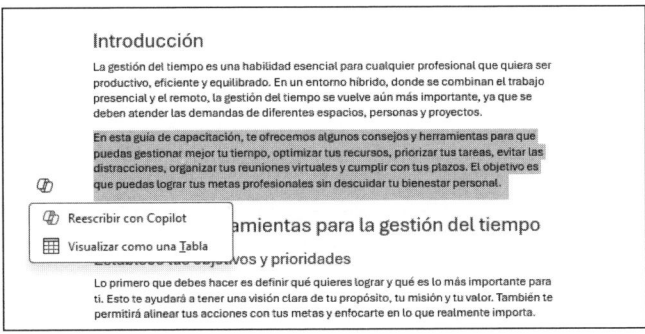

Figura 13.7. Reescribir texto con Copilot.

Una vez que Copilot te haya presentado el resultado, verás en la parte inferior del cuadro de texto el botón **Reemplazar**, por si quieres sustituir el tuyo finalmente por el texto proporcionado por Copilot.

Si no te convence, puedes hacer clic en el botón **Regenerar** (↻) para que Copilot reescriba el texto.

Si haces clic en el botón **Ajustar tono** (⇌), que encuentras a la derecha del botón **Regenerar**, podrás seleccionar entre varios tonos para reescribir el texto. Actualmente aparecen 5 tonos, como se ve en la figura 13.8, pero esto con el tiempo puede variar.

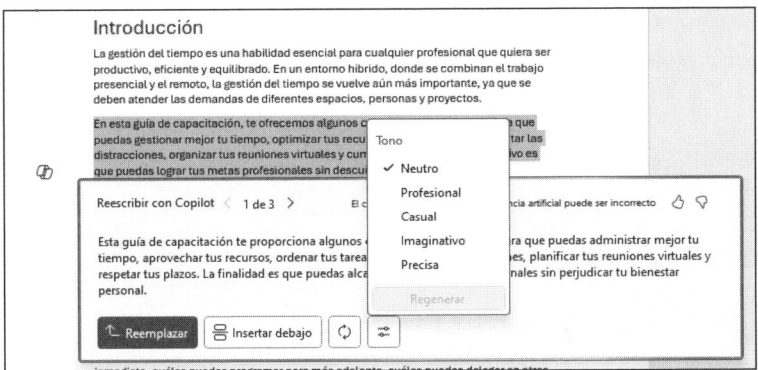

Figura 13.8. Reescribir texto con Copilot seleccionando el tono.

En lugar de reemplazar el texto por el que te proporciona Copilot, puedes insertarlo debajo de él haciendo clic en el botón **Insertar debajo**.

NOTA:

Si generas varios textos reescritos, se van guardando en el cuadro de texto y puedes desplazarte por ellos haciendo clic en los botones con forma de flecha.

Transformar un texto en una tabla

Copilot puede transformar un texto que selecciones en una tabla. Selecciona, por ejemplo, un texto con viñetas o unos párrafos del documento; desde el margen izquierdo, haz clic en el botón de Copilot y selecciona la opción Visualizar como una Tabla, como se muestra en la figura 13.9.

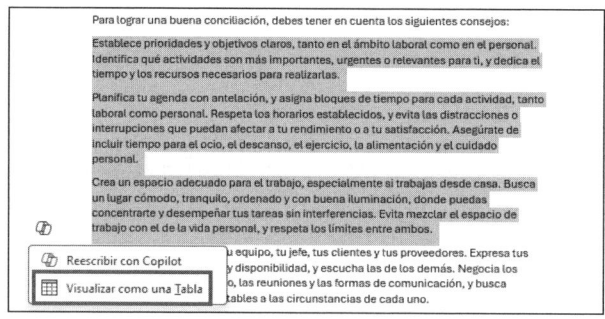

Figura 13.9. Convertir texto a tabla con Copilot.

Una vez convertido a tabla, puedes ajustar la tabla escribiendo los detalles en el cuadro de redacción de Copilot para indicar qué cambiar sobre la tabla, como, por ejemplo, "**Agregar una segunda columna vacía**" o "**Combinar columnas tituladas**", como se ve en la figura 13.10.

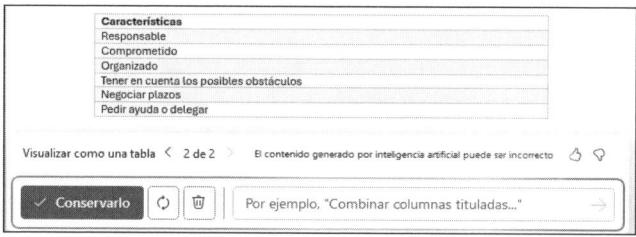

Figura 13.10. Ajustar la tabla.

NOTA:

Actualmente, no se puede cambiar el formato de una tabla desde el cuadro de redacción de Copilot, pero el formato de la tabla lo puedes cambiar con las opciones de tabla que se encuentran en la cinta de opciones de Word.

Creación de un resumen del documento con Copilot

Si tienes un documento largo para revisar, puedes ahorrar mucho tiempo al permitir que Copilot te ayude a resumirlo y te dé los puntos clave de este.

Desde el panel derecho de Copilot, haz clic en el botón **Resumir este documento**, como se señala en la figura 13.11.

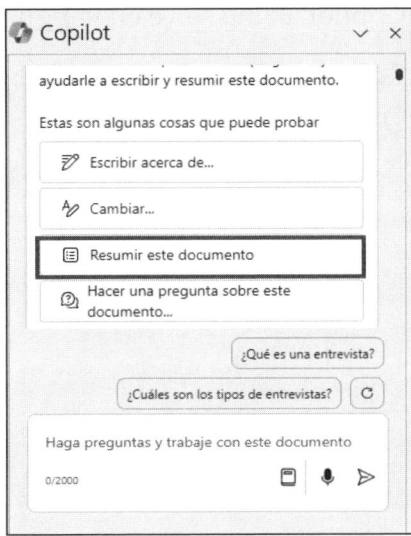

Figura 13.11. Resumir documento.

Una vez generado el resumen, puedes pedirle a Copilot que lo haga más corto o que expanda algún punto.

Debajo del resumen de Copilot, puedes hacer clic en **Referencias** para ver de dónde extrajo la información dentro del documento.

Si lo deseas, puedes proporcionar más contexto y detalles para que el resultado sea más preciso.

Por ejemplo, incluye para quién es el resumen, por qué es o cómo quieres usarlo. Prueba a usar mensajes como estos:

- "¿Qué deben saber los responsables de la toma de decisiones empresariales sobre <tema del documento>?".

- "¿Por qué es importante entender estas cosas?".

- "Necesito compartir los puntos principales de este documento con mis compañeros de equipo".

Chatear con Copilot

Además de crear contenido, Copilot tiene la capacidad de responder preguntas sobre el documento que está leyendo. Una vez que Copilot responda a tu mensaje, también puedes ver referencias con las citas de donde Copilot extrajo información en el documento. Puedes hacerle preguntas a Copilot sobre el documento si haces clic en el botón **Hacer una pregunta sobre este documento...** desde el panel lateral derecho de Copilot, como se ve en la figura 13.12.

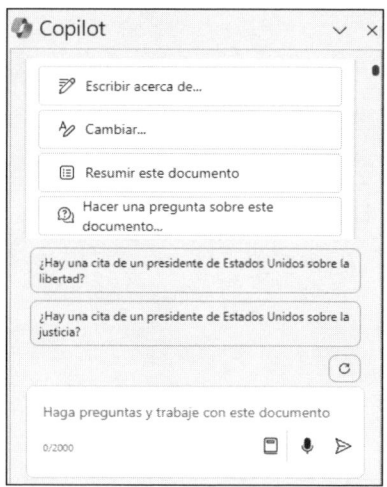

Figura 13.12. Chatear con Copilot.

También puedes hacerle preguntas sobre contenido que no esté en el documento, por ejemplo:

- ¿Cómo puedo modificar este documento para que suene más académico?

- ¿Hay una cita de un presidente Estados Unidos sobre el honor?

Si esas respuestas no están en el documento, Copilot generará contenido usando los grandes modelos de idioma subyacentes. Si te proporciona un contenido que te guste y quieres agregarlo al documento, simplemente cópialo y pégalo desde el botón **Copiar** en el panel de Copilot al documento, como se ve en la figura 13.13.

Crear un borrador y agregar contenido con Copilot en Word

Veamos ahora lo que Copilot puede hacer a partir de un documento en blanco. En el cuadro **Generar un borrador con Copilot**, escribe el mensaje, por ejemplo: "Escribe una carta de oferta de trabajo para un puesto de cocinero para el restaurante La Perla. La fecha de inicio es el 1 de septiembre, y el salario es de 60.000 mil dólares anuales más primas. Haz clic en el botón **Generar** y Copilot creará un primer borrador con el nuevo contenido, como se muestra en la figura 13.14.

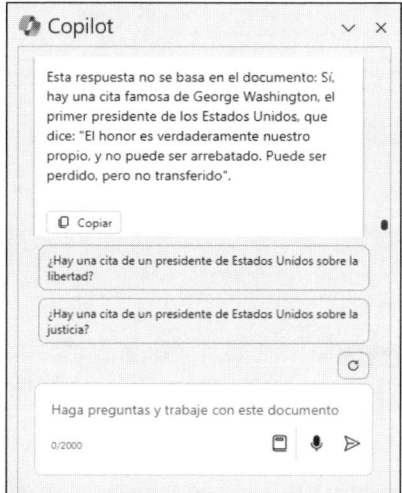

Figura 13.13. Resultado después de chatear con Copilot.

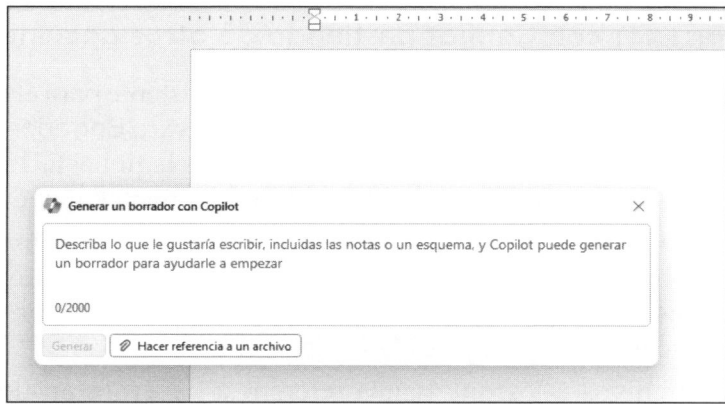

Figura 13.14. Generar nuevo borrador.

Una vez que Copilot genere contenido, selecciona **Mantenerlo** para mantener el contenido, **Regenerar** para crear un nuevo contenido, **Descartar** para descartar el contenido, o ajusta el borrador escribiendo detalles en el cuadro de redacción, como "**Hacer que sea más conciso**" o "**Simplificar la redacción**", como se ve en la figura 13.15.

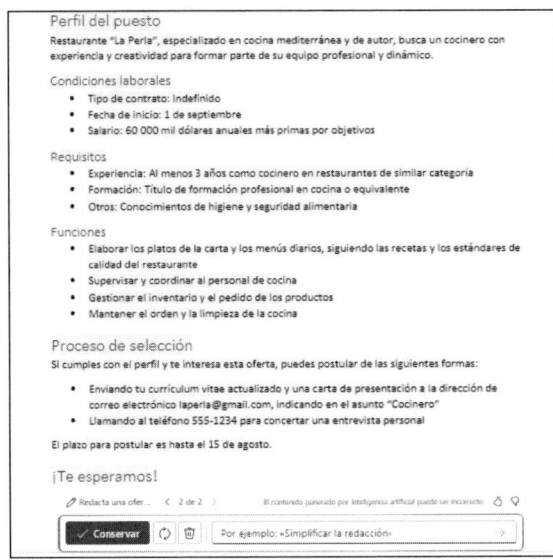

Figura 13.15. Ajustar el borrador.

También puedes pedirle que utilice otros tonos, como, por ejemplo, "**Hacer que sea más profesional**" o "**Hacer que sea más informal**".

Crear un borrador con Copilot partiendo de otros documentos

Si necesitas que Copilot utilice como base un archivo existente para el nuevo documento, puedes indicarle que lo haga. En el cuadro de texto **Borrador con Copilot**, haz clic en el botón **Hacer referencia a un archivo** para elegir hasta 3 archivos que quieras que Copilot tome como referencia a la hora de crear el nuevo documento.

En el cuadro de redacción, también puedes escribir una "/" y el nombre del archivo al que necesitas hacer referencia; se muestra un menú con los últimos archivos abiertos. En el caso de que el archivo al que quieres hacer referencia no aparezca en los recientes, copia y pega aquí la URL del archivo.

Recuerda: los archivos a los que hagas referencia deben estar alojados en la nube. Deben ser archivos a los que tengas permiso de acceso desde la cuenta de SharePoint o que estén alojados en tu OneDrive y pueden ser archivos de Word o PowerPoint, como se ve en la figura 13.16.

Como ya te he mencionado, puedes seleccionar hasta tres archivos para que Copilot busque información en ellos y cree el documento completo o el texto que le has pedido. En la figura 13.17, puedes ver que he seleccionado 2 archivos para que Copilot base su resultado en ellos y voy a seleccionar un tercero.

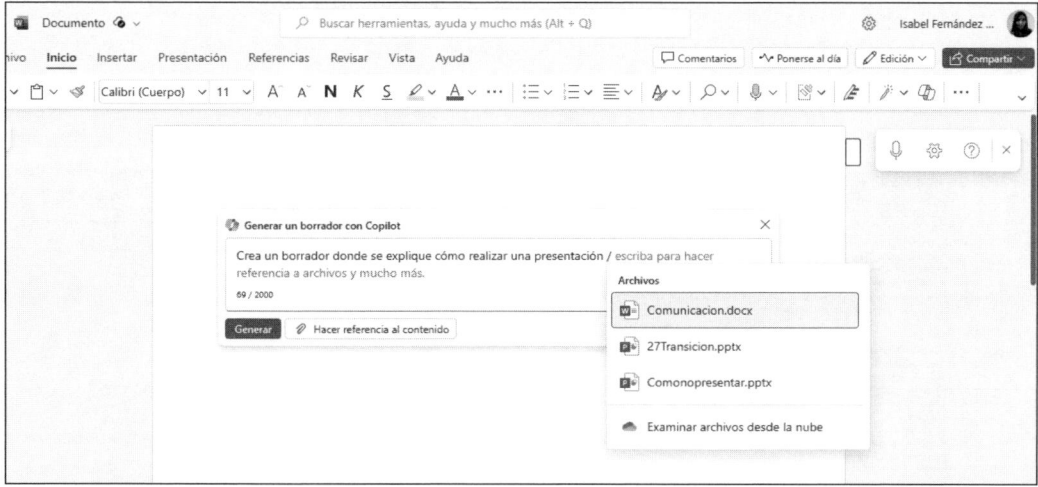

Figura 13.16. Usar archivos como base de contenido para Copilot.

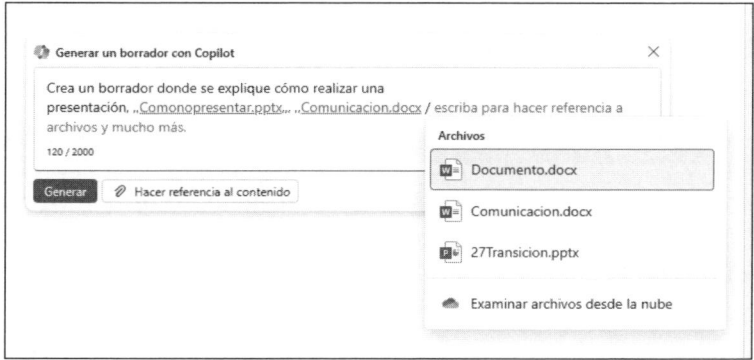

Figura 13.17. Usar varios archivos como base de contenido para Copilot.

Una vez seleccionados los archivos, haz clic en el botón **Generar** para que Copilot empiece a trabajar en el borrador que le has pedido.

NOTA:

Recuerda revisar siempre el contenido proporcionado por Copilot; puede comentar errores.

En la figura 13.18, puedes ver el resultado de Copilot, un completo documento de dos páginas con la información que le he solicitado y tomando como base los archivos que le he indicado.

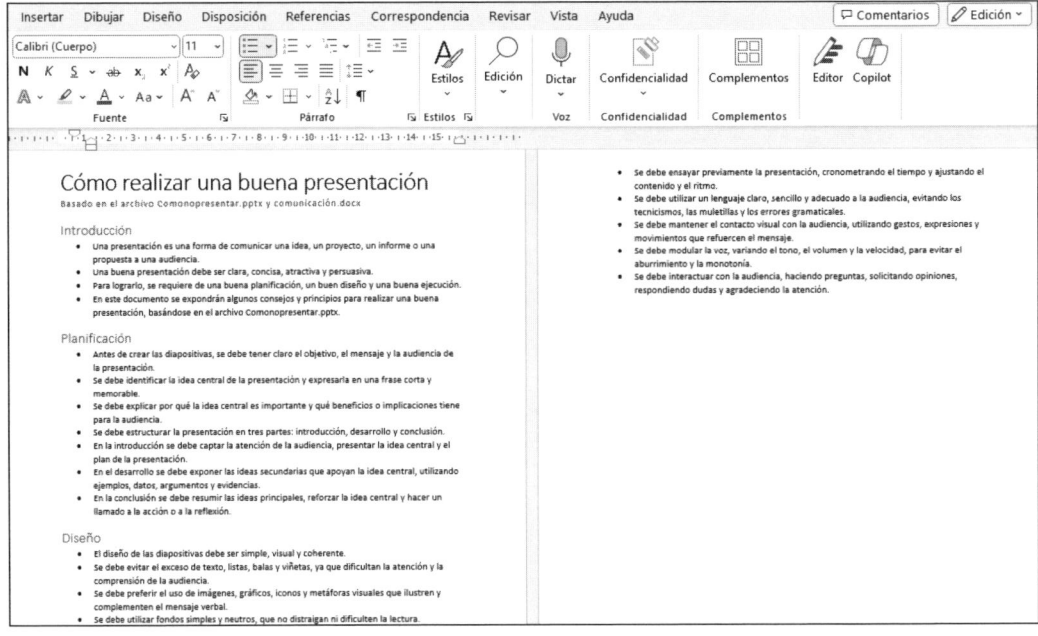

Figura 13.18. Borrador resultado de Copilot.

TRUCO:

Puedes guardar los prompts *que más uses con Copilot para reutilizarlos siempre que lo necesites y acceder a ellos de forma fácil y rápida con la combinación de teclas* **Windows-V**, *esto te permite activar el portapapeles y que puedas anclar tus* prompts.

Mejorar el formato de un documento con la ayuda de Copilot

Puedes mejorar el aspecto de un documento indicándole a Copilot el formato que quieres aplicar. En algunas ocasiones, Copilot cambiará directamente el formato y en otras te dará los pasos a seguir para que lo hagas tú directamente. Haz clic en la sugerencia Cambiar que ves en la parte superior del panel de Copilot; puedes, por ejemplo, indicarle: Cambiar la alineación de este documento a justificada o Cambiar el tipo de letra del documento a Verdana o Agrega estilos a los títulos de este documento.

Copilot en Microsoft Excel

Microsoft Copilot en Excel te puede ayudar a sacar más partido a los datos de las tablas de Excel mediante la generación de sugerencias de fórmulas, la presentación de información en gráficos y tablas dinámicas y el resaltado de partes interesantes de los datos mediante formato condicional. A la hora de escribir este libro, Copilot en Excel versión de escritorio todavía no está disponible para el idioma español, pero vamos a ver cómo funciona desde Excel para la web. En un breve periodo de tiempo, lo que vas a descubrir en Excel para la web podrás aplicarlo también en la versión de escritorio de Excel.

Cómo activar Copilot en Excel

Para acceder a Copilot en Excel, tienes que ir a la pestaña Inicio de la cinta de opciones y, al final de la pestaña, localizarás el botón Copilot, como se indica en la figura 13.19.

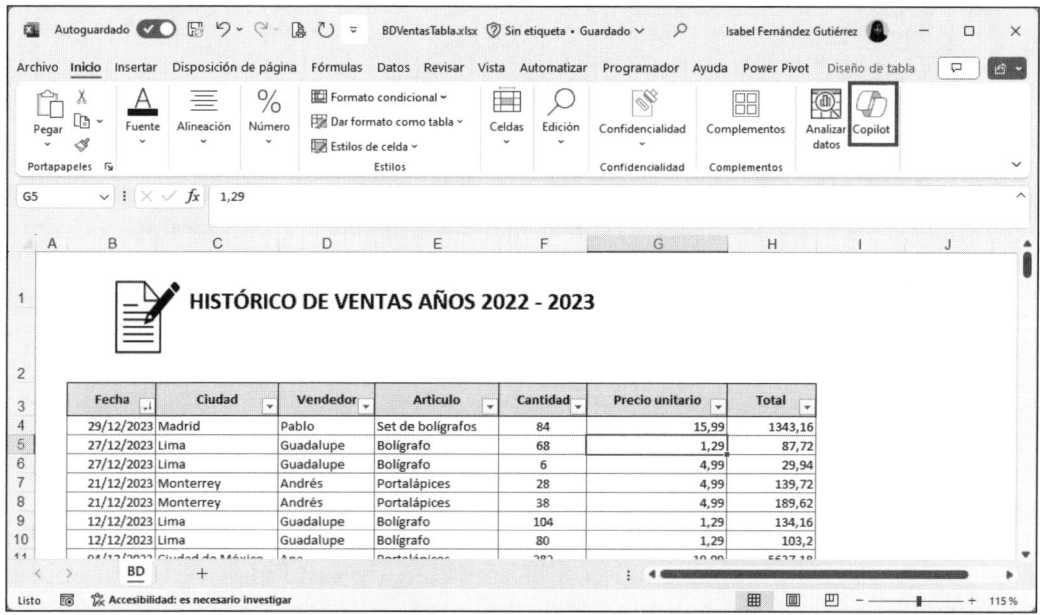

Figura 13.19. Copilot en Excel para la web.

NOTA:

Necesitarás una tabla de Excel que incluya datos en la hoja de cálculo antes de usar Copilot, es decir, los datos deben estar en formato de tabla.

Al hacer clic en el botón Copilot aparecerá un panel a la derecha de la pantalla (actualmente aún en versión preliminar) con el chat de Copilot para comenzar una conversación con él, como se ve en la figura 13.20.

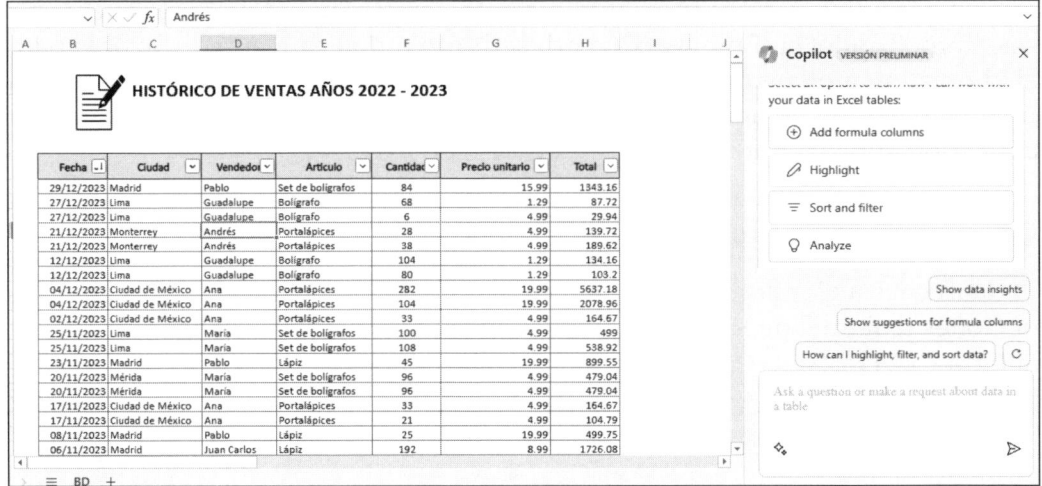

Figura 13.20. Copilot en Excel para la web.

ADVERTENCIA:

No olvides que el cursor debe de estar dentro de la tabla de Excel para que Copilot pueda funcionar.

Agregar una columna con fórmula

Copilot puede agregar rápidamente nuevas columnas con fórmulas basadas en los datos. Observa todas las opciones que te proporciona Copilot. Comenzaremos por Add formula columns (Añadir una columna con fórmula). Al hacer clic en esta opción, Copilot analiza los datos y te proporciona las sugerencias que considera oportunas, por ejemplo, en relación con mis datos me sugiere agregar una columna para comparar el total con la cantidad de unidades vendidas, o me sugiere que agregue una columna que combine vendedor y artículo, como se ve en la figura 13.21. Si necesitas que Copilot agregue una columna con un cálculo personalizado, indícaselo en el cuadro de texto de diálogo con Copilot. Por ejemplo, si tienes en la tabla una columna con el precio unitario de los productos, indícale algo así: "Agrega una columna llamada descuento que aplique un 5 % de descuento al precio unitario".

Analizar datos con Copilot en Excel

Copilot para Microsoft 365 puede mostrarte información basada en los datos que tengas en formato de tabla y puede responderte a una pregunta específica que formules sobre los datos.

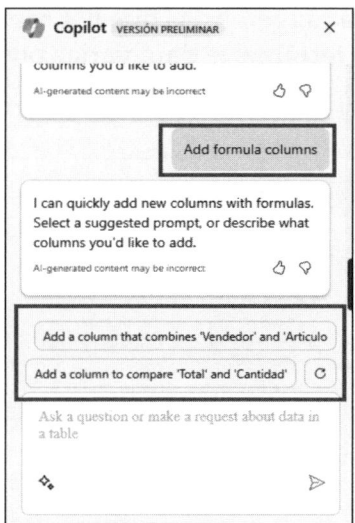

Figura 13.21. Agregar una columna con fórmula.

Para que Copilot analice tus datos, recuerda que estos deben de tener formato de tabla; después, debes introducir el cursor dentro de los datos y, en la cinta de opciones, hacer clic en el botón **Copilot**. En el panel derecho de la pantalla, se muestra Copilot y te muestra la opción **Analyze** (Analizar), como puedes ver en la figura 13.22. Haz clic en ella para que Copilot comience a analizar tus datos.

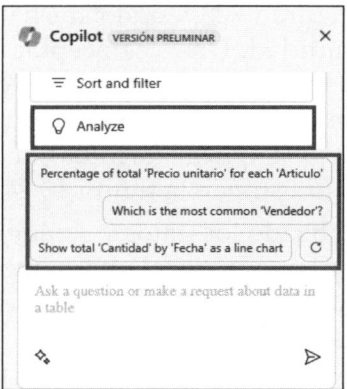

Figura 13.22. Analizar datos con Copilot.

Una vez analizados, Copilot te da algunas sugerencias para sacarle más partido a tus datos.

Si haces clic en alguna de las sugerencias que te proporciona Copilot, se pondrá a trabajar en ello y, cuando termine, te dará varias posibilidades de análisis para obtener información de los datos e incluso agregar columnas de cálculo, como se ve en la figura 13.23.

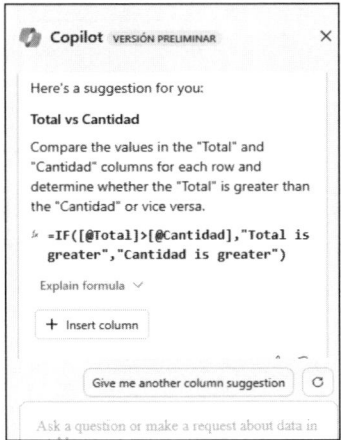

Figura 13.23. Resultado del análisis de datos con Copilot.

NOTA:

A la hora de escribir este libro, Copilot en Excel aún solo funciona en inglés, pero muy pronto podrás formular tus preguntas en español y en otros idiomas.

En el ejemplo que ves en la figura 13.23, Copilot me ha sugerido hacer una comparación entre el total y la cantidad. Una vez aceptada la sugerencia, Copilot se pone a trabajar en ello y me muestra la explicación de la comparativa que está haciendo. A continuación, me muestra la fórmula que va a aplicar y, si hago clic en el vínculo Explain formula (Explicar fórmula), me muestra una explicación detallada de esta, como se muestra en la figura 13.24.

Una vez que Copilot ha analizado los datos y si ninguna de las sugerencias que te ofrece cumple tu objetivo, puedes ir a la parte inferior del panel derecho de Copilot y escribir en lenguaje natural una frase indicándole a Copilot lo que necesitas, como se ve en las figuras 13.25 y 13.26.

Estas son algunas sugerencias de mensajes que puedes probar:

- Traza las ventas por artículo a lo largo del tiempo.
- Muestra las ventas totales de cada producto.
- Muestra el total de ventas de cada vendedor en cada ciudad el año pasado.

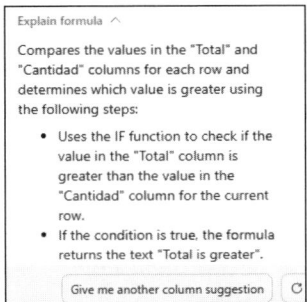

Figura 13.24. Explicación de la fórmula propuesta.

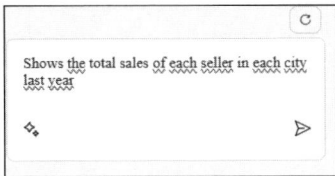

Figura 13.25. Pregunta formulada a Copilot sobre los datos.

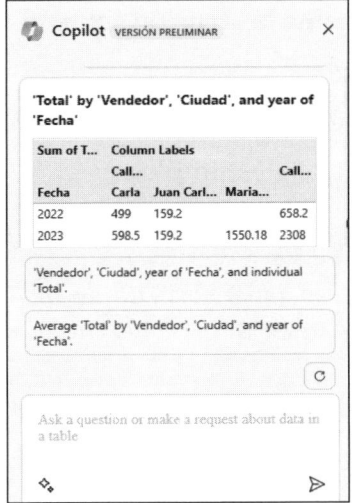

Figura 13.26. Respuesta de Copilot.

NOTA:

Es importante que en el mensaje o **prompt** *menciones los nombres de las columnas con el nombre exactamente igual que aparece en la tabla de datos para que Copilot sepa qué datos usar para calcular.*

NOTA:

En el caso de que aceptes la sugerencia de Copilot, este te propone incorporar la tabla dinámica que muestra la información que nos ha sugerido en una nueva hoja de cálculo que también creará por ti.

ADVERTENCIA:

Una vez añadida la información a la nueva hoja, puedes deshacerlo si es necesario; Copilot te muestra el botón **Deshacer.**

TRUCO:

Sé específico con tus preguntas, cuantos más detalles proporciones, mejor podrá ayudarte Copilot. Esto incluye especificar claramente los encabezados de columna a los que deseas hacer referencia.

Ordenar, filtrar y resaltar los datos con Copilot en Excel

Con Copilot en Excel, es muy sencillo resaltar, ordenar y filtrar los datos de las tablas para llamar rápidamente la atención sobre lo que quieras destacar.

Puedes:

- Ordenar y filtrar los datos.
- Aplicar formatos condicionales simples.

NOTA:

Recuerda que tus datos deben tener formato de tabla. Si no lo tienen, aplícalo previamente desde la pestaña **Insertar** *haciendo clic en el botón* **Tabla.**

Vamos a comenzar con la opción Ordenar y filtrar.

En el panel derecho de Copilot, haz clic en Sort and filter (Ordenar y filtrar si ya lo tienes en español), como se ve en la figura 13.27.

Copilot te muestra algunas sugerencias, y como en otras ocasiones, puedes indicarle a Copilot lo que tú necesitas.

Para ordenar los datos, puedes probar frases como esta: "Ordena la cantidad de unidades vendidas de menor a mayor".

Para filtrar los datos, puedes probar lo siguiente: "Filtra los datos por la ciudad de Lima y por el vendedor Guadalupe".

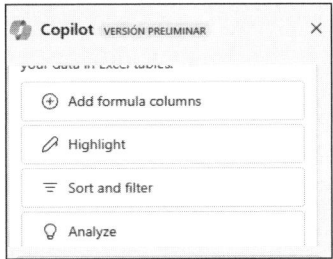

Figura 13.27. Ordenar y filtrar con Copilot.

En el ejemplo que puedes ver en la figura 13.28, le he pedido a Copilot que ordene los datos por cantidad y eso es lo que ha hecho.

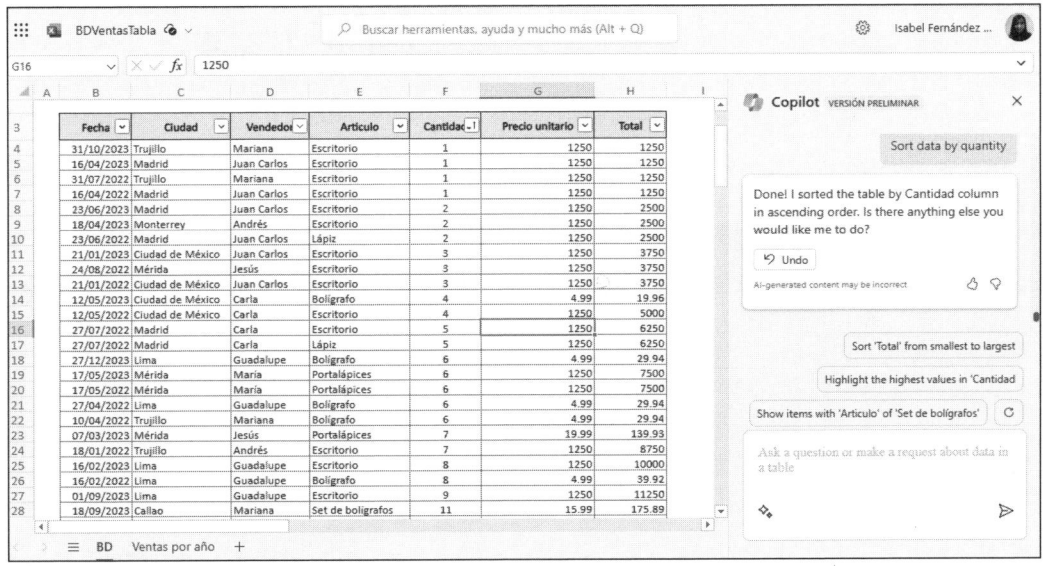

Figura 13.28. Datos ordenados por cantidad por Copilot.

En el siguiente ejemplo, vamos a pedirle a Copilot que destaque algunos datos en un formato específico. Haz clic en el botón Highlight (Resaltar según el idioma).

Copilot te mostrará algunas sugerencias como ves en la figura 13.29.

Voy a hacer clic en la sugerencia Aplica negrita a los 10 valores principales en Descuento o lo que es lo mismo Muestra en negrita los 10 valores mayores de Cantidad.

Copilot ha aplicado el formato a los datos como puedes ver en la figura 13.30.

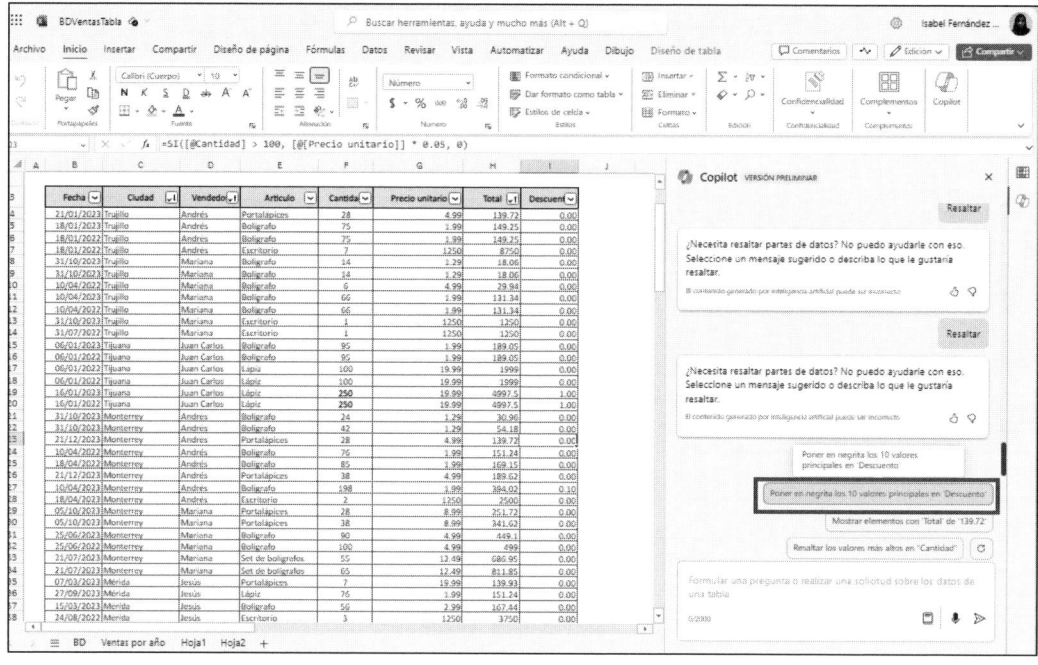

Figura 13.29. Sugerencias de Copilot para destacar los datos.

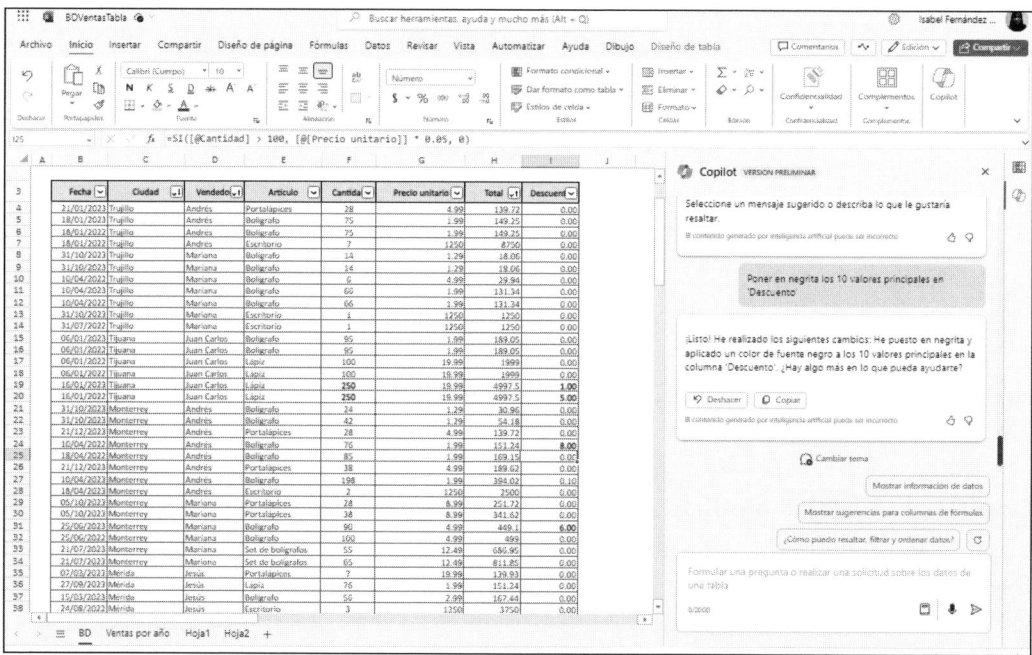

Figura 13.30. Copilot aplica negrita a los 10 valores más altos de la cantidad.

ADVERTENCIA:

Microsoft 365 Copilot en Excel funciona para tablas de datos de hasta dos millones de celdas. En algunas sugerencias para fórmulas, y con las opciones de resaltar, ordenar y filtrar no tienen límite en cuanto a la cantidad de datos con los que se puede interactuar. Sin embargo, ten en cuenta que Copilot puede tardar mucho tiempo en ofrecerte sugerencias o respuestas si lo utilizas con tablas de datos muy grandes.

Copilot te permite probar su funcionamiento en Excel, aunque no tengas datos. Puedes comenzar con unos datos de ejemplo. Cuando hagas clic en el botón Copilot sobre un archivo en blanco, verás cómo Copilot te propone empezar a experimentar con una tabla de datos de ejemplo, como se ve en la figura 13.31.

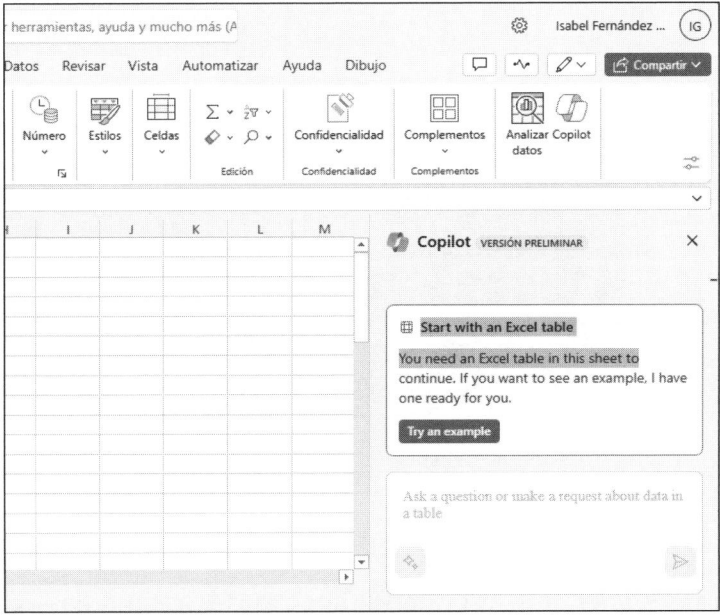

Figura 13.31. Partir de unos datos de ejemplo para experimentar con Copilot.

Copilot en Microsoft PowerPoint

Microsoft 365 Copilot puede ayudarte a crear y modificar presentaciones de PowerPoint fácilmente y con bastante rapidez. Copilot puede ayudarte a crear presentaciones a partir de una frase o de un esquema. Copilot puede convertir un documento de Word en una presentación, editar y crear contenido en presentaciones existentes y mucho más. Además, Copilot puede generar diapositivas, notas del orador, imágenes y gráficos para darle a tus presentaciones un aspecto más profesional y ahorrarte mucho tiempo y trabajo. Vamos a ver en detalle en qué puede ayudarte Copilot con PowerPoint.

Crear una presentación con Copilot desde cero

Lo primero es acceder a Copilot dentro de PowerPoint. Da igual que estés en la versión web o en la versión de escritorio, el modo de acceso es el mismo. Para ello, ve a la pestaña Inicio de la cinta de opciones y, al final de esta, encontrarás el botón Copilot; haz clic en él, como se ve en la figura 13.32.

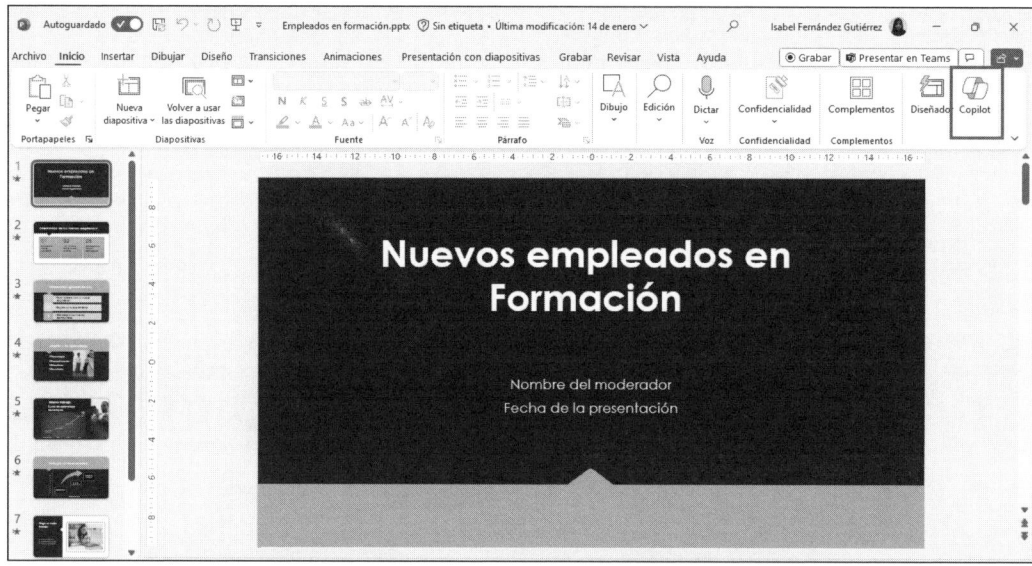

Figura 13.32. Botón Copilot en PowerPoint.

Esto mostrará el panel de Copilot a la derecha de la pantalla. Como en otras ocasiones, puedes realizar algunas tareas sugeridas directamente haciendo clic en los botones correspondientes o puedes chatear y hacer preguntas a Copilot directamente en el cuadro de redacción que aparece en la parte inferior del panel.

Vamos a comenzar pidiéndole a Copilot que cree una presentación nueva. Copilot puede crear de una simple frase que le des en lenguaje natural una completa presentación, solo necesitas transmitirle esa idea que tienes y Copilot hará el trabajo por ti, ahorrándote mucho tiempo y esfuerzo. Partiendo de una presentación en blanco, haz clic en la sugerencia de Copilot Crear una presentación.

En el cuadro de diálogo con Copilot, escribe una frase donde le indiques lo que necesitas, por ejemplo, "**Crear una presentación de 8 diapositivas que detalle los beneficios y ventajas del uso de vehículos eléctricos**" y haz clic en el botón Enviar, como se muestra en la figura 13.33.

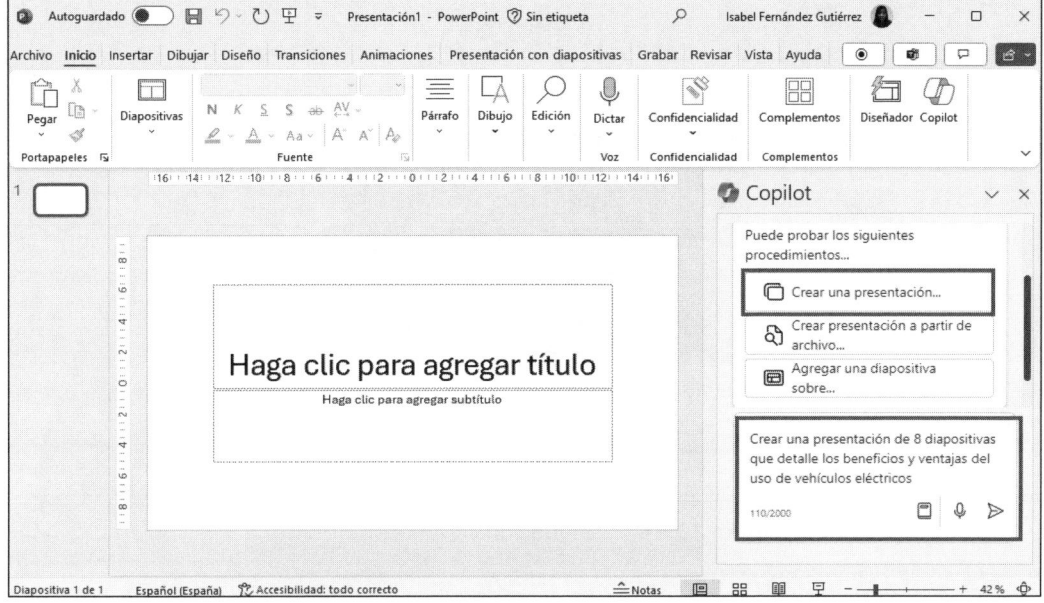

Figura 13.33. Crear una nueva presentación con Copilot.

Copilot se pone a trabajar en ello y nos devuelve el resultado, como se ve en la figura 13.34.

Una vez creada la presentación, puedes pedirle a la herramienta Diseñador de PowerPoint que mejore la presencia de alguna de las diapositivas otorgándole un aspecto más profesional si cabe.

Pedirle a Copilot que cambie o agregue una imagen en una diapositiva

Puedes pedirle a Copilot que agregue o cambie una imagen por otra más adecuada; habla con Copilot desde el cuadro de diálogo.

En el ejemplo de la figura 13.35, voy a pedirle a Copilot que cambie la imagen de la diapositiva número 2 por otra imagen sobre el ahorro de electricidad, más apropiada.

Fíjate en el resultado de Copilot en la figura 13.36.

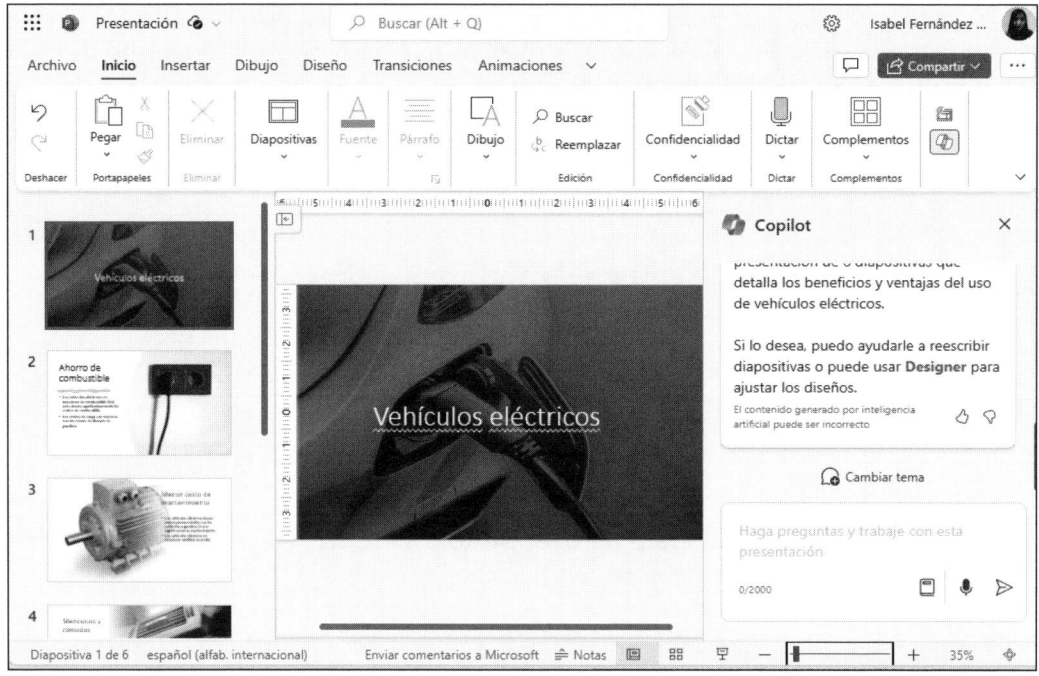

Figura 13.34. Presentación creada con Copilot.

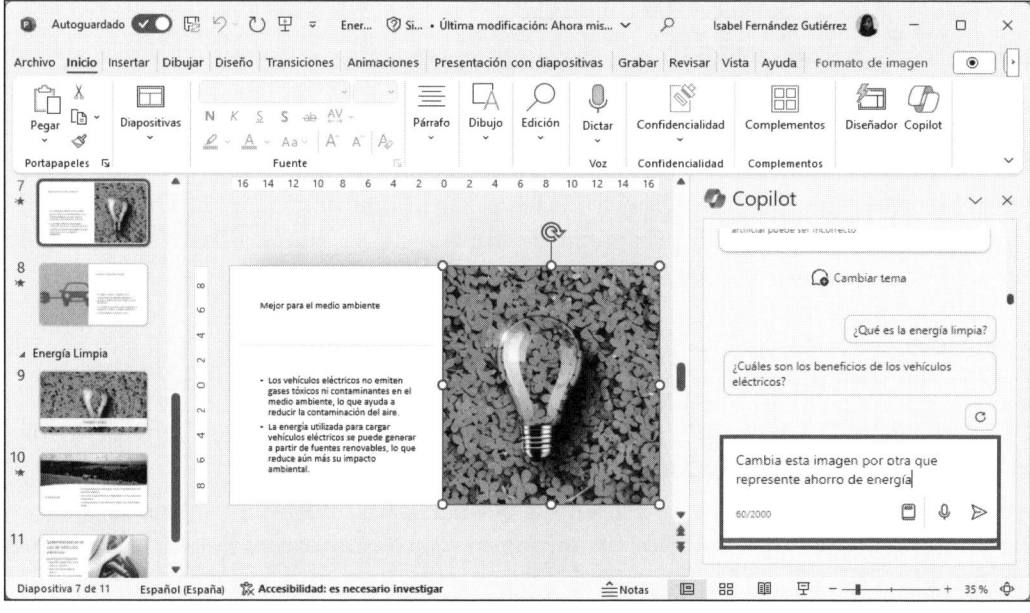

Figura 13.35. Pedir a Copilot que cambie una imagen de una diapositiva.

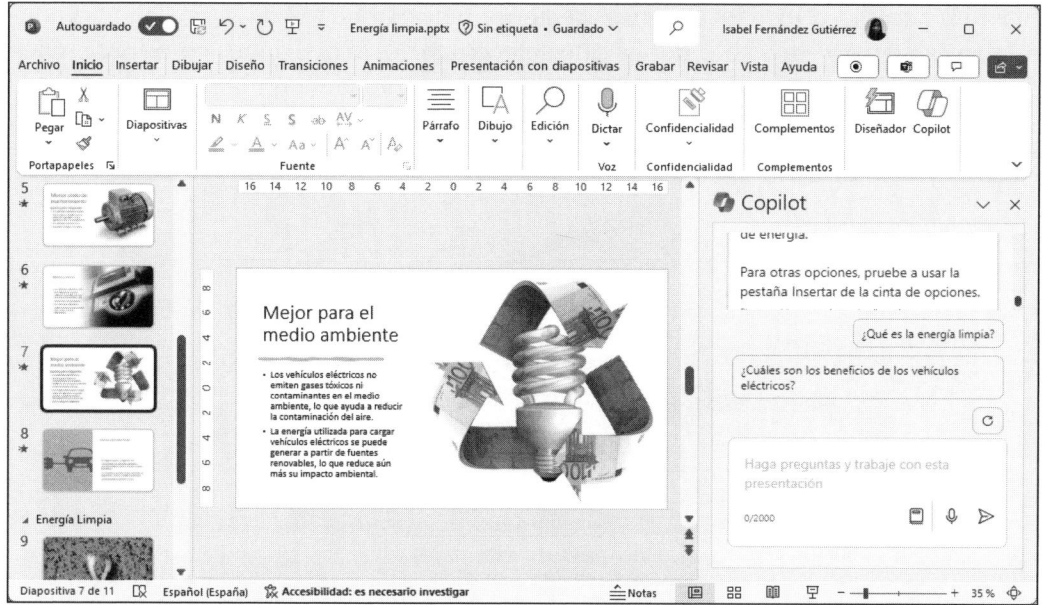

Figura 13.36. Resultado de Copilot después de cambiar una imagen de una diapositiva.

Pedirle a Copilot que añada diapositivas a una presentación

Supongamos que quieres agregar una diapositiva nueva a tu presentación. Por ejemplo, pide a Copilot: "**Añade una diapositiva sobre la energía limpia**" y Copilot creará esa diapositiva para ti, como se ve en la figura 13.37.

Puedes escribir tu solicitud en el cuadro de diálogo con Copilot al final del panel derecho de Copilot o haciendo clic al principio del panel en la opción Agregar una diapositiva sobre....

Crear una presentación a partir de un archivo con Copilot

Con Copilot en PowerPoint, puedes crear una presentación a partir de un documento de Word existente que tengas alojado en alguna de las ubicaciones de la nube, OneDrive o SharePoint. Copia el vínculo al documento de Word y haz clic en la sugerencia Crear presentación a partir de un archivo..., que encontrarás en el panel de derecho de la pantalla de Copilot. Copilot creará una completa presentación basada en ese documento.

También puedes pedirle a Copilot que cree una presentación de un archivo Word existente escribiendo la frase en el cuadro de diálogo con Copilot. Por ejemplo, "**Crea una presentación basada en el documento /**", en ese momento la "**/**" te permite acceder a los documentos recientemente abiertos en Word. Si tu documento está entre ellos solo tienes que seleccionarlo; si no, debes copiar el enlace del documento y pegarlo después de la frase, como se ve en la figura 13.38.

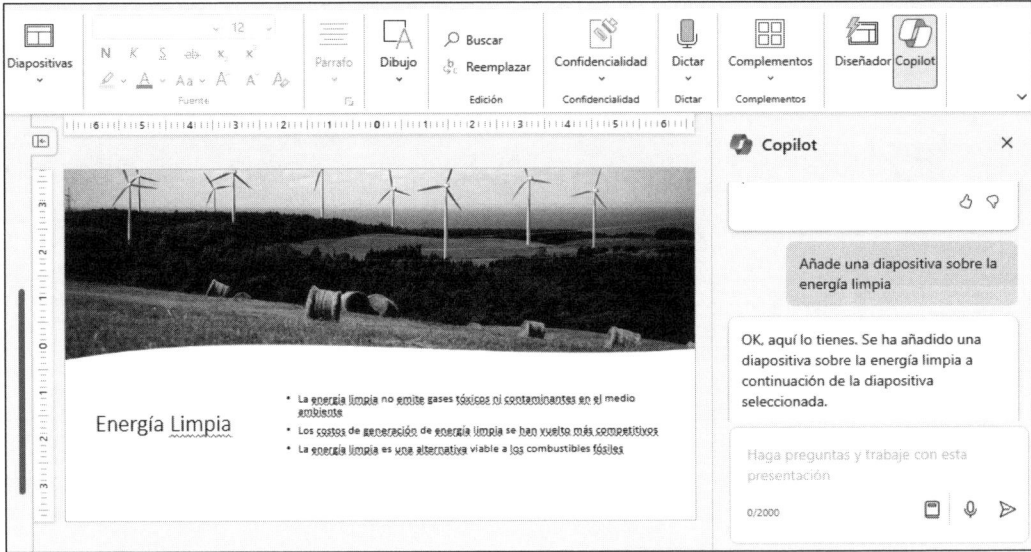

Figura 13.37. Resultado de Copilot. Añade una diapositiva nueva sobre el tema especificado.

Figura 13.38. Crear una presentación con Copilot basada en un documento de Word.

TRUCO:

Si el documento de Word que usas para crear tu presentación está estructurado con el uso de estilos, Copilot entenderá mucho mejor la importancia de cada punto del documento y será mucho más preciso a la hora de generar tu presentación.

Fíjate en las figuras 13.39 y 13.40, son una presentación generada por Copilot basada en un documento de Word con este aspecto.

Figura 13.39. Documento de Word estructurado con estilos.

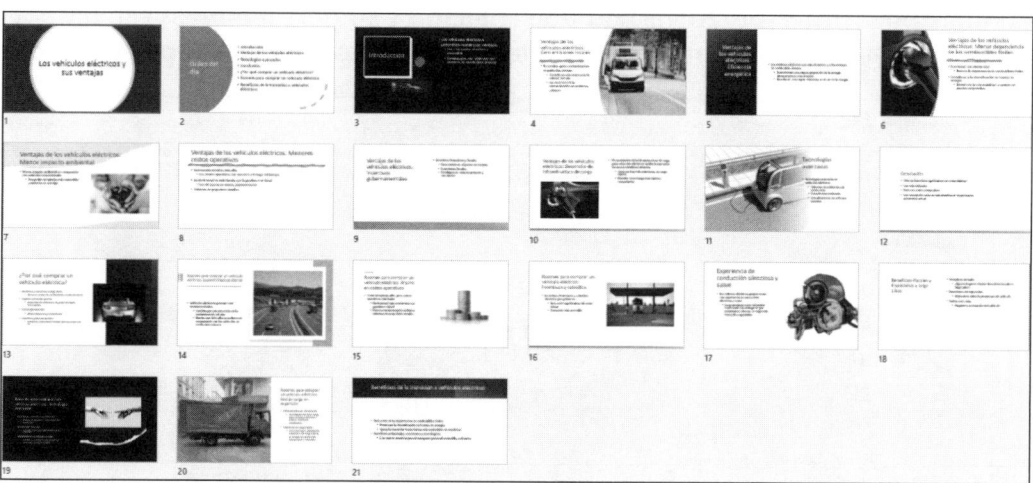

Figura 13.40. Resultado de presentación generada por Copilot.

Pedirle a Copilot que mejore el aspecto de una diapositiva

Puedes pedirle a Copilot que mejore el aspecto de una o varias diapositivas para darle a tu presentación un aspecto más visual o profesional, como puedes ver en la figura 13.41.

Figura 13.41. Resultado de presentación generada por Copilot.

Pedirle a Copilot que revise tu presentación y sugiera mejoras

Copilot puede ayudarte a revisar y mejorar el contenido de tu presentación. Por ejemplo, puedes decirle "**Revisa mi presentación y sugiere mejoras**" y te proporcionará sugerencias para mejorar el contenido y la estructura de tu presentación.

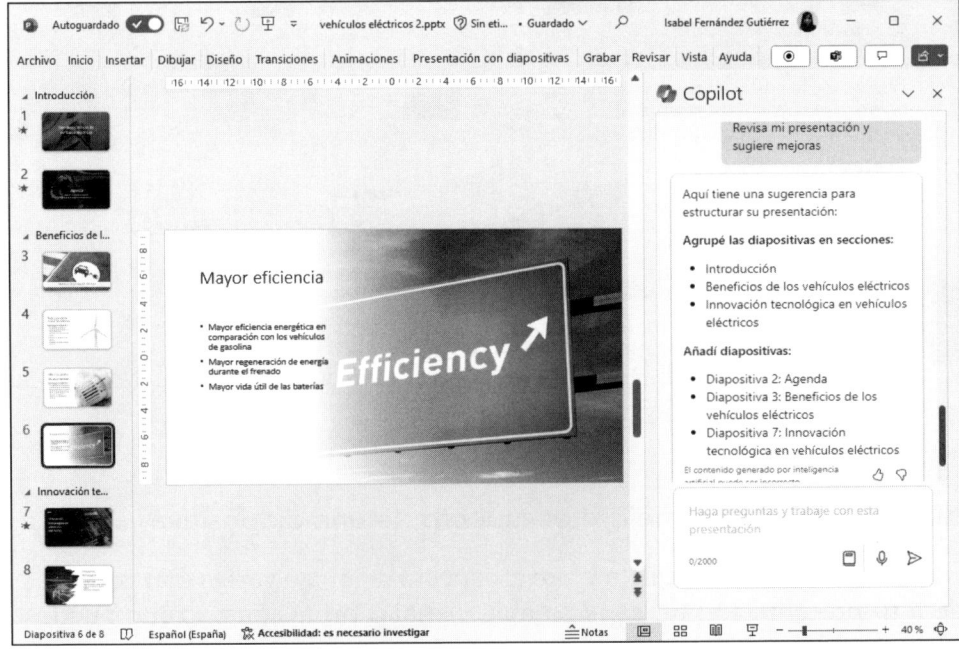

Figura 13.42. Pedirle a Copilot que revise la presentación y sugiera mejoras.

Pedirle a Copilot que te ayude a redactar un párrafo en PowerPoint

Puedes pedirle a Copilot que te ayude a redactar párrafos, como puedes ver en la figura 13.43.

Figura 13.43. Pedirle a Copilot que te ayude a redactar un párrafo.

Además, Copilot te dará algunas sugerencias más de preguntas sobre ese tema. Algunos otros *prompts* de ayuda que puedes pedirle a Copilot son:

- "¿Puedes ayudarme a encontrar una plantilla adecuada para mi presentación de PowerPoint sobre marketing digital?".

- "¿Puedes ayudarme a crear una tabla de contenido para mi presentación de PowerPoint?".

- "¿Puedes ayudarme a encontrar gráficos o diagramas para ilustrar los datos en mi presentación de PowerPoint?".

- "¿Puedes ayudarme a mejorar el diseño y la apariencia de mi presentación de PowerPoint?".

Estos son solo algunos ejemplos adicionales de cómo puedes usar Microsoft 365 Copilot para ayudarte con tus presentaciones de PowerPoint.

Crear una presentación con la ayuda de Copilot partiendo de una plantilla

Copilot es capaz de usar sus temas y plantillas existentes para crear una presentación. Crea una nueva presentación en PowerPoint partiendo de una plantilla o tema. Para ello, ve a **Archivo>Nuevo** y selecciona uno de los temas o una plantilla; yo, en concreto, voy a seleccionar el tema que se ve en la figura 13.44: Presentación general de Cameo. Haz clic en el botón Copilot, que localizarás en la pestaña Inicio de la cinta de opciones, y haz clic en la sugerencia Crear una presentación. En el cuadro de texto para chatear con Copilot escribe: **Crear una presentación basada en esta plantilla para presentar la reunión general de la empresa**.

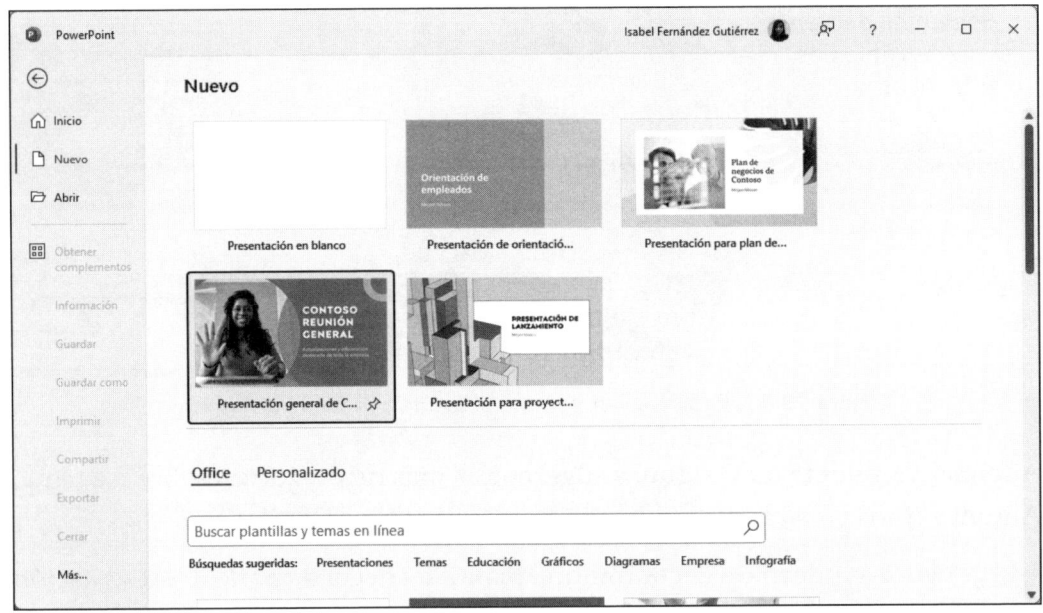

Figura 13.44. Seleccionar un tema o plantilla.

Después de que Copilot trabaje en ello, te preguntará si quieres Crear un borrador o Cancelar. Haz clic en Crear un borrador y Copilot creará tu presentación basada en esa plantilla o tema, como puedes ver en la figura 13.45.

Crear una presentación con la ayuda de Copilot partiendo de una plantilla de tu organización

Copilot es capaz de crear una presentación nueva basada en una de las plantillas que selecciones y que tu organización ha dispuesto para que los empleados las utilicen. Las plantillas que pone a disposición de los empleados una organización suelen llevar tipos de letra y colores corporativos, por lo que en muchas ocasiones es necesario utilizarlas como base para crear presentaciones nuevas. Puedes pedirle a Copilot que cree esa nueva presentación que necesitas basada en una de estas plantillas.

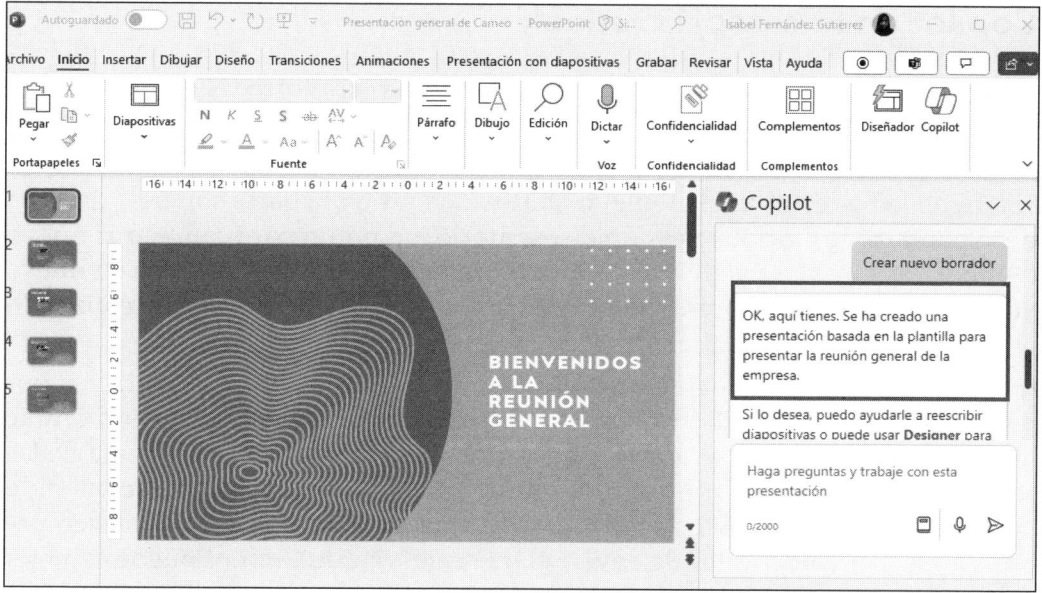

Figura 13.45. Resultado de Copilot. Crea una presentación nueva basada en una plantilla.

El proceso es similar al que hemos visto anteriormente para crear una presentación basada en una plantilla o tema de PowerPoint, pero en este caso abriremos una presentación nueva basada en la plantilla de nuestra organización. Normalmente, las plantillas suelen estar o en un sitio de SharePoint a disposición de todos los empleados o en una carpeta compartida con todos los empleados. Busca esa plantilla y genera una nueva presentación basada en ella.

A continuación, haz clic en el botón **Copilot** y haz clic en la sugerencia **Crear una nueva presentación**; a continuación, escribe: **basada en esta plantilla...** y continúa con la frase para indicarle lo que necesitas.

Copilot detectará que ya tienes abierta una presentación y te mostrará un mensaje como este que ves en la figura 13.46.

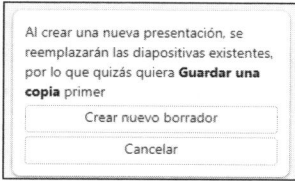

Figura 13.46. Crear un borrador basado en una plantilla de la organización.

Haz clic en **Crear nuevo borrador** para que Copilot cree tu presentación.

Copilot en Microsoft Outlook

Antes de explicarte cómo Copilot puede ayudarte con tu correo electrónico diario de Outlook, necesitas saber que para que Copilot esté operativo y funcionando en la versión de escritorio de Outlook debes utilizar el nuevo Outlook.

Si aún no te has cambiado al nuevo Outlook, verás en la parte superior derecha de la pantalla de Outlook versión de escritorio, un botón para cambiar al nuevo Outlook; desliza para activarlo y Outlook se reiniciará para cargar en su nueva versión. En cualquier momento puedes volver a la versión anterior realizando el proceso contrario.

Cuando redactas un nuevo correo electrónico o respondes a tus contactos por correo electrónico, Copilot utiliza IA para sugerir contenido, lo que te permite ahorrar tiempo y esfuerzo al redactar el mensaje. Puedes seleccionar una de las respuestas predefinidas o escribir tu propio texto, y Copilot genera el contenido sugerido. Puedes usar el contenido sugerido tal cual o modificarlo, pero siempre repasa ese contenido antes de enviar el mensaje, ya que Copilot puede cometer errores.

NOTA:

Copilot en Outlook solo admite cuentas profesionales o educativas, y cuentas de Microsoft con direcciones de correo electrónico de outlook.com, hotmail.com, live.com y msn.com. Si tienes configurada en Outlook una cuenta de un proveedor de correo electrónico de terceros, como Gmail, Yahoo o iCloud, por poner algunos ejemplos, podrás seguir usando Outlook, pero no tendrás acceso a las características de Copilot en Outlook.

Vamos a ver qué otras tareas puede realizar Copilot para ayudarnos con la gestión diaria del correo electrónico.

Resumir un hilo de conversación de correo electrónico

Copilot en Outlook puede ayudarte a ponerte al día rápidamente con tu correo electrónico. Es capaz de resumir un hilo examinando la conversación para buscar los puntos clave y realizar el resumen.

Para que Copilot resuma la conversación, ve a un mensaje que tenga un hilo de conversación. En la parte superior del mensaje, aparecerá la opción **Resumen por Copilot**, como se señala en la figura 13.47. Haz clic para obtener el resumen.

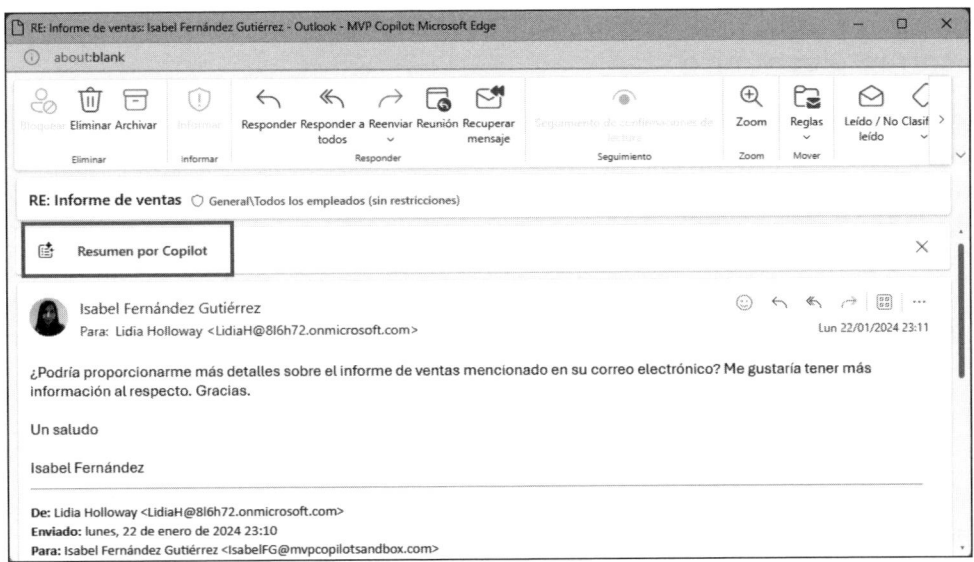

Figura 13.47. Solicitar a Copilot un resumen de un hilo de conversación.

Inmediatamente, Copilot se pone a examinar los correos electrónicos pertenecientes a ese hilo de conversación y te proporciona un resumen, como el que ves en la figura 13.48.

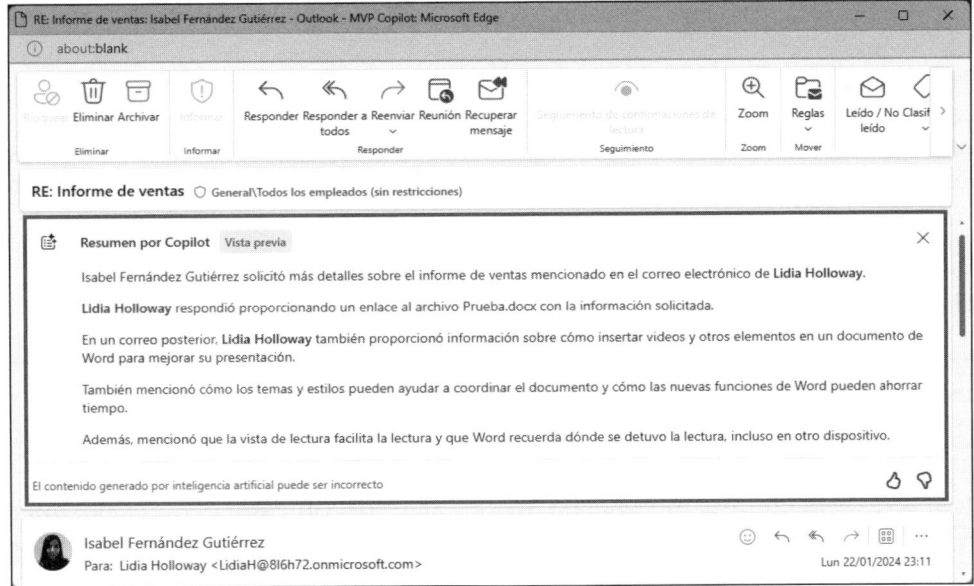

Figura 13.48. Resumen de un hilo de conversación proporcionado por Copilot.

Crear con Copilot en Outlook un borrador de un mensaje de correo electrónico

Copilot puede ayudarte a redactar rápidamente un borrador de un correo electrónico. Para ello, crea un nuevo correo electrónico; en el cuerpo del mensaje, verás el icono Copilot en la versión de escritorio o el botón Borrador de Copilot en la versión web. Escribe el texto indicándole a Copilot el tema sobre el que quieres que escriba el mensaje, por ejemplo, "**Informa al equipo de marketing que se ha aprobado el presupuesto y ya podemos poner en marcha el proyecto de desarrollo web**", como ves en la figura 13.49.

Figura 13.49. Generando un borrador con Copilot.

Haz clic en el botón Generar para obtener el borrador, como el que ves en la figura 13.50. Si el borrador de Copilot te resulta válido, haz clic en Mantener, revisa el contenido y envía el mensaje.

Responder a un mensaje con Copilot

Copilot puede responder a un mensaje de correo electrónico haciendo que dediques menos tiempo a la comunicación por correo electrónico. Cuando hagas clic en el botón Responder en el cuerpo del mensaje, aparecerán las sugerencias de Copilot para dar respuesta al mensaje, como puedes ver en la figura 13.51.

Además de utilizar las sugerencias de Copilot para contestar el mensaje, puedes escribir una frase para indicar a Copilot cómo elaborar esa respuesta. Haz clic en el botón Personalizado, que ves en la figura 13.51, y se mostrará el cuadro de diálogo de Copilot para escribir la frase.

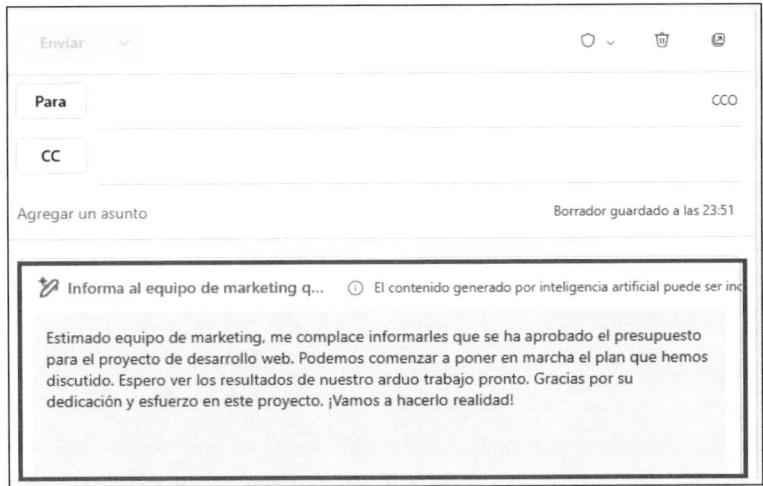

Figura 13.50. Borrador generado con Copilot.

Figura 13.51. Sugerencias a respuestas de mensajes generadas por Copilot.

Seleccionar el tono y la longitud del mensaje

Cuando generas un mensaje nuevo como borrador con la ayuda de Copilot, puedes seleccionar el tono y la longitud de este. Al hacer clic en **Borrador con Copilot**, verás el botón **Configuración** (⟦⇌⟧), se mostrará una lista con los tonos y longitudes para seleccionar.

Asesoramiento con Copilot

Una vez que hayas escrito un correo electrónico y antes de enviarlo, puedes pedirle a Copilot que te asesore. Copilot revisará tu correo electrónico y te ofrecerá sugerencias para mejorar el tono, la claridad y la opinión de los lectores.

Desde la pestaña **Mensaje,** haz clic en el botón **Copilot** y, en la lista que aparece, selecciona la opción **Asesoramiento con Copilot,** como puedes ver en la figura 13.52.

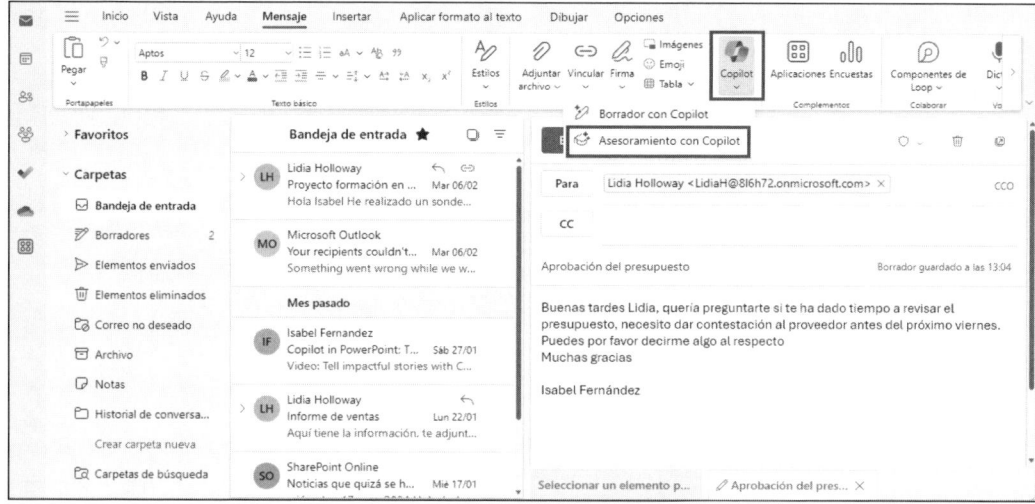

Figura 13.52. Asesoramiento con Copilot.

Una vez que hagas clic en el botón **Asesoramiento con Copilot,** este se pondrá a revisar y analizar tu correo electrónico para mostrarte las mejores sugerencias sobre el tono, claridad y sensación del lector cuando lo reciba; observa las sugerencias de Copilot en la figura 13.53.

Si te gusta alguna o todas las sugerencias de Copilot, incorpora los comentarios al borrador. Cuando estés satisfecho, envía el correo electrónico.

Revolucionando la colaboración: descubriendo el poder de Copilot en Microsoft Teams

Copilot en Microsoft Teams mejora la colaboración y te ayuda a sacar el máximo partido en tus conversaciones y reuniones con Teams. Copilot te ayuda a realizar resúmenes rápidamente, a identificar tareas de seguimiento, crear agendas y hace que tus reuniones sean más eficaces.

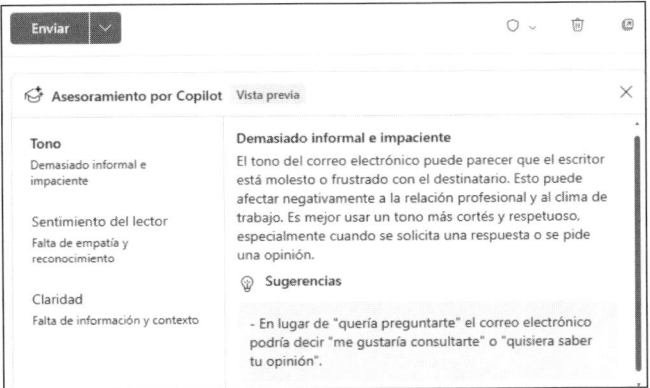

Figura 13.53. Revisión y sugerencias de Copilot.

Copilot en Chat y canales

Copilot en Teams utiliza el contenido de tus conversaciones y reuniones para generar sugerencias y sacar el máximo partido a tus chat y reuniones.

Usar Copilot para crear borradores de conversaciones y respuestas a mensajes en Teams

Con Copilot, puedes reescribir mensajes, mejorar tus respuestas a conversaciones existentes o hacer preguntas sobre tus conversaciones en Teams. Puedes usar Copilot para revisar rápidamente los puntos principales de la conversación, los elementos de acción y las decisiones de los chats, sin tener que leer detenidamente conversaciones largas. También puedes ver los puntos destacados de los últimos 1, 7 o 30 días de una conversación. Para acceder a Copilot al iniciar una nueva conversación de chat o de canal o responder a un mensaje, haz clic en el botón Copilot que aparece en la barra de herramientas de la conversación.

Primero, escribe el mensaje o la respuesta para iniciar la conversación y luego haz clic en el botón Copilot, que te ayudará a rescribirlo si es necesario. Además, puedes pedirle que cambie el tono o que lo haga más preciso o largo, como ves en la figura 13.54.

Obtener información clave de una conversación de Chat con Copilot

Copilot puede obtener información clave de un chat que mantienes con otro usuario o en un chat de grupo. En la parte superior derecha de la conversación, localizarás el botón Copilot; al hacer clic, se mostrarán algunas sugerencias para solicitar ayuda a Copilot, y un cuadro de texto donde podrás comenzar a preguntar a Copilot, fíjate en la figura 13.55.

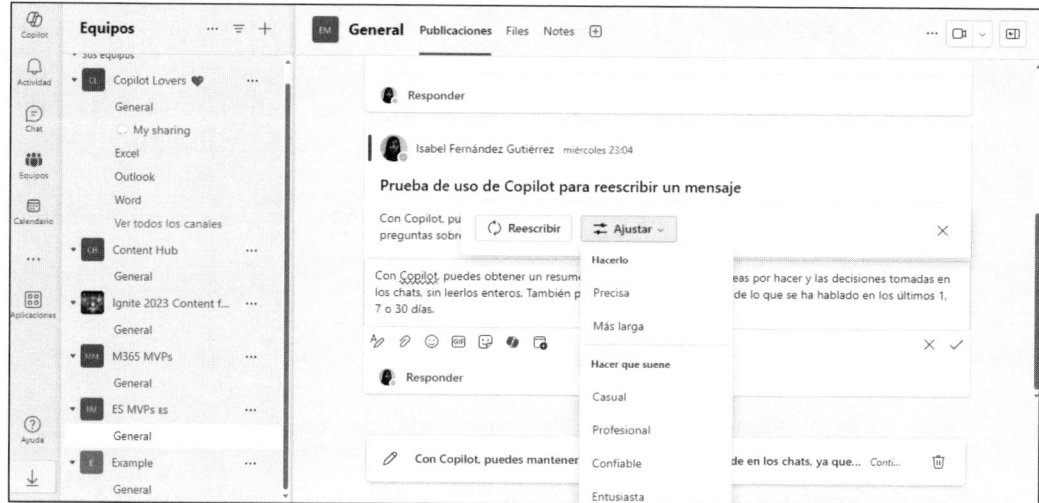

Figura 13.54. Acceso a Copilot desde una conversación de Teams.

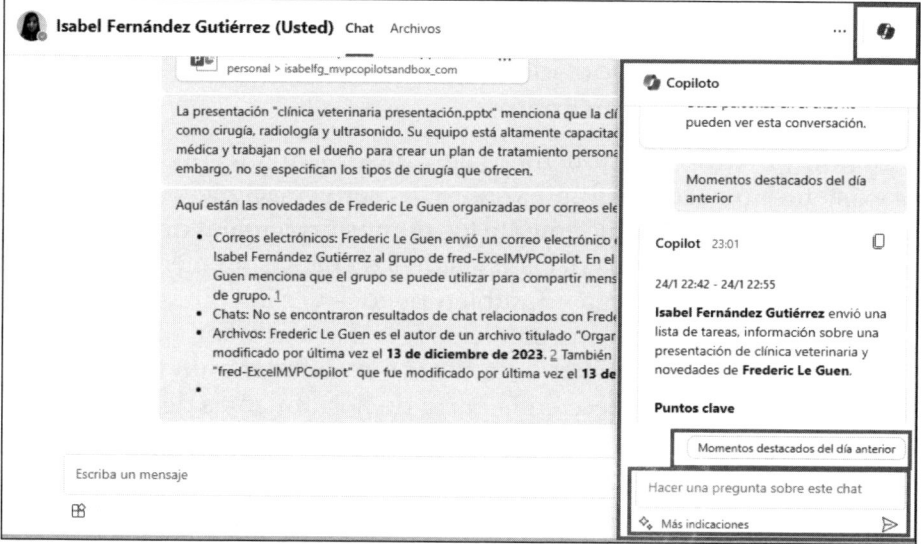

Figura 13.55. Obtener información de una conversación de chat.

Puedes hacer preguntas a Copilot sobre la conversación del chat del tipo:

- "Dame los momentos destacados de la conversación".
- "¿Qué decisiones se tomaron?".
- "¿Cuáles son los elementos de acción?".

Usar acciones sugeridas

En lugar de escribir una frase para conversar con Copilot, puedes utilizar las acciones sugeridas que te ofrece, solo tienes que hacer clic en el botón **Más indicaciones** para mostrar las sugerencias de Copilot, como ves en la figura 13.56.

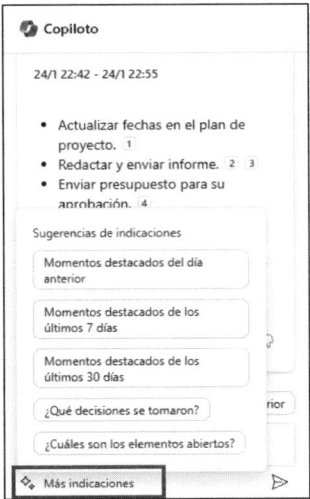

Figura 13.56. Sugerencias de Copilot en una conversación de chat.

Las sugerencias pueden variar dependiendo del estado de la conversación, por ejemplo, si tienes ocho o más mensajes sin leer, verás una sugerencia para generar un resumen de lo que te has perdido.

En el cuadro de redacción situado a la derecha del chat, selecciona **Más indicaciones** para elegir entre las siguientes opciones:

- Momentos destacados del día anterior.

- Momentos destacados de los últimos 7 días.

- Momentos destacados de los últimos 30 días.

- ¿Qué decisiones se tomaron?

- ¿Cuáles son los elementos abiertos?

Copilot como un contacto más en el chat de Teams

Copilot en Teams te ayuda a hacer las cosas de una forma totalmente nueva utilizando el poder de la IA. Una vez que descargues la aplicación Copilot, puedes anclarla e interactuar con Copilot como un contacto en el chat de Teams, como se ve en la figura 13.57. Utiliza el lenguaje natural para dar instrucciones a Copilot: cuantos más detalles agregues, mejor será el resultado. Y puedes mejorar los resultados si refinas las instrucciones. Pide a Copilot que te haga un resumen de las cosas que necesitas para ponerte al día, incluidos tus archivos, mensajes y contactos. Copilot también puede ayudarte a encontrar y utilizar información que está dentro de documentos o perdida en conversaciones.

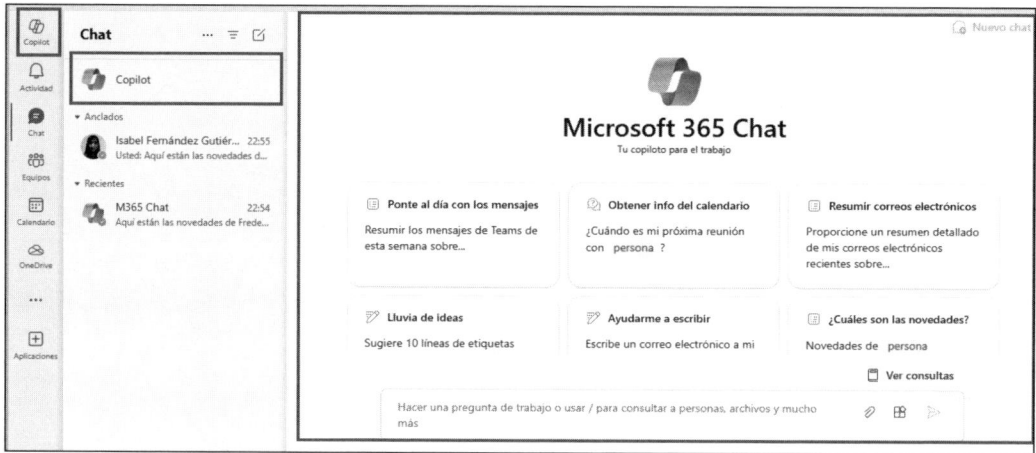

Figura 13.57. Chat con Copilot.

Puedes pedir a Copilot cosas como estas:

- ¿Cuáles fueron las principales conclusiones de (una reunión)?

- Crea un esquema para una presentación sobre...

- ¿Cuándo es mi próxima reunión con (una persona)?

Instalar Copilot en Microsoft Teams

Para acceder a Copilot en Teams, instala la aplicación Copilot en Teams. Para ello, ve al panel izquierdo de Teams y haz clic en **Aplicaciones**. En la barra de búsqueda, escribe "**Copilot**"; cuando se muestre **Chat de M365** haz clic en **Agregar**. Esto agregará Copilot como chat en la lista de chats de Teams, como se muestra en la figura 13.58.

> **NOTA:**
>
> *Ancla el Chat de M365 Copilot para mantenerlo a la vista en la lista de chats.*

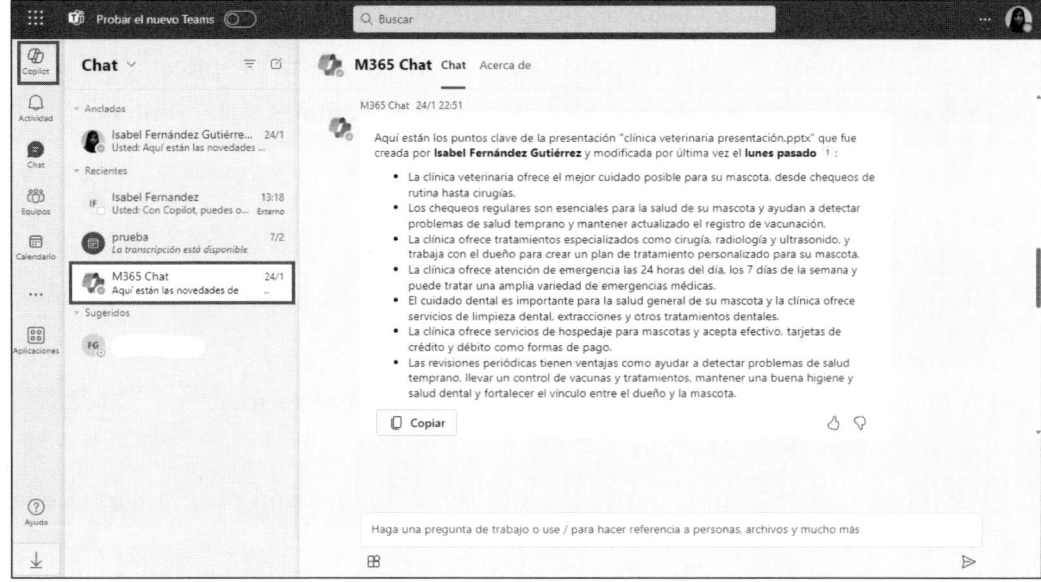

Figura 13.58. Agregar el Chat con Copilot y de Microsoft 365 a Teams.

Copilot en reuniones de Microsoft Teams

Durante una reunión, Copilot puede resumir los puntos clave de la discusión, incluido quién dijo qué y en qué se está de acuerdo o en desacuerdo, puede sugerir elementos de acción, y todo en tiempo real durante la reunión.

NOTA:

La reunión debe transcribirse para habilitar Copilot, a menos que el organizador de la reunión habilite Copilot sin transcripción.

ADVERTENCIA:

Copilot no funcionará en reuniones que se hospeden fuera de la organización del participante que cuente con la suscripción a Copilot.

Revisas una reunión grabada y transcrita o has llegado unos minutos después de que se haya iniciado la reunión, verás una notificación de Copilot para obtener un resumen. Selecciona **Abrir Copilot** en los controles de la reunión en la parte superior de la ventana de la reunión y espera a que el resumen se rellene en el lado derecho de la ventana de la reunión.

Durante la reunión puedes hacerle preguntas a Copilot del tipo:

- ¿Cómo respondió (un participante de la reunión) a esta propuesta?
- Crea una tabla con las ideas analizadas con sus ventajas y desventajas.

Y puedes utilizar las acciones sugeridas:

- Resumir la reunión hasta ahora.
- Enumera los elementos de acción.
- ¿Qué preguntas no se han resuelto?
- Enumera las diferentes perspectivas por tema.
- Enumerar los elementos principales que hemos analizado.
- Generar notas de la reunión.

Copilot envía un aviso unos minutos antes de la finalización programada de la reunión para ayudar a los participantes a terminar.

Puedes seleccionar la opción **Abrir Copilot** para ver un resumen de los puntos clave de la discusión e identificar los pasos siguientes acordados, incluidas las tareas asignadas a personas específicas.

Los participantes pueden seguir utilizando Copilot y preguntándole si hay problemas no resueltos o temas abiertos de la agenda, o cualquier otra pregunta que pueda ayudar a entender que va a acabar la reunión.

Además, Copilot también estará disponible una vez que la reunión haya finalizado y podrás acceder a él en la pestaña **Resumen de la reunión** y podrás comenzar a formular preguntas. Por ejemplo, puedes pedir a Copilot que redacte un correo electrónico para los participantes de la reunión que resuma el contenido de esta e incluya los elementos de acción.

NOTA:

También puedes usar Copilot en una reunión no grabada, es decir, sin transcripción. Selecciona Copilot para que se abra en la parte derecha de la pantalla de la reunión. Copilot puede generar notas, enumerar tareas y mucho más. Recuerda que los demás participantes de la reunión no pueden ver tu conversación con Copilot.

Copilot en OneNote

Actualmente, Copilot en OneNote te permite realizar estas tareas pero recuerda que Copilot está en constante evolución, por lo que te aconsejo que te mantengas siempre informado en la web de soporte de Microsoft: `https://support.`

`microsoft.com/es-es/copilot-onenote`. Copilot en OneNote puede buscar información en tus notas, crear un borrador de tareas pendientes, enumerar pros y contras sobre un tema concreto, obtener sugerencias y recomendaciones para mejorar tus notas u obtener información nueva para agregar a las notas.

Acceso a Copilot desde OneNote

En OneNote, puedes chatear con Copilot en el cuadro de redacción, escribiendo un mensaje o *prompt* para pedir a Copilot que complete una tarea sobre las notas que ya tengas, por ejemplo, puedes decirle: "**Redactar una lista de tareas pendientes sobre el proyecto de lanzamiento de la nueva línea cosmética**".

Puedes pedir a Copilot que vuelva a escribir un texto que hayas seleccionado previamente para que suene más formal para la empresa o formular una pregunta a Copilot para crear una nueva nota del tipo: "**Proporcionarme ideas para un discurso motivacional sobre tener una mentalidad de crecimiento**".

Para acceder a Copilot en OneNote, haz clic en la pestaña Inicio de la cinta de opciones y haz clic en el botón Copilot, como puedes ver en la figura 13.59.

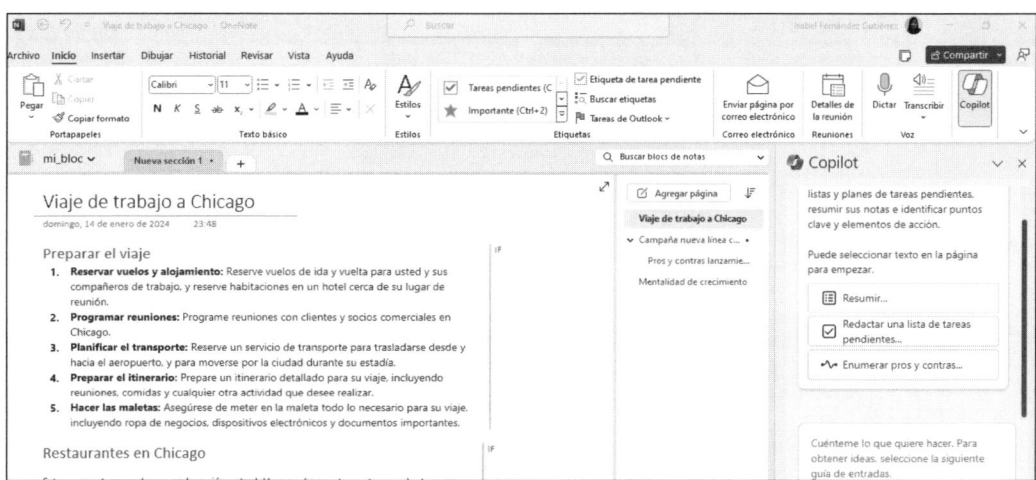

Figura 13.59. Copilot en OneNote.

Otro ejemplo de indicación que puedes darle a Copilot en OneNote podría ser: "**Crear un resumen de las notas de esta página. Centra el resumen en el orden cronológico de los eventos que aparecen y coloca los eventos en viñetas**".

Copilot Chat para Microsoft 365, tu asistente personal para una productividad sin límites

Microsoft 365 Copilot Chat es un *chatbot* que ha sido diseñado para ayudarte a realizar tareas y obtener información en Microsoft 365. Puede ayudarte a resumir documentos, a ponerte al día en reuniones o correo electrónico, generar borradores de documentos y correos electrónicos, buscar respuestas a preguntas clave en tus datos de usuario y mucho más.

Puedes usarlo como si fuera ChatGPT y hacerle todas las preguntas que necesites.

Al igual que cualquier otra aplicación de chat por IA, Microsoft 365 Chat puede desde buscar información en la web hasta escribir poemas, pero con el valor añadido de que puede ayudarte con tu trabajo diario con las distintas herramientas de Microsoft 365 y obtener respuestas a preguntas específicas de tu trabajo.

Localiza a Copilot Chat en la página de inicio de Microsoft 365 (`office.com`) en la barra de navegación izquierda de la página, como ves en la figura 13.60.

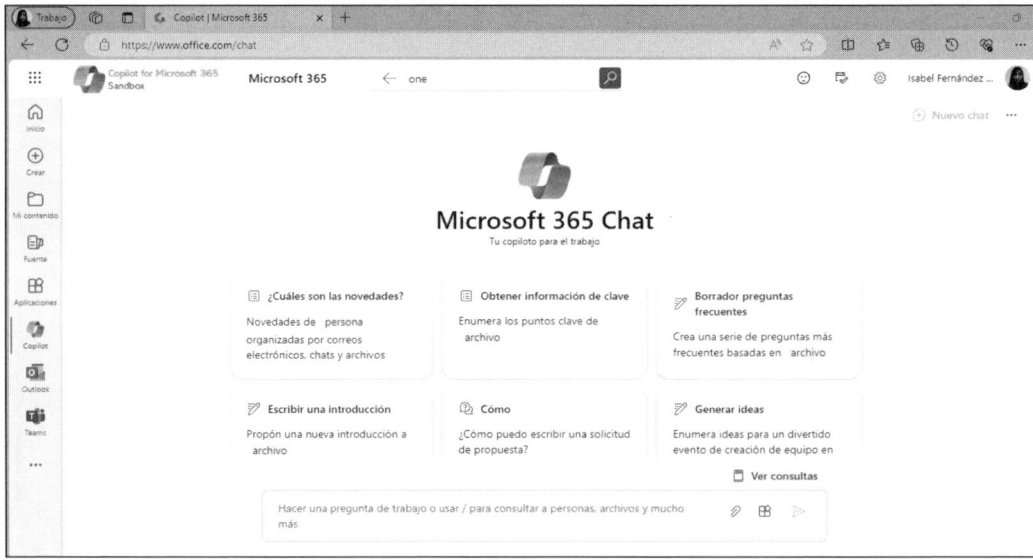

Figura 13.60. Copilot chat de Microsoft 365.

NOTA:

Recuerda que, para que Copilot aparezca en la página de inicio de Office.com, debes tener asociada una licencia de Copilot a tu suscripción a Microsoft 365.

Puedes darle a Copilot Chat indicaciones directamente en el cuadro de diálogo o puedes utilizar las sugerencias que te proporciona.

Veamos algunos ejemplos.

Puedes pedirle a Copilot Chat que te ponga al día con unos correos electrónicos indicándole: "**Puedes resumirme los correos electrónicos que he compartido con (un compañero) últimamente**".

"**Puedes hacerme un resumen de este documento**" (indicando el documento de Word, PDF o PowerPoint).

O, si tienes que hacer un análisis de mercado y no sabes cómo empezar, puedes pedirle a Copilot Chat: "**¿Cómo puedo hacer un análisis de mercado?**".

Estos son solo algunos ejemplos; te aconsejo que pruebes con tus propias instrucciones o archivos de referencia. Y no olvides que para obtener buenos resultados que tu *prompt* debe:

- Incluir detalles como el objetivo, el contexto, las expectativas y archivos de origen en caso necesario.

- Proporcionar siempre instrucciones positivas. Indica a Copilot "lo que debe hacer" en lugar de lo que "no debe hacer".

- Sé cortés, al hacer tu petición a Copilot de una forma educada tendrás respuestas de mayor calidad.

- Si no te satisfacen los resultados iniciales, repite tu solicitud, revisa el mensaje o *prompt* y prueba de nuevo.

NOTA:

Siempre revisa y comprueba las respuestas de Copilot, incluso haciendo referencias cruzadas con fuentes fiables cuando sea necesario.

Copilot Lab. Tu laboratorio de prácticas con Copilot

Copilot Lab te ofrece una colección de consultas para que te ayuden a crear, aprender y usar Microsoft Copilot. Las consultas de Copilot son instrucciones o preguntas que puedes usar para indicar a Copilot lo que quieres.

El laboratorio de Copilot tiene una gran cantidad de solicitudes de ejemplo que puedes editar para crear las suyas propias. Solo tienes que seleccionar la instrucción y cambiarla para adaptarla a tus necesidades.

Las posibilidades son infinitas, puedes obtener ideas nuevas o redefinir un *prompt* o mensaje que ya tengas para obtener los mejores resultados.

Y, si te preocupa la privacidad de los datos que proporcionas a Copilot, recuerda lo que ya te he comentado: los datos (incluidas las solicitudes, las respuestas y los datos empresariales que Copilot usa para formular tus respuestas) no se usan para entrenar los modelos de lenguaje de gran tamaño (LLM) básicos que Copilot utiliza, por lo que por eso puedes estar tranquilo.

Puedes acceder a Copilot Lab desde el cuadro de mensaje de conversación con Copilot en cualquier aplicación de uso habitual como Word, Excel, PowerPoint, Outlook, Teams, etc., haciendo clic en el botón Indicaciones, como se ve en la figura 13.61, y, en el cuadro de diálogo que aparece en la parte inferior derecha de esta, tienes un vínculo para acceder a Copilot Lab, o puedes acceder también desde la web: `https://copilot.cloud.microsoft/es-ES/prompts`.

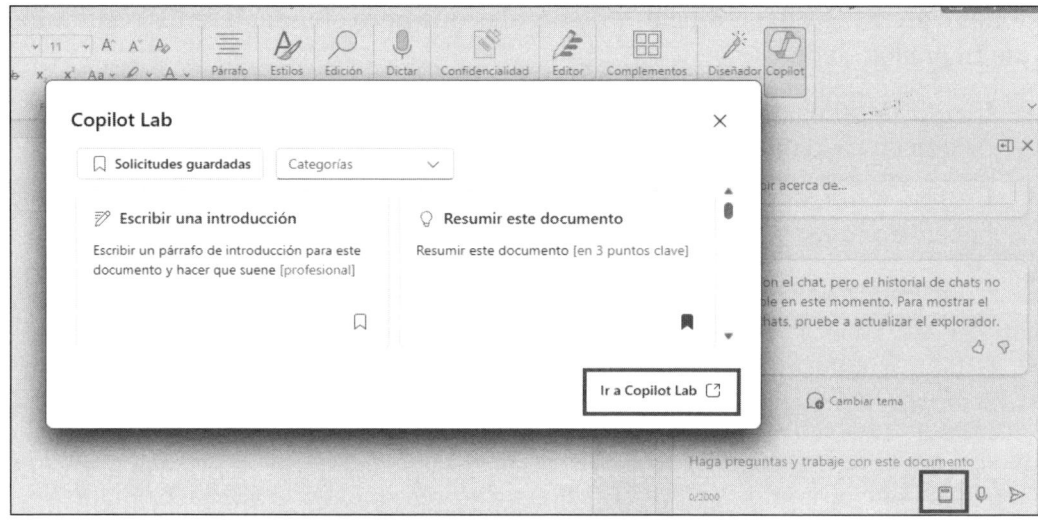

Figura 13.61. Acceso a Copilot Lab desde una aplicación de Microsoft 365.

Revisa las solicitudes que ves en este cuadro de diálogo y guarda las que necesites haciendo clic en el icono con forma de marcador, luego las localizarás en la opción Solicitudes guardadas para usarlas de forma rápida cuando tengas que hacerle esa solicitud a Copilot.

Si haces clic en el vínculo Ir a Copilot Lab, se mostrará la web que te he mencionado anteriormente, donde podrás revisar y utilizar infinidad de solicitudes de muestra.

Índice alfabético

E

F

G

H

I